"十二五"普通高等教育本科规划教材
21世纪全国高等院校汽车类创新型应用人才培养规划教材

新能源汽车概论(第2版)

主　编　崔胜民

内 容 简 介

本书介绍了新能源汽车的类型、发展新能源汽车的必要性、新能源汽车发展现状及趋势，以及新能源汽车技术路线和关键技术；详细描述了纯电动汽车、增程式电动汽车、混合动力电动汽车和燃料电池电动汽车的基础知识，简单介绍了其他新能源汽车；对电动汽车用动力电池、电动汽车电动机驱动系统、电动汽车能源管理与回收系统、电动汽车充电技术，以及新材料和新技术在汽车上的应用作了全面系统的论述。

本书内容丰富、图文并茂、实用性强，可作为高等院校车辆工程及相关专业的本科生教材，也可作为从事新能源汽车相关领域的工程技术人员、管理人员和科研人员的参考用书。

图书在版编目(CIP)数据

新能源汽车概论/崔胜民主编. —2版. —北京： 北京大学出版社， 2015.8
(21世纪全国高等院校汽车类创新型应用人才培养规划教材)
ISBN 978-7-301-25633-6

Ⅰ. ①新… Ⅱ. ①崔… Ⅲ. ①新能源—汽车—高等学校—教材 Ⅳ. ①U469.7

中国版本图书馆CIP数据核字(2015)第065535号

书　　　名	新能源汽车概论（第2版）
著作责任者	崔胜民　主编
策 划 编 辑	童君鑫
责 任 编 辑	黄红珍
标 准 书 号	ISBN 978-7-301-25633-6
出 版 发 行	北京大学出版社
地　　　址	北京市海淀区成府路205号　100871
网　　　址	http://www.pup.cn　新浪微博: @北京大学出版社
电 子 信 箱	pup_6@163.com
电　　　话	邮购部 62752015　发行部 62750672　编辑部 62750667
印 刷 者	北京虎彩文化传播有限公司
经 销 者	新华书店
	787毫米×1092毫米　16开本　17.25印张　401千字
	2011年5月第1版
	2015年8月第2版　2020年1月第8次印刷
定　　　价	42.00元

未经许可，不得以任何方式复制或抄袭本书之部分或全部内容。
版权所有，侵权必究
举报电话: 010-62752024　电子信箱: fd@pup.pku.edu.cn
图书如有印装质量问题，请与出版部联系，电话: 010-62756370

第 2 版前言

石油短缺、环境污染和气候变暖是全球汽车产业面对的共同挑战，各国政府及产业界积极应对，纷纷提出各自的发展战略。新能源汽车成为 21 世纪汽车工业的发展热点。

我国是一个能源短缺的国家，非常重视新能源汽车的研发和推广。新能源汽车被列为国家 7 个战略性新兴产业之一，新一轮新能源汽车推广示范工作已经展开，各种有利于新能源汽车研发和推广的政策不断推出，标准不断实施。希望本书的出版对普及新能源汽车知识，以及发展新能源汽车起到积极的促进作用。

本书全面系统地论述了新能源汽车的基础知识，共分 7 章：第 1 章阐述新能源汽车的类型、发展新能源汽车的必要性、新能源汽车发展现状及趋势，以及新能源汽车技术路线和关键技术；第 2 章介绍纯电动汽车、增程式电动汽车、混合动力电动汽车、燃料电池电动汽车及其他新能源汽车的基础知识；第 3 章和第 4 章介绍电动汽车关键部件——动力电池和驱动电动机的类型、特点、工作原理和基本特性等；第 5 章介绍电动汽车能量管理与制动能量回收系统；第 6 章介绍电动汽车充电技术；第 7 章对新材料和新技术在电动汽车上的应用进行了介绍。

编者在本书的编写过程中查阅了大量书籍、文献和资料，引用了一些网上资料和参考文献中的部分内容，在此特向各位作者表示深切的谢意。同时，对书中所用图片的拍摄者也表示感谢。

由于编者水平有限，书中不妥之处在所难免，敬请广大专家和读者批评指正。

编　者
2015 年 4 月

目 录

第1章 绪论 ... 1
1.1 新能源汽车的定义和类型 ... 3
1.1.1 新能源汽车的定义 ... 3
1.1.2 新能源汽车的类型 ... 3
1.2 发展新能源汽车的必要性 ... 5
1.2.1 石油短缺 ... 5
1.2.2 环境污染 ... 6
1.2.3 气候变暖 ... 10
1.3 新能源汽车发展现状及趋势 ... 11
1.3.1 国外新能源汽车发展现状 ... 11
1.3.2 国内新能源汽车发展现状 ... 16
1.3.3 新能源汽车发展战略和发展趋势 ... 19
1.4 新能源汽车技术路线及关键技术 ... 21
1.4.1 新能源汽车技术路线 ... 21
1.4.2 新能源汽车关键技术 ... 21
思考题 ... 24

第2章 新能源汽车类型 ... 25
2.1 纯电动汽车 ... 26
2.1.1 纯电动汽车的类型 ... 26
2.1.2 纯电动汽车的结构原理 ... 27
2.1.3 纯电动汽车驱动系统布置形式 ... 29
2.1.4 纯电动汽车的特点 ... 31
2.1.5 纯电动汽车的关键技术 ... 31
2.1.6 纯电动汽车的主要技术指标 ... 32
2.1.7 纯电动汽车车型实例 ... 34
2.2 增程式电动汽车 ... 38
2.2.1 增程式电动汽车结构 ... 38
2.2.2 增程器的分类 ... 39
2.2.3 增程式电动汽车原理 ... 41
2.2.4 增程式电动汽车的特点 ... 42
2.2.5 增程式电动汽车的主要技术指标 ... 43
2.2.6 增程式电动汽车车型实例 ... 44
2.3 混合动力电动汽车 ... 46
2.3.1 混合动力电动汽车的定义与分类 ... 46
2.3.2 混合动力电动汽车的结构原理 ... 48
2.3.3 混合动力电动汽车的特点 ... 52
2.3.4 混合动力电动汽车的关键技术 ... 53
2.3.5 混合动力电动汽车的主要技术指标 ... 55
2.3.6 混合动力电动汽车车型实例 ... 57
2.4 燃料电池电动汽车 ... 60
2.4.1 燃料电池电动汽车的类型 ... 60
2.4.2 燃料电池电动汽车的结构原理 ... 63
2.4.3 燃料电池电动汽车的特点 ... 68
2.4.4 燃料电池电动汽车的关键技术 ... 69
2.4.5 燃料电池电动汽车的主要技术指标 ... 71
2.4.6 燃料电池电动汽车车型实例 ... 72
2.5 其他新能源汽车 ... 74
2.5.1 气体燃料汽车 ... 74
2.5.2 生物燃料汽车 ... 76

2.5.3 氢燃料汽车 ……… 79
 2.5.4 太阳能汽车 ……… 81
思考题 …………………………… 82

第3章 电动汽车用动力电池 ……… 83

3.1 概述 …………………………… 85
　3.1.1 电池的类型 ……………… 85
　3.1.2 电池的性能指标 ………… 85
　3.1.3 电动汽车对动力电池的
　　　　要求 ……………………… 88
3.2 蓄电池 ………………………… 89
　3.2.1 铅酸蓄电池 ……………… 89
　3.2.2 镍氢电池 ………………… 92
　3.2.3 镍镉电池 ………………… 94
　3.2.4 锂离子电池 ……………… 95
　3.2.5 锌镍电池 ………………… 99
　3.2.6 空气电池 ………………… 100
　3.2.7 蓄电池的充电方法 ……… 103
　3.2.8 蓄电池的性能测试 ……… 105
3.3 燃料电池 ……………………… 111
　3.3.1 燃料电池的分类 ………… 112
　3.3.2 燃料电池电动汽车对燃料
　　　　电池的要求 ……………… 112
　3.3.3 燃料电池的特点 ………… 113
　3.3.4 燃料电池系统 …………… 114
　3.3.5 质子交换膜燃料电池 …… 116
　3.3.6 碱性燃料电池 …………… 119
　3.3.7 磷酸燃料电池 …………… 120
　3.3.8 熔融碳酸盐燃料电池 …… 122
　3.3.9 固体氧化物燃料电池 …… 123
　3.3.10 直接甲醇燃料电池 …… 125
　3.3.11 微生物燃料电池 ……… 126
　3.3.12 再生型燃料电池 ……… 126
3.4 太阳电池 ……………………… 127
3.5 超级电容器 …………………… 130
3.6 飞轮电池 ……………………… 134
思考题 …………………………… 136

第4章 电动汽车电动机驱动系统 … 137

4.1 概述 …………………………… 138
　4.1.1 电动汽车电动机驱动系统的
　　　　组成与类型 ……………… 138
　4.1.2 电动机的额定指标 ……… 140
　4.1.3 电动汽车对电动机的
　　　　要求 ……………………… 140
　4.1.4 电动汽车电动机驱动系统的
　　　　发展趋势 ………………… 141
4.2 直流电动机 …………………… 142
　4.2.1 直流电动机的分类 ……… 142
　4.2.2 直流电动机的结构与
　　　　特点 ……………………… 144
　4.2.3 直流电动机的工作
　　　　原理 ……………………… 145
　4.2.4 直流电动机的转速
　　　　控制 ……………………… 145
4.3 无刷直流电动机 ……………… 147
　4.3.1 无刷直流电动机的
　　　　分类 ……………………… 147
　4.3.2 无刷直流电动机结构与
　　　　特点 ……………………… 147
　4.3.3 无刷直流电动机的工作
　　　　原理 ……………………… 149
　4.3.4 无刷直流电动机的
　　　　控制 ……………………… 149
4.4 异步电动机 …………………… 150
　4.4.1 异步电动机的结构与
　　　　特点 ……………………… 151
　4.4.2 异步电动机的工作原理与
　　　　运行特性 ………………… 152
　4.4.3 异步电动机的控制 ……… 153
4.5 永磁同步电动机 ……………… 157
　4.5.1 永磁同步电动机的结构与
　　　　特点 ……………………… 158
　4.5.2 永磁同步电动机的工作
　　　　原理与运行特性 ………… 160
　4.5.3 永磁同步电动机的
　　　　控制 ……………………… 162
4.6 开关磁阻电动机 ……………… 166
　4.6.1 开关磁阻电动机的结构与
　　　　特点 ……………………… 166

4.6.2 开关磁阻电动机的工作原理与运行特性 ………… 167
4.6.3 开关磁阻电动机的控制 ………………… 168
4.7 轮毂电动机 …………………… 171
 4.7.1 轮毂电动机结构形式 …… 171
 4.7.2 轮毂电动机应用类型 …… 172
 4.7.3 轮毂电动机驱动方式 …… 173
 4.7.4 轮毂电动机驱动系统的特点 ……………………… 173
 4.7.5 轮毂电动机驱动系统的关键技术 ………………… 174
思考题 ………………………………… 175

第5章 电动汽车能量管理与回收系统 ……………… 176

5.1 电动汽车能量管理系统 ………… 177
 5.1.1 电池管理系统的功能 …… 178
 5.1.2 纯电动汽车能量管理系统 ……………………… 182
 5.1.3 混合动力电动汽车能量管理系统 ……………… 188
 5.1.4 能量管理系统的发展方向 ……………………… 191
5.2 电动汽车再生制动能量回收系统 ………………………… 191
 5.2.1 再生制动能量回收的方法和类型 ……………… 192
 5.2.2 电动汽车的再生制动能量回收系统 …………… 195
思考题 ………………………………… 200

第6章 电动汽车充电技术 ……… 201

6.1 概述 …………………………… 202
 6.1.1 电动汽车对充电设备的要求 …………………… 202
 6.1.2 电动汽车充电设备的类型 ……………………… 202
 6.1.3 电动汽车充电方法 …… 204
 6.1.4 电动汽车充电方式 …… 205
 6.1.5 电动汽车充电技术的发展趋势 ………………… 210
6.2 电动汽车车载充电机 ………… 210
 6.2.1 电动汽车车载充电机组成 ……………………… 211
 6.2.2 电动汽车车载充电机技术参数 ………………… 212
 6.2.3 电动汽车车载充电机充电接口 ………………… 213
 6.2.4 电动汽车车载充电机充电过程 ………………… 214
6.3 电动汽车非车载充电机 …… 215
 6.3.1 电动汽车非车载充电机组成 …………………… 215
 6.3.2 电动汽车非车载充电机技术参数 ……………… 216
 6.3.3 电动汽车非车载充电机充电接口 ……………… 216
 6.3.4 电动汽车非车载充电机充电过程 ……………… 218
6.4 电动汽车光伏充电站 ………… 219
思考题 ………………………………… 221

第7章 新材料和新技术应用 …… 222

7.1 镁合金 ………………………… 223
 7.1.1 镁合金的类型和特性 … 223
 7.1.2 镁合金的主要成型工艺 ………………………… 224
 7.1.3 镁合金材料在汽车上的应用 …………………… 225
7.2 碳纤维 ………………………… 227
 7.2.1 碳纤维的定义和分类 … 227
 7.2.2 碳纤维的特性 ………… 227
 7.2.3 碳纤维在汽车上的应用 ………………………… 228
7.3 表面装饰技术 ………………… 231
 7.3.1 表面装饰技术的定义与分类 …………………… 231
 7.3.2 表面装饰技术的工艺与特点 …………………… 231
 7.3.3 表面装饰技术在汽车上的应用 ………………… 235

7.4 现代控制技术 ………………… 237
  7.4.1 控制技术的分类 ………… 237
  7.4.2 汽车控制系统的分类 …… 240
 7.5 仿真技术 ……………………… 241
  7.5.1 仿真技术的作用 ………… 241
  7.5.2 ADVISOR 高级车辆
        仿真器 …………………… 242
 7.6 车载网络技术 ………………… 247
  7.6.1 CAN 总线 ……………… 248
  7.6.2 LIN 总线 ……………… 251
  7.6.3 FlexRay 总线 …………… 252
  7.6.4 MOST 总线 …………… 252
  7.6.5 电动汽车网络信号 …… 254
  7.6.6 电动汽车网络结构 …… 254
 7.7 汽车线控转向系统 …………… 255
  7.7.1 汽车线控转向系统的
        结构 ……………………… 256
  7.7.2 汽车线控转向系统的
        工作原理 ………………… 257
  7.7.3 汽车线控转向系统的
        特点 ……………………… 257
  7.7.4 汽车线控转向系统的
        硬件要求和所需模块 …… 258
 7.8 汽车线控制动系统 …………… 259
  7.8.1 汽车线控制动系统的
        结构 ……………………… 260
  7.8.2 汽车线控制动系统的
        特点 ……………………… 263
 思考题 ……………………………… 265

参考文献 …………………………… 266

第 1 章 绪 论

 教学目标

通过本章的学习，要求读者能够掌握新能源汽车的定义和类型，了解发展新能源汽车的必要性和国内外新能源汽车的发展现状，对新能源汽车的发展战略、发展趋势及我国新能源汽车技术路线和关键技术有明确的认识。

教学要求

知识要点	能力要求	相关知识
新能源汽车的定义和类型	掌握什么是新能源汽车，新能源汽车包括哪些类型	通过对普通燃油汽车与新能源汽车的对比，掌握新能源汽车的概念；根据驱动汽车的能量不同，掌握新能源汽车的类型
发展新能源汽车的必要性	了解为什么要大力发展新能源汽车	石油短缺、环境污染、气候变暖是发展新能源汽车的根本原因
新能源汽车发展现状	通过对国内外新能源汽车发展现状的分析，可以对新能源汽车有较全面的了解，以便更好地发展我国新能源汽车产业	美国、日本、德国、法国和中国的新能源汽车
新能源汽车发展战略和发展趋势	通过对新能源汽车发展战略和发展趋势的认识，可以指导发展新能源汽车的方向	电池、电机、汽车产业政策
新能源汽车技术路线及关键技术	明确我国新能源汽车的技术路线和关键技术	电动汽车科技发展"十二五"专项规划

导入案例

汽车的发明极大地缩短了人与人之间的空间距离，方便了人类的生活，已经成为当今社会的重要交通工具。但随着汽车保有量的大幅度增加，也产生了资源消耗过度、空气污染和气候变暖等负面问题。

石油是一次能源，根据英国BP石油公司近日发布的报告，截至2013年底，全球已探明石油储量为16880亿桶，按现今的开采速度，仅够开采53.3年。2013年，世界石油消耗占一次能源消耗的32.9%，而且交通用油占全球石油总消耗的一半以上。我国是石油短缺的国家，但却是石油消耗大国。2013年，我国石油产量为2.087亿吨，消耗量为4.98亿吨，对外依存度达到58.1%，连续5年超过50%的国际安全警戒线。图1.1表明我国某石油城的石油基本枯竭。

图1.1 石油枯竭

2013年发布的《中国环境分析》报告数据显示，世界上污染最严重的10城市有7个在中国，我国500个城市中，空气质量达到世界卫生组织推荐标准的不足5个。全球大气污染40%左右源于交通车辆的污染，在北京、上海和广州等一线城市中，机动车尾气对空气污染的分担率已超过60%。图1.2是我国某城市空气污染的照片。

图1.3是一头北极熊在北极圈的挪威Svalbard群岛上被活活饿死的照片，出现这个情况的原因是气候变暖。北极地区的海冰面积2012年降至有记录以来最低，缺乏海冰令北极熊没有办法去猎食海豹，被迫去远处觅食，但最终仍是找不到食物，只得饿死。汽车排出的尾气中包含的CO_2产生全球性的温室效应，使得气候异常，从而引发飓风等自然灾害。如果大气中的CO_2浓度增加一倍，气温将上升1.5~4.5℃。

图1.2 我国某城市的空气污染

图1.3 气候变暖

试想，50年后，如果汽车还都是使用传统的燃油，生活将会变成什么样？什么样的汽车最有希望替代燃油汽车？通过本章的学习，读者可以得到答案。

面对石油短缺、环境污染、气候变暖等问题，新能源汽车是汽车工业发展的必然趋势。

1.1 新能源汽车的定义和类型

1.1.1 新能源汽车的定义

新能源汽车的英文为 New Energy Vehicles，我国2009年7月1日正式实施了《新能源汽车生产企业及产品准入管理规则》，此规则明确指出：新能源汽车是指采用非常规的车用燃料作为动力来源（或使用常规的车用燃料，但采用新型车载动力装置），综合车辆的动力控制和驱动方面的先进技术，形成的技术原理先进，具有新技术、新结构的汽车。

非常规的车用燃料指除汽油、柴油、天然气（NG）、液化石油气（LPG）、乙醇汽油（EG）、甲醇等之外的燃料。

1.1.2 新能源汽车的类型

新能源汽车包括的范围较广，各国分类也不相同，没有统一标准。目前，我国的新能源汽车主要包括纯电动汽车、增程式电动汽车、混合动力电动汽车、燃料电池电动汽车、其他新能源汽车等。

1. 纯电动汽车

纯电动汽车（Blade Electric Vehicles，BEV）是一种采用单一蓄电池作为储能动力源的汽车，它利用蓄电池作为储能动力源，通过电池向电动机提供电能，驱动电动机运转，从而推动汽车行驶。

2. 增程式电动汽车

增程式电动汽车（Extended-Range Electric Vehicles，EREV）是一种配有地面充电和车载供电功能的纯电驱动的电动汽车，其运行模式可以根据需要处于纯电动模式、增程模式或混合动力模式，是介于纯电动汽车和混合动力电动汽车之间的一种过渡车型，具有纯电动汽车和混合动力电动汽车的特征，有人把它划分为纯电动汽车范畴，也有人把它划分为混合动力电动汽车范畴，认为它是一种插电式串联混合动力汽车。

3. 混合动力电动汽车

混合动力电动汽车（Hybrid Electric Vehicle，HEV）是指驱动系统由两个或多个能同时运转的单个驱动系统联合组成的车辆，车辆的行驶功率依据实际的车辆行驶状态由单个驱动系统单独或多个驱动系统共同提供。因各个组成部件、布置方式和控制策略的不同，混合动力电动汽车有多种形式。

混合动力电动汽车一般又分为常规混合动力电动汽车和插电式混合动力电动汽车，后面不做特殊说明的混合动力电动汽车主要是指常规混合动力电动汽车。

4. 燃料电池电动汽车

燃料电池电动汽车（Fuel Cell Electric Vehicle，FCEV）是利用氢气和空气中的氧在催化剂的作用下，在燃料电池中经电化学反应产生的电能作为主要动力源驱动的汽车。燃料电池电动汽车实质上是纯电动汽车的一种，主要区别在于动力电池的工作原理不同。一般来说，燃料电池是通过电化学反应将化学能转化为电能，电化学反应所需的还原剂一般采用氢气，氧化剂则采用氧气，因此最早开发的燃料电池电动汽车多是直接采用氢燃料，氢气的储存可采用液化氢、压缩氢气或金属氢化物储氢等形式。

5. 其他新能源汽车

其他新能源汽车类型很多，没有统一标准。生物燃料汽车、氢发动机汽车、太阳能汽车及使用超级电容器、飞轮等高效储能器的汽车都属于其他新能源汽车。有人把天然气汽车、液化石油气汽车、乙醇燃料汽车、甲醇燃料汽车等也划分为新能源汽车。

目前在我国大力支持和财政补贴的新能源汽车主要是指纯电动汽车、增程式电动汽车、插电式混合动力电动汽车和燃料电池电动汽车。常规混合动力电动汽车被划分为节能汽车。

因此，目前新能源汽车都没有规模化量产，有的有销售但未规模化，如纯电动汽车和插电式混合动力电动汽车；有的还处于研发阶段，如燃料电池电动汽车。

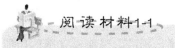

阅读材料1-1

能源的定义与分类

能源是可以直接或经转换提供人类所需的光、热、动力等任一形式能量的载能体资源。凡是能被人类加以利用以获得有用能量的各种来源通常都可以称为能源。

能源种类繁多，而且经过人类不断的开发与研究，更多新能源已经开始能够满足人类需求。根据不同的划分方式，能源也可分为不同的类型。

按来源划分，能源可分为3种：来自地球外部天体的能源，如太阳能；地球本身蕴藏的能量，如原子核能、地热能等；地球和其他天体相互作用而产生的能量，如潮汐能。

按产生方式划分，能源可分为2种：一次能源，如煤炭、石油、天然气资源等；二次能源，如电力、煤气、汽油、柴油等。

按性质划分，能源可分为2种：有燃料型能源，如煤炭、石油、天然气、泥炭、木材等；非燃料型能源，如水能、风能、地热能、海洋能等。

按能源消耗后是否造成环境污染，能源可分为2种：污染型能源，如煤炭、石油等；清洁型能源，如水力、电力、太阳能、风能及核能等。

根据使用类型划分，能源可分为2种：常规能源，如煤炭、石油、天然气等；新型能源，如太阳能、风能、地热能、海洋能、生物能及用于核能发电的核燃料等。

人们对一次能源又进一步加以分类。凡是可以不断得到补充或能在较短周期内再产生的能源称为再生能源，反之称为非再生能源。风能、水能、海洋能、潮汐能、太阳能和生物质能等是可再生能源；煤、石油和天然气等是非再生能源。

随着全球各国经济发展对能源需求的日益增加，现在许多发达国家都更加重视对可再生能源、环保能源及新型能源的开发与研究。随着人类科学技术的不断进步，会不断开发研究出更多新能源来替代现有能源，以满足全球经济发展与人类生存对能源的高度需求，而且能够预计地球上还有很多尚未被人类发现的新能源。

1.2 发展新能源汽车的必要性

石油短缺、环境污染、气候变暖是全球汽车产业面对的共同挑战，各国政府及产业界纷纷提出各自的发展战略，积极应对，以保持其汽车产业的可持续发展，并提高未来的国际竞争力。新能源汽车已成为21世纪汽车工业的发展热点。

1.2.1 石油短缺

据石油巨头英国石油公司（BP）发布的《世界能源统计年鉴2014》显示，截至2013年底，全球已探明可采剩余石油储量为16880亿桶，比2012年底略增6亿桶，2013年世界石油储采比（石油储量/石油产量）为53.3年，与2012年基本持平。中国石油探明储量为25亿吨（181亿桶），占世界石油探明储量的1.1%，储采比为11.9年。

2013年，世界一次能源消耗结构中，石油占32.9%，煤炭占30.1%，天然气占23.7%，核能占4.4%，水力发电占6.7%，再生能源占2.2%。随着时间的推移，能源消费结构会发生变化，新型能源消耗的比例将不断增加。我国一次能源消耗结构中，石油占17.79%，煤炭占67.5%，天然气占5.1%，核能占0.88%，水力发电占7.23%，再生能源占1.5%。我国一次能源消耗结构有待进一步优化。

2013年，国际能源机构（IEA）公布了世界石油储量的最新排名。世界上已探明石油储量排前10名的国家依次是：委内瑞拉，2976亿桶；沙特阿拉伯，2679.1亿桶；加拿大，1731.05亿桶；伊朗，1545.8亿桶；伊拉克，1413.5亿桶；科威特，1040亿桶；阿联酋，978亿桶；俄罗斯，800亿桶；利比亚，480.1亿桶；尼日利亚，372亿桶。

石油在交通领域的消费逐年增长。据预测，到2020年交通用油占全球石油总消耗的62%以上。2020年以后，全球石油需求与常规石油供给之间将出现净缺口，2050年的供需缺口几乎相当于2000年世界石油总产量的两倍。而中国预测，到2020年、2030年，中国的机动车燃料消耗量需求将分别达到2.3亿吨和3.7亿吨，分别占当年全国石油总需求的57%和87%。

我国是一个石油短缺的国家，但却是一个石油消费大国。2013年，我国石油消费量达到507.4百万吨，比2012年增加3.8%，占全球石油消费的12.1%，成为世界第二大石油消费国。目前，我国人均石油消费量为世界平均水平的60%，石油占一次能源消费比例仅为18%左右，低于世界平均水平（33%），预计未来我国石油消费仍将持续稳定增长，处于上升通道。

2014年，世界汽车保有量达到12亿辆，预计到2030年全球汽车保有量将突破20亿辆，主要增量来自发展中国家，其中中国增速全球第一。

我国汽车产销量逐年增加。2013年，汽车产销2211.68万辆和2198.41万辆，同比增长14.76%和13.87%，比2012年分别提高10.2%和9.6%，增速大幅提升。产销突破2000万辆创历史新高，再次刷新全球纪录，已连续五年蝉联全球第一。

我国汽车保有量增加迅速。2013年，我国汽车保有量已达1.4亿辆，居世界第2位。预计到2020年，全国汽车保有量将达到2.7亿辆，由此带来的能源安全问题将更加突出。

汽车消费的快速增长导致石油消耗加速增长。中国机动车燃油消耗量占全国总油耗的1/3以上,这也使得中国石油对外依存度每年都在不断攀升。据统计,目前汽车用汽柴油消费占全国汽柴油消费的比例已经达到了55%左右,每年新增石油消费量的70%以上被新增汽车消耗。

我国经济持续快速发展,对石油资源的需求激增,能源供需矛盾日益突出,对进口石油的依赖度不断提高。2013年,我国石油对外依存度达到58.1%。国际能源机构预测,随着越来越多中国消费者购买汽车,到2030年,中国石油消耗量的80%需要依靠进口。

1.2.2 环境污染

世界卫生组织指出,全球大多数城市的空气质量指数未能达到该组织的建议标准,全世界90%的城市居民所呼吸空气的污染程度都明显高于其设定的极限值。城市空气的主要污染源是汽车尾气及煤、石油和天然气的燃烧。2013年发布的《中国环境分析》报告数据显示,世界上污染最严重的10城市有7个在中国,全国500个城市中,空气质量达到世卫组织推荐标准的不足5个。

燃油汽车在行驶过程中会产生大量的有害气体,不但污染环境,还大大地影响人类健康。汽车尾气排放的主要污染物为一氧化碳(CO)、碳氢化合物(HC)、氮氧化物(NO_x)、铅(Pb)、细微颗粒物及硫化物等。这些一次污染物还会通过大气化学反应生成光化学烟雾、酸沉降等二次污染物。据统计,全球大气污染42%源于交通车辆产生的污染。随着城市机动车数量的快速增长,机动车排气污染已成为城市大气污染的主要贡献者。一些城市机动车排放的污染物对多项大气污染指标的贡献率已达到70%以上。机动车排放污染已对城市大气污染构成了严重威胁,是雾霾形成的重要因素之一,因此,必须研究改善城市机动车排放污染的对策和措施。

降低和控制机动车排放污染物的主要措施如下。

(1) 不断完善和升级汽车油耗标准。通过制定和实施汽车油耗标准法规,逐步提高汽车油耗水平。近年来,我国汽车行业相关油耗标准不断升级,随着汽车油耗标准法规水平升级,到2015年,当年生产的乘用车平均燃料消耗量降至6.9L/100km,节能型乘用车燃料消耗量降至5.9L/100km以下。到2020年,当年生产的乘用车平均燃料消耗量降至5.0L/100km,节能型乘用车燃料消耗量降至4.5L/100km以下;商用车新车燃料消耗量将接近国际先进水平。

(2) 不断完善和升级汽车排放标准。通过制定和实施汽车排放标准法规,逐步提高汽车排放技术水平,降低汽车尾气排放。近年来,我国汽车行业排放标准不断升级。轻型汽油车单车碳氢化合物(HC)和氮氧化物(NO_x)国Ⅳ排放限值较国Ⅰ下降81%;重型柴油车单车碳氢化合物国Ⅳ排放限值较国Ⅰ下降58%,氮氧化物下降56%,颗粒物(PM)下降94%。

北京市制定了严格的地方标准加强对机动车尾气排放的控制,排放水平要求明显高于全国大部分地区。2013年2月1日率先实施京Ⅴ排放标准,以尽快降低机动车尾气排放。例如,轻型汽油车、重型柴油车单车氮氧化物排放均将下降43%左右,从而降低废气污染物和PM2.5。

(3) 提高燃油品质。燃油品质在很大程度上限制了机动车排放污染物的水平，推迟了汽车排放法规的实施，因此，应尽快提高我国的燃油品质。

(4) 积极开展先进节能减排技术的研发和创新。汽车行业应大力发展混合动力技术，柴油机高压共轨、汽油机缸内直喷、均质燃烧及涡轮增压等高效内燃机技术和先进电子控制技术，先进传动系统技术（包括六挡及以上机械变速器、双离合器式自动变速器、商用车自动控制机械变速器等）。开展高效控制氮氧化物等污染物排放技术研究等，积极推进有关先进技术应用。

(5) 大力发展节能与新能源汽车。国家出台了《节能与新能源汽车产业发展规划（2012—2020年）》，基本建立了节能与新能源汽车技术研发体系，积极推广示范运行，初步形成节能与新能源汽车产业化能力，并取得积极进展。

(6) 改善城市交通环境。在城市的环境保护中，即使是每一辆机动车都达到了国家规定的排放法规要求，也不能保证城市的交通污染就一定达到环保标准要求。这是由于大量机动车在一定时间、空间内的相对集中，从而造成城市的某一地区在排放污染物总量上超标。因此，从机动车管理的角度考虑，要疏导交通，提高机动车运行速度，优化路网布局，合理分配车流，减少城市中心区的车流密度，改善汽车运行工况，降低机动车污染物排放。

欧洲制定了旨在限制汽车污染物排放的欧Ⅴ和欧Ⅵ标准。根据新标准，未来欧盟国家对本地生产及进口汽车的污染物排放量，特别是氮氧化物和颗粒物排放量的控制将日益严格。

欧Ⅴ标准于2009年9月1日开始实施。根据这一标准，柴油轿车的氮氧化物排放量不应超过180mg/km，比欧Ⅳ标准规定的排放量减少了28%；颗粒物排放量则比欧Ⅳ标准规定的减少了80%，所有柴油轿车必须配备颗粒物滤网。柴油SUV执行欧Ⅴ标准的时间是2012年9月。

相对于欧Ⅴ标准，于2014年9月实施的欧Ⅵ标准更加严格。根据欧Ⅵ标准，柴油轿车的氮氧化物排放量不应超过80mg/km，与欧Ⅴ标准相比，欧Ⅵ标准对人体健康的益处将增加60%~90%。

欧Ⅵ标准分两个阶段实施。首先，针对全部批准的新车型实施，生效日期是2013年1月1日。之后，从2014年1月1日起，所有从2014年1月1日开始注册的新货车和客车都必须装备欧Ⅵ认证发动机。欧Ⅵ标准规定的尾气排放中各成分的含量有显著降低，改变包括：所有的NO_x排放降低至0.46g/(kW·h)，同目前的欧Ⅴ限值相比下降了75%；PM降低到0.01mg/(kW·h)，或是说同欧Ⅴ相比下降66%；推出了更低的氨排放限值；对所有运行700000km或7年的车辆的欧Ⅵ发动机有一个加强排放耐久性要求；对发动机的车载诊断系统（OBD）性能要求进一步提升；采用新的全世界范围内的"瞬态"和"稳态"测试循环，包括冷起动和正常运行温度部件状态，测试状态的设计更接近车辆在真实环境中运行时部件的反应。

柴油面包车和7座以下载客车实施欧Ⅴ和欧Ⅵ标准的时间分别比轿车晚1年。2010年9月，面包车等实施欧Ⅴ标准，面包车的氮氧化物排放量不应超过280mg/km；2015年9月实施欧Ⅵ标准后，新款面包车的氮氧化物排放量不应超过125mg/km。

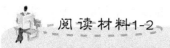

轻型汽车排放标准

汽车排放是指从废气中排出的CO（一氧化碳）、HC+NO$_x$（碳氢化合物和氮氧化物）、PM（微粒）及炭烟等有害物质。汽车排放标准是国家对汽车污染源排入环境的污染物的浓度或总量的限量规定。我国轻型汽车排放标准分为5个阶段。

第Ⅰ阶段：GB 18352.1—2001《轻型汽车污染物排放限值及测量方法（Ⅰ）》，等效采用欧盟93/59/EC指令，参照采用98/77/EC指令部分技术内容，等同于欧Ⅰ，于2001年4月16日发布并实施。

第Ⅱ阶段：GB 18352.2—2001《轻型汽车污染物排放限值及测量方法（Ⅱ）》，等效采用欧盟96(10)69/EC指令，参照采用98(10)77(10)EC指令部分技术内容，等同于欧Ⅱ，从2004年7月1日起实施。

第Ⅲ阶段：GB 18352.3—2005《轻型汽车污染物排放限值及测量方法（中国Ⅲ、Ⅳ阶段）》，部分等同于欧Ⅲ，于2007年7月1日实施。

第Ⅳ阶段：GB 18352.3—2005《轻型汽车污染物排放限值及测量方法（中国Ⅲ、Ⅳ阶段）》，部分等同于欧Ⅳ，于2010年7月1日实施。

第Ⅴ阶段：GB 18352.5—2013《轻型汽车污染物排放限值及测量方法（中国第Ⅴ阶段）》，部分等同于欧Ⅴ和欧Ⅵ，将于2018年1月1日实施。

第Ⅰ阶段和第Ⅱ阶段的汽车排放限值见表1-1，第Ⅲ阶段和第Ⅳ阶段的汽车排放限值见表1-2，第Ⅴ阶段的汽车排放限值见表1-3。

表1-1　第Ⅰ阶段和第Ⅱ阶段的汽车排放限值　（单位：g/km）

阶段	车辆类型	基准质量 RM/kg	限值					
			CO		HC+NO$_x$		PM	
			PI	CI	PI	CI-FZ	CI-Z	CI-FZ	CI-Z
Ⅰ	第一类车	全部	2.72		0.97	1.36		0.14	0.20
	第二类车	$RM \leq 1250$	2.72		0.97	1.36		0.14	0.20
		$1250 < RM \leq 1700$	5.17		1.40	1.96		0.19	0.27
		$RM > 1700$	6.90		1.70	2.38		0.25	0.35
Ⅱ	第一类车	全部	2.2	1.0	0.5	0.7	0.9	0.08	0.10
	第二类车	$RM \leq 1250$	2.2	1.0	0.5	0.7	0.9	0.08	0.10
		$1250 < RM \leq 1700$	4.0	1.25	0.6	1.0	1.3	0.12	0.14
		$RM > 1700$	5.0	1.5	0.7	1.2	1.6	0.17	0.20

表 1-2 第Ⅲ阶段和第Ⅳ阶段的汽车排放限值　　（单位：g/km）

阶段	车辆类型	基准质量 RM/kg	限值					
			CO		HC	NO$_x$		HC+NO$_x$	PM
			PI	CI	PI	PI	CI	CI	CI
Ⅲ	第一类车	全部	2.30	0.64	0.20	0.15	0.50	0.56	0.050
	第二类车	$RM \leqslant 1305$	2.30	0.64	0.20	0.15	0.50	0.56	0.050
		$1305 < RM \leqslant 1760$	4.17	0.80	0.25	0.18	0.65	0.72	0.070
		$RM > 1760$	5.22	0.95	0.29	0.21	0.78	0.86	0.100
Ⅳ	第一类车	全部	1.00	0.50	0.10	0.08	0.25	0.30	0.025
	第二类车	$RM \leqslant 1250$	1.00	0.50	0.10	0.08	0.25	0.30	0.025
		$1250 < RM \leqslant 1700$	1.81	0.63	0.13	0.10	0.33	0.39	0.040
		$RM > 1700$	2.27	0.74	0.16	0.11	0.39	0.46	0.060

表 1-3 第Ⅴ阶段的汽车排放限值

车辆类型	基准质量 RM/kg	限值								
		CO		THC	NMHC	NO$_x$		THC+NO$_x$	PM		PN
		(g/km)								(个/km)
		PI	CI	PI	PI	PI	CI	CI	PI	CI	CI
第一类车	全部	1.00	0.50	0.100	0.068	0.060	0.180	0.230	0.0045	0.0045	6×10^{11}
第二类车	$RM \leqslant 1305$	1.00	0.50	0.100	0.068	0.060	0.180	0.230	0.0045	0.0045	6×10^{11}
	$1305 < RM \leqslant 1760$	1.81	0.63	0.130	0.090	0.075	0.235	0.295	0.0045	0.0045	6×10^{11}
	$RM > 1760$	2.27	0.74	0.160	0.108	0.082	0.280	0.350	0.0045	0.0045	6×10^{11}

注：表 1-1～表 1-3 中，CO 代表一氧化碳，HC 代表碳氢化合物，THC 代表总碳氢化合物，NMHC 代表非甲烷基碳氢化合物，NO$_x$ 代表氮氧化物，PM 代表颗粒物质量，PN 代表颗粒物个数；PI 代表点燃式发动机；CI 代表压燃式发动机；CI－FZ 代表非直喷压燃式发动机；CI－Z 代表直喷压燃式发动机。

1.2.3 气候变暖

能源的大量消耗带来温室气体排放问题。二氧化碳是全球最重要的温室气体,是造成气候变化的主要原因,而它主要来自化石燃料的燃烧。中国的二氧化碳年排放量在 8.3 亿吨以上,仅次于美国列世界第 2 位。国务院公布的《2014—2015 年节能减排低碳发展行动方案》中,要求 2014—2015 年,中国单位 GDP 二氧化碳排放量两年分别下降 4% 和 3.5% 以上。

据世界上许多科学家预测,未来 50~100 年人类将完全进入一个变暖的世界。由于人类活动的影响,温室气体和硫化物气溶胶的浓度增加过快,未来 100 年全球平均地表温度将上升 1.4~5.8℃,到 2050 年我国平均气温将上升 2.2℃。

越来越多的证据足以证明,人类活动是造成气候变暖的原因,而气候变暖又是由于大气中聚集了大量温室气体,主要是二氧化碳。气候变化风险加剧。交通领域二氧化碳排放成为关注重点。据 IEA 估计,汽车二氧化碳总排放量将从 1990 年的 29 亿吨增加到 2020 年的 60 亿吨。汽车对地球环境造成了巨大影响。

控制消费和节约能源是减少二氧化碳排放量的重要途径。仅在工业发达国家,人均能源的消费指数为 1~3 不等,这就表明,节约能源的余地是极大的。当然,还可以考虑保持适当的消费水平,同时用那些不会产生温室效应的替代品来取代那些会造成污染的能源。

为了减少汽车对全球气候变暖的影响,削减温室气体二氧化碳的排放,汽车应尽量采用小排量发动机和稀薄燃烧发动机,最大限度地提高能源利用效率,从而减少汽车对全球气候变暖的影响。为了减少汽车二氧化碳的排放量,汽车二氧化碳排放法规开始实施。最近,欧盟设定了一项当今全球最严格的汽车碳排放控制目标,从 2020 年 1 月 1 日起,欧盟将开始销售独特的新型汽车,这些汽车的二氧化碳平均排放量为 95g/km,而 2015 年汽车二氧化碳排放量为 130g/km,到时如果超过 95g/km 这一标准,汽车制造厂家将会受到经济处罚。

如果我国采用一系列先进技术,包括电动汽车、天然气汽车和以天然气为燃料的内燃机技术,到 2030 年,中国汽车二氧化碳的排放总量有可能降低 45%。

在能源和环境的压力下,新能源汽车无疑将成为未来汽车的发展方向。大力推进传统汽车节能减排和新能源汽车产业化,成为我国汽车产业亟须解决的重大课题。

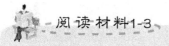

世界各国制定汽车碳排放标准

在鼓励和推动电动汽车研发和产业化的同时,世界各国制定了更加严格的汽车排放和燃料经济性法规。其特点是把二氧化碳的排放作为燃油经济性的重要度量。

欧盟通过减少汽车二氧化碳排放的指令来限制新车的排放,到 2015 年,欧洲新车二氧化碳平均排放将逐步降至 130g/km,到 2020 年为 95g/km。美国通过的燃油经济条例的目标是到 2016 年在美国销售的平均二氧化碳排放 155g/km。到 2020 年要与世界先进持平。日本的目标是 2015 年 155g/km,2020 年 115g/km。低于限额的产品将得到鼓励。中国也推出了新的油耗法规,并计划于 2015 年实施,相应折算的二氧化碳排放为 161g/km,并且明确指出要通过我们的努力,争取到 2020 年,我国汽车排放和能耗达到国际先进水平。

1.3 新能源汽车发展现状及趋势

2008年经济危机之后,面对全球范围日益严峻的能源形势和环保压力,世界主要汽车生产国都把发展新能源汽车作为提高产业竞争能力、保持经济社会可持续发展的重大战略举措,新能源汽车产业成为全球各国竞相追逐的战略性新兴产业之一。

目前,新一轮的新能源汽车研发、示范和产业化已经开始,而且得到各国政府和企业的高度重视,新能源汽车正处于产业爆发前期阶段。

1.3.1 国外新能源汽车发展现状

从国际上看,随着技术的不断创新与突破,面对石油短缺、环境污染和气候变暖等多重压力影响,2008年以来,以美国、日本、欧盟为代表的国家和地区相继发布实施了新的电动汽车发展战略,进一步明确了产业发展方向,明显加大了研发投入与政策扶持力度。美国以能源安全为首要任务,强调插电式混合动力电动汽车发展;日本以产业竞争力为第一目标,全面发展混合动力、纯电动、燃料电池三种电动汽车,研发和产业化均走在世界前列;欧盟以二氧化碳排放法规为主驱动力,重视发展纯电动汽车。

从技术层面看,常规混合动力电动汽车技术逐步成熟,已进入产品市场竞争期,率先实现了产业化,正成为汽车市场销售新的增长点,其中,日本市场混合动力电动汽车已达到汽车销量的10%左右;纯电动汽车电池技术进步加速,整车产品更加接近消费者需求;插电式混合动力电动汽车作为一种具有纯电动和混合动力双重特征的电动汽车技术成为全球新的研发热点;以电池租赁为代表的纯电动汽车商业模式创新取得进展,世界主要汽车制造商加快了纯电动汽车量产步伐;车用燃料电池技术取得重大进展,通用汽车公司轿车燃料电池发动机贵金属催化剂Pt的用量从上一代的80g降低到30g,并计划于2015年降至10g,燃料电池轿车在动力性、安全性、续驶里程、低温起动等性能指标方面已接近汽油车水平,燃料电池电动汽车整车成本显著下降,丰田公司宣布,2015年将实现燃料电池车零售价格为5万美元/辆的目标。

经多年探索实践,国际汽车产业界达成了电动汽车产业化战略共识:在技术路线上,近期(2010—2015年),在依靠内燃机汽车技术改进和推进车辆小型化实现降低油耗和排放的同时,为满足更为严格的节能减排法规目标要求,应尽快推进混合动力技术的应用,并发展小型纯电动汽车和插电式混合动力电动汽车;中期(2015—2020年),在混合动力技术得到广泛应用的基础上,提高汽车动力系统电气化程度,加大小型纯电动汽车和插电式混合动力电动汽车推广力度;中远期(2020年以后),各种纯电驱动技术将逐步占据主导地位,通过进一步发展纯电动汽车和燃料电池电动汽车,实现大幅度降低石油消耗和二氧化碳排放。在车型应用方面,纯电动、混合动力和燃料电池等不同类型的电动汽车技术各自具有最优的交通出行适用范围。对于城市短途出行需求,小型纯电动汽车具有优势;对于长途出行需求,适合采用混合动力电动汽车、插电式混合动力电动汽车或者燃料电池电动汽车。

据某国际咨询机构资料统计，2013年，全球共销售新能源汽车（含纯电动汽车、插电式混合动力电动汽车）接近15万辆，销量排在前10位的国家分别是：美国、日本、法国、中国、荷兰、德国、英国、挪威、加拿大和瑞典。

下面重点介绍美国、日本、法国和德国有关新能源汽车及其产业的发展。

1. 美国

美国通过政府立法、财政补贴、减免税收和政府投资项目研发及建立产业联盟等措施，促进新能源汽车发展。

2005年，美国政府出台了《能源政策法》，按纯电动汽车总重划分为四档：小于且等于8000lb（1lb＝0.45359237kg）；大于8000lb且小于等于14000lb；大于14000lb且小于等于26000lb；大于26000lb。根据质量的不同确定不同的减税幅度，购买总量不超过8500lb的纯电动汽车减3500美元，若这种纯电动汽车一次充电续驶里程达到100mile（1mile＝1609.344m）的或有效荷载容量达到1000lb的，可以增大减税幅度到6000美元，支持纯电动汽车的发展。

美国政府也鼓励以混合动力电动汽车为代表的其他新能源汽车的使用。2007年5月初，美国国内收入局（IRS）调整针对环保车辆的税收优惠措施，规定消费者购买通用、福特、丰田、日产等公司生产的符合条件的混合动力电动汽车，可以享受到250～2600美元不等的税款抵免优惠。2007年11月，美国能源部再斥资2000万美元增强对插电式混合动力电动汽车的研发，其中与美国先进电池联盟（USABC）对5个PHEV电池研发项目合作投资1720万美元，并为密歇根大学提供近200万美元PHEV研究经费；加上USABC的匹配资金，项目总投入达到3800万美元。

美国能源部2008年6月12日宣布将拨款3000万美元，资助通用汽车公司、福特汽车公司、通用电气公司研究项目。美国能源部的目标是到2014年制造出有成本竞争力的、充电一次就可行驶40mile的插电式混合动力电动汽车，并到2016年实现批量生产。2008年12月，14家美国电池和先进材料企业，在美国阿冈国家实验室（Argonne National Laboratory）的支持下，成立了先进交通运输用电池生产国家联盟，以提高美国车用锂离子电池制造实力。

2009年2月，总统奥巴马签署的《美国复苏与再投资法案》生效，混合动力电动汽车、动力电池、风电和太阳能等新能源技术成为政府发展重点。并且，美国政府通过减税、补贴消费者等政策加快新能源汽车的推广和应用，并设立了一个总量为250亿美元的基金，通过低息贷款方式，大力支持厂商对新能源汽车的研发和生产。

2010年5月，美国政府出台了2012—2016车型年乘用车温室气体和燃油经济性标准。该标准相当于降低40%的燃油消耗及50%的碳排放，并提出自2017—2025年，小型汽车每年提高5%燃油效率。同年8月，美国政府又出台首个重型车辆温室气体和燃油经济性法规（2014—2018车型年）。这一法规规定，与2010年基准相比，到2017年长途拖车卡车二氧化碳排放量要减少9%～27%。美国政府提高气体排放新标准就是一个有划时代意义的措施。美国政府估计这一标准将耗费汽车制造业520亿美元，但政府提供的补助新能源汽车买主每人7500美元抵税的办法，可为汽车制造业带来2400亿美元生意。

美国除了通用、福特和克莱斯勒公司等汽车巨头开始制造或计划推出电动汽车外，美国硅谷的创投企业表现更为耀眼,全电动汽车厂 Tesla Motors 获美国能源部 4.65 亿美元贷款,研发 Model S 四门新型电动汽车。2013 年特斯拉美国销售达 18650 辆,与 2012 年销量 2620 辆相比,激增 611%。

在国外,成立联盟已成为发展新能源产业的重要途径之一,2009 年,美国电动汽车产业链上的各方发起成立了美国电动汽车联盟(The Electrification Coalition,EC),成员涵盖雷诺汽车、江森自控、太平洋燃气和电力公司、A123 电池系统公司、联邦快递公司等企业。美国电动汽车联盟主要致力于从政策和行动上推动大规模实施电动汽车计划,最终改变美国经济、环境和对化石能源严重依赖的现状,实现美国电动汽车运输的革命性变化。

美国电动汽车联盟提出的电动汽车发展目标和行动计划,主要内容有:①到 2040 年美国将拥有 2.5 亿辆电动汽车,其中 3/4 的轻型汽车需求由电动汽车提供,届时美国轻型汽车耗油量将减少 75%,美国基本上摆脱进口石油依赖;②争取到 2020 年,全美拥有电动汽车 1400 万辆,近 1/4 的轻型汽车需求由纯电动汽车或插入式电动汽车提供;③呼吁联邦政府拨款 1300 亿美元,资助电动汽车电池开发生产和传统汽车厂商的转型,呼吁出台有吸引力的鼓励民众使用电动汽车和建设电动汽车基础设施的税收激励或财务补助政策措施,先行在美国 33 个重点城市展开,到 2013 年,全美有 75 万辆电动汽车上路,到 2018 年全美初步形成良好的电动汽车生态系统。

2012 年,美国电动汽车的年销售量已经突破 45 万辆,占整个乘用车市场的 3%。其中,混合动力电动汽车销量达到了 40 万辆,占整个电动汽车销量的 90%,与 2010 年相比增长了 42.2%,日本丰田公司生产的普锐斯系列车型占到了总销售量的一半,插电式混合动力电动汽车成为市场的新焦点。

2013 年,在美国销售的电动汽车、插电式混合动力电动汽车共计 9.6 万余辆,占全球销量一半以上。当年在美国销售的电动汽车、插电式混合动力电动汽车车型多样化,销售的车型有 18 种之多,其中包括雪佛兰 Volt、日产 Leaf、丰田 Prius、特斯拉 Model S 等知名车型,其中销售最好的车型为雪佛兰 Volt,2013 年全年在美销售 2.3 万余辆,而日产 Leaf 则以销售了 2.2 万多辆车在美销量排名第 2,特斯拉 Model S 销售 18650 辆位居第 3 名。

2. 日本

日本新能源汽车的产业化成果在全球范围内是最好的。在新能源汽车方面,日本主要走混合动力电动汽车的技术路线。日本在混合动力电动汽车技术领域,领先世界。以丰田普锐斯为代表的日本混合动力电动汽车,在世界低污染汽车开发销售领域已经占据了领头地位,截至 2014 年 6 月,累计销量突破 700 万辆。与此同时,日本还快速发展燃料电池电动汽车技术,丰田和本田汽车公司已成为当今世界燃料电池电动汽车市场上的重要企业。

丰田还将未来的汽车动力划分为 3 大类:第 1 类是用于近距离移动的小型家庭车辆,为纯电动汽车;第 2 类是一般家庭用乘用车,为混合动力和插入式混合动力电动汽车,包括用汽油、轻型燃油、生物燃料、天然气及合成燃料等;第 3 类是用于长途运输的商用车,为燃料电池电动汽车。在这些动力中,丰田汽车所认为的终极燃料将是利用电力和水取得的。除丰田外,其他几家日本汽车企业也在开发新一代的新能源汽车,如本田的 Insight IMG 混合动力电动汽车、日产 Leaf 和三菱 i‐MiEV 纯电动汽车等。

日本新能源汽车快速发展的主要原因是政策扶持和先进的技术。

从 1965 年启动电动汽车研制开始，日本就陆续出台了一系列产业政策以扶持新能源相关产业的发展。2001 年，国土交通省、环境省和经济产业省联合颁布了《低公害开发普及行动计划》，计划定义的低公害车包括天然气汽车、混合动力电动汽车、电动汽车、甲醇燃料汽车、排污和燃效限制标准最严格的清洁汽油汽车，计划到 2010 年全国低公害汽车达到 1340 万辆。2006 年，经济产业省资源能源厅颁布了《新国家能源战略》，到 2030 年，能源效率要比现在提高 30%，将石油依赖度从目前的近 50% 降至 40%，其中运输部门的石油依赖度从目前的 100% 降低至 80%。2007 年，经济产业省资源能源厅颁布了《新一代汽车及燃料计划》提出了"实现到 2030 年将交通运输领域石油依赖度降低到 80%"目标的具体手段，以及"实现新一代电池、清洁柴油、氢燃料电池、生物燃料，利用 IT 技术创建世界一流友好型汽车社会构想"发展战略的具体措施。2010 年，经济产业省颁布了"新一代汽车战略"计划，到 2020 年在日本销售的新车中，实现电动汽车和混合动力电动汽车等"新一代汽车"总销售比例达到 20%～50% 的目标，并计划在 2020 年前在全国建成 200 万个普通充电站、5000 个快速充电站。为了实现这一计划，日本政府通过援建电动汽车基础设施、减税和发放补贴等促进环保汽车发展。

日本国内逐渐形成了一种以"新一代汽车战略"为主线，以税收优惠、购车补贴、贷款支持等财税政策为支撑的电动汽车发展体系。

2009 年，日本开始实施"绿色税制"，它的适用对象包括纯电动汽车、混合动力电动汽车、清洁柴油汽车、天然气汽车及获得认定的低排放且燃油消耗量低的车辆。前 3 类车被日本政府定义为"下一代汽车"，购买这类车可享受免除多种税赋优惠。日本实行的"绿色税制"可使混合动力电动汽车税减免 2 万日元，车辆购置税减免 4 万日元。同时，另外一项"补助金"政策可支付混合动力电动汽车与汽油原型车差价的一半。因此一辆价格在 200 万日元的混合动力电动汽车总共可以减免购车费用约 26 万日元，约占 13%。更重要的是近年来，由于实现了规模化生产，混合动力电动汽车的价格有了很大的下降空间，实际购买时基本上消除了两者之间的差价。

在技术方面，日本占据了混合动力电动汽车和电动汽车技术的前沿。日本锂电池产业占据全球的大半江山，并引领锂电池产业技术的发展。在全球锂电池产业链上占据重要地位的材料供应商，几乎都是日本的一些化工和资源领域的知名企业。从电动汽车核心技术的专利情况看，全球超过 90% 的专利技术来自日本。

在日本政府的积极扶持下，日本新能源汽车得到快速发展。目前，日本已成为全球最大的新能源汽车市场。2012 年新能源汽车销量达到 812944 辆，其中混合动力电动汽车销量为 799612 辆，纯电动汽车销量为 13332 辆。2009—2012 年新能源汽车销量复合增长率达到 23%。

2013 年，在日本销售的纯电动汽车、插电式混合动力电动汽车共计 16582 辆。其中，日产 Leaf 车在日本销量超过 1.3 万辆。在日本销售的车型共有 10 款，包括了丰田 IQ、丰田第 3 代 Prius、日产 Leaf、本田飞度(Jazz)、本田 Accord、本田 FCX，以及三菱的 i‐MiEV、Outlander、小轿车 Minicab‐MiEV 和敞篷 Minicab‐MiEV。

3. 法国

法国是石油缺少的国家，汽油昂贵，油价约为美国的 4 倍，每年从国外进口大量的石油。20 世纪 70 年代石油危机成为法国开发电动汽车的转折点，1973 年雷诺汽车集团已研制出电动汽车。标致－雪铁龙与雷诺两大汽车公司一直在积极研制电动汽车，1990 年标致－雪铁龙公司的 J-5 和 C-25 电动货车投入生产，该公司 1995 年正式将标致 106 和雪铁龙 AX 电动轿车投入生产。从 1995 年 7 月 1 日开始，政府给购买电动汽车的用户提供 5000 法郎补贴，法国电力公司从自身利益考虑，向电动汽车制造厂生产的电动汽车每辆提供 10000 法郎的补助。这些措施给电动汽车在法国发展创造了良好的环境。

20 世纪 90 年代中期，法国开始推广电动汽车和天然气汽车。1999 年，政府要求所有市政部门的电动汽车及天然气汽车比例必须占市政部门拥有车辆总数的 20% 以上，以此带动整个社会选择环保车型。

近两年来，作为环保车型中的"佼佼者"，纯电动汽车和混合动力电动汽车在法国市场上具有独特的优势，这与政府推出的政策密不可分。

法国政府规定，自 2008 年 1 月 1 日起，政府按所购买新车的尾气二氧化碳排放量多少，对车主给予相应的现金"奖罚"，以鼓励购买低排量环保车型。按规定，凡购买尾气二氧化碳排放量介于 100~130g 的新车，车主可获得现金 200~1000 欧元不等的环保奖励。若购买超低能耗、低排放的新能源汽车如电动汽车，奖励金额则高达 5000 欧元。反之，如果尾气二氧化碳排放量在 160g 以上，将按递增方式向车主征收环保税，税额从 200~2600 欧元不等。此外，法国政府还鼓励报废能耗大的旧车，并给予一定数额的现金奖励。

在这些补贴、征税等政策的指导下，众多汽车商和消费者都将目光投向了更为环保的小排量汽车和新能源汽车。2009 年，二氧化碳排量在 140g/km 以下的汽车占了法国新车销售市场 63% 的份额。

在政府优惠政策的带动下，汽车生产商们也都闻风而动，雷诺-日产联盟、标致-雪铁龙与日本三菱汽车公司合作，推出环保电动汽车。

2013 年，在法国销售的纯电动汽车、插电式混合动力电动汽车共计 8300 多辆。在法国销售最火的电动汽车是日产尼桑的 ZOE，该车型大约销售了 5500 多辆，而日产 leaf 当年仅销售了 1000 多辆。

4. 德国

德国在新能源汽车方面也做出了重要贡献。宝马也是氢动力发动机车型研究的先行者。早在 2004 年宝马所研发的 H2R 赛车就在法国南方小镇 Miramas 高速赛道创造了 9 项世界纪录。其搭载一台 6.0L V12 氢动力发动机，最高车速达到了 300km/h 以上，百千米加速时间控制在 6s 以内。有了 H2R 赛车成功的先例，宝马就坚定了继续研发氢动力发动机车型的信心。在 2007 年，其向外界推出了 7 系氢动力车型，该车型搭载一台 6.0L V12 氢动力发动机，最大功率为 191kW，最大转矩为 390N·m。这个数据同汽油发动机车型的 327kW 相比还是存在一定的差距，但是 191kW 的动力也已经非常具有优势，毕竟零排放才是其真正的杀手锏。这台发动机基于宝马 760i 的 6.0L V12 发动机改进而来，按照双模式驱动的要求，在汽油模式下燃油通过直接喷射供应，同时在发动机进气系统中集成了氢供应管路。这台发动机的关键技术是喷射阀体需要提供相应的燃料/空气混合气体，在很短的时间内将适量的氢气送入进气当中。在解决这一难题的过程中，宝马发动机所具有的 Valvetronic 电子气门和 Double-VANOS 双凸轮轴可变气门正时系统起到至关重要的作用。虽然具有最为先进的技术，但是高昂的研发费用使得这款车的价格不菲，宝马目前只生产了 100 辆氢动力 7 系车型通过特殊的营销渠道供应给消费者。

德国政府表示，到 2020 年，可再生能源要占全部能源消耗的 47%，因此，2020 年德国境内的新能源汽车要超过 100 万辆。在 2009 年年初德国政府通过的 500 亿欧元的经济刺激计划中，很大一部分用于电动汽车研发、"汽车充电站"网络建设和可再生能源开发。

2013 年，在德国销售的纯电动汽车、插电式混合动力电动汽车共计 3200 多辆。当年销售车型分别为：雪佛兰 Volt、通用 Ampera、日产 Leaf、尼桑 ZOE、标致 C-ZERO、标致 iOn、宝马 i3、三菱 i-MiEV，共计 8 款车型。其中，销售最好的是尼桑 ZOE，销售量接近 1100 辆。

目前，国外各大汽车公司纷纷制订新的新能源汽车开发计划。在这个"环保竞技场"上，包括通用、奔驰、大众、宝马、丰田、本田、福特、克莱斯勒、日产等先行者，更是当仁不让地扮演了新能源车的主角。

1.3.2 国内新能源汽车发展现状

我国高度重视电动汽车技术的发展。"十五"期间，启动了"863"计划电动汽车重大科技专项，确立了"三纵三横"（三纵：纯电动汽车、混合动力电动汽车、燃料电池电动汽车；三横：电池、电动机、电控）的研发布局，取得了一大批电动汽车技术创新成果。"十一五"以来，提出"节能和新能源汽车"战略，政府高度关注新能源汽车的研发和产业化。

2006 年 6 月，"十一五"的"863"计划节能与新能源汽车重大项目通过论证。其重点任务是推进燃料电池汽车研发和示范运行，实现混合动力汽车规模产业化，拓展纯电动汽车的应用范围，进一步扩大代用燃料汽车的推广应用；促进节能与新能源汽车产业政策、法规和相关标准的研究与制定，完善相关检测评价能力，形成知识产权保护和投融资服务体系，构建节能与新能源汽车公共服务平台，建立中国节能与新能源汽车产业联盟；把握交通能源动力系统转型的重大机遇，建立以企业为主体的产学研结合的自主研发创新体系。

2006—2007 年，我国新能源汽车产业取得了重大的发展，自主研制的纯电动、混合动力和燃料电池三类新能源汽车整车产品相继问世；混合动力和纯电动客车实现了规模示范；纯电动汽车实现批量出口；燃料电池轿车研发进入世界先进行列。

2008 年 7 月 11 日，科技部和北京市举行了奥运新能源汽车示范运行交车仪式。交车仪式上，各类车型共计 595 辆交付使用，为官员、运动员、教练员、媒体记者及社会观众等提供服务。这 595 辆新能源汽车包括：上海动力、同济大学与上海大众等单位联合研制的 20 辆燃料电池轿车；奇瑞汽车有限公司研制生产的 40 辆 BSG、10 辆 ISG 混合动力轿车；长安汽车有限公司研制生产的 25 辆杰勋牌混合动力轿车；京华客车有限公司、北京理工大学等单位联合研制生产的 50 辆纯电动公交车；中通客车控股公司研制生产的 5 辆纯电动客车；一汽集团研制的 10 辆解放牌混合动力客车和 5 辆奔腾牌混合动力轿车；东风汽车公司研制生产的 15 辆东风混合动力客车和 410 辆纯电动场地车，北汽福田汽车股份有限公司联合清华大学研制的 3 辆低地板燃料电池客车等。据统计，北京奥运会、残奥会期间，这 595 辆汽车累计运行 371.4 万 km，载客 441.7 万人次，执行公务用车 970 次。我国自主研发的新能源车辆通过了这次规模化、集中化、高强度的运行考核，用科技成果和实际行动实现了奥林匹克中心区域交通"零排放"，在中心区域的周边地区和奥林匹克交通优先路线上的"低排放"。

2009 年 1 月 14 日，国务院常务会议原则通过汽车产业调整振兴规划，决定实施新能源汽车发展战略，重点强调将以新能源汽车为突破口，加强自主创新，形成新的竞争优势。这一决定将推动中国新能源汽车尽快实现产业化，也将为中国在新能源汽车领域走在世界前列、形成竞争优势奠定基础。

为推动节能与新能源汽车规模化、产业化，促进我国汽车产业加快结构调整、实现跨越式发展，2009 年，财政部、科技部发出了《关于开展节能与新能源汽车示范推广工作试点工作的通知》（以下简称《通知》），决定在北京、上海、重庆、长春、大连、杭州、济南、武汉、深圳、合肥、长沙、昆明、南昌共 13 个城市开展节能与新能源汽车示范推广试点工作。鼓励试点城市率先在公交、出租、公务、环卫和邮政等公共服务领域推广使用节能与新能源汽车。《通知》明确中央财政重点对试点城市购置纯电动汽车、混合动力电动汽车和燃料电池电动汽车等节能与新能源汽车给予一次性定额补助。补助标准主要依据节能与新能源汽车和同类传统汽车的基础差价，并适当考虑规模效应、技术进步等因素确定。《通知》同时要求地方财政安排一定资金，对节能与新能源汽车配套设施建设及维护保养等相关支出给予适当补助，保证试点工作顺利进行。后来，节能与新能源汽车示范推广试点城市已增至 25 个，即增加了天津、海口、郑州、厦门、苏州、唐山、广州、沈阳、成都、南通、襄樊、呼和浩特 12 个城市。

2010 年上海世博会期间，也有超过 1000 辆新能源汽车在世博场馆和周边运行。其中世博会园区以新能源汽车实现公共交通的零排放，包括 120 辆纯电动客车、36 辆超级电容客车和 6 辆燃料电池电动汽车通过公交车形式示范运行，140 辆纯电动场地车和 100 辆燃料电池观光车通过特定形式满足公共需求，可减少二氧化碳排放 1.3 万吨；园区周边则以符合国Ⅳ标准的混合动力电动汽车实现低排放。

2010 年 8 月 18 日，国务院国资委在北京召开由 16 家中央企业发起的"中央企业电动汽车产业联盟"成立大会，旨在有效发挥中央企业在我国经济结构调整、产业转型中的带头和引领作用，形成合力加快推动我国电动汽车产业的发展，以联盟的方式，促进企业间的合作与协同发展，快速、有效地突破电动汽车产业核心技术，尽快形成规模化发展态势。

2010 年 9 月 8 日，国务院常务会议审议并原则通过了《国务院关于加快培育和发展战略性新兴产业的决定》。其中，节能环保、新一代信息技术、生物、高端装备制造、新能源、新材料和新能源汽车 7 个产业，被确定为我国的战略性新兴产业并将在今后加快推进。

2012 年 5 月 30 日，国务院常务会议通过了《"十二五"国家战略性新兴产业发展规划》，规划中明确提出新能源汽车产业要加快高性能动力电池、电机等关键零部件和材料核心技术研发及推广应用，形成产业化体系。从 2012 年起国家每年将安排 10～20 亿元人民币资金，支持具备量产条件的新能源汽车产业化，支持节能汽车技术研发和产业链建设；继续加大 25 个城市公共服务领域新能源汽车示范推广力度，特别要扩大公务、物流、租赁等行业使用规模；同时要求试点城市尽快取消新能源汽车的车牌拍卖、摇号、限行等限制措施，出台停车费、电价、道路通行费等扶持政策，加快充电站等基础设施建设步伐。

2012年7月9日，由工业和信息化部牵头制定的《节能与新能源汽车发展规划（2011—2020年）》（以下简称《规划》）正式发布。《规划》提出，到2015年，纯电动汽车和插电式混合动力电动汽车累计产销量力争达到50万辆；到2020年，纯电动汽车和插电式混合动力电动汽车生产能力达200万辆、累计产销量超过500万辆，燃料电池电动汽车、车用氢能源产业与国际同步发展。《规划》提出的主要目标还包括：新能源汽车、动力电池及关键零部件技术整体上达到国际先进水平，掌握混合动力、先进内燃机、高效变速器、汽车电子和轻量化材料等汽车节能关键核心技术，形成一批具有较强竞争力的节能与新能源汽车企业。《规划》明确了业内关注的新能源汽车技术路线：以纯电驱动为新能源汽车发展和汽车工业转型的主要战略取向，当前重点推进纯电动汽车和插电式混合动力电动汽车产业化，推广普及常规混合动力电动汽车、节能内燃机汽车，提升我国汽车产业整体技术水平。

2013年，财政部、科技部及工业和信息化部等又下发了《关于继续开展新能源汽车推广应用工作的通知》，2013—2015年继续开展新能源汽车推广应用工作，对消费者购买新能源汽车给予补贴，对示范城市充电设施建设给予财政奖励。2013年12月，确认28个城市或区域为第一批新能源汽车推广应用城市，即北京、天津、太原、晋城、大连、上海、宁波、合肥、芜湖、青岛、郑州、新乡、武汉、襄阳、长株潭地区、广州、深圳、海口、成都、重庆、昆明、西安、兰州、河北省城市群（石家庄、唐山、邯郸、保定、邢台、廊坊、衡水、沧州、承德、张家口）、福建省城市群、浙江省城市群（杭州、金华、绍兴、湖州）、江西省城市群（南昌、九江、抚州、宜春、萍乡、上饶、赣州）、广东省城市群（佛山、东莞、中山、珠海、惠州、江门、肇庆）。2014年1月，又确定12个城市或区域为第二批新能源汽车推广应用城市，即沈阳、长春、哈尔滨、淄博、临沂、潍坊、聊城、泸州、内蒙古自治区城市群（呼和浩特市、包头市）、江苏省城市群（南京市、常州市、苏州市、南通市、盐城市、扬州市）、贵州省城市群（贵阳市、遵义市、毕节市、安顺市、六盘水市、黔东南州）、云南省城市群（昆明市、丽江市、玉溪市、大理市）。

2014年2月，国家发改委等单位联合发布了《关于进一步做好新能源汽车推广应用工作的通知》，确定了新能源汽车补贴范围和标准。

2014年7月，国务院办公厅印发了《关于加快新能源汽车推广应用的指导意见》，对充电设施建设、财政税收政策支持、政府采购、准入政策等提出指导方向，助推新能源汽车商业化、市场化进程提速。自2014年9月1日起，所有中国境内销售的电动汽车及燃料电池、混合动力的新能源汽车将取消车辆购置税。国家机关事务管理局、财政部等联合公布了《政府机关及公共机构购买新能源汽车实施方案》，明确政府机关和公共机构公务用车"新能源化"的时间表和路线图。2014—2016年，中央机关及88个示范城市政府机关的采购用车超过30%为新能源汽车，并逐年提高；其他城市机关，不低于10%（PM2.5污染较重的京津冀、长三角、珠三角不低于15%）；2015年不低于20%；2016年不低于30%，逐年提高。国家发改委下发了《关于电动汽车用电价格政策有关问题的通知》，明确了经营性和自用性充电设施电价收取标准。对经营性集中式充换电设施用电实行价格优惠，执行大工业电价，并且2020年前免收基本电费；对居民家庭住宅、住宅小区等充电设施用电执行居民电价。受益政策频频推出，新能源汽车即将驶入发展快车道。

2013年，在中国销售的纯电动汽车和插电式混合动力电动汽车6500多辆中，深圳比亚迪公司生产的BYD e6电动汽车成为销售冠军，销售了1500多台。排名第2的是销量为1400多辆的北汽E150 EV，排名第3的是销量为1300多辆的江淮同悦(J3)电动汽车。

当前，我国电动汽车发展已进入关键时期，既面临重大的发展机遇，也面临着严峻的挑战。我国电动汽车发展中还存在很多需要解决的问题，例如，核心技术还不具竞争优势，企业投入不足，政府的协调统筹潜力还没有充分发挥等。总体看，我国电动汽车研发起步不晚，发展不慢，但由于传统汽车及相关产业基础相对薄弱、投入不足，差距仍在，中高端技术竞争压力越来越大。因此，必须加大攻坚力度，推动我国汽车工业向创新驱动转型，抢占技术制高点，培育新能源汽车战略性新兴产业，引领产业变革，确保我国汽车行业可持续发展。

1.3.3 新能源汽车发展战略和发展趋势

1. 新能源汽车发展战略

我国以电动汽车为代表的新能源汽车发展的总体战略如下。

（1）战略定位。发展电动汽车，是在中国以煤为主的能源结构下，煤基能源交通应用的最佳方式，是我国汽车工业应对能源、环境和气候变化挑战及保持可持续发展的最佳途径；是我国应对金融危机、培育新兴产业和新的经济增长点的战略选择；是在国际汽车业"转移"与"转型"的大背景下，实现我国汽车产业从大国向强国转型、实现自主发展的最佳选择。

（2）战略目标。把握电动汽车的历史机遇，实施电动汽车国家战略，全面掌握电动汽车核心技术，带动汽车共性技术的全面提升，形成具有国际竞争力的电动汽车及关键零部件工业体系，加快汽车动力系统电气化转型，构建可持续发展的交通能源体系，实现我国由汽车大国向汽车强国的转变。

（3）自主创新目标。建立完善的自主创新开发体系，全面掌握电动汽车核心技术，形成具有国际先进水平的产品开发能力，自主开发的各类产品具有国际竞争力；整车、动力系统和电子控制等共性技术达到国际先进水平；先进动力电池、驱动电动机、燃料电池及发动机、多能源动力总成控制系统等关键技术达到国际领先水平。

（4）产业发展目标。建立起电动汽车整车及关键零部件的产品开发、生产、供应和售后服务保障体系，电动汽车规模化生产能力和网络化服务能力满足市场需要。小型纯电动汽车、大型纯电动商用车、轻度混合动力汽车和PLUG-IN混合动力汽车形成比较优势；先进动力电池、驱动电动机等关键零部件及其核心材料产业化规模和竞争力保持领先。

（5）市场环境目标。完善电动汽车消费和使用环境，各类电动汽车大规模进入市场，缓解能源和环境形势紧张的局面；混合动力汽车成为市场主导产品，纯电动汽车得到大规模应用，燃料电池汽车小批量进入市场，充电站、加氢站等基础设施基本满足电动汽车应用需求。

（6）政策法规目标。发挥标准引领作用，建立健全完善的电动汽车标准体系，积极参与国际标准化研究和制定工作，争取在优势产品和技术领域发挥主导作用；充分利用政策法规的激励和约束机制，系统规划、超前部署，建立有利于电动汽车发展的政策法规环境。

（7）战略途径。大力实施汽车产业转型战略；坚持自主创新，积极开发新一代能源动力系统,加快电动汽车的发展,瞄准未来汽车竞争制高点,加速车用能源动力系统向电气化"转型";利用国际汽车业"转移"的机遇,全面提升汽车共性关键技术水平,满足当前汽车节能和排放法规不断升级的需要,同时服务于我国汽车产业转型战略。

2. 新能源汽车发展趋势

根据目前新能源汽车的发展状况,新能源汽车主要有以下发展趋势。

(1) 突破电池技术是关键。作为动力源,现在还没有任何一种电池能与石油相提并论,动力电池已成为限制电动汽车发展的瓶颈。因此,研究和开发环境友好、成本低廉、性能优良的动力电池,是大量推广使用电动汽车的前提。

(2) 驱动电动机呈多样化发展。美国倾向于采用交流感应电动机,其主要优点是结构简单、可靠,质量较小,但控制技术较复杂。日本多采用永磁无刷直流电动机,优点是效率高、起动转矩大、质量较小,但成本高,且有高温退磁、抗振性较差等缺点。德国、英国等大力开发开关磁阻电动机,优点是结构简单、可靠,成本低,缺点是质量较大,易于产生噪声。

(3) 由于受续驶里程的影响,纯电动汽车向超微型发展。这种汽车降低了对动力性和续驶里程的要求,充电过程比较简单,车速不高,较适合于市内或社区小范围内使用。

(4) 混合动力汽车是内燃机汽车和纯电动汽车之间的过渡产品,既充分发挥了现有内燃机技术优势,又尽可能发挥电动机驱动无污染的优势。发展混合动力汽车有两条技术路线值得重视:一是轿车混合动力的模块化。通过功能模块的发展与组合逐步推进汽车动力的电气化。随着电功率的比例逐步提高,从只具备自动启停、急速关机功能的"微混合",以并联式混合动力发动机为主体的"轻混合"和以混联式为特征的"全混合",最终过渡到串联式"可充电混合"。二是城市客车混合动力系统的平台化。发电机组+驱动电动机+储能装置构成了混合动力系统的基本技术平台。混合动力汽车可以大幅度降低油耗,减少污染物排放,且技术成熟。

(5) 燃料电池汽车成为竞争的焦点。燃料电池汽车在成本和整体性能上,特别是续驶里程和补充燃料时间上明显优于其他电池的电动汽车,并且燃料电池所用的燃料来源广泛,又可再生,并可实现无污染、零排放等环保标准。因此,燃料电池汽车已成为世界各大汽车公司 21 世纪激烈竞争的焦点。燃料电池及氢动力发动机车型被看作是新能源汽车最终的解决方案。

(6) 开发新一代车用能源动力系统,发展新能源汽车。重点发展各种液体代用燃料发动机及其混合动力汽车,并逐步过渡到发展采用生物燃料的混合动力汽车和可充电的混合动力汽车;进一步发展以天然气为主体的气体燃料基础设施,分步建设长期可持续利用的气体燃料供应网络;以天然气发动机为基础,发展各种燃气动力,尤其是天然气/氢气内燃机及其混合动力;发展新一代燃料电池发动机及其混合动力;大力推进动力电池的技术进步,发展适合中国国情的纯电动汽车尤其是微型纯电动汽车。以城市公交车辆为重点,以点带面,稳步推进新能源汽车的示范与商业化。

另外,政府对加快新能源汽车的发展起着至关重要的作用,政府要加大资金投入和政策引导;企业要加大对新能源汽车研发的力度;同时要加大示范运行范围和力度,为新能源汽车规模化、产业化发展做准备。

1.4 新能源汽车技术路线及关键技术

在电动汽车科技发展"十二五"专项规划中，明确提出了我国电动汽车发展的技术路线和需要突破的关键技术。

1.4.1 新能源汽车技术路线

电动汽车按动力系统电气化水平分为两类：一类是全部或大部分工况下主要由电动机提供驱动功率的电动汽车(称为"纯电驱动"电动汽车，如纯电动汽车、插电式混合动力电动汽车、增程式电动汽车及燃料电池电动汽车)；另一类是动力电池容量较小，大部分工况下主要由内燃机提供驱动功率的电动汽车(称为常规混合动力电动汽车)。从培育战略性新兴产业角度看，发展电气化程度比较高的"纯电驱动"电动汽车是我国新能源汽车技术的发展方向和重中之重。要在坚持节能与新能源汽车"过渡与转型"并行互动、共同发展的总体原则指导下，规划电动汽车技术发展战略。

(1) 确立"纯电驱动"的技术转型战略。顺应全球汽车动力系统电动化技术变革总体趋势，发挥我国的有利条件和比较优势，面向"纯电驱动"实施汽车产业技术转型战略，加快发展"纯电驱动"电动汽车产品。实施这一技术转型战略，要依靠自主创新，坚持自主发展，突破电动汽车核心瓶颈技术；同时要充分利用国际资源，进一步提升我国汽车共性基础技术水平，服务于"纯电驱动"的技术转型战略。

(2) 坚持"三纵三横"的研发布局。我国电动汽车研发在"三纵三横"的技术创新战略指导下，经过"十五""三纵三横、整车牵头"和"十一五""三纵三横、动力系统技术平台为核心"两阶段技术攻关，取得了重大技术突破，形成了中国特色的电动汽车研发体系。"十二五"期间，继续坚持"三纵三横"的基本研发布局，根据"纯电驱动"技术转型战略，进一步突出"三横"共性关键技术。在"三纵"方面，将纯电动汽车、增程式电动汽车和插电式混合动力电动汽车作为纯电驱动汽车的基本类型归为一个大类；燃料电池电动汽车作为纯电驱动汽车的特殊类型继续独立作为一"纵"；混合动力电动汽车主要为常规混合动力电动汽车。在"三横"方面，"电池"包括动力电池和燃料电池；"电动机"包括电动机系统及其与发动机、变速器总成一体化技术等；"电控"包括"电转向""电空调""电制动"和"车网融合"等在内的电动汽车电子控制系统技术。

1.4.2 新能源汽车关键技术

新能源汽车关键技术包括"三纵三横"的关键技术。

1. 电池

以动力电池模块为核心，实现我国以能量型锂离子动力电池为重点的车用动力电池大规模产业化突破。以车用能量型动力电池为主要发展方向，兼顾功率型动力电池和超级电容器的发展，全面提高动力电池输入输出特性、安全性、一致性、耐久性和性价比等综合性能；强化动力电池系统集成与热-电综合管理技术，促进动力电池模块化技术发展；实现车用动力电池模块标准化、系列化、通用化，为支撑纯电驱动电动汽车的商业化运营模式提供保障;瞄准国际前沿技术,深入开展下一代新型车用动力电池自主创新研发,为电动汽车产业中长期发展进行技术储备;重点研究新型锂离子动力电池;研究新型锂离子动力电池设计、性能预测、安全评价及安全性新技术。新体系动力电池方面,重点研究金属空气电池、多电子反应电池和自由基聚合物电池等,并通过实验技术验证,建立动力电池创新发展技术研发体系。到 2015 年,为我国车用动力电池产业提升市场竞争能力提供科技支撑。通过新型锂离子动力电池和新体系电池的探索,确立我国下一代车用动力电池的主导技术路线。

突破燃料电池关键技术和系统集成,推进工程实用化,为新一代燃料电池电动汽车研发与产业化奠定核心技术基础。重点推进燃料电池的工程实用化,建立小批量生产线,进一步提升燃料电池性能,降低成本,强化电堆与系统的寿命考核,改进提高燃料电池系统控制策略与关键部件性能,提升燃料电池系统可靠性与耐久性,为燃料电池电动汽车示范运行提供可靠的车用燃料电池系统。加强燃料电池基础材料和系统集成科技创新,研发高稳定性、高耐久性、低成本的关键材料和部件。保证电堆在高电流密度下的均一性,提高功率密度,进一步增强系统的环境适应能力,为下一代燃料电池电动汽车研发奠定核心技术基础。

2. 电动机

面向混合动力大规模产业化需求,开发混合动力发动机/电机总成(发动机+ISG/BSG)和机电耦合传动总成(电机+变速器),形成系列化产品和市场竞争力,为混合动力电动汽车大规模产业化提供技术支撑。面向纯电驱动大规模商业化示范需求,开发纯电动汽车驱动电动机及其传动系统系列,同步开发配套的发动机发电机组(APU)系列,为实现纯电动汽车大规模商业示范提供技术支撑。面向下一代纯电驱动系统技术攻关,从新材料/新结构/自传感电机、IGBT 芯片封装和驱动系统混合集成、新型传动结构等方面着手,开发高效率、高材料利用率、高密度和适应极限环境条件的电力电子、电动机与传动技术,探索下一代车用电动机驱动及其传动系统解决方案,满足电动汽车可持续发展需求。

3. 电控

重点开发混合动力专用发动机先进控制算法(满足国 IV 以上排放法规)、混合动力系统先进实时控制网络协议、多部件间的转矩耦合和动态协调控制算法,研制高性能的混合动力系统(整车)控制器,满足混合动力电动汽车大规模产业化技术需求。重点开发先进的纯电驱动汽车分布式、高容错和强实时控制系统,高效、智能和低噪声的电动化总成控制系统(电动空调、电动转向、制动能量回馈控制系统),电动汽车的车载信息、智能充电及其远程监控技术,满足纯电动汽车大规模示范需要。重点开发基于新型电动机集成驱动的一体化底盘动力学控制、高性能的下一代整车控制器及其专用芯片、电动汽车智能交通系统(ITS)与车网融合技术(V2X,包括 V2G:汽车到电网的链接;V2H:汽车到家庭的链接;V2V:汽车到汽车的链接等网络通信技术),为下一代纯电驱动汽车开发提供技术支撑。

4. 混合动力电动汽车

针对常规混合动力电动汽车大规模产业化需求,开展系列化混合动力系统总成开发,协调控制、能量管理等关键技术攻关和整车产品的产业化技术研发,将节能环保发动机开发与电动化技术有机结合,重点突破产品性价比,形成市场竞争优势;突破混合动力电动汽车产业化关键技术，构建混合动力电动汽车零部件配套保障体系，开展批量化生产装备与工艺、质量管理体系及配套的维修检测设备开发，建成混合动力电动汽车专用的装配、检测、检验生产线。

中度混合动力方面，突破混合动力电动汽车关键技术，深化发动机控制技术研究，解决动力源工作状态切换和动态协调控制，以及能源优化管理，掌握整车故障诊断技术，进一步提高整车的可靠性、耐久性、性价比，开发出高性价比、具有市场竞争力、可大规模产业化的混合动力电动汽车系列产品。

深度混合动力方面，突破混合动力系统构型技术，能量管理协调控制技术，开发深度混合动力新构型；开发出高性价比、可大规模批量生产的深度混合动力轿车和商用车产品。

5. 纯电动汽车(含插电式/增程式电动汽车)

以小型纯电动汽车关键技术研发作为纯电动汽车产业化突破口，开发纯电动小型轿车系列产品(包括增程式)，并实现大规模商业化示范；开发公共服务领域纯电动商用车并大规模商业化示范推广；加强插电式混合动力电动汽车研发力度，开发系列化插电式混合动力轿车和商用车系列产品。

小型纯电动汽车方面，针对大规模商业化示范需求，开发系列化特色纯电驱动车型及其能源供给系统，并探索新型商业化模式。实现小型纯电动汽车(含增程式)关键技术突破，重点掌握电气系统集成、动力系统匹配和整车热－电综合管理等技术。开发出舒适、安全、性价比高的小型纯电动轿车系列产品。

纯电动商用车方面，重点研究整车 NVH、轻量化、热管理、故障诊断、容错控制与电磁兼容及电安全技术。

插电式混合动力电动汽车方面，掌握插电式混合动力构型及专用发动机系统研发技术；突破高效机电耦合技术、轻量化、热管理、故障诊断、容错控制与电磁兼容技术、电安全技术；开发出高性价比、可满足大规模商业化示范需求的插电式混合动力轿车和商用车系列产品。

6. 燃料电池电动汽车

面向高端前沿技术突破需求，基于高功率密度、长寿命、高可靠性的燃料电池发动机技术，突破新型氢-电-结构耦合安全性等关键技术，攻克适应氢能源供给的新型全电气化底盘驱动系统平台技术，研制出达到国际先进水平的燃料电池电动轿车和客车，并进行示范考核；掌握车载供氢系统技术，实现关键部件的自主开发，掌握下一代燃料电池电动汽车动力系统平台技术，研制下一代燃料电池电动轿车和客车产品，并进行运行考核。

为了加速推进新能源汽车产业市场化进程，科技部已经启动了"十三五"电动汽车科技规划的制定。"十三五"电动汽车科技规划将紧跟电动汽车产业和新能源新材料等新型经济发展，把握关键重点，在下一代电动机电控系统、新能源汽车的智能化技术和安全等重点领域开展技术攻关。

在动力电池方面，要加强新材料的研究与应用，如开展高电压材料、副离层材料，硅碳负极板等多元新材料的研究和电极、电解质的研究来提高电池性能；要研发高功率极片、芯结构的电池组，尽早实现专利布局；在正负极、锂离子生产方面提质量、降成本进行基础关键技术的研发。

新能源汽车概论（第2版）

在电动机方面，要聚焦驱动电动机，研发高性能电力电池装置，开发出高效量轻的电池系统，提升电动机系统的核心竞争力。在整车控制和信息系统上面，要瞄准电动汽车与信息化技术相互融合的新趋势，鼓励企业将互联网技术与新能源汽车技术结合，将智能电网、移动互联、物联网、大数据等信息技术深深地融入新能源汽车技术创新和推广应用上，大力开展智能化电动汽车、充电设施的研发与应用。

此外，重视新型的铝镁核心技术材料、碳纤维材料等新材料在电动汽车中的应用。

1. 什么是新能源汽车？新能源汽车包括哪些类型？
2. 为什么要发展新能源汽车？
3. 新能源汽车的发展趋势是什么？
4. 我国新能源汽车技术路线是什么？

第 2 章 新能源汽车类型

 教学目标

通过本章的学习，要求读者能够掌握纯电动汽车、增程式电动汽车、混合动力电动汽车和燃料电池电动汽车的类型、结构原理和特点等，对气体燃料汽车、生物燃料汽车、氢燃料汽车和太阳能汽车等有一个初步的了解。

 教学要求

知识要点	能力要求	相关知识
纯电动汽车	掌握纯电动汽车的结构原理、驱动布置形式和特点，了解关键技术、主要技术指标和主要车型特点	纯电动汽车的结构原理、传动系统布置形式和特点
增程式电动汽车	掌握增程式电动汽车的定义与分类、结构原理和特点，了解关键技术、主要技术指标和主要车型特点	增程式电动汽车的结构原理、传动系统布置形式和特点
混合动力电动汽车	掌握混合动力电动汽车的定义与分类、结构原理和特点，了解关键技术、主要技术指标和主要车型特点	混合动力电动汽车的结构原理、传动系统布置形式和特点
燃料电池电动汽车	掌握燃料电池电动汽车的类型、结构原理和特点，了解关键技术、主要技术指标和主要车型特点	燃料电池电动汽车的结构原理、传动系统布置形式和特点
其他新能源汽车	了解气体燃料汽车、生物燃料汽车、氢燃料汽车和太阳能汽车的基本知识	天然气汽车、液化石油气汽车、甲醇燃料汽车、乙醇燃料汽车、二甲醚燃料汽车、氢燃料汽车、太阳能汽车

导入案例

2014年9月3日，上汽荣威品牌的新能源汽车从上海汽车博物馆出发，拉开"创新征程——2014年新能源汽车万里行"的大幕，计划途经全国14个省市自治区的25个城市的荣威新能源汽车全国巡游活动正式启程。此次全国巡游活动将分为南北两线展开：北线从西藏预热，经南京、青岛、大连、唐山，于北京收官；南线将经杭州、南昌、厦门、深圳、佛山、昆明，于成都收官。"创新征程——2014年新能源汽车万里行"活动（图2.1）由国家科学技术部指导，上海市科委支持，上汽集团牵头，并得到了多地政府和科技委的积极响应和共同参与。据介绍，整个巡游历时3个月，行程在全国境内计划超越10000km，将穿越平原、登顶高原、越过山地、驰骋海滨，挑战沿海潮湿、高原极寒、南方湿热、北方干燥的气候环境，充分检验荣威新能源汽车在多种气候、路况、海拔高度等自然环境下的适应性及零部件性能和技术指标。此次活动的巡游车队由7辆上汽集团自主研发制造的新能源汽车组成，包括荣威550 PLUG-IN插电式混合动力轿车、荣威E50纯电动轿车及荣威750燃料电池轿车。

图2.1 2014年新能源汽车万里行活动

新能源汽车包括哪些类型？其基本结构与原理怎样？通过本章的学习，读者可以得到答案。

新能源汽车种类较多，本章重点介绍纯电动汽车、增程式电动汽车、混合动力电动汽车和燃料电池电动汽车的基本知识，简单介绍其他新能源汽车。

2.1 纯电动汽车

纯电动汽车是指以车载电源为动力，用电动机驱动车轮行驶，符合道路交通、安全法规各项要求的车辆，一般采用高效率充电蓄电池为动力源。纯电动汽车不需要再用内燃机，因此，纯电动汽车的电动机相当于传统汽车的发动机，蓄电池相当于原来的油箱，电能是二次能源，可以来源于风能、水能、热能、太阳能等多种方式。

2.1.1 纯电动汽车的类型

纯电动汽车可分为2种类型，即用纯蓄电池作为动力源的纯电动汽车和装有辅助动力源的纯电动汽车。

1. 用纯蓄电池作为动力源的纯电动汽车

用单一蓄电池作为动力源的纯电动汽车，只装置了蓄电池组，它的电力和动力传输系统如图 2.2 所示。

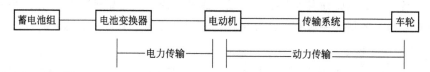

图 2.2 用单一蓄电池作为动力源的纯电动汽车的电力和动力传输系统

2. 装有辅助动力源的纯电动汽车

用单一蓄电池作为动力源的纯电动汽车，蓄电池的比能量和比功率较低，蓄电池组的质量和体积较大。因此，在某些纯电动汽车上增加辅助动力源，如超级电容器、发电机组、太阳能等，由此改善纯电动汽车的起动性能和增加续驶里程。装有辅助动力源的纯电动汽车的电力和动力传输系统如图 2.3 所示。

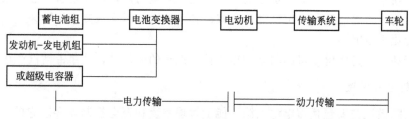

图 2.3 装有辅助动力源的纯电动汽车的电力和动力传输系统

2.1.2 纯电动汽车的结构原理

燃油汽车主要由发动机、底盘、车身和电气 4 大部分组成，纯电动汽车的结构与燃油汽车相比，主要增加了电力驱动控制系统，而取消了发动机，电力驱动控制系统的组成与工作原理如图 2.4 所示，它由电力驱动主模块、车载电源模块和辅助模块 3 大部分组成。

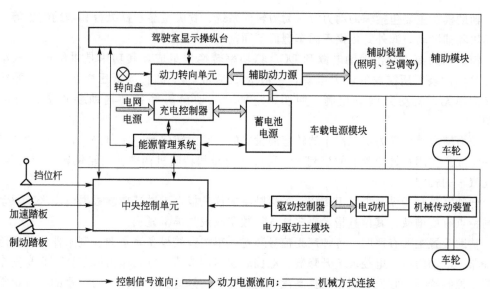

图 2.4 电力驱动控制系统的组成与工作原理图

当汽车行驶时,由蓄电池输出电能(电流)通过控制器驱动电动机运转,电动机输出的转矩经传动系统带动车轮前进或后退。电动汽车续驶里程与蓄电池容量有关,蓄电池容量受诸多因素限制。要提高一次充电续驶里程,必须尽可能地节省蓄电池的能量。

1. 电力驱动主模块

电力驱动主模块主要包括中央控制单元、驱动控制器、电动机、机械传动装置和车轮等。它的功用是将存储在蓄电池中的电能高效地转化为车轮的动能,并能够在汽车减速制动时,将车轮的动能转化为电能充入蓄电池。

中央控制单元根据加速踏板和制动踏板的输入信号,向驱动控制器发出相应的控制指令,对电动机进行启动、加速、减速、制动控制。

驱动控制器是按中央控制单元的指令、电动机的速度和电流反馈信号,对电动机的速度、驱动转矩和旋转方向进行控制。驱动控制器必须和电动机配套使用。

电动机在电动汽车中被要求承担电动和发电的双重功能,即在正常行驶时发挥其主要的电动机功能,将电能转化为机械能;在减速和下坡滑行时又被要求进行发电,将车轮的惯性动能转化为电能。

机械传动装置是将电动机的驱动转矩传输给汽车的驱动轴,从而带动汽车车轮行驶。

2. 车载电源模块

车载电源模块主要包括蓄电池电源、能量管理系统和充电控制器等。它的功用是向电动机提供驱动电能、监测电源使用情况及控制充电机向蓄电池充电。

纯电动汽车的常用蓄电池电源有铅酸电池、镍镉电池、镍氢电池、锂离子电池等。

纯电动汽车的能量管理主要是指电池管理系统,它的主要功用是对电动汽车用电池单体及整组进行实时监控、充放电、巡检、温度监测等。

充电控制器是把交流电转化为相应电压的直流电,并按要求控制其电流。

3. 辅助模块

辅助模块主要包括辅助动力源、动力转向系统、驾驶室显示操纵台和辅助装置等。辅助模块除辅助动力源外,依据不同车型而不同。

辅助动力源主要由辅助电源和DC/DC功率转换器组成,其功用是供给电动汽车其他各种辅助装置所需要的动力电源,一般为12V或24V的直流低压电源,它主要给动力转向单元、制动力调节控制、照明、空调、电动窗门等各种辅助装置提供所需的能源。

动力转向单元是为实现汽车的转弯而设置的,它由转向盘、转向器、转向机构和转向轮等组成。作用在转向盘上的控制力,通过转向器和转向机构使转向轮偏转一定的角度,实现汽车的转向。

驾驶室显示操纵台类同于传统汽车驾驶室的仪表板,不过其功能根据电动汽车驱动的控制特点有所增减,其信息指示更多地选用数字或液晶屏幕显示。

辅助装置主要有照明、各种声光信号装置、车载音箱设备、空调、刮水器、风窗除霜清洗器、电动门窗、电控玻璃升降器、电控后视镜调节器、电动座椅调节器、车身安全防护装置控制器等。它们主要是为提高汽车的操控性、舒适性、安全性而设置的,可根据需要进行选用。

应用案例2-1

图2.5是三菱产i-MiEV纯电动汽车的驱动系统图,它主要由牵引电动机、逆变器与动力蓄电池及车载充电器构成,这些装置的工作用电子计算机(以下简称计算机)进行高精度的集中控制。牵引电动机采用的是三相交流永磁同步电动机;动力蓄电池采用的是锂离子电池;逆变器功能是把来自动力蓄电池的直流电转换为交流电,根据驾驶人对加速踏板的操作需要调节电流与电压,以控制牵引电动机,而在制动能量回收时电动机变成发电机工作而发电,其所产生的交流电转换为直流电,向动力蓄电池充电;车载充电器采用的是100V/200V交流电普通充电用充电器;电动汽车所有组成部件的信息集中于电动汽车电子控制单元并进行集中控制。

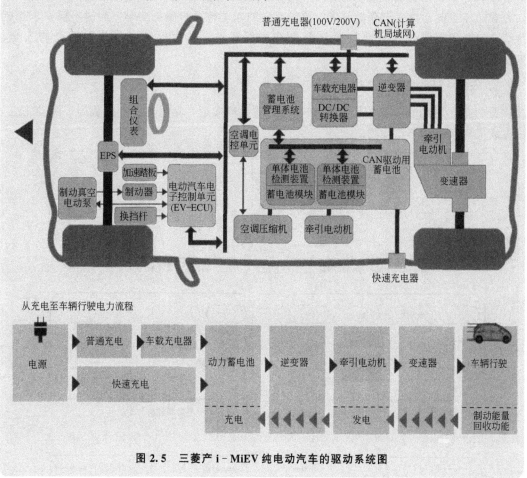

图2.5 三菱产i-MiEV纯电动汽车的驱动系统图

2.1.3 纯电动汽车驱动系统布置形式

电动汽车的驱动系统是电动汽车的核心部分,其性能决定着电动汽车运行性能的好坏。电动汽车的驱动系统布置取决于电动机驱动系统的方式。常见的驱动系统布置形式如图2.6所示。

1. 传统的驱动模式

图2.6(a)所示与传统汽车驱动系统的布置方式一致,带有变速器和离合器,只是将发

动机换成电动机,属于改造型电动汽车。这种布置可以提高电动汽车的起动转矩,增加低速时电动汽车的后备功率。

2. 电动机-驱动桥组合式驱动模式

图 2.6(b)和图 2.6(c)所示取消了离合器和变速器,但具有减速差速机构,由1台电动机驱动两车轮旋转。优点是可以继续沿用当前发动机汽车中的动力传动装置,只需要一组电动机和逆变器。这种方式对电动机的要求较高,不仅要求电动机具有较高的起动转矩,而且要求具有较大的后备功率,以保证电动汽车的起动、爬坡、加速超车等动力性。

3. 电动机-驱动桥整体式驱动模式

图 2.6(d)所示为将电动机装到驱动轴上,直接由电动机实现变速和差速转换。这种传动方式同样对电动机有较高的要求,要求有大的起动转矩和后备功率,同时不仅要求控制系统有较高的控制精度,而且要具备良好的可靠性,从而保证电动汽车行驶的安全、平稳。

4. 轮毂电动机驱动模式

图 2.6(e)和图 2.6(f)同图 2.6(d)布置方式比较接近,将电动机直接装到了驱动轮上,由电动机直接驱动车轮行驶。

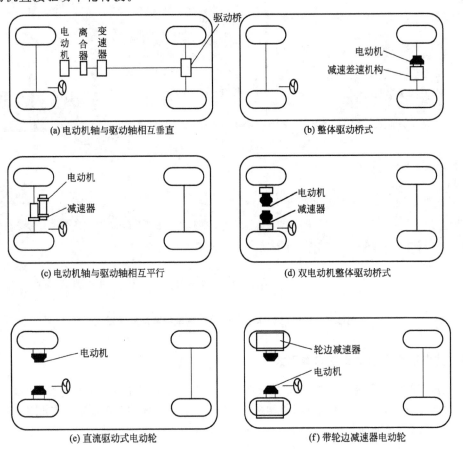

图 2.6 纯电动汽车驱动系统布置方案

目前,我国的电动汽车大都建立在改装车的基础上,其设计是一项机电一体化的综合工程。改装后高性能的获得并不是简单地将内燃机汽车的发动机和油箱换成电动机和蓄电池便可以实现的,它必须对蓄电池、电动机、变速器、减速器和控制系统等参数进行合理匹配,而且在总体方案布置时必须保证连接可靠、轴荷分配合理等才能获得。

2.1.4 纯电动汽车的特点

纯电动汽车与燃油汽车相比,具有以下特点。

1. 无污染,噪声低

纯电动汽车无内燃机汽车工作时产生的废气,不产生排气污染,对环境保护和空气的洁净是十分有益的,有"零污染"的美称;电动汽车无内燃机产生的噪声,电动机的噪声也较内燃机小。

2. 能源效率高、多样化

电动汽车的能源效率已超过汽油机汽车,特别是在城市运行、汽车走走停停、行驶速度不高时,电动汽车更加适宜。电动汽车停止时不消耗电量,在制动过程中,电动机可自动转化为发电机,实现制动减速时能量的再利用。

另一方面,电动汽车的应用可有效地减少对石油资源的依赖,可将有限的石油用于更重要的方面。向蓄电池充电的电力可以由煤炭、天然气、水力、核能、太阳能、风力、潮汐等能源转化。除此之外,如果夜间向蓄电池充电,还可以避开用电高峰,有利于电网均衡负荷,减少费用。

3. 结构简单、使用维修方便

电动汽车较内燃机汽车结构简单,运转、传动部件少,维修保养工作量小。当采用交流感应电动机时,电动机不用保养维护,更重要的是电动汽车易操纵。

4. 动力电源使用成本高、续驶里程短

目前电动汽车尚不如内燃机汽车技术完善,尤其是动力电池的寿命短、使用成本高。电池的储能量小,一次充电后行驶里程不理想,且电动车的价格较高。但随着电动汽车技术的发展,电动汽车存在的缺点会逐步得到解决。

2.1.5 纯电动汽车的关键技术

发展纯电动汽车必须解决好4个方面的关键技术:电池及管理技术、电动机及控制技术、整车控制技术及整车轻量化技术。

1. 电池及管理技术

电池是电动汽车的动力源,也是一直制约电动汽车发展的关键因素。要使电动汽车能与燃油汽车相竞争,关键就是要开发出比能量高、比功率大、使用寿命长、成本低的高效电池。但目前还没有任何一种电池能达到纯电动汽车普及的要求。

电池组性能直接影响整车的加速性能、续驶里程及制动能量回收的效率等。电池的成本和循环寿命直接影响车辆的成本及可靠性,所有影响电池性能的参数必须得到优化。电动汽车的电池在使用中发热量很大,电池温度影响电池的电化学系统的运行、循环寿命和充电可接受性、功率和能量、安全性和可靠性等。所以，为了达到最佳的性能和寿命，需将电池包的温度控制在一定范围内，减小包内不均匀的温度分布以避免模块间的不平衡，以此避免电池性能下降，而且可以消除相关的潜在危险。

2．电动机及控制技术

电动汽车的驱动电动机属于特种电动机，是电动汽车的关键部件。要使电动汽车有良好的使用性能，驱动电动机应具有较宽的调速范围及较高的转速，足够大的起动转矩，体积小、质量轻、效率高，而且有动态制动强和能量回馈的性能。电动汽车所用的电动机正在向大功率、高转速、高效率和小型化方向发展。

随着电动机及驱动系统的发展，控制系统趋于智能化和数字化。变结构控制、模糊控制、神经网络、自适应控制、专家系统、遗传算法等非线性智能控制技术，都将各自或结合应用于电动汽车的电动机控制系统。它们的应用将使系统结构简单、响应迅速、抗干扰能力强、参数变化具有鲁棒性，可大大提高整个系统的综合性能。

3．整车控制技术

新型纯电动汽车整车控制系统是两条总线的网络结构，即驱动系统的高速 CAN 总线和车身系统的低速总线。高速 CAN 总线每个节点为各子系统的 ECU，低速总线按物理位置设置节点，基本原则是基于空间位置的区域自治。

实现整车网络化控制，其意义不只是解决汽车电子化中出现的线路复杂和线束增加问题，网络化实现的通信和资源共享能力成为新的电子与计算机技术在汽车上应用的一个基础，同时也为 X-by-Wire 技术提供有力的支撑。

4．整车轻量化技术

整车轻量化技术始终是汽车技术重要的研究内容。纯电动汽车由于布置了电池组，整车质量增加较多，轻量化问题更加突出，可以采用以下措施减轻整车质量。

（1）通过对整车实际使用工况和使用要求的分析，对电池的电压、容量，驱动电动机的功率、转速和转矩，整车性能等车辆参数的整体优化，合理选择电池和电动机参数。

（2）通过结构优化和集成化、模块化优化设计，减小动力总成、车载能源系统的质量。这里包括对电动机及驱动器、传动系统、冷却系统、空调和制动真空系统的集成和模块化设计，使系统得到优化；通过电池、电池箱、电池管理系统、车载充电机组成的车载能源系统的合理集成和分散，实现系统优化。

（3）积极采用轻质材料，如电池箱的结构框架、箱体封皮、轮毂等采用轻质合金材料。

（4）利用 CAD 技术对车身承载结构件（如前后桥、新增的边梁、横梁等）进行有限元分析研究，用计算和试验相结合的方式，实现结构最优化。

2.1.6 纯电动汽车的主要技术指标

在"十二五"期间，我国要开展电动汽车大规模商业化示范运行，为实现电动汽车规模产业化，尤其是纯电驱动汽车销量达到同类车型总销量1%左右的目标提供科技支撑。

我国大规模商业化示范的纯电动汽车主要技术指标见表2-1。

表 2-1 大规模商业化示范的纯电动汽车主要技术指标

指标		小型纯电动轿车	公共服务领域纯电动商用车
动力电池	能量密度/(W·h/kg)	模块≥120	
	循环寿命	≥2000 次(100%DOD)	
	日历寿命	≥10 年	
	目标成本/[元/(W·h)]	模块≤1.5	
车用电动机	成本/[元/(W·h)]	≤200	≤300
	功率密度/(kW/kg)	≥2.7	≥1.8
	最高效率	≥94%	
电子控制		纯电动汽车电动化总成控制系统； 先进的纯电动汽车分布式控制系统； 纯电动汽车车载信息、智能充电和远程监控系统	
整车平台	最高车速/(km/h)	≥75(微型) ≥100	≥80~110
	续驶里程/km	≥100	≥150(非快充类)
	附加成本	与同级别燃油车辆或基础车型相当(不包括储能系统)	
支撑平台	基础设施	交流充电桩 40 万个以上，集中充/换电站 2000 座	
	示范城市	≥25 个	

下一代纯电驱动技术突破的主要技术指标见表 2-2。

表 2-2 下一代纯电驱动技术突破的主要技术指标

指标			轿车	客车
动力电池	能量型电池单体 能量密度/(W·h/kg)	新型	≥250	
		新体系	≥400	
	功率型电池单体能量密度/(W/kg)		≥5000	
车用电动机	功率密度/(kW/kg)		3.0	
	最高效率/(%)		94	
电子控制			新型电动机集成驱动的底盘动力学控制技术； 下一代纯电驱动整车控制系统关键技术； 纯电驱动汽车 ITS 及车网融合(V2G，V2H)技术	
整车平台	最高车速/(km/h)		≥180	≥80
	纯电续驶里程/(km)		≥250	≥200
	经济性		≤140W·h/km	≤0.05kW·h/(km·t)

2.1.7 纯电动汽车车型实例

1. 比亚迪 e6 纯电动汽车

比亚迪 e6 是比亚迪公司自主研发的一款纯电动汽车，它兼容了 SUV 和 MPV 的设计理念，整体时尚大气。其车身尺寸为 4560mm×1822mm×1630mm，轴距为 2830mm，轮距为 1556mm，最小离地间隙为 150mm；整备质量为 2295kg。较为宽大的车身内部仅设 5 座，保证了每个人的乘坐空间。E6 的动力电池和起动电池均采用比亚迪自主研发生产的磷酸铁锂电池，额定容量为 57A·h，标称电压为 330V。这种电池安全性高，不会对环境造成任何危害，其含有的所有化学物质均可在自然界中被环境以无害的方式分解吸收，能够很好地解决二次回收等环保问题，是绿色环保的电池。驱动电动机采用永磁同步电动机，额定功率为 75kW，最大转矩为 450N·m，工作电压为 320V。车载充电器的输入电压为 220V，输出功率为 200kW，充电时间为 7h，如果选择快充的话，15min 左右可充满电池电量的 80%。

比亚迪 e6 设计成熟，性能良好，续驶里程达到 316km。同时 e6 动力强劲，0~100km/h 加速时间在 10s 以内，最高车速可达 150km/h，最大爬坡度为 30%，而能量消耗率为 21.5kW·h/100km 左右，相当于燃油车消费价格的 30% 左右。

比亚迪 e6 车身结构采用前后贯通式纵梁，具有良好的碰撞安全性能。纯电动车 e6 已通过国家强制碰撞试验，并做了大量测试，包括 8~10 万 km 道路耐久试验，以及在软件控制等方面都有了很大的改进。

比亚迪 e6 纯电动汽车如图 2.7 所示。

图 2.7 比亚迪 e6 纯电动汽车

2. 北汽 E150 纯电动汽车

北汽 E150 是北京汽车新能源汽车有限公司自主研发的一款两厢纯电动汽车。该车具有 450L 的后备空间，人性化的 22 处储物空间，再加上电动天窗、6.5 寸液晶触摸导航大屏、多功能转向盘、一键升降车窗、电动折叠外后视镜、主副驾安全气囊、四六折叠后排座椅、泊车雷达+可视化泊车辅助等 27 项全功能安全和舒适配置，使其在日常使用和驾驶体验上丝毫不逊于传统燃油汽车。

E150 EV 车身尺寸为 3998mm×1720mm×1503mm，轴距为 2500mm；整备质量为 1320kg。E150 EV 采用中外合资磷酸铁锂高容量动力电池。该电池组电量为 25.6kW·h，一次充满电的综合工况续驶里程达160km,而60km/h的等速工况则能达到200km;且该电池组具有快充1h、慢充6~8h充满,满充满放3000次衰减率不到20%的优异性能。同时,该电池组采用了全封闭式组装工艺,即使在0.3m的深水中行驶半小时也能安然无恙;而独有的动力电池底盘保护仓技术,能在车辆发生严重碰撞时确保电池组安全无忧。

E150 EV采用了综合永磁电动机和磁阻电动机优势的永磁磁阻同步电动机,具有调速范围宽、高效节能的特性,其系统效率可达90%以上,远高于传统发动机的25%的能效利用率。该电动机额定功率为20kW,峰值功率为45kW,峰值转矩高达180N·m(相当于2.0L汽油发动机),故在加速、爬坡等性能上远优于一般同级别电动汽车。E150 EV最高车速为125km/h。

E150 EV有3种充电方式,220V家用充电、国标慢充电桩、国标直流快速充电;使用快充,约30min就充到80%。使用慢充需要6~8h。在使用中不用完全充满、完全放电,可以随用随充、浅充浅放,这让使用起来更方便自在。

E150 EV在纯电动汽车特有的三电系统——电池、电动机、电控上做精做足,使整车性能拥有领先的系统保障。E150 EV配备了独特的转矩安全保护、能量均衡管理、多种驱动模式选择、可调节式制动能量回收、高压电异常诊断与处理、高低压互锁断电等智能管理及保护系统,该系统能使电动汽车综合能效更高,故障率更低、续驶里程更长,电池稳定性和安全性更强。

在2014年环青海湖(国际)电动汽车挑战赛上,E150 EV(图2.8)凭借时尚外观、超大空间、良好的充电效能、操控性能、0~100km/h仅13.15s的加速等性能斩获最佳加速性能奖、媒体推荐最佳车型等奖项,整车性能指标表现非常强劲。

图2.8 北汽E150纯电动汽车

3. 江淮同悦iEV

江淮同悦iEV是由安徽江淮汽车股份有限公司基于同悦平台研发的第3代纯电动轿车,车身尺寸为4155mm×1650mm×1445mm,轴距为2400mm;整备质量为1200kg;乘坐4人。

同悦iEV搭载了永磁同步电动机和磷酸铁锂动力电池,电动机的额定功率为18kW,最大转矩为170N·m;电池容量为40A·h,电池组电压为340V,电池组能量为19kW·h。

同悦iEV最高车速为95km/h,最大爬坡度为25%,0~100km/h加速时间为14.5s;在市区内能实现最大160km的续驶里程,在匀速60km/h的情况下则能实现最大200km的续驶里程;能量消耗率为13kW·h/100km。

同悦 iEV 提供快速及慢速两种充电模式,其中使用慢充口充电需 8h,使用快充口充电需 2.5h(1h 将充满 80%),车内备有两种充电线,可以满足国家电网充电桩和家庭 220V 插座两种充电方式。

江淮同悦纯电动汽车如图 2.9 所示。

图 2.9　江淮同悦纯电动汽车

4. 上汽荣威 E50 EV

上汽荣威 E50 EV 是由上海汽车集团股份有限公司自主研发的纯电动汽车。荣威 E50 EV 车身尺寸为 3569mm×1551mm×1540mm,轴距为 2305mm；整备质量为 1080kg；乘坐 4 人。

上汽荣威 E50 EV 搭载了永磁同步电动机和磷酸铁锂动力电池,电动机的额定功率为 28kW,峰值功率为 52kW,最大转矩为 155N·m；电池容量为 60A·h,电池组电压为 300V,电池组能量为 18kW·h。

上汽荣威 E50 EV 最高车速为 130km/h,最大爬坡度为 25%,0～100km/h 加速时间为 15s；在市区内能实现最大 140km 的续驶里程,在匀速 60km/h 的情况下则能实现最大 190km 的续驶里程；能量消耗率为 11.6kW·h/100km。

上汽荣威 E50EV 提供快速及慢速两种充电模式,其中使用慢充口充电需 6h,使用快充口充电 30min 充满 80%,车内备有两种充电线,可以满足国家电网充电桩和家庭 220V 插座两种充电方式。

上汽荣威 E50 纯电动汽车如图 2.10 所示。

图 2.10　上汽荣威 E50 纯电动汽车

5. 日产 Leaf 纯电动汽车

日产 Leaf 是在日产骐达车型基础上开发的纯电动汽车。日产 Leaf 的车身尺寸为 4445mm×1770mm×1550mm，轴距为 2700mm；整备质量为 1525kg；乘坐 4 人。该车采用多层锂铁电池驱动，电池单体数目为 48，电池容量为 24kW·h，电池组的最大输出功率为 90kW，标称电压为 345V；驱动前轮的交流电动机输出功率为 80kW，转矩峰值可以达到 280N·m；最高车速为 144km/h；在完全充电的情况下，在匀速 30km/h 的情况下能实现最大 200km 的续驶里程；能量消耗率为 12kW·h/100km。

日产 Leaf 纯电动汽车的充电方式有多种。在家充电时使车辆充满大约需要 8h，在快速充电站，只需 30min 即可充 80% 的电量，而通过 10min 的快速充电，就可行驶 50km，方便消费者长途行驶。

为了最大限度地提升 Leaf 的续驶里程，日产在节能方面下了不少功夫。使用低能耗的 LED 前照灯和尾灯；特别设计的车头轮廓引导车头气流远离后视镜，减少风阻和风噪；由于动力系统的冷却需求较少，车头进气口面积也大幅缩减，减少了空气阻力。车厢内配有 IT 系统连接数据中心，可接收各种资讯和支援。日产 Leaf 使用高分辨率彩色液晶屏替代传统指针式仪表，除了车速、功率、能量回收状态、电池组温度、行驶时间、单次行驶里程、时钟、车外温度等常规信息外，还能根据电池组剩余电量估计续驶里程，借助导航系统提供临近充电站的位置和距离等。

日产 Leaf 纯电动汽车如图 2.11 所示。

图 2.11 日产 Leaf 纯电动汽车

6. 特斯拉 Model S

特斯拉 Model S 是由美国 Tesla 汽车公司制造的全尺寸高性能电动轿车。它把电动汽车最前沿的技术进行了实际应用，集成多功能的大尺寸液晶显示屏，多样化的电池选择，支持太阳能充电，最大 502km 的续驶里程等。

特斯拉 Model S 车身尺寸为 4978mm×1964mm×1435mm，轴距为 2595mm，最小离地间隙为 152mm；整备质量为 2108kg；乘坐 5 人。

特斯拉 Model S 提供 3 种不同配置供消费者选择。特斯拉 Model S60 配置的电动机最大功率为 222kW，最大转矩为 440N·m，电池容量为 60kW·h，最高车速为 190km/h，最大续驶里程为 390km，0~100km/h 加速时间为 6.2s；特斯拉 Model S85 配置的电动机最大功率为 270kW，最大转矩为 440N·m，电池容量为 85kW·h，最高车速为 200km/h，最大续驶里程为 502km，0~100km/h 加速时间为 5.6s；特斯拉 Model SP85 配置的电动机最大功率为 310kW，最大转矩为 600N·m，电池容量为 85kWh，最高车速为 200km/h，最大续驶里程为 502km，0~100km/h 加速时间为 4.4s。

充电方式上，特斯拉 Model S 可以选择传统插座充电和充电站充电两种方式。此外，还支持太阳能充电，对于容量为 85kW·h 的电池，仅需 1h 就可将电量充满。

特斯拉 Model S 纯电动汽车如图 2.12 所示。

图 2.12 特斯拉 Model S 纯电动汽车

2.2 增程式电动汽车

增程式电动汽车(Extended-Range Electric Vehicle，E-REV)，是以电能为主要驱动能源、发动机为辅助动力源的一种新型电动汽车。其动力系统主要由蓄电池和小型发电机组组成。在日常行驶时，增程式电动汽车类似于纯电动汽车，发动机完全关闭，处于纯电动模式，该模式完全可以满足城市日常上下班行驶需求。而在蓄电池荷电状态(SOC)达到较低水平时，发动机起动作为主动力源，补充车辆行驶所需的电能，多余的电能对动力电池进行充电。

2.2.1 增程式电动汽车结构

图 2.13 所示一款增程式电动汽车动力传动系统结构图，其中粗线表示机械连接，细线表示电气连接，虚线为 CAN 总线连接。

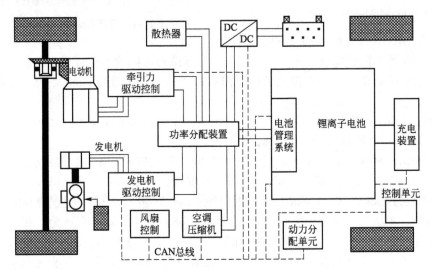

图 2.13 增程式电动汽车动力传动系统结构图

增程式电动汽车动力传动系统由电驱动系统、发动机/发电机系统、功率分配装置、动力电池等组成。

电驱动系统是由驱动电动机及牵引力驱动控制装置组成，发动机到驱动电动机之间没有机械连接，而是首先通过发电装置，将燃油的化学能转化成三相交流电，然后发电机驱动控制器将交流电转化成直流电，并通过发电机驱动控制装置到达功率分配装置，根据工况需要做出牵引力驱动控制的功率分配。发动机作为主要动力源时的动力传输为：①在需求功率比较大的时候，功率分配装置直接将电能传递给驱动力控制装置，驱动车辆行驶，不经过电池管理系统。根据车辆功率需求，驱动力控制系统中的逆变器将直流电转化成三相交流电，驱动电动机运转。②在增程模式下，如果增程模块提供的电能有剩余，则多余的电能将为蓄电池充电，蓄电池在增程模式下，起到平衡系统的充电和放电作用，稳定系统电压。③停车时，可以通过外接充电装置为蓄电池充电。此外，动力系统提供的电能要满足附件功率的需求，如散热器、风扇、空调压缩机等。

各个系统之间的数据传输可由 CAN 总线完成，实现控制单元之间的信息传递和命令执行，根据驾驶人施加给加速踏板或者制动踏板的位置指令，获取需求功率信息，传递给主控制器，主控制器根据目前行驶状况和车辆的状态进行判断，确定当前 E-REV 的运行模式，将控制指令传递给部件控制器，如牵引力驱动控制器、电池管理系统、发动机驱动控制器、附件功率控制等。

发动机、发电机和发电机驱动控制装置共同组成了一个增程器系统，增程器是增程式电动汽车驱动系统的关键组件，发动机/发电机系统与驱动车轮在机械上是分离的，发动机的转速和转矩与车速、牵引转矩的需求无关，因此可控制发动机运行在其转速-转矩平面上的任意点。通常应控制发动机使其运行在最佳工况区，此时发动机的油耗和排放降到最低程度，由于发动机和驱动车轮没有机械连接，因此最佳的发动机运行状态是可以实现的，其与电驱动系统的运行模式和控制策略密切相关。

增程器只提供电能，电能用来驱动电动机或者为动力电池充电，增加电动汽车的行驶里程，发动机到驱动电动机之间的动力传动路线没有机械连接，可以将电能用于驱动车辆，不经过蓄电池的充放电过程，降低了从增程系统到动力蓄电池的能量传递损失。增程式电动汽车的控制策略目的是在动力电池电能充足的情况下，保持在纯电动工作模式，将有害物质排放降到最低。这种模式下的控制策略与纯电动汽车类似，增程模式下的控制策略要保证增程器和动力电池得到最佳的匹配，获得最优的整车系统效率。

2.2.2 增程器的分类

增程器（Range Extender，RE）是增程式电动汽车最重要的组件之一，它与车辆的性能、油耗、燃油替代、原始成本和运行成本密切相关，增程器可以按以下进行分类。

1. 按布置位置分类

增程器包括发电装置和辅助能量存储装置，根据增程器与汽车的安装关系，即增程器的安装位置可以分为挂车式、插拔式和车载式 3 种。

（1）挂车式增程器。挂车式增程器安装在拖车上，根据行驶距离的不同决定是否使用增程器，出行前需要对出行距离做出预估，长距离行驶时需要拖挂增程器适时提供能量；市区短途行驶时取下拖车，此时完全变为一辆纯电动汽车使用。这种形式由于其结构的特殊性，实用性不高，更多的是作为室内场馆车。其优点是增程器输出功率能够根据需要设计，增程器可以使用多种辅助燃料。但是缺乏使用的灵活性，拖车质量和体积都比较大，不易倒车。在不确定是否需要长距离行驶时，或者有突发性事件的时候，都为驾乘者造成了很大的不便，限制了随意驾驶的自由度。

(2) 插拔式增程器。插拔式增程器将增程器设置为可插拔的模块，考虑到短途行驶时，不需要携带增程器行驶，提出了这种方案。这种增程器需要将增程器系统模块包括控制器和 DC/DC 转换器集中在一起，做成一个方便拆卸的独立单元。在日常短途行驶时，将增程器系统整体从车上拆下，此时只用蓄电池的电能驱动车辆行驶，完全变为纯电动汽车，减少了车辆的整备质量，提高了能量利用率；长途行驶时，将增程器模块通过机械及电气接口与整车动力系统相连，增加续驶里程。该种形式增程器对设计要求较高，并需要与动力部件及传动系统合理的匹配，在匹配的基础上要求的控制策略非常复杂，还要解决振动噪声等附加问题，所以目前的增程式电动汽车价格偏高。

(3) 车载式增程器。车载式增程器与纯电动汽车的动力系统固定在一起，结构形式简单，动力系统可以方便地实现结构布置，提高了整车的空间利用率，与插拔式增程器相比，不需要在出行前对出行距离进行预估，也不需要频繁地对增程器进行拆卸和安装，是目前应用最多的增程器系统。

2. 按结构组成分类

按照增程器的结构组成将目前已有的增程器分为以下几种。

(1) 大容量蓄电池增程器。大容量蓄电池增程器的优点是便于统一标准和规格，研发周期短，成本低，容易实现量产。但是由于这种增程器是基于传统的蓄电池，所以不可避免地存在能量密度较低、体积偏大、成本高等缺点。短距离行驶时的优势明显不足。

(2) 燃料电池增程器。为了达到尽量避免使用燃油，实现零排放的目标，燃料电池增程器成为一种新的选择。可以采用功率为 5~10kW 的小型燃料电池作为增程器，与车载主动力电池协同工作，延长电动汽车的续驶里程，燃料电池增程器的结构如图 2.14 所示。

以用氢燃料电池的增程器为例，把燃料电池增程器分为电源及其管理系统、氢气系统、燃料电池及其控制系统 3 个模块。其中电源系统及管理系统子模块主要由压力传感器、电压传感器、电流传感器、DC/DC 转换器、继电器、控制器铝盒、控制器插接件集合而成。氢气系统子模块主要由氢瓶、氢传感器、氢气管路、减压阀集成。燃料电池及其管理系统子模块由电堆、电堆控制器、电池阀、单片检测接头、电堆输出端导线、燃料电池风扇 DC/DC 组成，可以很方便地实现拆装。采用模块化布置法的氢燃料电池增程器系统整体结构如图 2.15 所示。

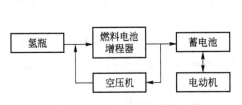

图 2.14 燃料电池增程器的结构

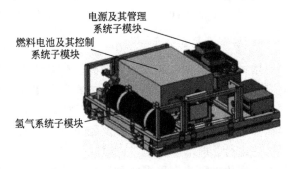

图 2.15 氢燃料电池增程器系统整体结构图

目前燃料电池增程器处于开发阶段，从整车集成方面的要求来讲，需要克服的技术问题比较多，要求空压机体积小、质量轻，并需要良好的散热装置。要求较大的压缩机空气压缩比，同时保证输出的空气流量相对较小，所以要使燃料电池增程器能够成熟地运用于增程式电动汽车，需要克服以上技术问题，目前在增程式电动汽车的应用还处于研发阶段。

（3）发动机/发电机组增程器。发动机/发电机组增程器可以采用多种发动机与发电机进行组合成为增程式系统，可供选择的发动机有传统的活塞式发动机、转子发动机、小型燃气轮机等。由于这种增程系统的电能由发动机提供，经历了发动机/发电机的能量转换过程，因此发电机功率要大于增程系统功率，发动机到发电机之间存在能量损失，要求发动机功率大于发电机功率，在满足以上结构和配置的基础上，保证发动机和发电机都工作在转矩/转速高效率区内。发动机/发电机组的增程系统是目前应用最多和技术最成熟的增程系统。

2.2.3 增程式电动汽车原理

增程式电动汽车的动力系统在组成上与串联插电式混合动力电动汽车的动力系统相似。特殊之处在于增程式电动汽车的能量传递路线体现出两种动力系统，但是只有一种驱动方式，即电动机驱动。不需要非常复杂的电能与化学能的耦合。在结构上，增程式电动汽车是在纯电动汽车的基础上开发的电动汽车，增程器的布置对原有车辆的动力系统结构影响较小。之所以称之为增程式电动汽车是因为车辆追加了增程器，而为车辆追加增程器的目的是进一步提升纯电动汽车的续驶里程，使其能够尽量避免频繁地停车充电。

第一种工作模式为纯电动模式，如图 2.16 所示的能量传递路线，与发动机和发电机无关，电池是唯一的动力源，这种工作模式与纯电动汽车一样，相当于一辆纯电动汽车。不同之处是，增程式的纯电动行驶里程可以设置的相对较小，不必装备大量的蓄电池组，电池的电量能够满足车辆起步、加速、爬坡、怠速，以及驱动汽车空调等附件。

第二种工作模式为增程模式，能量传递路线如图 2.17 所示。在电池的电量达到预设的最低值时，增程器系统启动，发动机运行在最佳的状况，使发电机发电，一部分用于驱动车辆行驶，多余的电量为蓄电池充电。增程模式的发动机可以有多种工作方式，根据控制策略的不同，可以选择发动机恒功率模式、功率跟随模式、恒功率与功率跟随相结合模式，此外有智能控制策略和优化算法控制策略等复杂控制策模式。当车辆停止的时候，可以利用市电为蓄电池充电。

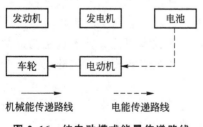

图 2.16 纯电动模式能量传递路线

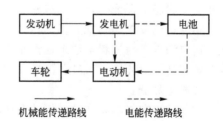

图 2.17 增程模式能量传递路线

2.2.4 增程式电动汽车的特点

增程式电动汽车与普通燃油驱动汽车相比，短距离行驶时不起动发动机，不排放污染物，长距离行驶时油耗比较低，在大部分情况下发动机不起动，所以噪声小。而且增程式电动汽车发动机/发电机起动时，工作于最佳工作范围内，这大大提高了发动机的工作效率。

增程式电动汽车与纯电动汽车相比，其最大优点是续驶里程得到了很大提高，纯电动汽车由于完全使用价格高昂的动力电池，附加成本高，而且即便电动汽车采用了最新的电池技术，续驶里程仍然有限。一旦电池能量消耗尽，汽车就无法行驶，只能停车等待充电。现在增程式电动汽车的提出使这个问题有了很好的解决办法，增程式电动汽车可以随时在加油站加油。在相同续驶里程条件下增程式电动汽车的电池组比较小，电池容量只需要纯电动汽车的30%～40%，无需配备大容量的动力电池，制造成本大幅降低。当电池组SOC值降低到一定限值时，转为增程模式运行，避免了电池组的过放电，电池寿命可以得到延长。不需要周转电池，可在停车场进行市电充电，不需要建立充电站，不需要大量的换电设施和工作人员，降低了成本。

增程式电动汽车与插电式混合动力电动汽车的最大区别在于，由于动力电池容量的增大及驱动系统设计的不同，增程式电动汽车在电能充足条件下行驶时发动机不参与工作。因此，这种类型的车辆并不需要像插电式混合动力电动汽车那样对其工作模式进行特定的说明。增程式电动汽车所使用的动力电池、驱动电动机及动力系统的用电功率都必须从满足整车性能的要求加以设计，车辆所搭载的动力电池组及其容量也必须从能够满足纯电动汽车整车性能需要的角度考虑。增程式电动汽车的工作模式看上去与早期的纯电动型插电式混合动力电动汽车相似，然而在电池电量充足的情况下，增程式电动汽车必须在所有的工作模式下维持纯电驱动模式。增程式电动汽车不需要为了驾驶者速度和功率的需求而起动发动机，因此在电池电量充足的情况下不需要像早期的纯电动型插电式混合动力电动汽车那样转变成混合驱动模式运行。在增程器设计方面，增程式电动汽车允许将发动机的功率显著降低，发动机所提供的动力不需要达到车辆动力性能所需的峰值功率，仅满足车辆行驶所需要的持续动力需求即可。

增程式电动汽车与混合动力电动汽车相比，由于混合动力电动汽车采用了复杂的机械动力混合结构，发动机和电动机复合驱动，电池能量很小，只起到辅助驱动和制动能量回收的作用。增程式电动汽车采取电池扩容的方式解决了电池驱动的续行能力问题。虽然车辆成本略有提高，但是在正常的运行工况下，有了电能补充装置的作用，电池处于良性平台充放，保证了电池的使用寿命，减少了维护成本。而电能补充装置进行电量补充且一直处于最佳工作状态，保证了发动机最佳工作状态。而且增程式电动汽车能外接充电，尽可能利用晚间低谷电或午间驾乘人员的休整间隙充电，进一步提高了能源利用率。

增程式电动汽车与燃料电池电动汽车相比，其电池成本更低，技术也更为成熟，燃料电池转换效率高，对环境无污染。随着燃料电池技术的进步和配套设施的成熟，开发和使用成本也会相应降低。

增程式电动汽车能够有效节约燃油利用率，主要是因为：①由于发动机不是直接与机械系统相连，发动机的工作状态相对独立，可将发动机设定于最佳效率点工作。②在电量保持模式下，主要由发动机驱动整车行驶，当需求功率较小时，发动机关闭，由动力电池驱动整车行驶；当需求功率较大时，动力电池提供发动机功率不足的部分，这样可避免发动机的工作点波动，保证发动机工作于最佳效率点。③当车辆制动时，电池组能有效回收制动能量。

综上所述，增程式电动汽车是一种可增加续驶里程的纯电动汽车，兼有混合动力电动汽车和纯电动汽车的特征，是现阶段解决新能源汽车技术问题最切实可行的方案之一。增程式纯电动汽车的特点如下。

（1）在电量消耗模式下，发动机不起动，由动力电池驱动整车行驶，这样可减少整车对石油的依赖，缓解石油危机。

（2）在电池电量不足时，为了保证车辆性能和电池组的安全性，进入电量保持模式，由动力电池和发动机联合驱动整车行驶。

（3）整车纯电动续驶里程满足大部分人员每天行驶里程要求，动力电池可利用晚间低谷电力充电，缓解供电压力。

（4）整车大部分情况下在电量消耗模式下行驶，能达到零排放和低噪声的效果。

（5）发动机与机械系统不直接相连，发动机可工作于最佳效率点，大大提高整车燃油效率。

鉴于增程器工作条件的特殊性，对电动汽车的增程系统提出了以下要求。

（1）增程系统要稳定可靠，可以立刻起动并进入正常工作状态。当长时间不用的时候要定期开启发动机运转，以使得各个部件得到良好的润滑和维护。

（2）由于工况复杂，为了实现高效率和低排放的要求，要求系统处在最优工作点工作，因此控制器非常关键，通过控制策略和优化措施，在保证整车动力性前提下提高经济性和效率。

2.2.5 增程式电动汽车的主要技术指标

我国大规模商业化示范的增程式电动汽车的主要技术指标见表2-3。

表2-3 大规模商业化示范的增程式电动汽车的主要技术指标

指标		增程式电动汽车
动力电池	能量密度/(W·h/kg)	模块≥120
	循环寿命/次	≥2000(100%DOD)
	日历寿命/年	≥10
	目标成本[元/(W·h)]	模块≤1.5
车用电动机	成本[元/(W·h)]	≤200
	功率密度/(kW/kg)	≥2.7
	最高效率/(%)	≥94
电子控制		纯电动汽车电动化总成控制系统 先进的纯电动汽车分布式控制系统 纯电动汽车车载信息、智能充电和远程监控系统

(续)

指标		增程式电动汽车	
整车平台	最高车速/(km/h)	≥75(≤1100kg)	80～110
		≥100(≤1300kg)	
	纯电续驶里程/km	≥100	≥150(非快充类)
	附加成本	与同级别燃油车辆或基础车型相当(不包括储能系统)	

2.2.6 增程式电动汽车车型实例

1. 瑞麒 X1 增程式电动汽车

瑞麒 X1 REEV 是奇瑞汽车开发的首款增程式电动汽车，其车身尺寸为 3866mm×1622mm×1638mm，锂离子电池可以提供 100km 的续驶里程，最高车速可达 120km/h。当车载电池电量消耗至最低临界限值时，一台 6kW 的 2 缸汽油发动机便开始自动起动，继续提供电能或直接驱动电动机，以实现 300km 的续驶里程。在普通电源上为其充电，耗时 6～8h，而使用高压快速充电，可在 30min 内充满。另外，瑞麒 X1 REEV 拥有数字行车电脑、四轮碟刹（盘式制动）系统、一键自动锁车升窗功能、四轮黑色动感大包围、银色行李架及 185 宽胎等多项配置。

瑞麒 X1 增程式电动汽车如图 2.18 所示。

图 2.18 瑞麒 X1 增程式电动汽车

2. 增程式电动宽体轻客 V80 Hybrid

2014 年第十三届北京国际汽车展览会上，上汽集团旗下上汽大通全球首发了国内首款增程式电动宽体轻客 V80 Hybrid。通过整合全球技术与体系资源，V80 Hybrid 不仅让消费者提前感受到前瞻性的技术魅力，还填补了国内宽体轻客行业电动汽车多年的空白，推动了中国商用车行业的新能源进程。V80 Hybrid 在续驶里程、动力、安全、智能等多个方面将引领今后新能源汽车的发展方向。V80 Hybrid 采用高功率密度一体化混合动力系统，在续驶里程方面形成重大突破，总续驶里程超过 1000km，已经成为全球续驶里程最长的商用车；0～100km/h 加速时间仅 21s，最高车速可达 120km/h，领先于国内其他宽体轻客新能源车型；综合油耗仅 4.8L/100km，比传统燃油车油耗改善近 60%，较同级别柴油动力车型节油40%以上；值得一提的是，V80动力电池系统既可以通过外界电源充电，也可以通过增程器(APU)进行充电，增程器发出的电能还可以直接输送给电动机以驱动汽车行驶。车辆在城市工况行驶时可以采用纯电行驶模式，实现车辆的零排放；在安全方面，V80 Hybrid采用领先的独创安全架构设计，达到国际一流水准；集成InteCare行翼通车载智能信息系统等高科技配置，V80 Hybrid在实现传统车的安全防护、信息便利、导航娱乐等功能的基础上，基于增程式电动车的特性，增加了续驶里程、剩余电量、充电情况等车辆信息显示功能，为消费者带来更为舒适的驾乘感受。

V80 Hybrid增程式电动宽体轻客如图2.19所示。

图2.19　V80 Hybrid增程式电动宽体轻客

3. 马自达Extender EV增程式电动汽车

2013年，日本马自达推出一款基于马自达2的增程式电动汽车Extender EV。动力方面，Extender EV装载了一款26马力(1马力=735.499W)、排量为0.33L的转子发动机，油箱容积为9L；并搭配了一款最大功率为100马力、峰值转矩为153N·m的电动机。在纯电动模式下，使用锂离子模块供电时(容量为20kW·h)，可以提供200km的续驶里程。增程模式下最大续驶里程达到380km。该车的加速能力也十分可观，0～100km/h的加速时间为10.8s。Extender EV也装配有制动能量回收系统。外观方面，除了增加了一个单独的充电口外，该车和普通的马自达2并没有多大区别。该车二氧化碳排放量可以控制在15g/km以内。

马自达Extender EV增程式电动汽车如图2.20所示。

图2.20　马自达Extender EV增程式电动汽车

4. 雪佛兰 Volt 增程式电动汽车

雪佛兰 Volt 是由美国通用汽车公司生产的世界上第一款能够在全天候、全路况下行驶的增程式电动汽车，彻底消除了消费者对电动汽车续驶里程短的顾虑，并实现"零油耗、零排放"。雪佛兰 Volt 车身尺寸为 4498mm×1787mm×1439mm，轴距为 2685mm；整备质量为 1700kg。

雪佛兰 Volt 配备的锂离子充电电池容量为 16kW·h，T 型布置在底盘上。使用层压式结构，288 个电池单元并列布置，在每个单元之间设计了冷却水管路，低温时为温水，高温时为冷水，由此可一直保持电池在最佳的工作温度。动力系统由一个主电动机，一个副电动机兼发电机及一台 1.4L 发动机组成。主电动机最大功率为 111kW，最大转矩为 370N·m，可以与 6 缸发动机相媲美，副电动机功率为 55kW。只用作发电的发动机额定功率为 62.5kW。

雪佛兰 Volt 可以通过电力来全时、全速驱动车辆，其运行模式有两种：电池电力驱动和增程式电力驱动。在电池电力驱动下，雪佛兰 Volt 依靠车载的 16kW·h 锂离子电池组，可实现最高达 80km 的"零油耗、零排放"行驶。当车载电池电量消耗至最低临界限值时，雪佛兰 Volt 将平顺切换至增程式电力驱动模式，此时车载发动机发电机将自动起动，为车辆提供续驶电能，从而实现高达 490km 的续驶里程。

雪佛兰 Volt 的 0~100km/h 加速时间仅为约 9s，最高车速可达 160km/h。

雪佛兰 Volt 增程式电动汽车如图 2.21 所示。

图 2.21 雪佛兰 Volt 增程式电动汽车

2.3 混合动力电动汽车

混合动力电动汽车是燃油汽车向纯电动汽车发展过程中的过渡车型，目前技术相对成熟。其中丰田普锐斯混合动力电动汽车的销量已超过 700 万辆。

2.3.1 混合动力电动汽车的定义与分类

1. 混合动力电动汽车的定义

从狭义上讲，混合动力电动汽车是指同时装备两种动力源——热动力源（由传统的汽油机或者柴油机产生）与电动力源（电池与电动机）的汽车。通过在混合动力电动汽车上使用电动机，使得动力系统可以按照整车的实际运行工况要求灵活调控，而发动机保持在综合性能最佳的区域内工作，从而降低油耗与排放。也可以认为混合动力电动汽车通常是指既有蓄电池可提供电力驱动，又装有一个相对小型内燃机的汽车。

从广义上来讲，混合动力电动汽车指的是装备有两种具有不同特点驱动装置的车辆。这两个驱动装置中有一个是车辆的主要动力来源，它能够提供稳定的动力输出，满足汽车稳定行驶的动力需求，由于内燃机在汽车上成功的应用，使之成为首选的驱动装置；另外还有一个辅助驱动装置，它具有良好的变工况特性，能够进行功率的平衡、能量的再生与存储，目前应用最多的是电混合系统。

国际电子技术委员会对混合动力车辆的定义为：在特定的工作条件下，可以从两种或两种以上的能量存储器、能量源或能量转化器中获取驱动能量的汽车。其中至少一种存储器或转化器要安装在汽车上。混合动力电动汽车至少有一种能量存储器、能量源或能量转化器可以传递电能。串联式混合动力车辆只有一种能量转化器可以提供驱动力，并联式混合车辆则不止由一种能量转化器提供驱动力。

2. 混合动力电动汽车的分类

混合动力电动汽车分类方法较多，这里主要介绍以下 6 种分类方法。

（1）按照动力系统结构形式划分。根据混合动力电动汽车零部件的种类、数量和连接关系，可以将其分为串联式混合动力电动汽车（SHEV）、并联式混合动力电动汽车（PHEV）和混联式混合动力电动汽车（PSHEV）。

串联式混合动力电动汽车是指车辆行驶系统的驱动力只来源于电动机的混合动力电动汽车。它的结构特点是发动机带动发电机发电，电能通过电动机控制器输送给电动机，由电动机驱动汽车行驶。另外，动力电池也可以单独向电动机提供电能驱动汽车行驶。

并联式混合动力电动汽车是指车辆行驶系统的驱动力由电动机及发动机同时或单独供给的混合动力电动汽车。它的结构特点是并联式驱动系统可以单独使用发动机或电动机作为动力源，也可以同时使用电动机和发动机作为动力源驱动汽车行驶。

混联式混合动力电动汽车是指具备串联式和并联式两种混合动力系统结构的混合动力电动汽车。它的结构特点是可以在串联混合模式下工作，也可以在并联混合模式下工作，同时兼顾了串联式和并联式的特点。

（2）按照混合度划分。按照电动机相对于燃油发动机的功率比大小，可以将其分为微混合型混合动力电动汽车、轻度混合（弱混合）型混合动力电动汽车、中度混合型混合动力电动汽车和重度混合（强混合）型混合动力电动汽车。

微混合型混合动力电动汽车是以发动机为主要动力源，不具备纯电动行驶模式的混合动力电动汽车。只具备停车怠速停机功能的混合动力电动汽车是一种典型的微混合模式。一般情况下，电动机的峰值功率和发动机的额定功率比小于等于 5%。

轻度混合（弱混合）型混合动力电动汽车是以发动机为主要动力源，电动机作为辅助动力，在车辆加速和爬坡时，电动机可向车辆行驶系统提供辅助驱动力矩，但不能单独驱动车辆行驶的混合动力汽车。一般情况下，电动机的峰值功率和发动机的额定功率比为 5%～15%。

中度混合型混合动力电动汽车是以发动机和（或）电动机为动力源的混合动力电动汽车。一般情况下，电动机的峰值功率和发动机的额定功率比为 15%～40%。

重度混合（强混合）型混合动力电动汽车是以发动机和（或）电动机为动力源，且电动机可以独立驱动车辆行驶的混合动力电动汽车。一般情况下，电动机的峰值功率和发动机的额定功率比大于 40%。

（3）按照外接充电能力划分。按照是否能够外接充电，可分为可外接充电型混合动力电动汽车和不可外接充电型混合动力电动汽车。

可外接充电型混合动力电动汽车是一种被设计成可以在正常使用情况下从非车载装置中获取能量的混合动力电动汽车，一般称为插电式混合动力电动汽车。不可外接充电型混合动力电动汽车是一种被设计成在正常使用情况下从车载燃料中获取全部能量的混合动力电动汽车，一般称为常规混合动力电动汽车。

（4）按照行驶模式的选择方式划分。可分为有手动选择功能的混合动力电动汽车和无手动选择功能的混合动力电动汽车。

有手动选择功能的混合动力电动汽车是指具备行驶模式手动选择功能的混合动力电动汽车，车辆可选择的行驶模式包括热机模式、纯电动模式和混合动力模式 3 种。

无手动选择功能的混合动力电动汽车是指不具备行驶模式手动选择功能的混合动力电动汽车，车辆的行驶模式根据不同工况自动切换。

（5）按照车辆用途划分。可以分为混合动力电动乘用车、混合动力电动客车和混合动力电动货车。

（6）按照与发动机混合的可再充电能量储存系统划分。可以分为动力蓄电池式混合动力电动汽车、超级电容器式混合动力电动汽车、机电飞轮式混合动力电动汽车和动力蓄电池与超级电容器组合式混合动力电动汽车。

2.3.2 混合动力电动汽车的结构原理

1. 串联式混合动力电动汽车

串联式混合动力电动汽车系统结构如图 2.22 所示，它主要由发动机、发电机、电动机和蓄电池组等部件组成。发动机仅仅用于发电，发电机发出的电能通过电动机控制器直接输送到电动机，由电动机产生的电磁力矩驱动汽车行驶。发电机发出的部分电能向蓄电池充电，来延长混合动力电动汽车的行驶里程。另外蓄电池还可以单独向电动机提供电能来驱动电动汽车，使混合动力电动汽车在零污染状态下行驶。

在串联式混合动力电动汽车上，由发动机带动发电机所产生的电能和蓄电池输出的电能，共同输出到电动机来驱动汽车行驶，电力驱动是唯一的驱动模式。动力流程图如图 2.23 所示。电动机直接与驱动桥相连，发动机与发电机直接连接产生电能，来驱动电动机或者给蓄电池充电，汽车行驶时的驱动力由电动机输出，将存储在蓄电池中的电能转化为车轮上的机械能。当蓄电池的荷电状态降到一个预定值时，发动机即开始对蓄电池进行充电。发动机与驱动系统并没有机械地连接在一起，这种方式可以很大程度地减少发动机所受到的车辆瞬态响应。瞬态响应的减少可以使发动机进行最优的喷油和点火控制，使其在最佳工况点附近工作。

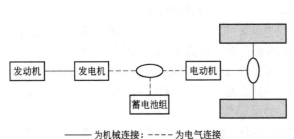

图 2.22 串联式混合动力电动汽车系统结构

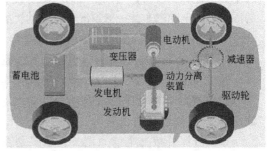

图 2.23 串联式混合动力电动汽车动力流程图

串联式混合动力电动汽车的发动机能够经常保持在稳定、高效、低污染的运转状态，使有害排放气体控制在最低范围。串联式混合动力电动汽车从总体结构上看，比较简单，易于控制，只有电动机的电力驱动系统，其特点更加趋近于纯电动汽车。发动机、发电机、电动机三大部件总成在电动汽车上布置起来，有较大的自由度，但各自的功率较大，外形较大，质量也较大，在中小型电动汽车上布置有一定的困难。另外，在发动机-发电机-电动机驱动系统中的热能-电能-机械能的能量转换过程中，能量损失较大。从发动机发出的能量以机械能的形式从曲轴输出，并立即被发电机转变为电能，由于发电机的内阻和涡流，将会产生能量损失（效率为90%～95%）。电能随后又被电动机转变为机械能，在电动机和控制器中能量又进一步损失，平均效率为80%～85%。能量转换的效率要比内燃机汽车低，串联式混合动力驱动系统较适合在大型客车上使用。

2. 并联式混合动力电动汽车

并联式混合动力电动汽车系统结构如图2.24所示，它主要是由发动机、电动机/发电机和蓄电池等部件组成，有多种组合形式，可以根据使用要求选用。并联式混合动力系统采用发动机和电动机两套独立的驱动系统驱动车轮。发动机和电动机通常通过不同的离合器来驱动车轮，可以采用发动机单独驱动、电动机单独驱动或者发动机和电动机混合驱动3种工作模式。当发动机提供的功率大于车辆所需驱动功率时或者当车辆制动时，电动机工作于发电机状态，给蓄电池充电。发动机和电动机的功率可以互相叠加，发动机功率和电动机/发电机功率为电动汽车所需最大驱动功率的50%～100%倍，因此，可以采用小功率的发动机与电动机/发电机，使得整个动力系统的装配尺寸、质量都较小，造价也更低，行程也可以比串联式混合动力电动汽车的长一些，其特点更加趋近于内燃机汽车。并联式混合动力驱动系统通常被应用在小型混合动力电动汽车上。

并联式驱动系统的动力流程图如图2.25所示。发动机和电动机通过某种变速装置同时与驱动桥直接相连接。电动机可以用来平衡发动机所受的载荷，使其能在高效率区域工作，因为通常发动机工作在满负荷（中等转速）下燃油经济性最好。当车辆在较小的路面载荷下工作时，内燃机车辆的发动机燃油经济性比较差，而并联式混合动力电动汽车的发动机此时可以被关闭掉而只用电动机来驱动汽车，或者增加发动机的负荷使电动机作为发电机，给蓄电池充电以备后用（即一边驱动汽车，一边充电）。由于并联式混合动力电动汽车在稳定的高速下发动机具有比较高的效率和相对较小的质量，所以它在高速公路上行驶具有比较好的燃油经济性。

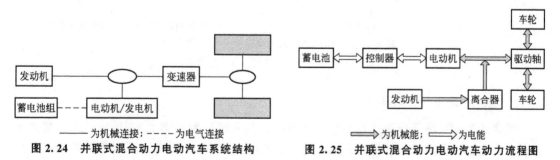

图2.24 并联式混合动力电动汽车系统结构　　图2.25 并联式混合动力电动汽车动力流程图

并联式驱动系统有两条能量传输路线，可以同时使用电动机和发动机作为动力源来驱动汽车，这种设计方式可以使其以纯电动汽车或低排放汽车的状态运行，但是此时不能提供全部的动力能源。

并联式驱动系统的主要元件为动力合成装置,由于动力合成的实现方法具有多样性,相应的动力传动系统结构也多种多样,通常可归类为驱动力合成式、转矩合成式和转速合成式。

(1) 驱动力合成式。驱动力合成式并联混合动力电动汽车示意图如图 2.26(a)所示。其采用一个小功率的发动机,单独地驱动汽车的前轮。另外一套电动机驱动系统单独地驱动汽车的后轮,可以在汽车起动、爬坡或加速时增加混合动力电动汽车的驱动力。两套驱动系统可以独立驱动汽车,也可以联合驱动汽车,使汽车变成四轮驱动的电动汽车。此种混合动力电动汽车具有四轮驱动汽车的特性。

(2) 转矩合成式(双轴式和单轴式)。转矩合成式并联混合动力电动汽车示意图,如图 2.26(b)和图 2.26(c)所示。发动机通过传动系统直接驱动混合动力电动汽车,并直接(单轴式)或间接(双轴式)带动电动机/发电机转动向蓄电池充电。蓄电池也可以向电动机/发电机提供电能,此时电动机/发电机转换成电动机,可以用来起动发动机或驱动汽车。

(3) 转速合成式。转速合成式并联混合动力汽车示意图如图 2.26(d)所示。发动机通过离合器和一个"动力组合器"来驱动汽车,电动机也是通过"动力组合器"来驱动汽车。可以利用普通内燃机汽车的大部分传动系统的总成,电动机只需通过"动力组合器"与传动系统连接,结构简单、改制容易、维修方便。通常"动力组合器"就是一个行星齿轮机构,这种装置可以使发动机或电动机之间的转速灵活分配,但它们组合在特定的"动力组合器"中,因为"动力组合器"使它们的转矩固定在电动汽车行驶时的转矩上,用调节发动机节气门的开度来与电动机的转速相互配合,才能获得最佳传动效果,从而使得控制装备变得十分复杂。

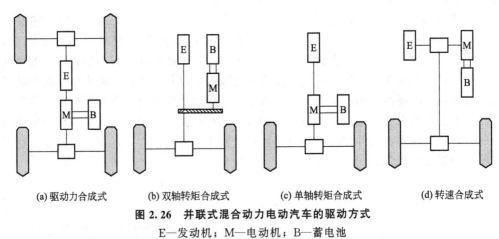

(a) 驱动力合成式　　(b) 双轴转矩合成式　　(c) 单轴转矩合成式　　(d) 转速合成式

图 2.26　并联式混合动力电动汽车的驱动方式

E—发动机；M—电动机；B—蓄电池

3. 混联式混合动力电动汽车

混联式驱动系统是串联式与并联式的综合,其系统结构如图 2.27 所示,它主要由发动机、发电机、电动机、行星齿轮机构和蓄电池组等部件组成。发动机发出的功率一部分通过机械传动输送给驱动桥,另一部分则驱动发电机发电。发电机发出的电能输送给电动机或蓄电池,电动机产生的驱动力矩通过动力复合装置传送给驱动桥。混联式驱动系统的控制策略是:在汽车低速行驶时,驱动系统主要以串联方式工作;当汽车高速稳定行驶时,则以并联工作方式为主。

目前，混联式混合动力结构一般采用行星齿轮机构作为动力分配装置。有一种最佳的混联式结构是将发动机、发电机和电动机通过一个行星齿轮装置连接起来，动力从发动机输出到与其相连的行星架，行星架将一部分转矩传送到发电机，另一部分传送到传动轴，同时发电机也可以驱动电动机来驱动传动轴。这种机构有两个自由度，可以自由地控制两个不同的速度。此时车辆并不是串联式或并联式，而是两种驱动形式同时存在，充分利用两种驱动形式的优点，其动力流程图如图 2.28 所示。

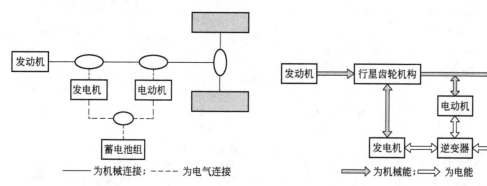

图 2.27 混联式混合动力电动汽车系统结构　　图 2.28 混联式混合动力电动汽车动力流程图

混联式驱动系统充分发挥了串联式和并联式的优点，能够使发动机、发电机、电动机等部件进行更多的优化匹配，从而在结构上保证了在更复杂的工况下使系统在最优状态下工作，所以更容易实现排放和油耗的控制目标，因此是最具影响力的混合动力电动汽车。

与并联式相比，混联式的动力复合形式更复杂，因此对动力复合装置的要求更高。目前的混联式结构一般以行星齿轮作为动力复合装置的基本构架。

丰田第 3 代普锐斯混合动力汽车

1997 年第 1 代普锐斯面市，是世界上首次批量生产的混合动力车，2012 年，第 3 代普锐斯在中国正式上市。丰田普锐斯所搭载的油电混合动力系统 THS（Toyota Hybrid System）采用了由动力分离装置将并联式混合系统和串联式混合系统组合在一起的混联式结构，具有较好的燃油效率和行驶性能。该系统由发动机、蓄电池、发电机、电动机、动力分离装置、动力控制单元组成，如图 2.29 所示。动力分离装置采用行星齿轮机构，可以将发动机的动力分成两部分，一部分用来直接驱动车轮，另一部分用来发电，给电动机供应电力和给蓄电池充电。

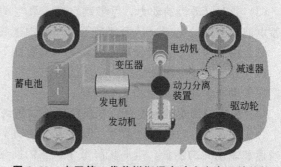

图 2.29 丰田第 3 代普锐斯混合动力汽车系统结构

丰田第3代普锐斯混合动力汽车基本参数见表2-4。

表2-4 丰田第3代普锐斯混合动力汽车基本参数

项目	参数值	项目	参数值
长×宽×高/mm×mm×mm	4485×1745×1510	变速器形式	电子控制式无级变速器
轴距/mm	2700	电动机形式	永磁型同步交流电动机
综合油耗/(L/100km)	4.3	电动机最大功率/[kW/(r/min)]	60/1200～1540
排放标准	国Ⅳ	电动机最大转矩/N·m/[(r/min)]	207/0～1200
发动机	1NZ-FXE 4缸直列顶置双凸轮轴电喷16气门	油电混合动力系统最大功率/kW	100
排气量/mL	1798	油电混合动力系统最大转矩/N·m	207
发动机最大功率/[kW/(r/min)]	73/5200	蓄电池形式	密封镍氢电池
发动机最大转矩/[N·m/(r·min)]	142/4000	蓄电池容量/A·h	6.5/3h

2.3.3 混合动力电动汽车的特点

混合动力电动汽车是将原动机、电动机、能量存储装置(蓄电池)等组合在一起,它们之间的良好匹配和优化控制,可充分发挥内燃机汽车和电动汽车的优点,避免各自的不足,混合动力电动汽车是当今最具实际开发意义的低排放和低油耗汽车。

较之纯电动汽车,混合动力电动汽车具有如下优点。

(1) 由于有原动机作为辅助动力,蓄电池的数量和质量可减少,因此汽车自身重量可以减小。

(2) 汽车的续驶里程和动力性可达到内燃机的水平。

(3) 借助原动机的动力,可带动空调、真空助力、转向助力及其他辅助电器,不用消耗蓄电池组有限的电能,从而保证了驾车和乘坐的舒适性。

较之内燃机汽车,混合动力电动汽车具有如下优点。

(1) 可使原动机在最佳的工况区域稳定运行,避免或减少了发动机变工况下的不良运行,使发动机的排污和油耗大为降低。

(2) 在人口密集的商业区、居民区等地可用纯电动方式驱动车辆,实现零排放。

(3) 可通过电动机提供动力,因此可配备功率较小的发动机,并可通过电动机回收汽车减速和制动时的能量,进一步降低了汽车的能量消耗和排污。

显然,混合动力电动汽车研究开发的主要目的就是要减少石油能源的消耗,减少汽车尾气中的有害气体量,降低大气污染。

表2-5对不同类型的混合动力电动汽车在燃油经济性、尾气排放和控制难易程度等

方面作了比较。表 2-6 对不同类型的混合动力电动汽车在驱动模式、传动效率、整车布置、适用条件等方面进行了比较。

表 2-5　不同类型的混合动力电动汽车类型的比较

项　目	串联式	并联式	混联式
公路行驶燃油经济性	较优	优	优
城市行驶燃油经济性	优	较优	优
无路行驶燃油经济性	较优	优	优
低排放性能	优	较优	较优
成本	低	较低	较低
复杂程度	简单	较复杂	复杂
控制难易程度	简单	较复杂	复杂

表 2-6　不同类型的混合动力电动汽车特点的比较

结构模型	串联式	并联式	混联式
动力总成	发动机、发电机、驱动电动机三大动力总成	发动机、电动机/发电机或电动机两大动力总成	发动机、电动机/发电机、电动机三大动力总成
驱动模式	电动机是唯一的驱动模式	发动机驱动模式、电动机驱动模式、发动机-电动机混合驱动模式	发动机驱动模式、电动机驱动模式、发动机-电动机混合驱动模式、电动机-电动机混合驱动模式
传动效率	能量转换效率较低	传动效率较高	传动效率较高
制动能量回收	能够回收制动能量	能够回收制动能量	能够回收制动能量
整车总布置	三大动力总成之间没有机械式连接装置，结构布置的自由度较大，但三大动力总成的质量、尺寸都较大，一般在大型车辆上采用	发动机驱动系统保持机械式传动系统，发动机与电动机两大动力总成之间被不同的机械装置连接起来，结构复杂，使布置受到一定的限制	三大动力总成之间采用机械装置连接，三大动力总成的质量、尺寸都较小，能够在小型车辆布置，但结构更加紧凑
适用条件	适用于大型客车或货车，适应在路况较复杂的城市道路和普通公路上行驶，更加接近电动汽车性能	适用于中小型汽车，适应在城市道路和高速公路上行驶，接近普通的内燃机汽车性能	适用于各种类型的汽车，适应在各种道路上行驶，更加接近普通的内燃机汽车性能

2.3.4　混合动力电动汽车的关键技术

混合动力电动汽车以先进控制技术为纽带，是传统燃油汽车与纯电动汽车的一种过渡性车型，其关键技术涵盖机电工程、电力电子、电化学、控制工程、汽车电子和车辆工程等多学科。混合动力电动汽车的关键技术包括驱动电动机及其控制技术、动力电池及其管理系统、整车能量管理控制系统、动力传动系统匹配、再生制动能量回收系统、先进车辆控制技术等。

1. 驱动电动机及其控制技术

电动机是电动汽车的心脏,对于混合动力电动汽车来说,电动机的重要性与发动机是等同的。混合动力电动汽车对驱动电动机的要求是能量密度高、体积小、质量轻、效率高。从发展趋势来看,电驱动系统的研发主要集中在交流感应电动机和永磁同步电动机上,对于高速、匀速行驶工况,采用感应电动机驱动较为合适;而对于经常起动、停车、低速运行的城市工况,永磁同步电动机驱动效率较高。

驱动电动机的控制技术包括大功率电子器件、转换器、微处理器及电动机控制算法等。高性能的电力电子器件仍处于研发中,并且向微电子技术与电力电子技术集成的第4代功率集成电路方向发展。转换器技术随着功率器件的发展而发展,可分为DC/DC直流斩波器和DC/AC逆变器,分别用于直流和交流电动机。电动机控制微处理器主要有单片机和DSP芯片,目前电动机控制专用DSP芯片已被广泛采用,将微处理器与功率器件集成到一块芯片上(即PTC芯片)是目前的研究热点。

当前常规电动机驱动领域的控制方法如矢量控制、变压变频控制、模型参考自适应控制、直接转矩控制、自调整控制等都已被用到电动汽车的驱动控制中,但电动汽车控制有自身特点,要求在恒转矩、恒功率区都保持效率高、调速范围大、动态响应快等性能。从目前的实践看,感应电动机和永磁同步电动机矢量控制是比较好的控制方法。近年来兴起的变结构控制、模糊控制、神经网络控制及专家系统控制等新兴控制方法也不断被电动车采用,效果也较为理想。

2. 动力电池及其管理系统

动力电池是混合动力电动汽车的基本组成单元,其性能直接影响到驱动电动机的性能,从而影响整车的燃油经济性和排放。混合动力电动汽车使用的电池工作负荷大,对功率密度要求较高,但体积和容量小,而且电池的SOC工作区间较窄,对循环寿命要求高。能否开发适合混合动力电动汽车的专用动力电池是决定混合动力电动汽车能否大量推广使用的重要因素之一。如何全面、准确地对动力电池进行管理,是决定动力电池能否发挥最佳效能的重要因素。

3. 整车能量管理控制系统

混合动力电动汽车的整车能量控制系统的主要功能是进行整车功率控制和工作模式切换的控制。整车能量控制系统如同混合动力电动汽车的大脑,指挥各个子系统的协调工作,以达到效率、排放和动力性的最佳,同时兼顾行驶车辆的平顺性。

整车能量控制系统根据驾驶人的操作,如加速踏板、制动踏板、换挡杆的操作等,判断驾驶人的意图,在满足驾驶人需求的前提下,分配电动机、发动机、电池等动力部件的功率输出,实现能量利用率的最优管理,使有限的燃油发挥最大的功效。目前的混合动力电动汽车都不需要外部充电,与传统汽车一样,其整车驱动能量全部来自于发动机的燃油热能,电动机驱动所需的电能是燃油热能在车辆行驶中转换为电能后储存在蓄电池中的。能量管理策略的目标就是使燃油能量转换效率尽可能高。

整车能量控制必须通过有效地控制混合动力系统的工作才能实现,此外,能量控制还需考虑其他车载电气附件和机械附件的能量消耗，如空调、动力转向、制动助力等系统的能耗，以综合考虑整车的能量使用。

4. 动力传动系统匹配

混合动力电动汽车动力传动系统的参数匹配是混合动力电动汽车设计的一个重要内容，其直接影响混合动力电动汽车将来的排放和燃油经济性能。它包括合理地选择和匹配发动机功率、动力电池容量和电动机的功率等，以确定车辆的混合度，组成性能最优的混合驱动系统。

5. 能量再生制动回收系统

能量再生制动回收是混合动力电动汽车提高燃油经济性的又一重要途径，由于制动关系到行车安全性，如何在最大限度回收制动时的车辆动能与保证安全的制动距离和车辆行驶稳定性之间取得平衡，是再生制动系统需要解决的难题之一，再生制动系统与车辆防抱死制动系统的结合可以完美地解决这一难题。

6. 先进车辆控制技术在混合动力电动汽车上的应用

传统汽车的车辆动力学控制系统与混合动力系统控制及制动能量回收控制的结合，将是混合动力电动汽车控制技术的下一个研究热点。混合动力电动汽车的再生制动系统与传统汽车的 ABS 的结合，在国外已经得到了较好的解决，而国内尚无真正解决方案。另外，随着混合动力电动汽车研究的深入，传统汽车的驱动控制系统、车辆稳定性控制系统等如何与混合动力电动汽车的能量管理及动力系统控制相结合，将越来越显示出其重要性与必要性。传统汽车的控制技术与现代电动汽车控制技术的融汇集成，将使未来的混合动力电动汽车更加节能、舒适和安全。

2.3.5 混合动力电动汽车的主要技术指标

我国大规模商业化示范的插电式混合动力电动汽车的主要技术指标见表 2-7。

表 2-7 大规模商业化示范的插电式混合动力电动汽车的主要技术指标

指标		插电式混合动力轿车	插电式混合动力城市客车
动力电池	能量密度/(W·h/kg)	系统≥100	
	循环寿命/次	≥3000	
	日历寿命/年	≥10	
	目标成本/[元/(W·h)]	模块≤1.5	
车用电动机	成本/[元/(W·h)]	≤200	≤300
	功率密度/(kW/kg)	≥1.8	
	最高效率/(%)	≥94	
电子控制		纯电动汽车电动化总成控制系统 先进的纯电动汽车分布式控制系统 纯电动汽车车载信息、智能充电和远程监控系统	

(续)

指标		插电式混合动力轿车	插电式混合动力城市客车
整车平台	最高车速	与传统汽车相当	
	纯电续驶里程/km	≥30	≥50
	附加成本/万元	≤5	≤20

混合动力电动汽车产业化研发主要技术指标见表 2-8。

表 2-8 混合动力电动汽车产业化研发主要技术指标

指标			轿车	城市客车
动力电池	镍氢电池	能量密度/(W·h/kg)	系统≥30	系统≥40
		功率密度/(W/kg)	系统≥900	系统≥700
		使用寿命	25 万 km 或 10 年	
		系统目标成本/[元/(W·h)]	<3	
	功率型锂离子电池	能量密度/(W·h/kg)	≥50(系统)	
		功率密度/(W/kg)	≥1800(系统)	
		使用寿命	20 万 km 或 10 年	
		系统目标成本	<3	
	超级电容	能量密度/(W·h/kg)	≥5	
		功率密度/(W/kg)	≥4000	
		使用寿命	≥40 万次或 10 年	
		系统目标成本/[元/(W·h)]	<60	
车用电动机		成本/[元/(W·h)]	200	300
		ISG 电机功率密度/(kW/kg)	>1.5	>2.7
		驱动电机功率密度/(kW/kg)	>1.2	>1.8
		系统最高效率/(%)	≥94	
电子控制			满足国 IV 和国 V 排放法规的混合动力专用发动机(油电和气电)电控关键技术; 研制面向多能源动力总成技术需求的 16 位或 32 位机高性能控制器	
整车平台		节油率/(%)	≥25(中混) ≥40(深混)	≥40
		附加成本/万元	≤1.5	≤15

2.3.6 混合动力电动汽车车型实例

1. 普锐斯混合动力电动汽车

丰田普锐斯是世界上首款量产的混合动力电动汽车,自 1997 年正式投放市场以来,截至 2014 年 6 月,丰田普锐斯混合动力电动汽车在全球范围内的销量已经突破 700 万辆,目前已推出第 4 代普锐斯混合动力电动汽车。

一汽丰田普锐斯混合动力汽车外形尺寸为 4485mm×1745mm×1510mm,轴距为 2700mm;整备质量为 1385kg。它采用了汽油机和电动机强混联的方式,搭载了一台排量为 1.8L、最大功率为 73kW、最大转矩为 142N·m 的 4 缸汽油发动机,一个最大功率为 60kW、最大转矩为 207N·m 的电动机及一个 500V 的镍氢电池。厂家公布的普锐斯最高车速为 180km/h,综合工况油耗为 4.3L/100km。第 4 代普锐斯混合动力电动汽车将采用锂离子电池,将于 2015 年上市。

一汽丰田普锐斯混合动力电动汽车如图 2.30 所示。

图 2.30 一汽丰田普锐斯混合动力电动汽车

2. 荣威 550 插电式混合动力电动汽车

荣威 550 是上海汽车集团股份有限公司推出的一款插电式混合动力汽车。其车身尺寸为 4648mm×1827mm×1479mm,轴距为 2705mm;整备质量为 1699kg。

荣威 550 插电式混合动力电动汽车的动力总成由汽油发动机、起动发电机(ISG)和牵引电动机(TM)构成。汽油发动机排量为 1.5L,最大功率为 80kW,最大转矩为 135N·m;起动发电机(ISG)的最大功率为 23kW,最大转矩为 147N·m;牵引电动机(TM)的最大功率为 44kW,最大转矩为 317N·m。发动机和电动机的最大综合功率为 147kW,最大综合转矩为 587N·m。

荣威 550 插电式混合动力电动汽车配备锂离子电池,电池容量为 11.8kW·h,慢充 6~8h 充满电量。

荣威 550 插电式混合动力电动汽车搭配的是 EDU 智能电驱变速器,它可以灵活实现串/并联混合驱动和油/电驱动自动切换,并提供有 E—经济模式、N—普通模式、M—山地模式 3 种不同的行车模式。E—经济模式,尽可能以电力驱动,在较大的动力需求下才启用发动机;N—普通模式可以均衡利用油和电力驱动车辆,有更好的动力储备,此行车模式下有纯电动、串联、并联等模式;M—山地模式为提高爬坡能力而设,有最高的动力储备,具有较高的换挡点。

荣威 550 插电式混合动力电动汽车的最高车速为 200km/h,0~100km/h 的加速时间为10.5s；最大爬坡度为30%；综合油耗为2.3L/100km，综合电耗为12kW·h/100km；综合工况纯电续驶里程为58km，60km/h等速纯电续驶里程为88km；该车还配备有一个35L的油箱，其综合工况油电综合续驶里程为500km。

荣威550插电式混合动力电动汽车如图2.31所示。

图2.31　荣威550插电式混合动力电动汽车

3. 比亚迪秦插电式混合动力电动汽车

比亚迪秦是2013年比亚迪公司在F3－DM基础上继续研发的第2款插电式混合动力电动汽车，整车尺寸为4740mm×1770mm×1480mm，轴距为2670mm。

在动力配置方面，比亚迪秦配备了1.5TI涡轮增压发动机＋电动机的组合类型，1.5TI涡轮增压发动机的最大功率为113kW，最大转矩为240N·m；永磁同步电动机的最大功率为110kW，最大转矩为250N·m；发动机和电动机的最大综合功率为217kW，最大综合转矩为479N·m。用于储能的电池位于车辆尾箱位置。该电池组容量达到13kW·h，标称电压为506V，类型为磷酸铁锂电池。

在驾驶模式选择上，比亚迪秦的灵活性较大，驾驶人可以根据自身需求及路况选择不同的驾驶模式，如在堵车时可以选择纯电动＋节能模式来达到更好的节油效果，在需要更多动力时可以选择混动＋运动模式等。

比亚迪秦插电式混合动力电动汽车的最高车速为185km/h，0～100km/h的加速时间为5.9s；保证强劲动力的同时，油耗仅为1.6L/100km；纯电续驶里程为70km。

比亚迪秦插电式混合动力电动汽车如图2.32所示。

图2.32　比亚迪秦插电式混合动力电动汽车

4. 沃尔沃S60L插电式混合动力电动汽车

沃尔沃汽车在2014北京国际车展上完成可量产的S60L汽油版插电式混合动力概念车的全球首秀，借此为在中国建立起面向全球的新能源发展规划及新能源车型的普及铺平道路。

沃尔沃 S60L 插电式混合动力电动汽车采用 175kW 的高效 Drive—E(E 驱智能科技)动力总成，与电气化技术协同工作，构成了绿色、高效的插电式混合动力技术。它提供纯电动、混动和性能 3 种不同的驾驶模式，驾驶人可以根据自己的偏爱进行选择，能够同时满足日常通勤与长途出行的需求，完美实现性能与环保的平衡。在纯电动模式下，单次续驶里程超过 50km，尾气排放为零；在混动模式下，最大续驶里程可以达到 1000km，油耗仅 2L，转化为二氧化碳排放量为 50g/km；在性能模式下，即汽油发动机和电动机同时开启时，汽车最大功率可达到 225kW，最大转矩达到 550N·m，0～100km/h 的加速时间仅 5.5s。

沃尔沃 S60L 插电式混合动力电动汽车如图 2.33 所示。

图 2.33　沃尔沃 S60L 插电式混合动力电动汽车

5. 大众插电式混合动力电动汽车

在 2014 年北京国际汽车展上，德国大众汽车公司展出了两款最先进的插电式混合动力电动汽车 XL1 和高尔夫 GTE。

大众插电式混合动力电动汽车 XL1(图 2.34)是目前世界上最高效的量产车型，其油耗仅为 0.9L/100km，纯电动模式下续驶里程达 50km。

高尔夫 GTE(图 2.35)是大众汽车新能源车家族的新成员，该车基于高尔夫 7 打造，集电动与 GTI 动态操控于一体，纯电动模式下续驶里程达 50km，混动模式下续驶里程可达 939km，油耗约为 1.8L/100km。

图 2.34　大众插电式混合动力电动汽车 XL1

图 2.35　大众插电式混合动力电动汽车高尔夫 GTE

大众已经披露 6 款插电式混合动力汽车，分别是大众品牌的帕萨特 PHEV 和高尔夫 PHEV，奥迪品牌的奥迪 A3 PHEV、奥迪 A6 PHEV、奥迪 A8 PHEV 和奥迪 Q7 PHEV。

2.4 燃料电池电动汽车

采用燃料电池作为电源的电动汽车称为燃料电池电动汽车(Fuel Cell Electric Vehicle, FCEV)。燃料电池电动汽车一般以质子交换膜燃料电池(PEMFC)作为车载能量源。

2.4.1 燃料电池电动汽车的类型

燃料电池电动汽车按燃料特点可分为直接燃料电池电动汽车和重整燃料电池电动汽车。

直接燃料电池电动汽车的燃料主要是氢气；重整燃料电池电动汽车的燃料主要有汽油、天然气、甲醇、甲烷、液化石油气等。直接燃料电池电动汽车排放无污染，被认为是最理想的汽车，但存在氢的制取和存储困难等缺点；重整燃料电池电动汽车的结构比氢燃料电池电动汽车复杂得多。

燃料电池电动汽车按燃料氢的存储方式可分为压缩氢燃料电池电动汽车、液氢燃料电池电动汽车和合金(碳纳米管)吸附氢燃料电池电动汽车。

燃料电池电动汽车按"多电源"的配置不同，可分为纯燃料电池驱动(PFC)式、燃料电池与辅助蓄电池联合驱动(FC+B)式、燃料电池与超级电容联合驱动(FC+C)式及燃料电池与辅助蓄电池和超级电容联合驱动(FC+B+C)式。

1. 纯燃料电池驱动的燃料电池电动汽车

纯燃料电池驱动的电动汽车只有燃料电池一个动力源，汽车的所有功率负荷都由燃料电池承担。纯燃料电池驱动的电动汽车的动力系统结构如图 2.36 所示。

图 2.36 纯燃料电池驱动动的电动汽车的力系统结构

纯燃料电池驱动系统将氢气与氧气反应产生的电能通过总线传给驱动电动机，驱动电动机将电能转化为机械能再传给传动系统，从而驱动汽车行驶。这种系统结构简单，系统控制和整体布置容易；系统部件少，有利于整车的轻量化；整体的能量传递效率高，从而提高了整车的燃料经济性。但燃料电池功率大、成本高；对燃料电池系统的动态性能和可靠性提出了很高的要求；不能进行制动能量回收。

因此，为了有效解决上述问题，必须使用辅助能量存储系统作为燃料电池系统的辅助动力源，与燃料电池联合工作，组成混合驱动系统共同驱动汽车。从本质上来讲，这种结构的燃料电池电动汽车采用的是混合动力结构。它与传统意义上的混合动力结构的差别仅在于发动机是燃料电池而不是内燃机。在燃料电池混合动力结构汽车中，燃料电池和辅助能量存储装置共同向电动机提供电能，通过变速机构来驱动汽车。

2. 燃料电池与辅助蓄电池联合驱动的燃料电池电动汽车

燃料电池＋辅助蓄电池联合驱动的燃料电池电动汽车的动力系统结构如图 2.37 所示。该结构是一个典型的串联式混合动力结构。在该动力系统结构中，燃料电池和蓄电池一起为驱动电动机提供能量，驱动电动机将电能转化成机械能传给传动系统，从而驱动汽车行驶；在汽车制动时，驱动电动机变成发电机，蓄电池将储存回馈的能量。在燃料电池和蓄电池联合供能时，燃料电池的能量输出变化较为平缓，随时间变化波动较小，而能量需求变化的高频部分由蓄电池分担。

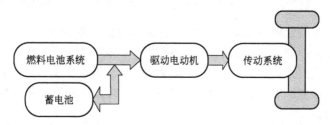

图 2.37　燃料电池＋辅助蓄电池联合驱动的燃料电池电动汽车的动力系统结构

这种结构由于增加了比功率价格相对低廉得多的蓄电池组，系统对燃料电池的功率要求较纯燃料电池结构形式有很大的降低，从而大大地降低了整车成本；燃料电池可以在比较好的设定工作条件下工作，工作时燃料电池的效率较高；系统对燃料电池的动态响应性能要求较低；汽车的冷起动性能较好；制动能量回馈的采用可以回收汽车制动时的部分动能，该措施可能会增加整车的能量效率。但这种结构形式由于蓄电池的使用使得整车的质量增加，动力性和经济性受到影响，这一点在能量复合型混合动力汽车上表现更为明显；蓄电池充放电过程会有能量损耗；系统变得复杂，系统控制和整体布置难度增加。

3. 燃料电池与超级电容联合驱动的燃料电池电动汽车

燃料电池＋超级电容的结构与燃料电池＋蓄电池结构相似，只是把蓄电池换成超级电容。相对于蓄电池，超级电容充放电效率高，能量损失小，功率密度大，在回收制动能量方面比蓄电池有优势，循环寿命长，但是超级电容的能量密度较小。随着超级电容技术的不断进步，这种结构将成为一种新的重要研究方向。

4. 燃料电池与辅助蓄电池和超级电容联合驱动的燃料电池电动汽车

燃料电池＋蓄电池＋超级电容联合驱动的电动汽车的动力系统结构如图 2.38 所示，该结构也为串联式混合动力结构。在该动力系统结构中，燃料电池、蓄电池和超级电容一起为驱动电动机提供能量，驱动电动机将电能转化成机械能传给传动系统，从而驱动汽车行驶；在汽车制动时，驱动电动机变成发电机，蓄电池和超级电容将储存回馈的能量。在燃料电池、蓄电池和超级电容联合供能时，燃料电池的能量输出较为平缓，随时间变化波动较小，而能量需求变化的低频部分由蓄电池承担，能量需求变化的高频部分由超级电容承担。在这种结构中，各动力源的分工更加明细，因此它们的优势也得到更好的发挥。

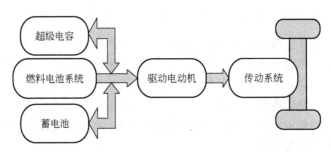

图 2.38　燃料电池＋蓄电池＋超级电容联合驱动的电动汽车的动力系统结构

这种结构的优点相比燃料电池＋蓄电池的结构的优点更加明显，尤其是在部件效率、动态特性、制动能量回馈等方面。缺点也一样更加明显，增加了超级电容，整个系统的质量将可能增加；系统更加复杂化，系统控制和整体布置的难度也随之增大。

总的来说，如果能够对系统进行很好的匹配和优化，这种结构带来的汽车良好的性能具有很大的吸引力。

在3种混合驱动中，燃料电池＋蓄电池＋超级电容组合被认为能够最大限度满足整车的起动、加速、制动的动力和效率需求，但成本最高，结构和控制也最为复杂。目前燃料电池电动汽车动力系统的一般结构是燃料电池＋蓄电池组合，这是因为它具有以下特点。

（1）燃料电池单独或与动力蓄电池共同提供持续功率，而且在车辆起动、爬坡和加速等峰值功率需求时，动力蓄电池提供峰值功率。

（2）在车辆起步时和功率需求量不大时，蓄电池可以单独输出能量。

（3）蓄电池技术比较成熟，可以在一定程度上弥补燃料电池技术上的不足。

可用于电动汽车的蓄电池包括铅酸电池、镍镉电池、镍锌电池、锌空气电池、铝空气电池、钠硫电池、钠镍氯化物电池、锂聚合物电池和锂离子电池等多种类型。

目前，燃料电池＋蓄电池混合驱动系统主要有两种结构形式：燃料电池直接混合系统和动力电池直接混合系统。

燃料电池直接混合系统是燃料电池直接接入直流母线，所以驱动系统的电压必须设计在燃料电池可以调节的范围内，由于动力电池需要向驱动系统传输能量，而且要从燃料电池与车辆系统取得能量，所以必须安装双向DC/DC，且必须有响应速度快的特点。燃料电池和动力蓄电池之间的功率平衡由DC/DC和燃料电池管理系统共同实现。该结构形式对于燃料电池的输出电压达到了最优化设计。但是对燃料电池的要求比较高，同时DC/DC要实现双向快速控制，双向DC/DC的成本较高，整个系统的控制也比较复杂。

动力电池直接混合系统中，DC/DC转换器将燃料电池的输出电压和系统电压分开，驱动系统电压可以设计得比较高，这样可以降低驱动系统的电流值，有利于延长各电器元件的寿命，同时高的系统电压可以充分满足动力电池的需要。DC/DC还负责燃料电池和动力蓄电池之间的功率平衡。但是由于燃料电池的能量输出需要通过DC/DC才能进入直流母线，导致系统的效率比较低，特别是对于连续负载来说不是最优化设计。例如，匀速工况下，系统功率需求较小，由燃料电池单独提供车辆行驶所需的功率。

两种结构形式的主要差别在于DC/DC转换器的使用上。DC/DC的位置和结构决定了动力系统的构型。DC/DC的位置主要取决于电动机及其控制器特性和燃料电池特性，另一个重要的因素是混合度。

2.4.2 燃料电池电动汽车的结构原理

目前燃料电池电动汽车绝大多数采用的是混合式燃料电池驱动系统，将燃料电池与辅助动力源相结合，燃料电池可以只满足持续功率需求，借助辅助动力源提供加速、爬坡等所需的峰值功率，而且在制动时可以将回馈的能量储存在辅助动力源中。混合式燃料电池驱动系统有并联式和串联式两种，如图2.39所示。

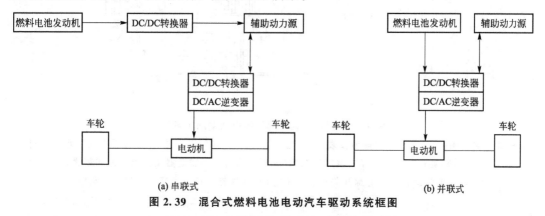

图 2.39　混合式燃料电池电动汽车驱动系统框图

混合式燃料电池电动汽车的动力系统主要由燃料电池发动机、辅助动力源、DC/DC转换器、DC/AC逆变器、电动机和动力电控系统等组成。

1. 燃料电池发动机

在燃料电池电动汽车所采用的燃料电池发动机中，为保证燃料电池组的正常工作，除以燃料电池组为核心外，还装有氢气供给系统、氧气供给系统、气体加湿系统、反应生成物的处理系统、冷却系统和电能转换系统等。只有这些辅助系统匹配恰当和运转正常，才能保证燃料电池发动机正常运转。

图2.40所示是以氢为燃料的燃料电池发动机系统，图2.41所示是以氢气为燃料的燃料电池电动汽车的总布置基本结构模型。

(1) 氢气供应、管理和回收系统。气态氢的储存装置通常用高压储气瓶来装载，对高压储气瓶的品质要求很高，为保证燃料电池电动汽车一次充气有足够的行驶里程，就需要多个高压储气瓶来储存气态氢气。一般轿车需要2~4个高压储气瓶，大客车上需要5~10个高压储气瓶。

液态氢气虽然比能量高于气态氢，但由于液态氢气处于高压状态，它不仅需要用高压储气瓶储存，还要用低温保温装置来保持低温，且低温的保温装置是一套复杂的系统。

在使用不同压力的氢气(高压气态氢气和高压低温液态氢气)时，就需要用不同的氢气储存容器，不同的减压阀、调压阀、安全阀、压力表、流量表、热量交换器和传感器等来进行控制。并对各种管道、阀和仪表等的接头采取严格的防泄漏措施。从燃料电池中排出的水，含有未发生反应的少量的氢气。正常情况下，从燃料电池排出的少量氢气应低于1%以下，应用氢气循环泵将这少量的氢气回收。

(2) 氧气供应和管理系统。氧气的来源有从空气中获取氧气或从氧气罐中获取氧气，空气需要用压缩机来提高压力，以增加燃料电池反应的速度。在燃料电池系统中，配套压缩机的性能有特定的要求，压缩机质量和体积会增加燃料电池发动机系统的质量、体积和成本，

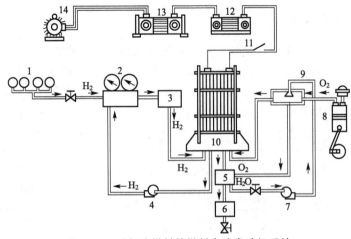

图 2.40 以氢为燃料的燃料电池发动机系统

1—氢气储存罐;2—氢气压力调节仪表;3—热交换器;4—氢气循环泵;5—冷凝器及气水分离器;
6—散热器;7—水泵;8—空气压缩机(或氧气罐);9—加湿器及去离子过滤装置;
10—燃料电池组;11—电源开关;12—DC/DC 转换器;13—逆变器;14—驱动电动机

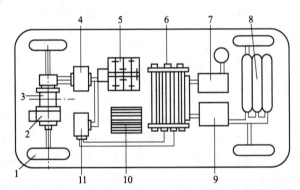

图 2.41 以氢气为燃料的燃料电汽电动汽车的总布置基本结构模型

1—驱动轮;2—驱动系统;3—驱动电动机;4—逆变器;5—辅助电源装置(动力电池组+飞轮储
能器或动力电池组+超级电容);6—燃料电池发动机;7—空气压缩机及空气供应系统辅助装置;
8—氢气储存罐;9—氢气供应系统辅助装置;10—中央控制器;11—动力 DC/DC 转换器

压缩机所消耗的功率会使燃料电池的效率降低。空气供应系统的各种阀、压力表、流量表等的接头要采取防泄漏措施。在空气供应系统中还要对空气进行加湿处理,保证空气有一定的湿度。

(3) 水循环系统。燃料电池发动机在反应过程中将产生水和热量,在水循环系统中用冷凝器、气水分离器和水泵等对反应生成的水和热量进行处理,其中一部分水可以用于空气的加湿。另外还需要装置一套冷却系统,以保证燃料电池的正常运作。

(4) 电力管理系统。燃料电池所产生的是直流电,需要经过 DC/DC 转换器进行调压,在采用交流电动机的驱动系统中,还需要用逆变器将直流电转换为三相交流电。

以氢气为燃料的燃料电池发动机的各种外围装置的体积和质量占燃料电池发动机总体积和质量的 1/3～1/2。

图 2.42 所示是以甲醇为燃料的燃料电池发动机系统。在以甲醇为燃料的燃料电池发动机系统中,用甲醇供应系统代替了上述的氢气供应系统。它包括甲醇储存装置、甲醇供

应系统的泵、管道、阀门、加热器及控制装置等。图 2.43 所示是以甲醇为燃料的燃料电池电动汽车的总布置基本模型。

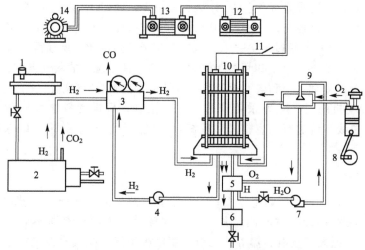

图 2.42　以甲醇为燃料的燃料电池发动机系统

1—甲醇储存罐；2—带燃烧器的改质器；3—H_2 净化装置；4—氢气循环泵水循环系统；5—冷凝器及气水分离器；6—散热器；7—水泵；8—空气压缩机（或氧气罐）；9—加湿器及去离子过滤装置；10—燃料电池组；11—电源开关；12—DC/DC 转换器；13—逆变器；14—驱动电动机

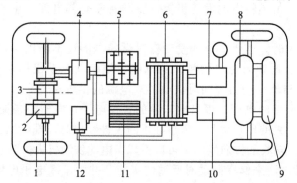

图 2.43　以甲醇为燃料的燃料电池电动汽车的总布置基本模型

1—驱动轮；2—驱动系统；3—驱动电动机；4—逆变器；5—辅助电源装置（动力电池组＋飞轮储能器或动力电池组＋超级电容器）；6—燃料电池发动机；7—空气压缩机及空气供应系统辅助装置；8—重整器；9—甲醇罐；10—氢气供应系统辅助装置；11—中央控制器；12—动力 DC/DC 转换器

（1）甲醇储存装置。甲醇可以用普通容器储存，不需要加压或冷藏，可以部分利用内燃机汽车的供应系统，有利于降低燃料电池电动汽车的使用费用。

（2）燃烧器、加热器和蒸发器。甲醇进入改质器之前，要用加热器加热甲醇和纯水的混合物，使甲醇和纯水的混合物一起受高温（621℃）热量的作用，蒸发成甲醇和纯水的混合气，然后进入改质器。

（3）重整器。重整器是将甲醇用改质技术转化为氢气的关键设备。不同的碳氢化合物采用不同的重整技术，在重整过程中的温度、压力会有所不同，例如，甲醇用水蒸气重整法的温度为 621℃，用部分氧化重整法的温度为 985℃，用废气重整法的第一阶段温度为 985℃，第二阶段温度为 250℃。在燃料电池电动汽车用甲醇经过重整产生的氢气做燃料时，就需要对各种重整方法进行分析，选择最佳重整技术和最适合燃料电池电动汽车配套的重整器。

(4) 氢气净化器。改质器所产生的 H_2 因为含有少量的 CO，因此必须对 H_2 进行净化处理。净化器中用催化剂来控制，使 H_2 中所含的 CO 被氧化成 CO_2 后排出，最终进入燃料电池的 H_2 中的 CO 的含量不超过规定的 10×10^{-6}。甲醇经过改质后所获得的氢气作为燃料时，燃料电池的效率为 40%～42%。以甲醇为燃料的燃料电池系统中的氧气供应、管理系统，反应生成的水和热量的处理系统和电力管理系统与以氢为燃料的燃料电池系统基本相同。

燃料电池发动机的运作一般采用计算机进行控制，根据燃料电池电动汽车的运行工况，通过 CAN 总线系统进行信息传递和反馈，并经过计算机的处理，以保证燃料电池正常运行。

2. 辅助动力源

在燃料电池电动汽车上燃料电池发动机是主要电源，另外还配备有辅助动力源。根据燃料电池电动汽车的设计方案不同，其所采用的辅助动力源也有所不同，可以用蓄电池组、飞轮储能器或超大容量电容器等共同组成双电源系统。在具有双电源系统的燃料电池电动汽车上，驱动电动机的电源可以出现以下驱动模式。

(1) 在燃料电池电动汽车起动时，由辅助动力源提供电能带动燃料电池发动机起动，或带动车辆起步。

(2) 车辆行驶时，由燃料电池发动机提供驱动所需全部电能，剩余的电能储存到辅助动力源装置中。

(3) 在加速和爬坡时，若燃料电池发动机提供的电能还不足以满足燃料电池电动汽车驱动功率要求，则由辅助动力源提供额外的电能，使驱动电动机的功率或转矩达到最大，形成燃料电池发动机与辅助动力源同时供电的双电源的供电模式。

(4) 储存制动时反馈的电能，以及向车辆的各种电子、电器设备提供所需要的电能。

由于燃料电池发动机的比功率和比能量在不断改进和提高，现代燃料电池电动汽车逐步向加大燃料电池发动机功率的方向发展，可以由燃料电池发动机提供驱动所需的全部电能。

另外采用 42V 蓄电池来储存制动时反馈的电能，并为车载电子电器系统提供电能，可以取消用于辅助驱动的动力电池组，减轻辅助电池组和整车的质量。

3. DC/DC 转换器

燃料电池电动汽车采用的电源有各自的特性，燃料电池只提供直流电，电压和电流随输出电流的变化而变化。燃料电池不可能接受外电源的充电，电流的方向只是单向流动。燃料电池电动汽车采用的辅助电源(蓄电池和超级电容器)在充电和放电时，也是以直流电的形式流动，但电流的方向是可逆性流动。燃料电池电动汽车上的各种电源的电压和电流受工况变化的影响呈不稳定状态。为了满足驱动电动机对电压和电流的要求及对多电源电力系统的控制，在电源与驱动电动机之间，用计算机控制实现对燃料电池电动汽车的多电源的综合控制，保证燃料电池电动汽车的正常运行。燃料电池电动汽车的燃料电池需要装置单向 DC/DC 转换器，蓄电池和超级电容器需要装置双向 DC/DC 转换器。

燃料电池电动汽车中的 DC/DC 转换器的主要功能概括起来包括以下 3 点。

(1) 调节燃料电池的输出电压。由于燃料电池的输出特性较软，输出电压随负载的变化而变化，轻载时输出电压偏高，重载时输出电压偏低，难以满足驱动电动机控制器的需求,所以借助 DC/DC 转换器对燃料电池的输出电压进行调节。

(2) 调节整车能量分配。燃料电池轿车是一种混合动力轿车,具有燃料电池和动力蓄电池两种能源,控制燃料电池的输出能量就可以控制整车能量的分配。如果燃料电池的输出能量不足以驱动电动机,缺口能量就由动力蓄电池来补充;当燃料电池输出的能量超出电动机的需求时,多余的能量可以进入蓄电池中,补充蓄电池的能量。DC/DC 转换器用于控制燃料电池的能量输出。

(3) 稳定整车直流母线电压。燃料电池的输出电压经过 DC/DC 转换器后能稳定整车直流母线电压。

DC/DC 转换器在燃料电池电动汽车中起着重要的作用,它的性能必须满足以下要求。

(1) 变换器是能量传递部件,因此需要转换效率高,以便提高能源的利用率。

(2) 为了降低对燃料电池的输出电压要求,变换器应具有升压功能。

(3) 由于燃料电池输出电压不稳定,需要变换器闭环运行进行稳压,为了给驱动器稳定的输入,需要变换器有较好的动态调节能力。

(4) 体积小、质量轻。

4. 驱动电动机

燃料电池电动汽车用的驱动电动机主要有直流电动机、交流电动机、永磁电动机和开关磁阻电动机等。燃料电池汽车驱动电动机的选型必须结合整车开发目标,综合考虑电动机的特点。驱动电动机的详细内容见第 4 章。

5. 动力电控系统

燃料电池电动汽车的动力电控系统主要由燃料电池发动机管理系统(FCE-ECU)、蓄电池管理系统(BMS)、动力控制系统(PCU)及整车控制系统(VMS)组成,而原型车的变速器系统会简化很多,其系统结构框图如图 2.44 所示。

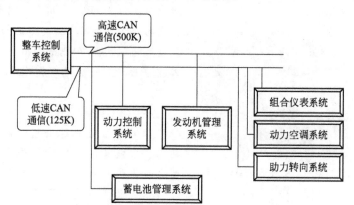

图 2.44 燃料电池电动汽车的动力电控系统结构框图

(1) 发动机管理系统。燃料电池发动机管理系统按整车控制器的功率设定值控制燃料电池发动机的功率输出,监测发动机的工作状态,保证发动机稳定可靠地运行时进行故障诊断及管理。其具体组成包括供氢系统、供氧系统、水循环及冷却系统。

(2) 蓄电池管理系统。蓄电池管理系统分上下两级,下级 LECU 负责蓄电池组电压、温度等物理参数的测量,进行过充过放保护及组内组间均衡;上级 CECU 负责动力蓄电池组的电流检测及 SOC 估算,以及相关的故障诊断,同时运行高压漏电保护策略。

(3) 动力控制系统。动力控制系统包含 DC/DC 转换器、DC/AC 逆变器、DCL 和空调控制器及空调压缩机变频器,以及电动机冷却系统控制器。DC/DC 转换器和 DC/AC 逆变器的作用如前所述,DCL 负责将高压电源转换为系统零部件所需的 12V/24V 低压电源,电动机冷却系统控制器负责电动机及 PCU 的水冷却系统控制。

(4) 整车控制系统。整车控制系统的核心是多能源控制策略(包括制动能量回馈功能),它一方面接收来自驾驶人的需求信息(如点火开关、加速踏板、制动踏板、变速信息等)实现整车工况控制;另一方面基于反馈的实际工况(如车速、制动、电动机转速等)及动力系统的状况(燃料电池及动力蓄电池的电压、电流等),根据预先匹配好的多能源控制策略进行能量分配调节控制。当然,整车的故障诊断及管理也由它负责。

上述各系统都通过高速 CAN – Bus 进行信息交换。在上述基本动力系统架构基础上,可以根据混合度的不同,把燃料电池混合动力汽车分为电量消耗型和电量维持型。所谓混合度,是指燃料电池额定输出功率与驱动电动机额定功率之比。前者的混合度较低,蓄电池是主要的能量源,燃料电池只作为里程延长器来使用;后者的混合度较高,在行驶过程中蓄电池的荷电状态基本保持在一个合理的范围,目前国外大部分国家及我国全部采用该方案。

丰田燃料电池电动汽车 FCHV – adv

日本丰田公司在 2009 年上海国际汽车展上展出了一款全新动力系统的混合动力车型 FCHV – adv,如图 2.45 所示。该车配备了最新设计的高性能新型燃料电池混合动力系统,该混合动力系统由燃料电池和镍氢蓄电池组成。燃料电池组的功率为 90kW,镍氢蓄电池的输出功率为 21kW;采用交流同步电动机,最大输出功率为 90kW,最大转矩为 260N·m;高压储氢罐压力为 700bar($1bar=10^5Pa$),储氢罐容量为 156L;一次充满氢的续驶里程为 830km 左右。

丰田 FCHV – adv 下一步将考虑采用高性能锂离子蓄电池,虽然锂离子蓄电池在比功率、比能量、循环寿命等方面均优于镍氢蓄电池,但在耐久性、量产化、质量保证和低价格方面还要进一步提高。

图 2.45 丰田燃料电池电动汽车 FCHV – adv

2.4.3 燃料电池电动汽车的特点

燃料电池电动汽车技术与传统汽车、纯电动汽车技术相比,具有以下优点。

(1) 效率高。燃料电池的工作过程是化学能转化为电能的过程,不受卡诺循环的限制,能量转换效率较高,可以达到 30% 以上,而汽油机和柴油机汽车整车效率分别为 16%~18% 和 22%~24%。

(2) 续驶里程长。采用燃料电池系统作为能量源，克服了纯电动汽车续驶里程短的缺点，其长途行驶能力及动力性已经接近传统汽车。

(3) 绿色环保。燃料电池没有燃烧过程，以纯氢作为燃料，生成物只有水，属于零排放。采用其他富氢有机化合物用车载重整器制氢作为燃料电池的燃料，生成物除水之外还可能有少量的 CO_2，接近零排放。

(4) 过载能力强。燃料电池除了在较宽的工作范围内具有较高的工作效率外，其短时过载能力可达额定功率的 200% 或更大。

(5) 低噪声。燃料电池属于静态能量转换装置，除了空气压缩机和冷却系统以外无其他运动部件，因此与内燃机汽车相比，运行过程中噪声和振动都较小。

(6) 设计方便灵活。燃料电池汽车可以按照 X-By-Wire 的思路进行汽车设计，改变了传统的汽车设计概念，可以在空间和质量等问题上进行灵活的配置。

燃料电池电动汽车的主要缺点如下。

(1) 燃料电池汽车的制造成本和使用成本过高。燃料电池发动机的制造成本居高不下，国内估计 3 万元/kW，国外成本约 3000 美元/kW，与传统内燃机仅 200~350 元/kW 相比，差距巨大。使用成本过高，例如高纯度(99.999%)高压氢(>200bar)售价 80~100 元/kg，按 1kg 氢可发 10kW·h 电能计算，仅燃料费即约为 10 元/kW·h，按燃料电池发动机工作寿命 1000h 计算，折旧费为 30 元/kW·h。所以总的动力成本达 40 元/kW·h。目前由燃料电池发动机提供 1kW·h 电能的成本远高于各种动力电池，这从一个侧面反映了作为汽车动力源，燃料电池还有相当的距离。

(2) 辅助设备复杂，而且质量和体积较大。在以甲醇或者汽油为燃料的燃料电池电动汽车中，经重整器出来的"粗氢气"含有使催化剂"中毒"失效的少量有害气体，必须采用相应的净化装置进行处理，增加了结构和工艺的复杂性，并使系统变得笨重，而目前普遍采用的氢气燃料的燃料电池电动汽车，因需要高压、低温和防护的特种储存罐，导致体积庞大，给燃料电池电动汽车带来了许多不便。

(3) 起动时间长，系统抗振能力有待进一步提高。采用氢气为燃料的燃料电池电动汽车起动时间一般需要约 3min，而采用甲醇或者汽油重整技术的燃料电池电动汽车起动时间则长达约 10min，比起内燃机汽车起动的时间长得多，影响其机动性能。此外，在燃料电池电动汽车受到振动或者冲击时，各种管道的连接和密封的可靠性需要进一步提高，以防止泄漏，降低效率，严重时还会引发安全事故。

2.4.4 燃料电池电动汽车的关键技术

1. 燃料电池系统

燃料电池是燃料电池电动汽车发展的最关键技术之一。车用燃料电池系统核心是燃料电池堆。燃料电池堆技术发展趋势可用耐久性、低温启动温度、净输出比功率及制造成本 4 个要素来评判。燃料电池堆研究正在向高性能、高效率和更高耐久性方向努力。

降低成本也是燃料电池堆研究的目标，控制成本的有效手段是减少材料（电催化剂、电解质膜、双极板等）的费用，降低（膜电极制作、双极板加工和系统装配等）加工费。但是如何在材料价格与系统性能之间取得平衡，依然需要继续研究。以电催化剂为例，非铂催化剂体系虽然在降低成本上有潜力，但是其性能却远远无法达到车用燃料电池系统的要求。人们一直努力降低铂的使用量,但即便是膜电极中有高负载量(如 Pt 担载量为 $1\text{mg}/\text{cm}^2$),其性能也不能满足车用功率的需求。如何更有效地利用电催化剂的活性组分,使活性组分长期保持高活性状态,延长催化剂使用寿命是催化剂研究应该考虑的重点。

另外,作为车用燃料电池系统还需要攻克许多工程技术壁垒,包括系统启动与关闭时间、系统能量管理与变换操作、电堆水热管理模式及低成本高性能辅助设施(包括空气压缩机、传感器和控制系统)等。

2. 车载储氢系统

储氢技术是氢能利用走向规模化应用的关键。目前,常见的车载储氢系统有高压储氢、低温储存液氢和金属氢化物储氢 3 种基本方案。对于车载储氢系统,美国能源部提出在续驶里程与标准汽油车相当的燃料电池汽车车载储氢目标是质量储氢密度为 6%、体积储氢密度为 $60\text{kg}/\text{m}^3$。纵观现有储氢方案,除了低温存储液氢技术,其他技术都不能完全达到以上指标。而低温储存氢气的成本与能耗很大,作为车载储氢并不是最佳选择。

如何有效减小储氢系统的质量与体积,是车载储氢技术开发的重点。一个比较理想的方案是,采用储氢材料与高压储氢复合的车载储氢新模式,即在高压储氢容器中装填质量较轻的储氢材料,这与纯高压(大于 40MPa)储氢方式相比,既可以降低储氢压力(约 10MPa)又可以提高储氢能力。复合式储氢模式的技术难点是如何开发吸、放氢性能好,成型加工性良好,质量轻的储氢材料。

3. 整车热管理

燃料电池汽车整车热管理有两方面特性需要关注。

(1) 燃料电池发动机自身的运行温度为 60~70℃,实际散热系统的工作温度大致可以控制在 60℃,这样一来与整车运行的环境温度相比,温差不大,造成燃料电池汽车无法像传统汽车一样依赖环境温差散热,转而必须依赖整车动力系统提供额外的冷却动力为系统散热,这样从动力系统效率角度出发是不经济的,二者之间的平衡将是在热管理开发方面必须关注的。

(2) 目前整车各零部件的体积留给整车布置回旋的余地很小,造成散热系统设计的改良空间不大,无法采用通用的解决方案应对,必须开发专用的零部件(如特殊构造或布置的冷凝器、高功率的冷却风扇等),这样就要求丰富的整车散热系统的基础数据以支持相关开发设计,而这点正好是目前国内整车企业欠缺的。

另外,与整车散热系统密切相关的车用空调系统开发也是整车企业必须关注的。由于没有传统的汽油发动机,传统空调的压缩机动力源发生了颠覆性变化,改用纯电动压缩机作为空调系统的动力源。这样在做整车散热系统需求分析时,空调系统性能需求作为整车散热系统的"负载"因素也成为散热系统开发的技术难点。

4. 整车与动力系统的参数选择与优化设计

燃料电池汽车整车性能参数是整个燃料电池动力系统开发的信息输入,而虚拟配置的动力系统的特性参数也影响整车性能。两者之间的参数选择是一个多变量多目标的优化设计过程,而且参数选择与行驶工况和控制策略紧密相关,只有在建立准确的仿真模型基础上,经过反复寻优计算才可能达到较好的设计结果。目前参数设计主要借助于通用的或专用的仿真软件进行离线仿真,如 ADVISOR、EASY5、PSCAD、V2ELPH、FAHRSIM

等,其优点是方便快捷,适合于在设计初期对系统性能进行宏观的预估和评价,但难以对动力系统进行深入细致的分析与设计。随着系统开发的不断深入,某些已经存在的部件或环节将会集成仿真回路进行测试与研究,这些部件包括难建模部件、整车控制器及驾驶人等。为了实现虚拟模型与真实部件的联系,必须建立实时的仿真开发环境。目前实时仿真在燃料电池汽车领域主要用于整车控制器的在环仿真。例如,采用dSPACE建立整车控制器的硬件在环仿真环境。而集成真实部件的动力系统实时仿真测试环境将是整车与动力系统的参数选择与优化设计的技术升级方向。

5. 多能源动力系统的能量管理策略

能量管理策略对燃料经济性影响很大,而且受到动力系统参数和行驶工况的双重影响。目前开发方式一般是借助仿真技术建立一个虚拟开发环境对动力系统模型进行合理简化,从理论分析的角度得到最优功率分配策略与能量源参数和工况特征之间的解析关系,并从该关系出发定量地分析功率缓冲器特性参数对最优功率分配策略的影响,为功率缓冲器的参数选择提供理论依据,最终目的是定量地分析工况特征参数与最优功率分配策略之间的映射关系,完成功率分配策略的工况适应性研究。

完成能量管理策略的工况适应性开发后,其核心问题转变为功率分配优化,当然还必须考虑一些限制条件,如蓄电池容量的限制和各部件额定值的限制等。可用作功率分配的决策输入量很多,如SOC值、总线电压、车速、驾驶人功率需求等。按照是否考虑这些变量的历史状态,可以把功率分配策略分为瞬时与非瞬时策略两大类。

作为能量管理策略中的一部分,制动能量回收是提高燃料经济性的重要措施,也是一个难点问题。必须综合考虑制动稳定性、制动效能、驾驶人感觉、蓄电池充电接受能力等限制条件。制动系统关乎生命安全,而且制动过程通常很短暂,在研究初期一般不直接进行道路试验,而是在建立系统动态模型的基础上再进行深入细致的仿真研究。

以上是燃料电池电动汽车主要关键技术,它们对整车的动力性、经济性和安全性影响非常大,是需要解决的核心问题。

2.4.5 燃料电池电动汽车的主要技术指标

在电动汽车科技发展"十二五"专项规划中,提出了下一代燃料电池电动汽车主要技术指标,见表2-9。

表2-9 下一代燃料电池电动汽车主要技术指标

指标		燃料电池电动轿车	燃料电池电动客车
燃料电池	电堆比功率/(W/kg)	1000(面向示范考核) 1500(面向技术突破)	
	系统比功率/(W/kg)	300(面向示范考核) 450(面向技术突破)	
	低温储存与启动/℃	−10(面向示范考核) −20(面向技术突破)	
	寿命/h	≥5000	

(续)

指标		燃料电池电动轿车	燃料电池电动客车
车用电动机	功率密度/(kW/kg)	3.0	
	最高效率/(%)	94	
电子控制		新型电动机集成驱动的底盘动力学控制技术； 下一代纯电驱动整车控制系统关键技术； 纯电驱动汽车ITS及车网融合(V2G，V2H)技术	
整车平台	最高车速/(km/h)	≥160	≥80
	续驶里程/(km)	≥350	≥350
	经济性/(kg/100km)	≤1.2(示范) ≤1.1(下一代)	≤8.8(示范) ≤8.5(下一代)

2.4.6 燃料电池电动汽车车型实例

1. 荣威950燃料电池电动汽车

在2014年北京国际汽车展上，上海汽车集团股份有限公司推出了荣威950插电式燃料电池电动汽车。该车搭载有动力蓄电池和氢燃料电池双动力源系统。新车行驶以氢燃料电池为主，动力蓄电池为辅，基于车载的On-board蓄电池充电器，新车可通过市网电力系统为动力蓄电池充电。氢燃料电池方面，新车搭载有两个700bar氢气瓶，其氢气储量可达4.34kg，最大续驶里程为400km。此外，通过优化车辆起动系统，即便是在-20℃的环境中，新车依旧可以正常起动与行驶。

荣威950燃料电池电动汽车如图2.46所示。

图2.46 荣威950燃料电池电动汽车

2. 丰田燃料电池电动汽车

丰田自2002年以来，一直致力于燃料电池电动汽车的研发，2013年丰田推出了第一款燃料电池电动汽车。该车外形尺寸为4870mm×1810mm×1525mm，轴距为2780mm；在车身底板上布置了两个70MPa氢燃料高压储气罐，升功率达到3kW/L，氢燃料电池的输出功率至少达到100kW。加注燃料仅需3min，但续驶里程可达500km。

丰田燃料电池电动汽车如图2.47所示。

图2.47 丰田燃料电池电动汽车

3. 奔驰B级F-Cell燃料电池电动汽车

奔驰B级F-Cell燃料电池电动汽车的核心技术是新一代燃料电池驱动系统，这种燃料电池尺寸紧凑、动力强劲、使用安全，而且完全适用于日常使用。燃料电池能够在行车过程中产生电力，而产生的唯一排放物质是水，实现了绝对的零排放零污染。

奔驰B级F-Cell燃料电池电动汽车使用氢燃料作为动力来源，车身底部安装了3个巨大的储氢罐，每个储氢罐装可储存约4kg的气态燃料。一次充满燃料的时间仅需3min，但却能实现400km的续驶里程。

在行李箱底板下部，还装有一个输出功率为35kW、容量为1.4kW·h的锂离子电池组，它和氢燃料电池组成双重动力一起推动车辆。如外界温度足以仅靠电池能量起动车辆，智能驾驶管理系统则会根据动力需求决定是否需要燃料电池介入工作以提供更充沛的电力。车辆行驶时，能量管理系统可使燃料电池系统始终处于最优化运转状态。锂离子电池能够协助解决不同驾驶情况下电量需求。在车辆以较低的速度行驶时，车辆依靠锂离子电池驱动车辆，如果电池电量不足，系统将自动切换至燃料电池，以拓展车辆的续驶里程。大部分正常速度行驶时，都是以氢动力为动力源泉，而此时如果需要更多的动力，深踩加速踏板，锂离子电池和氢燃料将一起作用，来保证更好的加速能力。

奔驰B级F-Cell燃料电池电动汽车如图2.48所示。

图2.48 奔驰B级F-Cell燃料电池电动汽车

4. 现代途胜 ix 燃料电池电动汽车

2013 年，韩国现代独家研发的途胜 ix 氢燃料电池电动汽车在全球首次进入量产，比竞争对手奔驰和丰田提前了 2 年，主要销售对象是对氢燃料电池电动汽车持高度关注的欧洲政府机构。

途胜 ix 氢燃料电池电动汽车配有现代汽车独自开发的 100kW 的燃料电池系统和 2 个储氢罐(700atm，1atm＝101.325kPa)，每次氢气充电可行驶 594km。

现代途胜 ix 燃料电池电动汽车如图 2.49 所示。

图 2.49 现代途胜 ix 燃料电池电动汽车

2.5 其他新能源汽车

2.5.1 气体燃料汽车

气体燃料汽车主要包括天然气汽车和液化石油气汽车。

1. 天然气汽车

天然气汽车是指以天然气作为燃料的汽车。按照所使用天然气燃料状态的不同，天然气汽车可以分为压缩天然气汽车(CNGV)和液化天然气汽车(LNGV)。

压缩天然气是指压缩到 20.7～24.8MPa 的天然气，储存在车载高压气瓶中。它是一种无色透明、无味、高热量、比空气轻的气体，主要成分是甲烷，由于组分简单，易于完全燃烧，加上燃料含碳少，抗爆性好，不稀释润滑油，能够延长发动机使用寿命。

液化天然气是指常压下、温度为 -162℃ 的液体天然气，储存于车载绝热气瓶中。液化天然气燃点高、安全性能强，适于长途运输和储存。

与同功率的传统燃油汽车相比，天然气汽车尾气中的碳氢排放量可减少 90%，一氧化碳可减少约 80%，二氧化碳可减少约 15%，氮氧化物可下降 40%，并且没有含铅物质排出。在节能减排方面，天然气汽车的优势不言而喻。因而，大力推广天然气汽车，对于减少城市大气污染，改善空气质量，美化城市环境，提高居民生活水平作用重大。到 2020 年，预计全球将有 6500 万辆汽车使用天然气作为动力，占全球汽车保有量的 8%。

天然气汽车与普通燃油汽车相比，在结构上主要增加了燃气供给系统。天然气供给系统由储气部件、供气部件、控制部件和燃料转换部件等组成。

图2.50是东风雪铁龙推出的新款爱丽舍CNG双燃料汽车。爱丽舍CNG双燃料汽车整车尺寸为4427mm×1748mm×1476mm，轴距为2652mm；动力方面，搭载的是1.6L双顶置凸轮轴16气门EC5发动机，燃气功率可达到75kW，最大输出功率为86kW，最大转矩为150N·m，与之匹配的有5速手动变速器。在燃气安全方面，采用发动机前舱加气，手动截止加气阀，加气过程简洁、安全；配备燃气泄漏报警器及自动瓶口阀，燃气泄漏报警器会自动检测燃气是否泄漏，遇到泄漏情况时会自动报警并关闭瓶口阀。

图2.50　新款爱丽舍CNG天然气双燃料汽车

图2.51是陕汽德龙F3000重卡6×4 LNG牵引车。该车整车重量为8.8t，牵引总质量为40t，最高车速为99km/h，搭载潍柴WP12NG380E50发动机，排量为11.596L，执行排放标准为国Ⅵ/欧Ⅵ，最大功率为280kW，法士特12JSD160TA变速器。

图2.51　陕汽德龙F3000重卡6×4LNG牵引车

近年来我国天然气汽车产业迅猛发展，加气站和天然气汽车总量均有大幅增长。截至2014年1月，国内各类加气站总数已突破4800座，天然气汽车保有量超过100万辆。

从国家层面上看，2012年国家相继颁布的《节能与新能源汽车产业发展规划》《节能减排"十二五"规划》《天然气利用政策》等政策，明确鼓励天然气汽车的发展和产业技术创新。从地方政府层面上看，目前各地均在不断加大天然气汽车的推广力度。例如，北京、广东规定新增城市公交车必须是新能源汽车(包括天然气汽车)，上海、江苏、浙江、辽宁、山东等省市规定天然气汽车每年要保持一定比例的增长以替代传统燃料汽车。因此，从长远来看，天然气汽车对传统汽车具有明显的替代效应，这代表着未来汽车行业低碳环保的市场发展方向，发展天然气汽车对解决环境问题和能源问题都具有十分重大的现实意义。

2. 液化石油气汽车

以液化石油气为主要燃料的汽车称为液化石油气汽车(LPGV)。液化石油气汽车和天然气汽车结构类似,也是增加了一套燃气供给系统。

液化石油气是石油在提炼汽油、煤油、柴油、重油等油品过程中剩下的一种石油尾气,通过一定程序,对石油尾气加以回收利用,采取加压的措施,使其变成液体,装在受压容器内。液化石油气与其他燃料比较,具有污染少、发热量高、易于运输、压力稳定、储存简单、供应灵活等优点。

液化石油气汽车与燃油汽车相比,具有污染少、经济性和安全性好等优点,受到各国的重视。为适应汽车能源变革的大趋势,世界上各汽车制造商都纷纷投资开发液化石油气汽车,并制订各种优惠策略,推广使用液化石油气汽车。

图 2.52 Holden 汽油/液化石油气双燃料汽车

澳大利亚的霍顿汽车公司开发出 Holden 汽油/液化石油气双燃料汽车,如图 2.52 所示。该车采用 V6 发动机,排气量为 3.6L,气瓶为 73L;使用汽油,输出功率为 180kW,使用液化石油气,输出功率为 172kW;在燃油经济性方面,液化石油气模式下耗气量为 16L/100km,汽油模式下耗油量为 11.1L/100km;最大续驶里程能达到 1100km。

德国改装厂 AC Schnitzer 推出了世界上行驶速度最快的液化石油气驱动的宝马新款 3 系轿跑车,如图 2.53 所示。这款称为 GP3.10 GAS POWERED 的改装车在意大利南部的 Nardo 赛道最高车速达到 318.1km/h,打破了 AC Schnitzer 早先基于 M6 开发的 TENSION 创造的纪录,那款车 0~100km/h 的加速时间为 4.6s,而加速到 200km/h,也仅需 13.9s。尾气排放量可以降低 15%。

图 2.53 宝马液化石油气轿跑车

2.5.2 生物燃料汽车

生物燃料是指生物资源生产的醇类燃料和生物柴油等,可以替代由石油制取的汽油和柴油,是可再生能源开发利用的重要方向。生物燃料汽车就是以生物燃料为能源的汽车。

1. 甲醇燃料汽车

甲醇燃料汽车是指利用甲醇燃料作能源驱动的汽车。甲醇作为燃料在汽车上的应用主要有掺烧和纯甲醇替代两种。掺烧是指将甲醇以不同的比例(如 M10、M15、M30 等)掺入汽油中,作为发动机的燃料,一般称为甲醇汽油;纯甲醇替代是指将高比例甲醇(如 M85、M100)直接用作汽车燃料。

国外甲醇燃料汽车的研发与应用始于 20 世纪 70 年代第二次石油危机。1976 年,在瑞典召开了第一次国际醇燃料会议(ISAF),推动醇燃料(主要是甲醇和乙醇)发展。德国、美国、日本等国先后进行了甲醇燃料及甲醇汽车配套技术的研发,在甲醇燃料生产与配比、运输与加注、发动机、甲醇汽车及相关配套技术方面取得了一系列实用性进展。20 世纪 70—80 年代期间,美国加州、德国等地均组织了甲醇汽车示范车队。20 世纪 90 年代后期以来,国外对甲醇的使用日趋严格,只允许低比例掺混使用。例如,美国车用汽油标准 ASTM 4814 中要求,汽油中甲醇含量最大不超过 0.3%;欧洲 85/536/EEC 法规规定,车用汽油中甲醇的添加量不应超过 3%,但同时必须包括腐蚀抑制添加剂;德国对汽油中的甲醇含量最大限额为 3.5%;日本对汽油中甲醇的检出量要求不超过 0.1%。

到了 21 世纪,虽然由于油品生产和汽车生产技术的进步,使汽油汽车的排放获得很大改善,从环保角度醇燃料的优异性相对减少;但由于石油供不应求情况加剧,对温室效应的关心,生物质的乙醇受到更多的重视。甲醇则由于来源较广(煤、天然气、生物质),在国外也开始有人重新考虑液体燃料资源问题。

我国甲醇燃料汽车的发展并未随同停止,尤其是在山西等富煤地区。与之相关的添加改善燃料性能、不同配比的燃油发动机改装、专用发动机的开发、运输与加注设施的改建技术、地方标准制定、示范运营等方面的工作,多年来在争论声中不断取得实用性进展。

图 2.54 是吉利海景 SC7 甲醇汽车。作为全国唯一的甲醇出租车试点城市,2013 年 3 月,山西省晋中市正式启动甲醇汽车试点工作。吉利海景 SC7 甲醇轿车作为全国首款获得国家工信部认可并予以公告的甲醇燃料新能源汽车,承担试点任务。首批 150 辆海景 SC7 甲醇车在 2013 年 3 月底在晋中正式投入运营,截至 2014 年 3 月份,这批甲醇汽车运营一年来,共运行 580 万 km,消耗甲醇 70 万 L,相当于替代汽油 42 万 L。检测报告显示:吉利海景 SC7 甲醇汽车各项技术性能指标均优于国家标准要求,在环保性方面全部符合国 IV 标准;而从经济性方面看,吉利海景 SC7 甲醇汽车的燃料费用约为传统燃油汽车的一半。

图 2.54 吉利海景 SC7 甲醇汽车

甲醇汽车是我国新能源汽车战略中的重要组成部分，属于醇醚类汽车的代表，甲醇燃料已经被确定为今后 20～30 年过渡性车用替代燃料。但由于欠缺规范性，掺烧甲醇比例不规范也带来了一些负面的效果。国家应该加大投入和支持的力度，规范生产标准等问题。

2. 乙醇燃料汽车

乙醇燃料汽车是使用车用乙醇汽油作为主要动力燃料的汽车。车用乙醇汽油是将变性燃料乙醇和汽油以一定的比例混合而形成的一种汽车燃料。在汽车上使用乙醇，可以提高燃料的辛烷值，增加氧含量，燃烧更完全，可以降低尾气有害物的排放。

乙醇汽车燃料应用的方式有 4 种：①掺烧，指乙醇和汽油掺和使用，目前，掺烧占主要地位；②纯烧，即单独烧乙醇，属于试验阶段；③变性燃料乙醇，指乙醇脱水后，再添加变性剂而生成的乙醇，也属于试验阶段；④灵活燃料，指燃料既可用汽油，也可用乙醇或甲醇与汽油比例混合的燃料，还可用氢气，并随时可以切换。如福特、丰田均在试验灵活燃料汽车。

世界上已经有 40 多个国家不同程度应用乙醇燃料汽车，有的已达到较大规模的推广，乙醇燃料汽车的地位日益提升。

巴西是全球最早发展乙醇汽车的国家，根据巴西法律规定，国内所有加油站出售的汽油也必须添加 25％的乙醇燃料。因此，巴西公路上跑的基本上都是乙醇燃料汽车。经过近 30 年的努力，巴西已成为世界上唯一不供应纯汽油的国家，也是世界上发展替代能源、采用乙醇为汽车燃料最为成功的国家之一。

通用汽车在乙醇及乙醇燃料汽车技术研发领域中，一直走在业界的最前列。通用汽车 20 多年前就已经致力于乙醇燃料技术的研发，并通过和众多乙醇燃料生产商的合作，开发可以使用乙醇燃料的汽车产品。图 2.55 是萨博乙醇燃料汽车。

图 2.55　萨博乙醇燃料汽车

中国已成为世界上继巴西、美国之后第三大生物燃料乙醇生产国和应用国。2002 年 3 月，国家组织实施了车用乙醇汽油在河南和黑龙江的使用试点工作。2003 年 6 月，车用乙醇汽油的使用试点工作在河南、黑龙江两省五市圆满结束，在车用乙醇汽油使用试点期间，约有 20 余万辆汽车和 5 万余辆摩托车使用了近 20 万吨车用乙醇汽油。2004 年 2 月，国家发展和改革委员会等 8 个部委联合下发了《关于印发〈车用乙醇汽油扩大试点方案〉和〈车用乙醇汽油扩大试点工作实施细则〉的通知》，扩大车用乙醇汽油在全国范围内的试点。根据《通知》要求，到 2005 年底，黑龙江、吉林、辽宁、河南、安徽 5 省，及湖北、山东、河北和江苏 4 省的部分地区将基本实现用车用乙醇汽油替代其他汽油。

3. 二甲醚燃料汽车

二甲醚燃料汽车是指以二甲醚为能源的汽车。二甲醚在常温常压下为无色、无味、无毒气体，可以从天然气、煤、石油焦炭或生物质中制取。二甲醚作为环保、清洁、安全的新型替代能源，已经得到国际社会的公认。二甲醚是汽车发动机，特别是柴油发动机燃料的理想替代品。

由于二甲醚具有低沸点、高饱和蒸气压、低黏性、压缩性、高十六烷值、含氧34.8%、较低热值等特点，二甲醚燃料发动机技术已引起西方发达国家政府和专家高度重视。近年来，欧美、日韩、俄罗斯等国家十分看好二甲醚燃料汽车的市场前景和环保效益，纷纷开展二甲醚燃料发动机与汽车的研发。在欧洲，VOLVO汽车公司研制出了燃用二甲醚燃料的大客车样车用于示范；在日本，JFE、产业技术综合研究所、COOP低公害车开发会社、交通公害研究所、五十铃汽车公司和伊藤忠会社等，分别研制了多辆燃用二甲醚燃料的卡车样车和城市客车样车。

我国与国际二甲醚燃料发动机研究几乎同步。2005年4月，在国家科技攻关项目支持下，上海交大与上汽集团、上海柴油机股份有限公司、上海华谊集团合作，成功开发了具有完全自主知识产权的D6114二甲醚燃料发动机和我国第一台二甲醚城市客车，如图2.56所示。该车发动机采用上柴6缸、水冷、四冲程、顶置两气门、直喷、涡轮增压SC8R250Q3B型，排量为8.27L，压缩比为17.3，最大功率为184kW，最大转矩为985N·m。燃料系统采用3只容积为140L的车用液化二甲醚钢瓶。

图2.56 二甲醚城市客车

2.5.3 氢燃料汽车

氢燃料汽车是在传统内燃机的基础上加以修改后可以直接用氢为燃料燃烧，产生动力的汽车，是一种真正实现零排放的交通工具，排放出的是纯净水，具有无污染、零排放、储量丰富等优势，因此，氢动力汽车是传统汽车最理想的替代方案。

早在1984年，宝马公司就着手开发以氢为燃料的氢内燃机，经过20多年的努力，开发出了多款氢发动机汽车。宝马公司生产的第一辆氢/汽油双燃料汽车BMW 745i Turbo奠定了这一新技术应用的基础，它采用直列6缸发动机。2006年，宝马推出世界上第一款氢动力豪华轿车——BMW氢能7系，该车型的研发采用了同所有其他BMW批量生产的车一样的标准开发流程，宝马公司生产的Hydrogen 7系的氢动力汽车是在宝马760Li基础上改装的，由能够使用氢燃料和汽油的191kW/191kW的12缸发动机提供动力，最小转弯直径为12.6m；

综合油耗为汽油13.9L/100km；综合氢耗，液氢为3.6kg/100km；排放达标为EU4；汽油模式续驶里程为500km；液氢模式续驶里程200km；总续驶里程为700km；0～100km/h加速时间为9.5s；最高车速为230km/h。图2.57是宝马7系列氢/汽油双燃料内燃机汽车。

福特汽车公司为世界首个正式生产氢燃料发动机的汽车制造商。图2.58是这款增压式6.8L V10氢内燃发动机。该发动机排量为6751cm^3，压缩比为9.4，功率为172.84kW/4000(r/min)，升功率为25.37kW，最大增压压力为124.02～137.80kPa。

图2.57 宝马7系列氢/汽油双燃料内燃机汽车

图2.58 福特增压式6.8L V10氢内燃发动机

福特首批生产的6.8L V10氢燃料发动机作为福特E-450型氢燃料巴士（图2.59）的动力装置，于2005年在北美国际汽车展览会上首次亮相。

日本马自达公司在2003年便已在东京车展上展出RX-8 Hydrogen RE，该汽车以燃烧后完全无污染的氢气为燃料，它搭载的"RENESIS氢气转子发动机"具有4个氢气喷嘴，使用汽油为燃料行驶时与RX-8完全一样，采用两侧进排气，使用氢气为燃料行驶时通过安装在RENESIS外壳上的喷嘴直接喷射氢气。马自达RX-8 Hydrogen RE是全球第一辆同时搭载氢燃料与转子发动机科技的先进环保车，配置高压氢燃料储存槽和汽油油箱，可同时使用汽油与氢气，提供车辆动力来源，如图2.60所示。RX-8 Hydrogen RE在氢动力驱动模式下，最大输出功率为80kW，最大转矩为140N·m；在汽油驱动模式下，最大输出功率为154kW，最大转矩为222N·m；变速器为4速自动变速器；氢动力驱动模式下续驶里程为100km；汽油箱的容积为61L，汽油驱动模式下续驶里程大于450km。

图2.59 福特E-450型氢燃料汽车

图2.60 马自达RX-8 Hydrogen RE氢动力汽车

氢能由于具有清洁、高效、可再生等特点被誉为21世纪理想能源，但许多关键技术尚未成熟，而且生产成本高昂，短期内很难实现产业化。随着氢制取技术和使用技术的不断进步，人们越来越乐观地认识到氢离人们的生活越来越近了。可以预见，未来世界将从以碳为基础的能源经济形态转变为以氢为基础的能源经济形态。氢能是汽车作为燃料的最终目标。

2.5.4 太阳能汽车

太阳能汽车是利用太阳电池将太阳能转换为电能，并利用该电能作为能源驱动行驶的汽车，它是电动汽车的一种。

图2.61为一款太阳能汽车外形图。

太阳能汽车主要由太阳电池组、自动阳光跟踪系统、驱动系统、控制器、机械系统等组成。

图2.61 太阳能汽车外形图

（1）太阳电池组。它是太阳能汽车的核心，由一定数量的单体电池串联或并联组成电池方阵；太阳电池单体由半导体材料制成，当太阳光照射在该半导体材料上时，半导体的电子-空穴对被激发，形成"势垒"，也就是p-n结；由于势垒的存在，在p型层产生的电子向n型层移动而带正电，而在n型层产生的空穴向p型层移动而带负电，于是在半导体元件的两端产生p型层为正的电压，即形成了太阳电池。太阳电池的电流大小与太阳光照射强度的大小和太阳电池面积的大小成正比。车用太阳电池将很多太阳电池排列组合成太阳电池板，以产生所需要的大电流和高电压。

（2）自动日光跟踪系统。太阳电池能量的多少取决于太阳能电池板接收太阳辐射能量的数量，由于相对位置的不断变化，太阳电池板接收的太阳辐射能量也在不断变化。自动日光跟踪系统的作用就是保持太阳电池板正对着太阳，最大限度地提高太阳电池板接收太阳辐射能的能力。

（3）驱动系统。太阳能汽车采用的驱动电动机主要有交流异步电动机、永磁电动机、直流电动机等，其驱动系统与电动汽车基本相同。

（4）控制器。控制器主要对太阳电池组进行管理和对电动机进行控制，其作用与电动汽车控制系统相同。

（5）机械系统。机械系统主要包括车身系统、底盘系统和操纵系统等。太阳能汽车最具魅力的可以说是车身了。除满足汽车的安全和外形尺寸要求外，汽车的外形是没有其他限制的。一般来说，太阳能汽车的外形设计要使行驶过程中的风阻尽量小，同时又要使太阳电池板的面积尽量大。太阳能汽车要求底盘的强度和安全度达到最大，而且质量尽量轻。

太阳能汽车由太阳电池板在向日自动跟踪器的控制下始终正对太阳，接收太阳光，并转换成电能，向电动机供电，再由电动机驱动汽车行驶，它实际上是一种电动汽车，其工作原理与串联式混合动力汽车基本相同。

由于太阳电池的能量较小，而且受天气的影响，在阴天、下雨时，太阳电池的转换效率会降低或停止，所以太阳能汽车往往与蓄电池组共同组成太阳能混合动力电动汽车。当太阳强烈，转换为电能充足时，由太阳电池板将太阳能转换为电能后，通过充电器向动力蓄电池电池组充电，也可以由太阳电池板直接提供电能，通过电流变换器将电流输送到驱动电动机，驱动汽车行驶，其驱动模式相当于串联式混合动力电动汽车。一般采用智能控制系统来控制其运行。当太阳较弱或阴天时，则靠蓄电池组对外供电。

太阳能汽车的能源来自太阳，是真正的绿色能源汽车。根据太阳能汽车的要求，它的结构与普通汽车又有很大的不同，概括起来，太阳能汽车的特点如下。

（1）节约能源。由于太阳能汽车的主要能量来源是太阳，而太阳的能量是取之不尽、用之不竭的，所以说，太阳能汽车是一种非常节能的汽车。

（2）能源利用率高。太阳能汽车很少通过齿轮机构传递能量，可以防止能量损耗，同时驱动电动机的能量利用率又非常高（可以达到98%），这一点是内燃机汽车（最高一般30%左右）所不能比拟的。

（3）减少环境污染。太阳能汽车消耗的能量是电能，不产生废气，这样就减少了大气中的一氧化碳、碳氢化合物的含量，也大大减少了二氧化碳的含量。

（4）灵活、操控性好。由于太阳能汽车中很多部件都是电子部件，所以可以保证很好的操作性。在电子部件发生损坏时，可以通过信号诊断，方便检测出故障点。

目前研发的太阳能汽车主要用于实验或竞赛，实用型的太阳能汽车还比较少。制约太阳能汽车发展的主要因素是太阳电池的转换效率低，因此，最有发展前途的太阳汽车是太阳电池和蓄电池组合式的汽车。今后，太阳能汽车的研究方向主要集中在提高太阳电池的转换效率、最大功率跟踪技术和蓄电池充放电技术等。

1. 纯电动汽车由哪几部分组成？
2. 纯电动汽车有哪些布置形式？其特点是什么？
3. 增程式电动汽车由哪几部分组成？其特点是什么？
4. 混合动力电动汽车有哪些类型？其特点是什么？
5. 燃料电池电动汽车有哪些类型？其特点是什么？

第 3 章
电动汽车用动力电池

教学目标

通过本章的学习，要求读者了解电池的类型和电动汽车对动力电池的要求，熟悉电池的主要性能指标，掌握电动汽车各种动力电池的主要特点和应用，对蓄电池的充电方法和性能测试等有一个初步的认识。

教学要求

知识要点	能力要求	相关知识
电池的分类、性能指标及电动汽车对蓄电池的要求	了解什么是化学电池、物理电池和生物电池； 熟悉电池容量、能量、功率等主要性能指标； 知道电动汽车对蓄电池有哪些要求	电池的类型，性能指标，电池与电动汽车的关系
蓄电池	了解蓄电池有哪些类型； 重点掌握铅酸蓄电池、镍氢电池和锂离子电池的结构原理和特点； 对蓄电池的充电方法和性能测试等有初步的认识	铅酸蓄电池、镍氢电池、镍镉电池、锂离子电池、锌镍电池、空气电池； 蓄电池的充电方法和性能测试
燃料电池	了解燃料电池有哪些类型和特点，以及电动汽车对燃料电池的要求； 重点掌握质子交换膜燃料电池的结构原理和特点，熟悉氢的存储和输送方法	质子交换膜燃料电池、碱性燃料电池、磷酸燃料电池、熔融碳酸盐燃料电池、固体氧化物燃料电池、直接甲醇燃料电池、微生物燃料电池、再生型燃料电池
太阳电池	了解太阳电池的发电原理和特点	太阳电池的结构原理
超级电容器	了解超级电容器的结构、分类和特点	电容器的结构原理
飞轮电池	了解飞轮电池的结构原理和特点	飞轮电池的结构原理

导入案例

随着全球能源危机与环境污染的加剧,作为重要影响因素的汽车,电气化方向发展已经成为必然的趋势。进入2014年,全球新能源汽车加速发展,多个国家制定了刺激新能源汽车发展的政策。作为新能源汽车的主导,电动汽车的发展受到了广泛的关注。特别是2014年,美国电动汽车制造商特斯拉在中国刮起的"特斯拉旋风",更是引起了人们对电动汽车的关注。特斯拉之所以能够吸引消费者的关注,除了其高端的定位、独特的设计、智能化的配置外,超长的续驶里程是关注的焦点。而影响续驶里程的主导因素,就是电动汽车的动力电池。与国内电动汽车企业选择磷酸铁锂电池不同,特斯拉选择的是能量密度更大的钴酸铁锂电池。特斯拉工程师通过将近7000颗圆柱形锂电池串并联成一个大型电池组的方案,来满足电动汽车的动力需求:用69个小电池并联封装成一个电池砖,9个电池砖串联成一个电池片,11个电池片并联成一个电池系统,总共6831个小电池。每个电池单元、电池组和电池方块都有熔丝,但仅仅有熔丝还是不够,特斯拉在每个电池片上,均设置有BMB(Battery Monitor board)即电池监控板,用以监控每个电池砖的电压,温度及整个电池片的输出电压。在整个电池包上,设置有BSM(Battery System Monitor),用以监控整个电池包的工作环境。在整车层面,设置有VSM(Vehicle System Monitor),用以监控BSM。这样一套电池控制系统成为特斯拉的技术核心,让特斯拉电动汽车实现了超过500km的续驶里程,满足了消费者对电动汽车续驶里程的要求。图3.1是特拉斯电动汽车用的锂离子电池。

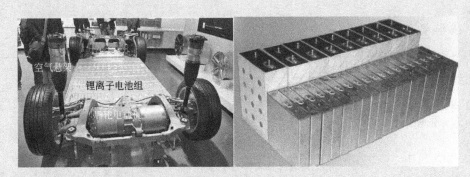

图3.1 特斯拉电动汽车用锂离子电池

除了锂电池,还有哪些电池可以作为电动汽车的动力电池?通过本章的学习,读者可以得到答案。

电动汽车用动力电池主要有蓄电池、燃料电池、太阳电池、超级电容器和飞轮电池等。其中蓄电池是电动汽车最常用的能量存储装置,也是目前制约电动汽车发展的关键因素。要使电动汽车能与燃油汽车相竞争,开发出比能量高、比功率大、使用寿命长、成本低的电池是关键。

3.1 概 述

3.1.1 电池的类型

电池是电动汽车的动力源，是能量的存储装置，它可以分为化学电池、物理电池和生物电池三大类。

1. 化学电池

化学电池是利用物质的化学反应发电，按工作性质分为原电池、蓄电池、燃料电池和储备电池。

原电池又称一次电池，是指电池放电后不能用简单的充电方法使活性物质复原而继续使用的电池，如锌-二氧化锰干电池、锂锰电池、一次锌银电池等。蓄电池又称二次电池，是指电池在放电后可以通过充电的方法使活性物质复原而继续使用的电池，这种电池的充放电次数可以达数十次到上千次，如铅酸蓄电池、镍镉电池、镍氢电池、锂离子电池、锂聚合物电池、锂铁电池等。燃料电池又称连续电池，是指参加反应的活性物质从电池外部连续不断地输入电池，电池就连续不断地工作而提供电能，如质子交换膜燃料电池、碱性燃料电池、磷酸燃料电池、熔融碳酸盐燃料电池、固体氧化物燃料电池等。储备电池是指电池正负极与电解质在储存期间不直接接触，使用前注入电解液或者使用其他方法使电解液与正负极接触，此后电池进入待放电状态的电池，如镁电池、热电池等。

化学电池按电解质分为酸性电池、碱性电池、中性电池、有机电解质电池、非水无机电解质电池、固体电解质电池等。

化学电池按电池的特性分为高容量电池、密封电池、高功率电池、免维护电池、防爆电池等。

化学电池按正负极材料分为锌锰电池系列、镍镉镍氢电池系列、铅酸电池系列、锂电池系列等。

2. 物理电池

物理电池是利用光、热、物理吸附等物理能量发电的电池，如太阳电池、超级电容器、飞轮电池等。

3. 生物电池

生物电池是利用生物化学反应发电的电池，如微生物电池、酶电池、生物太阳电池等。

迄今已经实用化的车用动力蓄电池有传统的铅酸蓄电池、镍镉电池、镍氢电池和锂离子电池。在物理电池领域中，超级电容器已应用于电动汽车中。生物燃料电池在车用动力中应用前景也十分广阔，以氢为燃料的燃料电池和氧化物燃料电池的研发已进入重要发展阶段。

3.1.2 电池的性能指标

电池作为电动汽车的储能装置，在电动汽车上发挥着非常重要的作用，要评定电池的实际效应,主要是看电池的性能指标。电池的性能指标主要有电压、容量、内阻、能量、功率、输出效率、自放电率、放电倍率、使用寿命等,根据电池种类不同,其性能指标也有差异。

1. 电压

电压分为端电压、开路电压、额定电压、充电终止电压和放电终止电压等。

电池的端电压是指电池正极与负极之间的电位差;开路电压是指电池在没有负载情况下的端电压;额定电压是指电池在标准规定条件下工作时应达到的电压;蓄电池充足电时,极板上的活性物质已达到饱和状态,再继续充电,电池的电压也不会上升,此时的电压称为充电终止电压;放电终止电压是指电池放电时允许的最低电压。如果电压低于放电终止电压后电池继续放电,电池两端电压会迅速下降,形成深度放电,这样,极板上形成的生成物在正常充电时就不易再恢复,从而影响电池的寿命。放电终止电压和放电率有关,放电电流直接影响放电终止电压。在规定的放电终止电压下,放电电流越大,电池的容量越小。

例如,镍镉电池和镍氢电池的额定电压为1.2V,锂离子电池的额定电压为3.6V;镍镉电池的充电终止电压为1.75~1.8V,镍氢电池的充电终止电压为1.5V,锂离子电池的充电终止电压为4.25V;镍镉电池的放电终止电压一般为1.0~1.1V,镍氢电池的放电终止电压一般规定为1V,锂离子电池的放电终止电压为3.0V。

2. 容量

电池在一定的放电条件下所能放出的电量称为电池的容量,常用单位为安培·小时(A·h),它等于放电电流与放电时间的乘积。

电池的容量可以分为理论容量、实际容量、标称容量和额定容量等。

理论容量是把活性物质的质量按法拉第定律计算而得到的最高理论值。为了比较不同系列的电池,常用比容量的概念,即单位体积或单位质量电池所能给出的理论电量,单位为A·h/L或A·h/kg。实际容量是指电池在一定条件下所能输出的电量,它等于放电电流与放电时间的乘积,单位为A·h,其值小于理论容量。实际容量反映了电池实际存储电量的大小,电池容量越大,电动汽车的续驶里程就越远。在使用过程中,电池的实际容量会逐步衰减。国家标准规定新出厂的电池实际容量大于额定容量值为合格电池。标称容量是用来鉴别电池的近似安时值。额定容量也叫保证容量,是按国家或有关部门颁布的标准,保证电流在一定的放电条件下应该放出的最低限度的容量。

按照IEC标准和国标,镍镉和镍氢电池在(20±5)℃条件下,以0.1C充电16h后以0.2C放电至1.0V时所放出的电量为电池的额定容量,以C表示;锂离子电池在常温、恒流(1C)、恒压(4.2V)条件下充电3h后,再以0.2C放电至2.75V时所放出的电量为电池的额定容量。

以AA 230mA·h镍氢充电电池为例,该电池以230mA(0.1C)充电16h后以460mA(0.2C)放电至1.0V时,总放电时间为5h,所放出的电量为2300mA·h。相应地,若以230mA的电流放电,其放电时间约为10h。

荷电状态(SOC)是电池在一定放电倍率下,剩余电量与相同条件下额定容量的比值,它反映电池容量的变化。SOC=1即表示电池充满状态。随着电池的放电,电池的电荷逐渐减少,此时电池的充电状态,可以用SOC的百分数的相对量来表示电池中电荷的变化状态。一般电池放电高效率区为50%~80%SOC。

3. 内阻

电池的内阻是指电流流过电池内部时所受到的阻力。充电电池的内阻很小，需要用专门的仪器才可以测量到比较准确的结果。一般所知的电池内阻是充电态内阻，即电池充满电时的内阻（与之对应的是放电态内阻，指电池充分放电后的内阻。一般说来，放电态内阻比充电态内阻大，并且不太稳定）。电池内阻越大，电池自身消耗掉的能量越多，电池的使用效率越低。内阻很大的电池在充电时发热很厉害，使电池的温度急剧上升，对电池和充电器的影响都很大。随着电池使用次数的增多，由于电解液的消耗及电池内部化学物质活性的降低，电池的内阻会有不同程度的升高。

4. 能量

电池的能量是指在一定放电制度下，电池所能输出的电能，单位是 W·h 或 kW·h。它影响电动汽车的续驶里程。能量分为理论能量、实际能量、比能量和能量密度。

理论能量是电池的理论容量与额定电压的乘积，指一定标准所规定的放电条件下，电池所输出的能量；实际能量是电池实际容量与平均工作电压的乘积，表示在一定条件下电池所能输出的能量；比能量也称质量比能量，是指电池单位质量所能输出的电能，单位是 W·h/kg，常用比能量来比较不同的电池系统；能量密度也称体积比能量，是指电池单位体积所能输出的电能，单位是 W·h/L。

电池的比能量是综合性指标，它反映了电池的质量水平。电池的比能量影响电动汽车的整车质量和续驶里程，是评价电动汽车的动力电池是否满足预定续驶里程的重要指标。

5. 功率

电池的功率是指电池在一定放电制度下，单位时间内所输出能量的大小，单位为 W 或 kW。电池的功率决定了电动汽车的加速性能和爬坡能力。功率分为比功率和功率密度。

比功率是指单位质量电池所能输出的功率，也称质量比功率，单位为 W/kg 或 kW/kg；功率密度是指单位体积电池所能输出的功率，也称体积比功率，单位为 W/L 或 kW/L。

6. 输出效率

动力电池作为能量存储器，充电时把电能转化为化学能储存起来，放电时把化学能转化为电能释放出来。在这个可逆的电化学转换过程中，有一定的能量损耗，这通常用电池的容量效率和能量效率来表示。

容量效率是指电池放电时输出的容量与充电时输入的容量之比；能量效率是指电池放电时输出的能量与充电时输入的能量之比。

7. 自放电率

自放电率是指电池在存放期间容量的下降率，即电池无负荷时自身放电使容量损失的速度。自放电率用单位时间容量降低的百分数表示。

8. 放电倍率

电池放电电流的大小常用"放电倍率"表示，即电池的放电倍率用放电时间表示或者说以一定的放电电流放完额定容量所需的小时数来表示，由此可见，放电时间越短，即放电倍率越高，则放电电流越大。

放电倍率等于额定容量与放电电流之比。根据放电倍率的大小，可分为低倍率（<0.5C）、中倍率（0.5~3.5C）、高倍率（3.5~7.0C）、超高倍率（>7.0C）。

例如，某电池的额定容量为 20A·h，若用 4A 电流放电，则放完 20A·h 的额定容量需用 5h，也就是说以 5 倍率放电，用符号 $C/5$ 或 $0.2C$ 表示，为低倍率。

9. 使用寿命

使用寿命是指电池在规定条件下的有效寿命期限。电池发生内部短路或损坏而不能使用，以及容量达不到规范要求时电池使用失效，这时电池的使用寿命终止。

电池的使用寿命包括使用期限和使用周期。使用期限是指电池可供使用的时间，包括电池的存放时间。使用周期是指电池可供重复使用的次数。

除此之外，成本也是一个重要的指标，电动汽车发展的瓶颈之一就是电池价格过高。

3.1.3　电动汽车对动力电池的要求

电动汽车对动力电池的要求主要有如下几点。

（1）比能量高。为了提高电动汽车的续驶里程，要求电动汽车上的动力电池尽可能储存多的能量，但电动汽车又不能太重，其安装电池的空间也有限，这就要求电池具有高的比能量。

（2）比功率大。为了使电动汽车在加速行驶、爬坡能力和负载行驶等方面能与燃油汽车相竞争，要求电池具有高的比功率。

（3）循环寿命长。循环寿命越长，则电池在正常使用周期内支撑电动汽车行驶的里程数就越多，有助于降低车辆使用期内的运行成本。

（4）均匀一致性好。对于电动汽车而言，电池组的工作电压大多均应达到数百伏，这就要求至少有几十到上百只电池的串联。为达到设计容量要求，有时甚至需要更多的单体并联。由于电池组的使用性能会受到性能最差的某些单节电池的制约，因此设计上要求各电池单体在容量、内阻、功率特性和循环特性等方面具有高度的均匀一致性。

（5）高低温性能好、环境适应性强。电动汽车作为一种交通工具，要求电池既要在北方冬天极冷的气温下，又要在南方夏天炎热环境中长期稳定地工作。在最恶劣的气候条件下，电池的工作温度可能要从 -40℃ 变到 60℃，甚至 80℃。因此，要求电池应当具有良好的高低温特性。

（6）安全性好。能够有效避免因泄漏、短路、撞击、颠簸等引起的起火或爆炸等危险事故发生，确保汽车在正常行驶或非正常行驶过程中的安全。

（7）价格低廉。包括材料来源丰富，电池制造成本低，以降低整车价格，提高电动汽车的市场竞争力。

（8）绿色、环保。要求电池制作的材料与环境友好、无二次污染，并可再生利用。

1991 年，美国先进电池开发联合体（USABC）对电动汽车用动力电池制订的开发目标，见表 3-1。

表 3-1　USABC 对电动汽车用动力电池制订的开发目标

性能参数	中期目标	长期目标
能量密度/(W·h/L)	135	300
比能量/(W·h/kg)	80～100	200
功率密度/(W/L)	250	600
比功率/(W/kg)	150～200	400
使用寿命/年	5	10
循环寿命/次	600	1000
正常充电时间/h	<6	3～6
工作循环温度/℃	-30～65	-40～80

目前，虽然有些电池的性能参数已经超过了开发目标，但距离大规模推广应用还有很多问题需要解决，电动汽车动力电池普遍存在安全性得不到保障、电池容量满足不了续驶里程的需要、电池循环寿命短、电池质量和尺寸较大、电池价格昂贵等问题，这些问题都有待进一步解决。

2010 年，工业和信息化部颁发了先进动力电池系统的规格和等级：工作温度为-20～55℃；储存和运输温度为-40～80℃；比能量≥90W·h/kg(以电池包总体计)；最大放电倍率≥5C；最大充电倍率≥3C；循环寿命≥2000 次(单体)，1200 次(系统)。

3.2　蓄　电　池

电动汽车使用的蓄电池主要有铅酸蓄电池、镍氢电池、镍镉电池、锂离子电池、锌镍电池、空气电池等。

3.2.1　铅酸蓄电池

铅酸蓄电池自 1859 年发明以来，其使用和发展已有 150 余年的历史，广泛用作内燃机汽车的起动动力源。铅酸蓄电池作为纯电动汽车动力电源在比能量、深放电循环寿命、快速充电等方面均比镍氢电池、锂离子电池差，不适合于电动轿车。但由于其价格低廉，国内外将它的应用定位在速度不高、路线固定、充电站设立容易规划的车辆上。铅酸蓄电池的主要发展方向是提高比能量，增大循环使用寿命。

1. 铅酸蓄电池的分类

铅酸蓄电池分为免维护铅酸蓄电池和阀控密封式铅酸蓄电池。

免维护铅酸蓄电池具有自身结构上的优势，电解液的消耗量非常小，在使用寿命内基本不需要补充蒸馏水。它具有耐振、耐高温、体积小、自放电小的特点，使用寿命一般为普通铅酸蓄电池的两倍。市场上的免维护铅酸蓄电池有两种：一种在购买时一次性加电解液以后使用中不需要添加补充液；另一种是电池本身出厂时就已经加好电解液并封死，用户根本就不能添加补充液。

阀控密封式铅酸蓄电池在使用期间不用加酸加水维护,电池为密封结构,不会漏酸,也不会排酸雾,电池盖子上设有溢气阀(也叫安全阀),该阀的作用是当电池内部气体量超过一定值,即当电池内部气压升高到一定值时,溢气阀自动打开,排出气体,然后自动关闭,防止空气进入电池内部。

阀控密封式铅酸蓄电池分为AGM(吸液式)和GEL(胶体)电池两种。AGM采用吸附式玻璃纤维棉作隔膜,电解液吸附在极板和隔膜中,电池内无流动的电解液,电池可以立放工作,也可以卧放工作;GEL(胶体)以SiO_2作为凝固剂,电解液吸附在极板和胶体内,一般立放工作。如无特殊说明,阀控密封式铅酸蓄电池皆指AGM电池。

电动汽车使用的动力电池一般是阀控密封式铅酸蓄电池。

2. 铅酸蓄电池的结构

铅酸蓄电池的基本结构如图3.2所示。它由正/负极板、隔板、电解液、溢气阀、壳体等部分组成。极板是铅酸蓄电池的核心部件,正极板上的活性物质是二氧化铅,负极板上的活性物质为海绵状纯铅。隔板隔离正、负极板,防止短路;它作为电解液的载体,能够吸收大量的电解液,起到促进离子良好扩散的作用;它还是正极板产生的氧气到达负极板的"通道",以顺利建立氧循环,减少水的损失。电解液由蒸馏水和纯硫酸按一定比例配制而成,主要作用是参与电化学反应,是铅酸蓄电池的活性物质之一。电池槽中装入一定密度的电解液后,由于电化学反应,正、负极板间会产生约2.0V的电动势。溢气阀位于电池顶部,起到安全、密封、防爆等作用。

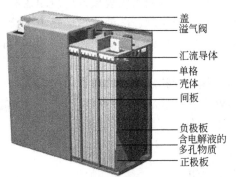

图3.2 铅酸蓄电池的基本结构

3. 铅酸蓄电池的工作原理

铅酸蓄电池使用时,把化学能转换为电能的过程叫放电。在使用后,借助于直流电在电池内进行化学反应,把电能转变为化学能而储蓄起来,这种蓄电过程叫充电。铅酸蓄电池是酸性蓄电池,其化学反应式为

$$PbO + H_2SO_4 \longrightarrow PbSO_4 + H_2O$$

充电时,把铅板分别和直流电源的正、负极相连,进行充电电解,阴极的还原反应为

$$PbSO_4 + 2e^- \longrightarrow Pb + SO_4^{2-}$$

阳极的氧化反应为

$$PbSO_4 + 2H_2O \longrightarrow PbO_2 + 4H^+ + SO_4^{2-} + 2e^-$$

充电时的总反应为

$$2PbSO_4 + 2H_2O \longrightarrow Pb + PbO_2 + 2H_2SO_4$$

随着电流的通过,$PbSO_4$在阴极上变成蓬松的金属铅,在阳极上变成黑褐色的二氧化铅,溶液中有H_2SO_4生成。铅酸蓄电池放电过程如图3.3所示。

放电时蓄电池阴极的氧化反应为

$$Pb \longrightarrow Pb^{2+} + 2e^-$$

由于硫酸的存在,Pb^{2+}立即生成难溶解的$PbSO_4$。

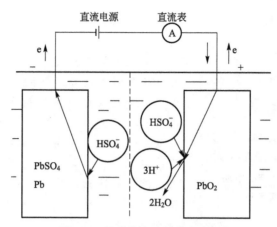

图 3.3　铅酸蓄电池放电示意图

阳极的还原反应为

$$PbO_2 + 4H^+ + 2e^- \longrightarrow Pb^{2+} + 2H_2O$$

同样，由于硫酸的存在，Pb^{2+} 也立即生成 $PbSO_4$。

放电时总的反应为

$$Pb + PbO_2 + 2H_2SO_4 \longrightarrow 2PbSO_4 + 2H_2O$$

蓄电池充电的时候，随着电池端电压的升高，水开始被电解，当每单体电池电压达到约 2.39V 时，水的电解不可忽视。水电解时阳极和阴极的化学反应式分别为

$$H_2O \longrightarrow \frac{1}{2}O_2 + 2H^+ + 2e^-$$

$$2H^+ + 2e^- \longrightarrow H_2$$

阳极给出电子，阴极得到电子，从而形成了回路电流。端电压越高，电解水也越激烈，此时充入的大部分电荷会参加水电解，形成的活性物质很少。

4. 铅酸蓄电池的特点

铅酸蓄电池具有以下优点。

(1) 除锂离子电池外，在常用蓄电池中，铅酸蓄电池的电压最高，为 2.0V。
(2) 价格低廉。
(3) 可制成小至 1A·h 大至几千安时的各种尺寸和结构的蓄电池。
(4) 高倍率放电性能良好，可用于发动机起动。
(5) 高低温性能良好，可在 -40~60℃ 条件下工作。
(6) 电能效率高达 60%。
(7) 易于浮充使用，没有"记忆"效应。
(8) 易于识别荷电状态。

铅酸蓄电池具有以下缺点。

(1) 比能量低，在电动汽车中所占的质量和体积较大，一次充电续驶里程短。
(2) 使用寿命短，使用成本高。
(3) 充电时间长。
(4) 铅是重金属，存在环境污染。

应用案例3-1

图 3.4 某企业生产的电动汽车用铅酸蓄电池

图 3.4 是某企业生产的电动汽车用铅酸蓄电池。这种蓄电池采用平板式极板,使用高密度铅膏、高性能胶体专用隔板和优良的胶体电解液;寿命长、容量大、耐振动性能好;自放电小、低温放电性能好;充电接收能力和快速充电能力强;耐过放电性能及荷电保持能力强;免维护;大电流放电性能优异,在起动和爬坡方面具有明显优势。

表 3-2 是该企业生产的电动汽车用铅酸蓄电池的型号和参数。

表 3-2 电动汽车用铅酸蓄电池的型号和参数

型号	额定容量/(A·h)				额定电压/V	参考重量/kg	长×宽×高/mm×mm×mm
	10hr	5hr	3hr	2hr			
3DM150	175	166	150	133	6	32	260×180×270
3DM180	210	200	180	160	6	35	260×180×280
4DM135	170	145	135	112	8	35	260×180×280
6DM70	81	77	70	62	12	26	330×168×162
6DM100	115	110	100	88	12	35	331×176×214
6DM120	140	133	120	106	12	42	407×174×209
6DM150	175	166	150	133	12	42	485×170×241

这些蓄电池可以用于电动旅游观光车、电动高尔夫车、电动叉车、电动巡逻车、电动清洁车和低速电动汽车等。

3.2.2 镍氢电池

镍氢电池是20世纪90年代发展起来的一种新型电池。它的正极活性物质主要由镍制成,负极活性物质主要由储氢合金制成,是一种碱性蓄电池。镍氢电池具有高比能量、高功率、适合大电流放电、可循环充放电、无污染等优点,被誉为"绿色电源"。

在电动汽车领域,目前镍氢电池是商用化的主流,包括全球销量最高的丰田普锐斯在内的混合动力汽车都普遍使用了镍氢电池。从产业周期来看,镍氢电池已经进入成熟期,形成了规模化生产,具有价格上的优势。而且镍氢电池也是目前混合动力汽车所用电池体系中唯一被实际验证并被商业化、规模化生产的动力电池。

虽然镍氢电池在技术上取得了很大突破,但仍有不少因素制约其实际应用,包括高温性能、储存性能、循环寿命、电池组管理系统和热管理等。

1. 镍氢电池的分类

按照外形,镍氢电池分为方形镍氢电池和圆形镍氢电池。

2. 镍氢电池的结构

镍氢电池主要由正极、负极、极板、隔板、电解液等组成。

镍氢电池正极是活性物质氢氧化镍,负极是储氢合金,用氢氧化钾作为电解质,在正负极之间有隔膜,共同组成镍氢单体电池。在金属铂的催化作用下,完成充电和放电的可逆反应。

镍氢电池的极板有发泡体和烧结体两种,发泡体极板的镍氢电池在出厂前必须进行预充电,且放电电压不能低于0.9V,工作电压也不太稳定,特别是在存放一段时间后,会有近20%的电荷流失,老化现象比较严重,为避免发泡镍氢电池老化所造成的内阻增高,镍氢电池在出厂前必须进行预充电。经过改进的烧结体极板的镍氢电池,其烧结体极板本身就是活性物质,不需要进行活性处理,也不需要进行预充电,电压平衡、稳定,具有低温放电性能好、不易老化和寿命长的优点。

3. 镍氢电池的工作原理

镍氢电池是将物质的化学反应产生的能量直接转化成电能的一种装置。镍氢电池由镍氢化合物正电极、储氢合金负电极及碱性电解液(如30%的氢氧化钾溶液)组成。镍氢电池的性能特点主要取决于本身体系的电极反应。

充电时正、负极的电化学反应为

$$Ni(OH)_2 - e^- + OH^- \longrightarrow NiOOH + H_2O$$
$$2MH + 2e^- \longrightarrow 2M + H_2$$

放电时正、负极的电化学反应为

$$NiOOH + H_2O + e^- \longrightarrow Ni(OH)_2 + OH^-$$
$$2M + H_2 \longrightarrow 2MH + 2e^-$$

当镍氢电池以标准电流放电时,平均工作电压为1.2V。当电池以$8C$率放电时,端电压降至1.1V时,则认为放电已完成。电压1.1V称为$8C$率放电时的放电终止电压(0.6~0.8V)。

4. 镍氢电池的特点

镍氢电池具有无污染、高比能、大功率、快速充放电、耐用等许多优点。与铅酸蓄电池相比,镍氢电池具有比能量高、质量轻、体积小、循环寿命长的特点。

(1) 比功率高。目前商业化的镍氢功率型电池能做到1350W/kg。

(2) 循环次数多。目前应用在电动汽车上的镍氢电池,80%放电深度(DOD)循环可以达1000次以上,为铅酸蓄电池的3倍以上,100%DOD循环寿命也在500次以上,在混合动力汽车中可使用5年以上。

(3) 无污染。镍氢电池不含铅、镉等对人体有害的金属,为21世纪"绿色环保电源"。

(4) 耐过充过放。

(5) 无记忆效应。

(6) 使用温度范围宽。正常使用温度范围-30~55℃;储存温度范围-40~70℃。

(7) 安全可靠。经短路、挤压、针刺、安全阀工作能力、跌落、加热、耐振动等安全性及可靠性试验，无爆炸、燃烧现象。

镍氢电池的基本单元是单体电池，单体电压为1.2V，按使用要求组合成不同电压和不同电荷量的镍氢电池总成。

应用案例3-2

保时捷的卡宴混合动力汽车搭载的是一台取自奥迪的3.0L V6 DFI发动机，最大功率约为245kW，转矩约为440N·m，搭配一台38kW，转矩约300N·m的电动机和功率为38kW的镍氢电池组，如图3.5所示。该车百千米加速时间为6.8s，同时二氧化碳排放量比标准版降低20%。该车可单独依靠电动模式行驶，且电力耗光时，车载计算机会自动起动发动机，连接离合器并将动力传递至车轮，这一切仅需380ms，甚至连驾驶人和乘客都没有觉察就已经完成。一个8速变速器与整个系统相连，为了提高燃油经济性，在高挡位时的变速行程加长，该变速器的最高挡位实际是第6挡，因此第7和第8挡位为超速挡，即便是在最高挡位时车辆也可单独依靠电动模式加速至车速138km/h。

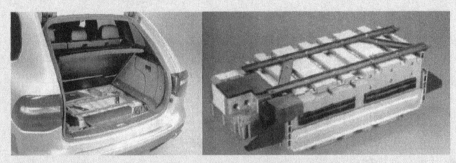

图3.5 卡宴混合动力汽车搭配的镍氢电池组

3.2.3 镍镉电池

镍镉电池是一种碱性蓄电池，它的比能量可达55W·h/kg，比功率超过190W/kg，可快速充电，循环使用寿命较长，可达到2000多次。使用中要注意做好回收工作，以免重金属镉造成环境污染。

镍镉蓄电池的结构、原理与镍氢电池相似。

1. 镍镉电池的结构

镉镍电池是采用金属镉作为负极活性物质，氢氧化镍作为正极活性物质的碱性蓄电池。正、负极材料分别填充在穿孔的附镍钢带(或镍带)中，经拉浆、滚压、烧结、化成或涂膏、烘干、压片等方法制成极板；用聚酰胺非织布等材料作为隔离层；用氢氧化钾水溶液作为电解质溶液；电极经卷绕或叠合组装在塑料或镀镍钢壳内。

电解液通常为氢氧化钠或氢氧化钾溶液。当环境温度较高时，使用相对密度为1.17~1.19(15℃时)的氢氧化钠溶液。当环境温度较低时，使用相对密度为1.19~1.21(15℃时)的氢氧化钾溶液。在-15℃以下时，使用相对密度为1.25~1.27(15℃时)的氢氧化钾溶液。为兼顾低温性能和荷电保持能力，密封镍镉蓄电池采用相对密度为1.40(15℃时)的氢氧化钾溶液。为了增加蓄电池的容量和循环寿命，通常在电解液中加入少量的氢氧化锂（每升电解液加 15~20g）。

2. 镍镉电池充放电时的电化学反应

镍镉电池放电时负极和正极发生的电化学反应为

$$Cd - 2e^- + 2OH^- \longrightarrow Cd(OH)_2$$
$$NiOOH + H_2O + e^- \longrightarrow Ni(OH)_2 + OH^-$$

总的电化学反应为

$$2NiOOH + 2H_2O + Cd \longrightarrow 2Ni(OH)_2 + Cd(OH)_2$$

镍镉电池充电时负极和正极发生的电化学反应为

$$Ni(OH)_2 - e^- + OH^- \longrightarrow NiOOH + H_2O$$
$$Cd(OH)_2 + 2e^- \longrightarrow Cd + 2OH^-$$

总的电化学反应为

$$2Ni(OH)_2 + Cd(OH)_2 \longrightarrow 2NiOOH + Cd + 2H_2O$$

与其他电池相比，镍镉电池的自放电率适中。镍镉电池在使用过程中，如果放电不完全就又充电，下次再放电时，就不能放出全部电量。例如，放出 80% 电量后再充足电，该电池只能放出 80% 的电量，这就是所谓的记忆效应。当然，几次完整的放电/充电循环将使镍镉电池恢复正常工作。由于镍镉电池的记忆效应，若未完全放电，应在充电前将每节电池放电至 1V 以下。

3. 镍镉蓄电池的容量

镍镉蓄电池容量与活性物质的数量、放电率和电解液等因素有关。

放电电流直接影响放电终止电压。在规定的放电终止电压下，放电电流越大，蓄电池的容量越小。

使用不同成分的电解液，对蓄电池的容量和寿命有一定的影响。通常，在高温环境下，为了提高电池容量，常在电解液中添加少量氢氧化锂，组成混合溶液。实验证明：每升电解液中加入 15~20g 含水氢氧化锂，在常温下，容量可提高 4%~5%，在 40℃ 时，容量可提高 20%。然而，电解液中锂离子的含量过多，不仅使电解液的电阻增大，还会使残留在正极板上的锂离子慢慢渗入晶格内部，对正极的化学变化产生有害影响。

电解液的温度对蓄电池的容量影响较大。这是因为随着电解液温度的升高，极板活性物质的化学反应也逐步改善。

电解液中的有害杂质越多，蓄电池的容量越小。电解液中主要的有害杂质是碳酸盐和硫酸盐，它们能使电解液的电阻增大，并且低温时容易结晶，堵塞极板微孔，使蓄电池容量显著下降。此外，碳酸根离子还能与负极板作用，生成碳酸镉附着在负极板表面上，从而引起导电不良，使蓄电池内阻增大，容量下降。

在正常使用的条件下，镍镉电池的容量效率为 67%~75%，电能效率为 55%~65%，循环寿命约为 2000 次。

3.2.4 锂离子电池

锂离子电池是 1990 年由日本索尼公司首先推向市场的新型高能蓄电池，是目前世界上最新一代的充电电池。与其他蓄电池相比，锂离子电池具有电压高、比能量高、充放电寿命长、无记忆效应、无污染、快速充电、自放电率低、工作温度范围宽和安全可靠等优点，它已成为未来电动汽车较为理想的动力电源。

随着成本的急剧降低和性能的大幅度提高，已有许多汽车生产厂家开始投入使用锂离子电池。

我国在锂离子电池方面的研究有多项指标超过了 USABC 提出的长期目标所规定的指标，目前，我国已经把锂离子电池作为电动汽车用动力电池的重要发展目标。

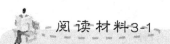

阅读材料3-1

国家"863"计划对"十二五"期间研发的混合动力电动汽车和纯电动汽车所用的锂离子电池的主要技术指标提出了明确要求。混合动力电动汽车所用的锂离子电池，功率密度≥1800W/kg，能量密度≥50W·h/kg，使用寿命是20万km或10年；纯电动汽车所用锂离子电池，对于能量型锂离子电池模块，功率密度≥600W/kg，能量密度≥120W·h/kg，循环寿命≥1600次；对于能量功率兼顾型锂离子电池系统，功率密度≥800W/kg，能量密度≥85W·h/kg，循环寿命≥1500次。

1. 锂离子电池的分类

按照锂离子电池的外形形状，可以分为方形锂离子电池和圆柱形锂离子电池。

按照锂离子电池所用电解质材料的不同，可以分为聚合物锂离子电池和液态锂离子电池。

按照锂离子电池正极材料的不同，可以分为锰酸锂离子电池、磷酸铁锂离子电池、镍钴锂离子电池或镍钴锰锂离子电池。

第一代车用锂离子电池是锰酸锂离子电池，成本低、安全性较好，但循环寿命欠佳，在高温环境下循环寿命更短，高温时会出现锰离子溶出的现象。第二代车用锂离子电池是具有美国专利的磷酸铁锂离子电池，是锂离子电池的发展方向，它的原材料价格低，磷、铁、锂的资源丰富，工作电压适中，充放电特性好，放电功率高，可快速充电，循环寿命长，高温和高热稳定性好，储能特性强，完全无毒。

为了避开磷酸铁锂离子电池的专利纠纷，一些国家开发了镍钴锂离子电池或镍钴锰锂离子电池。由于钴价格昂贵，所以成本较高，安全性比磷酸铁锂离子电池稍差，循环寿命优于锰酸锂离子电池。

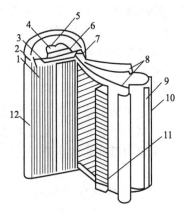

图 3.6 圆柱形锂离子电池结构
1—绝缘体；2—垫圈；3—PTC 元件；4—正极端子；5—排气孔；6—安全阀；7—正极板；8—隔板；9—负极；10—负极板；11—正极；12—外壳

2. 锂离子电池的结构

锂离子电池由正极、负极、隔板、电解液和安全阀等组成。圆柱形锂离子电池结构如图 3.6 所示。

（1）正极。正极物质在锰酸锂离子电池中以锰酸锂为主要原料，在磷酸铁锂离子电池中以磷酸铁锂为主要原料,在镍钴锂离子电池中以镍钴锂为主要材料,在镍钴锰锂离子电池中以镍钴锰锂为主要材料。在正极活性物质中再加入导电剂、树脂黏合剂,并涂覆在铝基体上,呈细薄层分布。

(2) 负极。负极活性物质由碳材料与黏合剂的混合物再加上有机溶剂调和制成糊状,并涂覆在铜基上,呈薄层状分布。

(3) 隔板。隔板的功能是关闭或阻断通道,它一般使用聚乙烯或聚丙烯材料的微多孔膜。所谓关闭或阻断功能是指电池出现异常温度上升、阻塞或阻断作为离子通道的细孔时,使蓄电池停止充放电反应。隔板可以有效防止因外部短路等引起的过大电流而使电池产生的异常发热现象。这种现象如果产生一次,电池就不能正常使用了。

(4) 电解液。电解液是以混合溶剂为主体的有机电解液。为了使主要电解质成分锂盐溶解,电解液必须是具有高电容率且与锂离子相容性好的溶剂,即以不阻碍离子移动的低黏度的有机溶液为宜,而且在锂离子蓄电池的工作温度范围内,它必须呈液体状态,凝固点低、沸点高。电解液对于活性物质具有化学稳定性,必须良好适应充放电反应过程中发生的剧烈的氧化还原反应。由于使用单一溶剂很难满足上述严酷条件,因此电解液一般为几种不同性质的溶剂的混合。

(5) 安全阀。为了保证锂离子电池的使用安全性,一般会采取控制外部电路或在蓄电池内部设置异常电流切断安全装置的措施。即使这样,在使用过程中也有可能因其他原因引起蓄电池内压异常上升,这样,设置安全阀来释放气体,可以防止蓄电池破裂。安全阀实际上是一次性非修复式的破裂膜,一旦其进入工作状态,就会保护蓄电池使其停止工作,因此是蓄电池的最后保护手段。

3. 锂离子电池的工作原理

锂离子电池正极材料采用锂化合物 $LiCoO_2$、$LiNiO_2$ 或 $LiMn_2O_4$,负极采用锂-碳层间化合物 Li_xC_6,电解液为有机溶液。典型的电池体系为

$$(-)C|LiPF_6-EC+DEC|LiCoO_2(+)$$

图 3.7 所示为锂离子电池的工作原理图,电池在充电时,锂离子从正极材料的晶格中脱出,通过电解质溶液和隔膜,嵌入负极中;放电时,锂离子从负极脱出,通过电解质溶液和隔膜,嵌入正极材料晶格中。在整个充放电过程中,锂离子往返于正负极之间。

以 $LiCoO_2$ 为正极材料,石墨为负极材料的锂离子电池,正、负极的电化学反应为

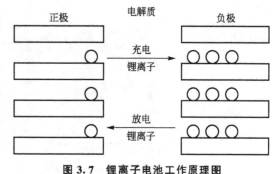

图 3.7 锂离子电池工作原理图

$$LiCoO_2 \longrightarrow Li_{1-x}CoO_2 + xLi^+ + xe^-$$
$$6C + xLi^+ + xe^- \longrightarrow Li_xC_6$$

总反应为

$$LiCoO_2 + 6C \longrightarrow Li_{1-x}CoO_2 + Li_xC_6$$

因为锂离子电池只涉及锂离子而不涉及金属锂的充放电过程,这从根本上解决了由于锂枝晶的产生而带来的电池循环性和安全性的问题。

4. 锂离子电池的特点

锂离子电池有许多显著特点，它的优点主要表现如下。

(1) 工作电压高。锂离子电池工作电压为 3.6V，是镍氢和镍镉电池工作电压的 3 倍。

(2) 比能量高。锂离子电池比能量已达到 150W·h/kg，是镍镉电池的 3 倍，镍氢电池的 1.5 倍。

(3) 循环寿命长。目前锂离子电池循环寿命已达到 1000 次以上，在低放电深度下可达几万次，超过了其他几种二次电池。

(4) 自放电率低。锂离子电池月自放电率仅为 6%～8%，远低于镍镉电池(25%～30%)和镍氢电池(15%～20%)。

(5) 无记忆性。可以根据要求随时充电，而不会降低电池性能。

(6) 对环境无污染。锂离子电池中不存在有害物质，是名副其实的"绿色电池"。

(7) 能够制造成任意形状。

锂离子电池也有一些不足，主要表现如下。

(1) 成本高。主要是正极材料 $LiCoO_2$ 的价格高，但按单位瓦时的价格来计算，已经低于镍氢电池，与镍镉电池持平，但高于铅酸蓄电池。

(2) 必须有特殊的保护电路，以防止过充。

应用案例 3-3

图 3.8 所示为比亚迪 K9 电动客车。作为比亚迪首款纯电动客车，K9 搭载了多项比亚迪自主研发的先进技术。车载动力为公司自主生产的磷酸铁锂电池，可反复充电 6000 次，行驶过程中完全无污染；电池更新时所含的化学物质均可回收，是绿色环保电池；车顶安装太阳电池板，在行驶过程中可提供辅助续航动力；底盘配置电子控制空气悬架，运行过程中噪声小；同时，仪表台装配有行车电脑，行车所需各种信息集中显示，一目了然。

图 3.8 比亚迪 K9 电动客车

2014 年，比亚迪电动客车在丹麦创下一项欧洲纪录，一次充电完成 325km 续驶里程。比亚迪欧洲公司表示，丹麦哥本哈根 City-Trafik 巴士公司一辆比亚迪电动客车分两段行驶完 325km 一次充电路程。这辆 12m 长的巴士先载客 40 人行驶了 110km，之后沿着 Ballerup 公路走完 215km，结束之后还剩余 8% 电量。目前已有 25 个以上欧洲城市采用了比亚迪电动巴士。

3.2.5 锌镍电池

锌镍电池由镍电极和锌电极组成，兼有镉镍电池中镍正极长寿命和锌银电池中锌负极高容量的优越性能，是一种高性能绿色二次动力电池。

1. 锌镍电池的结构

锌镍电池的正极为氧化镍电极，负极为锌电极；锌电极外包裹多层隔膜，隔膜一般为无纺布(常用聚丙烯和聚酰胺两种)，分为储存电解液的吸液隔膜和防止锌枝晶穿透的隔膜；电极以极耳引出。除了这些基本组成单元之外，锌镍电池的组成还包含电解液、气阀、辅助电极和电池容器等。

(1) 锌电极。锌电极的主要活性物质为氧化锌，负极由氧化锌、金属锌粉、改善电极性能的导电剂、少量的添加剂和聚四氟乙烯乳液等混合压制而成。锌电极的主要制备方法有压成法、涂膏法、烧结法、电沉积法及化成法等。目前在各种锌电池中，锌电极一般采用多孔电极形式。锌电极在循环过程会不断溶解，从而造成锌电极的形变、钝化、枝晶等问题，所以在锌负极中必须添加大量的添加剂抑制这些问题的出现。

(2) 镍电极。镍电极采用 $Ni(OH)_2$ 作为活性材料。根据所用的基底和制备方法不同，镍电极可以分为非烧结型镍电极、烧结型镍电极和电化学沉积轻质镍电极。前两种类型是目前主要使用的镍电极，烧结式正极较为传统，而要得到高容量、高活性的正极，一般采用非烧结式正极，即以高孔隙率的泡沫镍或纤维镍材料作为骨架，填涂高密度的球形氢氧化镍。电化学沉积轻质镍电极应用不多。

(3) 隔膜。隔膜置于电池的正负极之间，防止正负极活性材料直接接触造成电池内部短路。隔膜的性能好坏是影响蓄电池电性能和机械性能的主要因素，因此锌镍电池对隔膜有很高的要求，除了要能抗锌枝晶穿透外，还要能耐强碱、抗氧化、易被电解液润湿、具有好的机械强度和充分的柔韧性、低电阻和高离子导电性，这些要求在单一隔膜上都具备很困难，因此目前锌镍电池都是将多种隔膜组合使用，常用的隔膜为尼龙无纺布和聚丙烯毡。

(4) 电解液。锌镍电池的电解液一般采用 $6mol/L$ 的 KOH 水溶液。由于电池长期使用过程中，$Ni(OH)_2$ 晶粒会逐渐聚结而造成充电困难，因此实际生产中的电解液通常添加适量的 LiOH，一般为 $0.6mol/L$。

2. 锌镍电池的电化学反应机理

锌镍电池使用 $Ni(OH)_2/NiOOH$ 作为正极(阳极)，ZnO/Zn 作为负极(阴极)，KOH 水溶液作为电解液。放电时，金属 Zn 被氧化为 ZnO，NiOOH 还原为 $Ni(OH)_2$，充电时反之。

锌镍电池放电时负极和正极发生的电化学反应为

$$Zn+4OH^- \longrightarrow Zn(OH)_4^{2-}+2e^-$$
$$NiOOH+H_2O+e^- \longrightarrow Ni(OH)_2+OH^-$$

总的电化学反应为

$$Zn+2NiOOH+H_2O \longrightarrow ZnO+2Ni(OH)_2$$

锌镍电池的理论开路电压是 1.3V，其中负极电位 -1.24V，正极电位 0.49V。KOH

水溶液在电池电化学反应中不仅起到离子迁移电荷的作用，而且 H_2O 与 OH^- 在充放电过程中参与了电极反应。

若电池过充电，氢氧化镍电极上产生 O_2，锌电极上生成 H_2，这些气体可能会结合形成水，负极和正极发生的电化学反应为

$$H_2O + 2e^- \longrightarrow H_2 + 2OH^-$$
$$2OH^- \longrightarrow 1/2 O_2 + H_2O + 2e^-$$

总的电化学反应为

$$H_2O \longrightarrow H_2 + 1/2 O_2$$

过充电时在氢氧化镍电极上产生的 O_2 也可能在锌电极上直接与金属锌结合生成氧化锌。H_2 和 O_2 的产生增加了电池内压，使电池密封困难。过充电时，氢氧化镍电极上产生 O_2 和锌电极上生成 H_2 这两个反应的发生取决于正负极上活性材料数量和它们的利用率。

3. 锌镍电池的特点

锌镍电池具有以下优点。

(1) 比能量高，可达 $50 \sim 80 W \cdot h/kg$，明显高于铅酸和镍镉电池。
(2) 比功率高，仅次于锂离子电池。
(3) 工作电压高，可达 $1.65V$，高于镍氢和镍镉电池。
(4) 工作温度宽，为 $-20 \sim 60℃$。
(5) 无记忆效应。
(6) 电池的生产和使用过程对环境不产生污染。
(7) 价格低。

锌镍电池的寿命问题一直是其商品化的重大障碍，因此延长锌镍电池的寿命是问题的关键。有资料显示，由于采用一种新的锌阳极化学体系，在放电深度为 80% 时，锌镍电池的循环寿命达到了 $600 \sim 1000$ 次。据此认为锌镍电池系列将是电动车应用有力的竞争者。影响锌镍电池寿命的 3 个方面为锌电极的变形和锌枝晶的产生、隔膜的氧化和穿透、镍电极的毒化。

3.2.6 空气电池

金属空气电池是用金属燃料代替氢能源而形成的一种新概念电池，有望成为新一代绿色能源。它发挥了燃料电池的众多优点，将锌、铝等金属像氢气一样提供到电池中的反应位置，与氧气一起构成一个连续的电能产生装置，具有无毒、无污染、放电电压平稳、高比能量、内阻小、储存寿命长、价格相对较低、工艺技术要求较低、高比功率等优点，它既有丰富的廉价资源，又能再生利用，而且比氢燃料电池结构简单，是很有发展和应用前景的新能源。

1. 锌空气电池

锌空气电池是以空气中的氧气为正极活性物质，金属锌为负极活性物质的一种新型化学电池。锌空气电池是一种半蓄电池半燃料电池。首先，负极活性物质同锌锰、铅酸等蓄电池一样封装在电池内部，具有蓄电池的特点；其次，正极活性物质来自电池外部的空气中所含的氧，理论上有无限容量，是燃料电池的典型特征。

锌空气电池可以表达为

$$(-)Zn|KOH|O_2(空气)(+)$$

锌空气电池放电时阳极和阴极发生的电化学反应为

$$Zn+4OH^- \longrightarrow Zn(OH)_4^{2-}+2e^-$$
$$Zn(OH)_4^{2-} \longrightarrow ZnO+2OH^-+H_2O$$
$$O_2+2H_2O+4e^- \longrightarrow 4OH^-$$

总的电化学反应为

$$2Zn+O_2 \longrightarrow 2ZnO$$

锌空气电池具有如下优点。

(1) 比能量高。由于正极活性物质来自电池的外部，无需占用电池的空间，在相同体积、质量的情况下，锌空气电池内可以装入更多的负极活性物质，使得锌空气电池比普通电池的容量高出很多，其理论比能量达到 1350W·h/kg 以上，实际比能量在 1000W·h/kg 以上，属于大容量高能化学电池。

(2) 价格低廉。阳极活性物质锌来源丰富，价格便宜。阴极活性物质氧气来源于周围空气，基本等同于现在普通使用的铅酸蓄电池。

(3) 性能稳定，放电平稳。因放电时阴极催化剂本身不起变化，加之锌电极电压稳定，故放电时电压变化很小。

(4) 储存寿命特佳。锌空气原电池实际上是属于储备型电池。因为在储存过程均采用密封措施，将电池的空气孔与外界空气隔离，因而电池的容量损失极小，每年小于 2%。

(5) 安全可靠，无污染。从生产到使用，从新产品到废品回收，都不会污染环境，更不会燃烧爆炸，堪称绿色能源。

但是，由于锌空气电池采用多孔气体电极，而且阴极活性物质氧气来源于周围空气，使得电极工作时暴露于空气中，电池的这一固有特点，对电池的使用寿命与性能产生很大的危害，主要有以下几点。

(1) 电解液中水分的蒸发或电解液的吸潮。由于空气电极露于空气中，必然会发生电解液水分的蒸发和吸潮，这将改变电解液的性能，从而使电池性能下降。

(2) 锌电极的直接氧化。由于空气电极中的氧直接进入电池溶于电解液，在反应过程中形成 HO_2，如果形成的 HO_2 未分解，会在空气电极周围积累，使空气电极电位负移，锌电极直接氧化，从而锌电极出现钝化，降低了锌电极的活性。

(3) 锌枝晶的生长。由于锌电极本身的自放电反应，会使锌腐蚀产生锌枝晶，当锌枝晶生长到一定程度，就会刺穿电池隔膜，使电池发生短路，降低电池性能。

(4) 电解液碳酸化。在空气中的氧进入电池的同时，空气中的二氧化碳也进入电池，溶于电解液中，使得电解液碳酸化，导致电解液的导电性能下降，电池内阻增大，同时碳酸盐在正极上的析出使正极的性能下降，不仅影响了电池的放电性能，而且使电池的使用寿命受到很大影响。

(5) 空气电极催化剂活性偏低。选择空气电极的催化剂，改善空气电极的极化特征，提高电池的工作电压及开路电压是非常重要的。过去空气电极采用铂、铑、银等贵金属作为催化剂，催化效果比较好，但是这使得电池的成本很高，电池很难商品化。后来采用别的催化剂，如炭黑、石墨与二氧化锰的混合物，锌空气电池的成本降低了，但是催化剂活性偏低，影响电池的充、放电电流密度。

此外，锌空气电池还有工作温度范围不宽、间歇放电性能差、容易漏液爬碱、电池及其附属设施的结构复杂且电池的抗振性能较差等问题。这些都是锌空气电池大量应用的障碍，因此，若要发展锌空气电池，就需要解决这些不利因素。

2. 铝空气电池

铝空气电池用高纯铝或铝合金作为阳极，空气（氧）电极作为阴极，碱或盐作为电解液。在放电过程中阳极溶解，空气中的氧被还原而释放出电能。

铝空气电池可以表达为

$$(-)Al\,|\,电解液\,|\,O_2(空气)(+)$$

铝空气电池放电时阳极的电化学反应为

$$Al-3e^- \longrightarrow Al^{3+}$$

$$Al^{3+}+3OH^- \longrightarrow Al(OH)_3 \quad （中性溶液）$$

$$Al^{3+}+4OH^- \longrightarrow Al(OH)_4^- \quad （碱性溶液）$$

阴极的电化学反应为

$$O_2+2H_2O+4e^- \longrightarrow 4OH^-$$

铝空气电池总的电极反应为

$$4Al+3O_2+6H_2O \longrightarrow 4Al(OH)_3 \quad （中性溶液）$$

$$4Al+3O_2+4OH^-+6H_2O \longrightarrow 4Al(OH)_4^- \quad （碱性溶液）$$

另外，铝在两种条件下都存在腐蚀反应

$$2Al+6H_2O \longrightarrow 2Al(OH)_3+3H_2$$

铝空气电池具有如下优越性。

(1) 铝是一种活泼金属，它比锌、镁之类的金属更有吸引力。铝的电化学当量很高，为 2980A·h/kg，是除锂之外比能量最高的金属，铝空气电池的比能量实际可达到 450W·h/kg，比能量密度小于铅酸蓄电池，比功率为 50～200W/kg，寿命达 3～4 年。因此，对铝的化学电源的研究和开发，具有诱人的前景。铝反应时每个原子释放 3 个电子，而锌、镁仅释放 2 个，锂释放 1 个。也就是说要产生相同数量的能量所需要的原料量，铝的最少。因此综合众多因素，铝成为金属空气电池阳极材料的最佳选择。

(2) 铝空气电池的正极活性物质来源于空气中的氧气，其正极是一种透气、不透液、能导电、有催化活性的薄膜，它在整个电池中所占的比例很小，余下的空间可以用来充填阳极材料。因此在现有的小型电池系统中具有最高的比能量。铝空气电池由于空气电极很薄，使得电池很轻巧，适用于便携式设备。

(3) 铝空气电池可携带燃料长距离行驶，节约能源，元件可快速更换，是电动自行车的理想电源。另外，该电池用在电动自行车上，无毒、无有害气体，可减小因燃油和燃气带来的噪声，对保护环境有利。

(4) 铝空气电池安全可靠，无污染，从生产到使用，从新产品到废品回收，都不会污染环境，更不会燃烧爆炸，堪称绿色能源。

(5) 铝的储量丰富，价格便宜，铝是地球上含量最丰富的金属元素之一，在元素分布上占第 3 位，全球铝工业储量已超过 250 亿吨。铝是世界上产量最大，应用最广的金属。

(6) 铝空气电池无需充电，补充铝电极和电解液后即可产生电流，放电曲线平稳，放电时间长，操作方便。

(7)铝电极的生产工艺和设备比较简单,投资少,研制费用低。铝空气电池可设计成电解液循环和不循环两种结构形式,便于因使用场合不同而进行选择。

虽然铝空气电池含有高的比能量,但比功率较低、充电和放电速度比较缓慢、电压滞后、自放电率较大,且需要采用热管理系统来防止铝空气电池工作时的过热。

3.2.7 蓄电池的充电方法

蓄电池的充电方法可以分为常规充电方法和快速充电方法两种。

1. 蓄电池常规充电方法

蓄电池的常规充电方法主要有恒流充电法、分段电流充电法、恒压充电法、恒压限流充电法等。

1)恒流充电法

恒流充电法是通过调整充电装置输出电压或改变与蓄电池串联的电阻的方式使充电电流强度保持不变的充电方法。该方法控制简单,但由于蓄电池可接受的电流能力是随着充电过程的进行而逐渐下降的,到充电后期,充电电流多用于电解水,产生气体,使析气过甚,此时电能不能有效转化为化学能,多变为热能消耗掉了,因此常选用分段电流充电法。恒流充电曲线如图3.9所示,充电电流选择10h率或20h率。

恒流充电法能使蓄电池充电比较彻底,但需经常调节充电电压,且充电时间较长。

2)分段电流充电法

在充电过程中,为更有效地利用电能,而采用逐渐减小电流的方法。考虑到蓄电池具体情况,分段电流充电法一般分为数段进行充电,如二阶段充电法和三阶段充电法。

(1)二阶段充电法。二阶段充电法采用恒电流和恒电压相结合的快速充电方法,其充电曲线如图3.10所示。首先,以恒电流充电至预定的电压值,然后,改为恒电压完成剩余的充电。一般两阶段之间的转换电压就是第二阶段的恒电压。

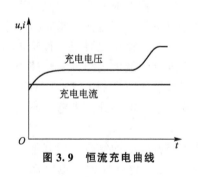

图3.9 恒流充电曲线

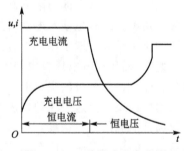

图3.10 二阶段法充电曲线

(2)三阶段充电法。三阶段充电法在充电开始和结束时采用恒电流充电,中间用恒电压充电。当电流衰减到预定值时,由第二阶段转换到第三阶段。这种方法可以将出气量减到最少,但作为一种快速充电方法使用,受到一定的限制。

3)恒压充电法

恒压充电法指充电电源的电压在全部充电时间里保持恒定的数值,随着蓄电池端电压的逐渐升高,电流逐渐减少。与恒流充电法相比,其充电过程更接近于最佳充电曲线。用恒压充电法快速充电的曲线如图3.11所示。由于充电初期蓄电池电动势较低,充电电流

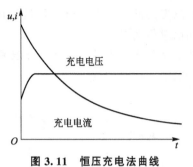

图 3.11 恒压充电法曲线

很大，随着充电的进行，电流将逐渐减少，因此只需简易控制系统即可。

这种充电方法电解水很少，避免了蓄电池过充。但在充电初期电流过大，对蓄电池寿命会造成很大影响，且容易使蓄电池极板弯曲，造成蓄电池报废。恒压充电法很少使用，只有在充电电源电压低而电流大时采用，如汽车行驶过程中，蓄电池就是以恒压充电法充电的。

4）恒压限流充电法

为了克服恒压充电法中初期电流过大，而使充电设备不能承受的缺点，常采用恒压限流充电法来代替恒压充电法。在充电第一阶段，用恒定的电流充电；在蓄电池电压达到一定电压后，维持此电压恒定不变，转为第二阶段的恒压充电过程；当充电电流下降到一定值后，继续维持恒压充电大约 1h 即可停止充电。

2. 蓄电池快速充电法

为了能够最大限度地加快蓄电池的化学反应速度，缩短蓄电池达到满充状态的时间，同时保证蓄电池正负极板的极化现象尽量地少或轻，提高蓄电池使用效率，快速充电技术近年来得到了迅速发展。

1）蓄电池快速充电的原理

由蓄电池的化学反应原理可知，蓄电池在充放电的过程中要产生氧气。在密封式铅酸蓄电池中，这些正极产生的氧气可以通过隔膜和气室被负极吸收，整个化学反应变成一个循环的反应形式，从而达到免维护的目的。但它的内压是有限的，致使阴极吸收速度也是有限的。如果充电电压过高，正极产生氧气的速度过快，吸收速度跟不上氧气的产生速度，长时间之后必然造成电池失水，从而诱发蓄电池的微短路、硫酸化等失效现象，损害蓄电池的质量和使用寿命。同时，高速率充电时蓄电池的极化会造成蓄电池内部压力上升、蓄电池温度上升、蓄电池内阻升高等，这不仅会缩短蓄电池寿命，而且有可能对蓄电池造成永久性伤害。同时也使蓄电池可接受的充电电流下降，蓄电池不能充到标称容量。

蓄电池的化学反应原理是制订快速充电方法的依据。快速充电要想方设法加快蓄电池的化学反应速度（提高充电电压或电流等），使充电速度得到最大的提高；快速充电又要保证负极的吸收能力，使负极的吸收能力能够跟得上正极氧气产生的速度，同时要尽可能地消除蓄电池的极化现象。这一原理也表明，蓄电池的快速充电的速度是有上限的，不可能无限制地提高蓄电池的充电速度。

提高蓄电池的化学反应速度有两种方式：一是改进蓄电池的结构，以降低欧姆内阻和提高反应离子的扩散速度；二是改进蓄电池的充电方法，允许加大充电电流，缩短充电时间。

2）几种快速充电方法

（1）脉冲式充电法。脉冲充电法首先是用脉冲电流对蓄电池充电，然后停充一段时间，如此循环，其充电曲线如图 3.12 所示。充电脉冲使蓄电池充满电量，而间歇期使蓄电池经化学反应产生的氧气和氢气有时间重新化合而被吸收掉，使浓差极化和欧姆极化

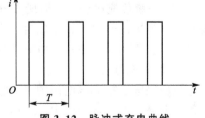

图 3.12 脉冲式充电曲线

自然而然地得到消除,从而减轻了蓄电池的内压,使下一轮的恒流充电能够更加顺利地进行,使蓄电池可以吸收更多的电量。间歇脉冲使蓄电池有较充分的反应时间,减少了析气量,提高了蓄电池的充电电流接受率。

(2) 变电流间歇充电法。变电流间歇充电法建立在恒流充电和脉冲充电的基础上,其充电曲线如图3.13所示。它的特点是将恒流充电段改为限压变电流间歇充电段。充电前期的各段采用变电流间歇充电的方法,保证加大充电电流,获得绝大部分充电量。充电后期采用定电压充电段,获得过充电量,将蓄电池恢复至完全充电态。通过间歇停充,使蓄电池经化学反应产生的氧气和氢气有时间重新化合而被吸收掉,使浓差极化和欧姆极化自然而然地得到消除,从而减轻了蓄电池的内压,使下一轮的恒流充电能够更加顺利地进行,使蓄电池可以吸收更多的电量。

(3) 变电压间歇充电法。变电压间歇充电法的充电曲线如图3.14所示。与变电流间歇充电方法不同之处在于第一阶段不是间歇恒流,而是间歇恒压。

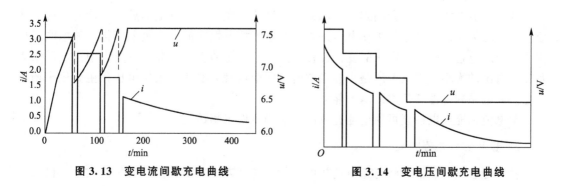

图3.13 变电流间歇充电曲线   图3.14 变电压间歇充电曲线

比较图3.13和图3.14可以看出,图3.14更加符合最佳充电的充电曲线。在每个恒电压充电阶段,由于是恒压充电,充电电流自然按照指数规律下降,符合蓄电池电流可接受率随着充电的进行逐渐下降的特点。

3.2.8 蓄电池的性能测试

1. 蓄电池充放电性能测试

1) 蓄电池充电性能测试

蓄电池充电性能主要是指充电效率、充电最高电压和耐过充能力等。充电效率是指电池在充电时充入电池的电能与所消耗的总电能之比,以百分数表示。充电电流的大小、充电方法、充电时的温度直接影响充电效率。充电效率高表示电池接受充电的能力强,一般充电初期充电效率较高,接近100%,充电后期由于电极极化增加,充电效率下降,电极上伴随有大量的气体析出。

充电最高电压是指在充电过程中电池所能达到的最高电压。充电电压越低,说明电池在充电过程中的极化就越小,电池的充电效率就越高,电池的使用寿命就有可能更长。

蓄电池应具有良好的耐过充能力,即使电池处于极端充电条件下,也能拥有较为优良的使用性能。

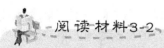

国际电工委员会(IEC)规定镍镉和镍氢电池的标准耐过充测试为：将电池以 $0.2C$ 放电至 $1.0V$，以 $0.1C$ 连续充电 28 天，电池应无变形、漏液现象，而且过充电后其 $0.2C$ 放电至 $1.0V$ 的时间应大于 $5h$。

IEC 规定锂电池的标准耐过充测试为：将电池以 $0.2C$ 放电至 $3.0V$，用电流 I 任意设置 $10V$ 电压对电池充电，充电时间为 $T=2.5 \times C5/I$，电池最终不爆炸和起火。

2) 蓄电池放电性能测试

蓄电池放电性能受放电时间、电流、环境温度、终止电压等因素影响，蓄电池的放电方法有恒流放电、恒阻放电、恒压放电、恒压恒流放电、连续放电和间歇放电等，其中恒流放电是最常见的放电方法。

放电电流的大小直接影响到蓄电池的放电性能，在标注蓄电池的放电性能时，应标明放电电流的大小。蓄电池的工作电压是衡量蓄电池放电性能的一个重要指标，放电曲线反映了整个放电过程中工作电压的变化过程，是一个变化的值，因此，一般以中点电压来表示工作电压的大小。中点电压是指额定放电时间中点时刻电池的工作电压，主要用来衡量大电流放电系列电池高倍率放电的能力。

蓄电池的充放电性能可用电池充放电性能测试仪来测试。

2. 蓄电池容量的测试

蓄电池容量的测试方法与蓄电池放电性能的测试方法基本相同，有恒流放电、恒阻放电、恒压放电、恒压恒流放电、连续放电和间歇放电等。根据放电的时间和电流的大小可以计算蓄电池的容量。对于恒流放电，蓄电池容量等于放电电流和放电时间的乘积。恒流放电的蓄电池容量不仅与放电电流有很大关系，而且与放电温度、充电制度、搁置时间等也有关系。

电池容量可以用专用的蓄电池容量检测仪测试。

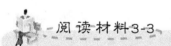

在 QC/T 743—2006《电动汽车用锂离子蓄电池》中规定，要测量 20℃放电容量、-20℃放电容量、55℃放电容量和 20℃高倍率放电容量。具体测试方法要严格按照标准中规定的执行。

测试方法首先是对蓄电池进行充电，充电方法是在 (20 ± 5)℃下，蓄电池以 $1I_3(A)$ 电流放电，至蓄电池电压达到 $3.0V$(或企业技术条件中规定的放电终止电压)时停止放电，静止 $1h$，然后在 (20 ± 5)℃下条件下以 $1I_3(A)$ 恒流充电，至蓄电池电压达到 $4.2V$(或企业技术条件中规定的充电终止电压)时转为恒压充电，至充电电流降至 $0.1I_3$ 时停止充电，充电后静止 $1h$。然后测量 20℃放电容量、-20℃放电容量、55℃放电容量和 20℃高倍率放电容量。

20℃放电容量测试：蓄电池在 (20 ± 5)℃下，蓄电池以 $1I_3(A)$ 电流放电，直到放电终止电压达到 3.0V(或企业技术条件中规定的放电终止电压);用 $1I_3(A)$ 的电流值和放电时间计算容量;如果计算值低于企业规定的额定值,则重复充放电,直到大于或等于规定值。

−20℃放电容量测试:蓄电池在(−20±2)℃下储存 20h;蓄电池在(−20±2)℃下以 $1I_3(A)$ 电流放电,直到放电终止电压达到 2.8V(或企业技术条件中规定的放电终止电压);用 $1I_3(A)$ 的电流值和放电时间计算容量,并表达为额定容量的百分数。

55℃放电容量测试:蓄电池在(55±2)℃下储存 5h;蓄电池在(55±2)℃下以 $1I_3(A)$ 电流放电,直到放电终止电压达到 3.0V(或企业技术条件中规定的放电终止电压);用 $1I_3(A)$ 的电流值和放电时间计算容量,并表达为额定容量的百分数。

20℃高倍率放电容量测试:对于能量型蓄电池,蓄电池在(20±5)℃下,蓄电池以 $4.5I_3(A)$ 电流放电,直到放电终止电压达到 3.0V(或企业技术条件中规定的放电终止电压);用放电电流值和放电时间计算容量,并表达为额定容量的百分数。对于功率型蓄电池,蓄电池在(20±5)℃下,蓄电池以 $12I_3(A)$ 电流放电,直到放电终止电压达到 2.8V(或企业技术条件中规定的放电终止电压);用放电电流值和放电时间计算容量,并表达为额定容量的百分数。

3. 电池寿命的测试

电池寿命是衡量电池性能的一个重要参数。在一定的充放电制度下,电池容量降至某一规定值之前,电池所能承受的循环次数,称为蓄电池的循环寿命。影响蓄电池循环寿命的因素有电极材料、电解液、隔膜、制造工艺、充放电制度、环境温度等,在进行寿命测试时,要严格控制测试条件。

通常是在一定的充放电条件下进行循环,然后检测电池容量的衰减,当蓄电池容量小于额定容量的 80%(不同的电池有不同的规定,锂离子电池是 80%)时终止实验,此时的循环次数就是电池的循环寿命。

对于不同类型的蓄电池,循环寿命的测试规定是不同的,具体可参考相应国家标准或国际电工委员会(IEC)制定的标准。电池的寿命可以用专用的蓄电池循环寿命检测设备来测试。

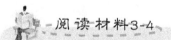
阅读材料3-4

在 QC/T 743—2006《电动汽车用锂离子蓄电池》中规定了循环寿命的测试方法。测试方法首先是对蓄电池进行充电,充电方法是在(20±5)℃下,蓄电池以 $1I_3(A)$ 电流放电,至蓄电池电压达到 3.0V(或企业技术条件中规定的放电终止电压)时停止放电,静止 1h,然后在(20±5)℃下条件下以 $1I_3(A)$ 恒流充电,至蓄电池电压达到 4.2V(或企业技术条件中规定的充电终止电压)时转为恒压充电,至充电电流降至 $0.1I_3$ 时停止充电,充电后静止 1h;然后蓄电池在(20±2)℃下以 $1.5I_3(A)$ 电流放电,直到放电容量达到额定容量的 80%。连续重复充放电 24 次后,计算容量。如果蓄电池容量小于额定容量的 80%终止试验。在规定条件下重复的次数为循环寿命数。

IEC 规定镍镉和镍氢电池标准循环寿命测试为：电池以 0.2C 放至 1.0V/支后，①以 0.1C 充电 16h，再以 0.2C 放电 2.5h（1 个循环）；②0.25C 充电 3h 10min，以 0.25C 放电 140min（2～48 个循环）；③0.25C 充电 190min，以 0.25C 放至 1.0V（第 49 个循环）；④0.1C 充电 16h，搁置 1h，0.2C 放电至 1.0V（第 50 个循环），对镍氢电池重复①～④共 400 个循环后，其 0.2C 放电时间应大于 3h；对镍镉电池重复①～④共 500 个循环，其 0.2C 放电时间应大于 3h。

IEC 规定锂电池标准循环寿命测试为：电池以 0.2C 放至 3.0V/支后，1C 恒流恒压充电到 4.2V，截止电流为 20mA，搁置 1h 后，再以 0.2C 放电至 3.0V（一个循环），反复循环 500 次后容量应在初容量的 60% 以上。

4. 电池内阻、内压的测试

电池的内阻是指电池在工作时，电流流过电池内部所受到的阻力，一般分为交流内阻和直流内阻，由于充电电池内阻很小，测直流内阻时由于电极容易极化，产生极化内阻，故无法测出其真实值；而测其交流内阻可免除极化内阻的影响，得出真实的内阻值。交流内阻测试方法是利用电池等效于一个有源电阻的特点，给电池一个 1000Hz、50mA 的恒定电流，对其进行电压采样、整流、滤波等一系列处理从而精确地测量其阻值，可用专门的内阻仪来测试。

电池的内压是由于充放电过程中产生的气体所形成的压力，主要受电池材料、制造工艺、结构、使用方法等因素影响。一般电池内压均维持在正常水平，在过充或过放情况下，电池内压有可能会升高。例如，过充电正极产生的氧气透过隔膜纸与负极复合，如果负极反应的速度低于正极反应的速度，产生的氧气来不及被消耗掉，就会造成电池内压升高。

镍镉和镍氢电池内压测试是将电池以 0.2C 放至 1.0V 后，以 1C 充电 3h，根据电池钢壳的轻微形变通过转换得到电池的内压情况，测试中电池不应彭底、漏液或爆炸。

锂电池内压测试是（UL 标准）模拟电池在海拔高度为 15240m 的高空（低气压 11.6kPa）下，检验电池是否漏液或发鼓。具体步骤是将电池 1C 充电恒流恒压充电到 4.2V，截止电流 10mA，然后将其放在气压为 11.6kPa、温度为 (20±3)℃ 的低压箱中储存 6h，电池不会爆炸、起火、裂口、漏液。

5. 高低温环境下电池性能的测试

电动汽车动力电池可能会在不同的环境温度下使用，高温或低温对电池的充电或放电性能都有影响，应分别对各温度下电池充放电性能进行测试。

在 QC/T 743—2006《电动汽车用锂离子蓄电池》中规定，要对电池在 -20℃ 的低温、20℃ 常温和 55℃ 的高温进行放电性能的测试。要求按规定的方法测试时，在 -20℃ 时，其容量应不低于额定值的 70%；在 55℃ 时，其容量应不低于额定值的 95%；在 20℃ 高倍率放电时，对于能量型蓄电池，其容量应不低于额定值的 90%；对于功率型蓄电池，其容量应不低于额定值的 80%。

高低温测试所需的仪器和充放电性能测试基本是一致的，只是在恒温箱中测定不同温度下的电池性能。

6. 自放电及储存性能的测试

电池的储存性能是指电池开路时,在一定的温度、湿度等条件下储存时容量下降率的大小,是衡量电池综合性能稳定程度的一个重要参数。电池经过一定时间储存后,允许电池的容量及内阻有一定程度的变化。经过了一段时间的储存,可以让内部各成分的电化学性能稳定下来,可以了解该电池的自放电性能的大小,以便保证电池的品质。

自放电又称荷电保持能力,是指在开路状态下,电池储存的电量在一定环境条件下的保持能力。一般而言,自放电主要受制造工艺、材料、储存条件的影响。自放电是衡量电池性能的主要参数之一。一般而言,电池储存温度越低,自放电率也越低,但也应注意温度过低或过高均有可能造成电池损坏无法使用。电池充满电开路搁置一段时间后,一定程度的自放电属于正常现象。

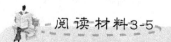
阅读材料3-5

在 QC/T 743—2006《电动汽车用锂离子蓄电池》中规定了储存的测试方法。

测试方法首先是对蓄电池进行充电,充电方法是在(20 ± 5)℃下,蓄电池以$1I_3(A)$电流放电,至蓄电池电压达到 3.0V(或企业技术条件中规定的放电终止电压)时停止放电,静止1h,然后在(20 ± 5)℃下条件下以$1I_3(A)$恒流充电,至蓄电池电压达到4.2V(或企业技术条件中规定的充电终止电压)时转恒压充电,至充电电流降至$0.1I_3$时停止充电,充电后静止1h;然后蓄电池在(20 ± 5)℃下以$1I_3(A)$电流放电2h,储存90d;再按上述方法充电,然后蓄电池在(20 ± 5)℃下以$1I_3(A)$电流放电,直到放电终止电压3.0V(或企业技术条件中规定的放电终止电压);用放电电流和放电时间计算容量,容量恢复能量可以表达为额定容量的百分数,容量恢复应不低于额定值的95%;如果容量低于额定值的95%,可再重复第二次充放电,但最多可重复5次。

IEC标准规定:镍镉及镍氢电池充满电后,在温度为(20 ± 5)℃、湿度为(65 ± 20)%条件下,开路搁置28天,$0.2C$放电时间分别大于3h和3h 15min,即为达标。

由于标准荷电保持测试时间太长,一般采用24h自放电来快速测试其荷电保持能力。镍镉和镍氢电池的自放电测试是将电池以$0.2C$放电至1.0V,$1C$充电80min,搁置15min,以$1C$放电至10V,测其放电容量C_1,再将电池以$1C$充电80min,搁置24h后测$1C$容量C_2,$C_2/C_1\times100\%$应小于15%。锂电池的自放电测试是将电池以$0.2C$放电至3.0V,恒流恒压$1C$充电至4.2V,截止电流10mA,搁置15min后,以$1C$放电至3.0V测其放电容量C_1,再将电池恒流恒压$1C$充电至4.2V,截止电流100mA,搁置24h后测$1C$容量C_2,$C_2/C_1\times100\%$应大于99%。

7. 电池安全性能测试

电池的安全性测试项目非常多,不同类型的电池,安全性能测试项目也不同,可根据相关标准选择测试。

阅读材料3-6

在QC/T 743—2006《电动汽车用锂离子蓄电池》中规定了安全性测试项目,主要有过放电、过充电、短路、跌落、加热、挤压、针刺测试。

(1) 过放电的测试。在(20±5)℃下,蓄电池以$1I_3$(A)电流放电,至蓄电池电压达到3.0V(或企业技术条件中规定的放电终止电压)时停止放电,静止1h,然后在(20±5)℃下条件下以$1I_3$(A)恒流充电,至蓄电池电压达到4.2V(或企业技术条件中规定的充电终止电压)时转恒压充电,至充电电流降至$0.1I_3$时停止充电,充电后静止1h;蓄电池在(20±5)℃下以$1I_3$(A)电流放电,直至蓄电池电压达到0V(如果有电子保护线路,应暂时除去放电电子保护线路);蓄电池应不爆炸、不起火、不漏液。

(2) 过充电的测试。在(20±5)℃下,蓄电池以$1I_3$(A)电流放电,至蓄电池电压达到3.0V(或企业技术条件中规定的放电终止电压)时停止放电,静止1h,然后在(20±5)℃下条件下以$1I_3$(A)恒流充电,至蓄电池电压达到4.2V(或企业技术条件中规定的充电终止电压)时转恒压充电,至充电电流降至$0.1I_3$时停止充电,充电后静止1h;可按两种充电方式进行试验:第一种是以$3I_3$(A)电流充电,至蓄电池电压达到5V或充电时间达到90min(其中一个条件优先达到即停止试验),第二种是以$9I_3$(A)电流充电,至蓄电池电压达到10V即停止试验;蓄电池应不爆炸、不起火。

(3) 短路测试。在(20±5)℃下,蓄电池以$1I_3$(A)电流放电,至蓄电池电压达到3.0V(或企业技术条件中规定的放电终止电压)时停止放电,静止1h,然后在(20±5)℃下条件下以$1I_3$(A)恒流充电,至蓄电池电压达到4.2V(或企业技术条件中规定的充电终止电压)时转恒压充电,至充电电流降至$0.1I_3$时停止充电,充电后静止1h;将蓄电池经外部短路10min,外部线路电阻应小于$5m\Omega$;蓄电池应不爆炸、不起火。

(4) 跌落测试。在(20±5)℃下,蓄电池以$1I_3$(A)电流放电,至蓄电池电压达到3.0V(或企业技术条件中规定的放电终止电压)时停止放电,静止1h,然后在(20±5)℃下条件下以$1I_3$(A)恒流充电,至蓄电池电压达到4.2V(或企业技术条件中规定的充电终止电压)时转恒压充电,至充电电流降至$0.1I_3$时停止充电,充电后静止1h;蓄电池在(20±5)℃下,从1.5m高度处自由跌落到厚度为20mm的硬木地板上,每个面一次;蓄电池应不爆炸、不起火、不漏液。

(5) 加热测试。在(20±5)℃下,蓄电池以$1I_3$(A)电流放电,至蓄电池电压达到3.0V(或企业技术条件中规定的放电终止电压)时停止放电,静止1h,然后在(20±5)℃下条件下以$1I_3$(A)恒流充电,至蓄电池电压达到4.2V(或企业技术条件中规定的充电终止电压)时转恒压充电,至充电电流降至$0.1I_3$时停止充电,充电后静止1h;将蓄电池置于(85±2)℃恒温箱内,并保温120min;蓄电池应不爆炸、不起火。

(6) 挤压测试。在(20±5)℃下,蓄电池以$1I_3$(A)电流放电,至蓄电池电压达到3.0V(或企业技术条件中规定的放电终止电压)时停止放电,静止1h,然后在(20±5)℃下条件下以$1I_3$(A)恒流充电,至蓄电池电压达到4.2V(或企业技术条件中规定的充电终止电压)时转恒压充电,至充电电流降至$0.1I_3$时停止充电,充电后静止1h;在垂直于蓄电池极板方向施压,挤压头面积不小于$20cm^2$,挤压直至蓄电池壳体破裂或内部短路(蓄电池电压变为0V);蓄电池应不爆炸、不起火。

(7) 针刺测试。在(20 ± 5)℃下,蓄电池以$1I_3$(A)电流放电,至蓄电池电压达到3.0V(或企业技术条件中规定的放电终止电压)时停止放电,静止1h,然后在(20 ± 5)℃下条件下以$1I_3$(A)恒流充电,至蓄电池电压达到4.2V(或企业技术条件中规定的充电终止电压)时转恒压充电,至充电电流降至$0.1I_3$时停止充电,充电后静止1h;用$\phi3mm\sim\phi8mm$的耐高温钢针,以$10\sim40mm/s$的速度,从垂直于蓄电池板的方向贯穿(钢针停留在蓄电池中);蓄电池应不爆炸、不起火。

3.3 燃料电池

燃料电池(Fuel Cell,FC)是一种化学电池,它直接把物质发生化学反应时释放出的能量变换为电能,工作时需要连续地向其供给活物质(起反应的物质)——燃料和氧化剂。由于它是把燃料通过化学反应释放出的能量变为电能输出,所以被称为燃料电池。

燃料电池将成为未来的最佳车用能源,这一观点已被认同。虽然燃料电池可以采用多种燃料,甚至是内燃机用的所有燃料,但是真正起电化学反应的,仅仅是其中的氢和氧化剂中的氧,因此,氢燃料电池在氢燃料制取、储存及携带等方面,以及非氢燃料电池重整系统的效率、体积、质量大小及反应速度等方面的技术还需进一步提高。

目前,车用燃料电池急需解决以下关键问题。

(1) 提高车用燃料电池单位质量(或体积)、电流密度及功率,提高车辆所必需的快速起动和动力响应的能力。

(2) 必须开发质量轻、体积更小、能储存更多氢能的车载氢储存器,以便更有效地利用燃料能量,提高续驶里程和载质量。

(3) 必须解决好氢气的安全问题,在一定的条件下,氢气比汽油具有更大的危险性,所以无论采用什么储存方式,储存器及其安全措施都必须满足使用要求。

(4) 电池组件必须采用积木化设计,开发有效的制造工艺,并进行高效的自动化生产,从而降低材料和制造费用。

(5) 发展结构紧凑及性能可靠的质子交换膜燃料电池的同时开发应用其他燃料,像甲烷、柴油等驱动的质子交换膜燃料电池,这将会拓宽质子交换膜燃料电池的应用范围。

表3-3为6种燃料电池的主要特征参数。

表3-3 6种燃料电池的主要特征参数

燃料电池种类	质子交换膜燃料电池	碱性燃料电池	磷酸燃料电池	熔融碳酸盐燃料电池	固体氧化物燃料电池	直接甲醇燃料电池
燃料	H_2	H_2	H_2	CO、H_2	CO、H_2	CH_3OH
电解质	固态高分子膜	碱溶液	液态磷酸	熔融碳酸锂	固体二氧化锆	固态高分子膜
工作温度/℃	≈80	60~120	170~210	60~650	≈1000	≈80

(续)

燃料电池种类	质子交换膜燃料电池	碱性燃料电池	磷酸燃料电池	熔融碳酸盐燃料电池	固体氧化物燃料电池	直接甲醇燃料电池
氧化剂	空气或氧	纯氧	空气	空气	空气	空气或氧
电极材料	C	C	C	Ni-M	Ni-YSZ	C
催化剂	Pt	Pt、Ni	Pt	Ni	Ni	Pt
腐蚀性	中	中	强	强	无	中
寿命/h	100000	10000	15000	13000	7000	100000
特征	比功率高、运行灵活、无腐蚀	高效率、对CO_2敏感、有腐蚀	效率较低、有腐蚀	效率高、控制复杂、有腐蚀	效率高、运行温度高、有腐蚀	比功率高、运行灵活、无腐蚀
效率/(%)	>60	60~70	40~50	>60	>60	>60
起动时间	几分钟	几分钟	2~4h	>10h	>10h	几分钟
主要应用领域	航天、军事、汽车、固定式用途	航天、军事	大客车、中小电厂、固定式用途	大型电厂	大型电厂、热站、固定式用途	航天、军事、汽车、固定式用途

3.3.1 燃料电池的分类

1) 按燃料电池的运行机理分类

根据燃料电池运行机理的不同,可分为酸性燃料电池和碱性燃料电池。

2) 按电解质分类

根据燃料电池中使用电解质种类的不同,可分为质子交换膜燃料电池(PEMFC)、碱性燃料电池(AFC)、磷酸燃料电池(PAFC)、熔融碳酸盐燃料电池(MCFC)、固体氧化物燃料电池(SOFC)、直接甲醇燃料电池(DMFC)、再生型燃料电池(RFC)、锌空燃料电池(ZAFC)、质子陶瓷燃料电池(PCFC)等。

3) 按燃料使用类型分类

根据燃料电池的燃料使用类型不同,可分为直接型燃料电池、间接型燃料电池、再生型燃料电池。

4) 按燃料种类分类

根据燃料电池使用燃料的种类,可分为氢燃料电池、甲醇燃料电池、乙醇燃料电池等。

5) 按工作温度分类

根据燃料电池工作温度的不同,可分为低温型(温度低于200℃)、中温型(温度为200~750℃)、高温型(温度为750~1000℃)、超高温型(温度高于1000℃)。

6) 按燃料状态分类

根据燃料电池的燃料状态不同,可分为液体型燃料电池、气体型燃料电池。

3.3.2 燃料电池电动汽车对燃料电池的要求

燃料电池电动汽车对燃料电池性能的基本要求有以下几方面。

(1) 燃料电池的比能量不低于 150～200W·h/kg，比功率不低于 300～400W/kg，要求达到或超过美国先进电池联合体(USABC)所提出的电池性能和使用寿命的指标。

(2) 可以在 -20℃ 的条件下起动和工作，有可靠的安全性和密封性，不会发生燃料气体的结冰和燃料气体的泄漏。

(3) 各种结构件有足够的强度和可靠性，可以在负荷变化情况下正常运转，并能够耐受电动汽车行驶时的振动和冲击。

(4) 燃料电池电动汽车除排放达到零污染的要求外，动力性能要求基本达到或接近内燃机汽车的动力性能的水平，性能稳定可靠。

(5) 各种辅助技术装备的外形尺寸和辅助技术装备的质量应尽可能地减小，以符合电动汽车的装车要求。

(6) 燃料充添方便、迅速，燃料电池能够方便地进行电极和催化剂的更换和修理。

(7) 所配置的辅助电源，应能满足提供起动电能和储存制动反馈电能的要求。

3.3.3 燃料电池的特点

1. 燃料电池的优点

燃料电池与蓄电池相比，具有以下优点。

(1) 节能、转换效率高。燃料电池在额定功率下的效率可以达到 60%，而在部分功率输出条件下运转效率可以达到 70%，在过载功率输出条件下运转效率可以达到 50%～55%。燃料电池高效率随功率变化的范围很宽，在低功率下运转效率高，特别适合于汽车动力性能的要求。

燃料电池短时间的过载能力，可以达到额定功率的 200%，非常适合汽车在加速和爬坡时动力性能的特征。

(2) 排放基本达到零污染。用碳氢化合物作为燃料的燃料电池主要生成物质为水、二氧化碳和一氧化碳等，属于"超低污染"，氢氧燃料电池的反应产物只有清洁的水。

(3) 无振动和噪声、寿命长。这主要与燃料电池的工作过程有关，它是通过燃料和氧化剂分别在两个电极上发生反应，由电解液和外电路构成回路，将反应中的化学能直接转化为电能，所以在整个工作过程中，没有噪声和机械振动的产生，从而减少机械器件的磨损，延长了使用寿命。

(4) 结构简单、运行平稳。燃料电池的能量转换是在静态下完成的，结构比较简单，构件的加工精度要求低，特别是质子交换膜燃料电池能量转换效率高，能够在 -80℃ 的低温条件下起动和运转，对结构件的耐热性能要求也不高。由于无机械振动，所以运行时比较平稳。

2. 燃料电池的缺点

(1) 燃料种类单一。目前，不论是液态氢、气态氢，还是碳水化合物经过重整后转换的氢，它们均是燃料电池的唯一燃料。氢气的产生、储存、保管、运输、灌装或重整，都比较复杂，对安全性要求很高。

(2) 要求高质量的密封。燃料电池的单体电池所能产生的电压约为 1V，不同种类的燃料电池的单体电池所能产生的电压略有不同。通常将多个单体电池按使用电压和电流的要求组合成为燃料电池发动机组，在组合时，单体电池间的电极连接时，必须要有严格的密封，因为密封不良的燃料电池，氢气会泄漏到燃料电池的外面，降低了氢的利用率并严重影响燃料电池发动机的效率，还会引起氢气燃烧事故。由于要求严格的密封，使得燃料电池发动机的制造工艺很复杂，并给使用和维护带来很多困难。

（3）价格高。制造成本高，电池价格昂贵。

（4）需要配备辅助电池系统。燃料电池可以持续发电，但不能充电和回收燃料电池汽车再生制动的反馈能量。通常在燃料电池汽车上还要增加辅助电池，来储存燃料电池富裕的电能和在燃料电池汽车减速时接收再生制动时的能量。

3.3.4　燃料电池系统

燃料电池实际上不是"电池"，而是一个大的发电系统。对于质子交换膜燃料电池，需要有燃料供应系统、氧化剂系统、发电系统、水管理系统、热管理系统、电力系统及控制系统等。

（1）燃料供应系统。燃料供应系统给燃料电池提供燃料，如氢气、天然气、甲醇等。这个系统直接采用氢气比较简单，如果用化石燃料制取氢气则相当复杂。

（2）氧化剂系统。氧化剂系统主要给燃料电池提供氧气。可以从空气中获取氧气或从氧气罐中获取氧气，空气需要用压缩机来提高压力，以增加燃料电池反应的速度。在燃料电池系统中，配套压缩机的性能有特定的要求，压缩机质量和体积会增加燃料电池发动机系统的质量、体积和成本，压缩机所消耗的功率会使燃料电池的效率降低。空气供应系统的各种阀、压力表、流量表等的接头要采取防泄漏措施。在空气供应系统中还要对空气进行加湿处理，保证空气有一定的湿度。

（3）发电系统。发电系统是指燃料电池本身，它将燃料和氧化剂中的化学能直接变成电能，而不需要经过燃烧的过程，它是一个电化学装置。

（4）水管理系统。由于质子交换膜燃料电池中质子是以水合离子状态进行传导的，所以燃料电池需要有水，水少会影响电解质膜的质子传导特性，从而影响电池的性能。由于在电池的阴极生成水，所以需要及时不断地将这些水带走，否则会将电极"淹死"，也造成燃料电池失效。水的管理在燃料电池中至关重要。

（5）热管理系统。大功率燃料电池发电的同时，由于电池内阻的存在，不可避免地会产生热量，通常产生的热与其发电量相当。而燃料电池的工作温度是有一定限制的，如对质子交换膜燃料电池而言，应控制在80℃，因此需要及时将电池生成热带走，否则会发生过热，烧坏电解质膜。水和空气通常是常用的传热介质。

（6）电力系统。电力系统是将燃料电池发出的直流电变为适合用户使用的电。燃料电池所产生的是直流电，需要经过DC/DC转换器进行调压，在采用交流电动机的驱动系统中，还需要用逆变器将直流电转换为三相交流电。

（7）控制系统。燃料电池控制系统的作用主要包括电池系统的启动与停工；维持电池系统稳定运行的各操作参数的控制；对电池运行状态进行监测、判断等。

（8）安全系统。氢是燃料电池的主要燃料，氢的安全十分重要，其安全系统由氢气探测器、数据处理系统及灭火设备等构成。

氢的存储与输送是燃料电池应用的关键技术之一，目前有两种方式：储氢和重整制氢。

1. 储氢

目前使用比较广泛的储氢技术有高压储氢、液态储氢和储氢材料储氢。这三种技术在实际运用中的效果很大程度上受材料性能的制约。储氢材料储氢技术更有优势，尤其是使用碳纳米管储氢时，效果更理想。表3-4为几种储氢技术的比较。

表3-4 几种储氢技术的比较

项目		高压储氢	液态储氢	储氢材料储氢	
				Ti系储氢合金	碳纳米管
安全性		低	低	较高	
能源综合利用率		低	较低	高	
储氢能力	单位质量储氢量/(%)	—	—	2	4
	单位体积储氢量/(kg/m³)	31.5	71	61	160
能量密度	单位质量能量密度/(kW·h/kg)	—	—	0.79	5.53
	单位体积能量密度/(kW·h/L)	1.24	2.8	2.4	6.32
优点		简单、方便	储运效率高、装置质量轻、体积小、储氢压力低	安全性好、运输方便、操作比较容易	
缺点		空间有限，必须使用耐高压容器，储氢压力过大，安全性降低，充氢操作复杂，成本增加	氢气液化须耗费大量能源，必须使用耐超低温的特殊容器，使用中存在危险，充氢系统复杂	成本相对较高，受制于材料的储氢性能、储氢器的结构及储氢系统的整体设计	
应用		多	少	少	

随着材料科学的发展，储氢技术的发展主要集中在开发密度更小、强度更高的材料，以提高储氢罐内的压力；开发绝热性能更好的材料，以减少液氢的蒸发，提高使用时的安全性；开发高容量的储氢材料，特别是碳纳米管等的制造技术。

2. 重整制氢

燃料电池使用的燃料——氢气可以由重整器提供。重整器使用的原料可以是天然气、汽油、柴油等各种烃类，以及甲醇、酒精等各种醇类燃料。目前使用的重整技术主要有蒸气重整、部分氧化重整、自动供热重整及等离子体重整等。不同的重整技术在结构、效率和对燃料的适应性等方面有不同的特点，并在不同的使用条件下发挥出它们各自的优势。蒸气重整是目前使用最广泛的制氢方式。

（1）蒸气重整。蒸气重整是一个化学过程，其中，氢通过碳氢化合物燃料和高温水蒸气之间的化学反应生成。蒸气重整器的发展经历了常规型、热交换型和平板型3个过程。常规型蒸气重整器的容量较大，目前已实现商业化，但工作条件高（850℃、1.5～2.5MPa），制造成本较高，容量大、起动时间长，如果生产出来的氢气不能及时使用，储存也有困难。热交换型重整器外形尺寸大大减小,工作条件降低(700℃、0.3MPa),制造成本下降,而且随负荷变化性能较好,目前已成功应用于燃料电池系统中。近年来出现的平板型结构更加紧凑,成本进一步降低,但目前技术还不成熟。如果能在扩大催化剂的使用范围和延长使用寿命上有所突破,将会使蒸气重整装置很有竞争力。

(2) 部分氧化重整。部分氧化重整将燃料与氧相结合制氢,并生成一氧化碳。部分氧化重整的产氢率比蒸气重整的低,但它结构紧凑、成本低、起动时间短、动态响应速度快,对燃料的适应性也更强,因而更具潜力。但是,如果采用无催化系统,常有碳烟和其他副产物生成;而采用有催化剂系统,又常因催化剂表面的局部高温而损伤催化剂,在反应过程中的稳定性也是一大难题。部分氧化重整最好用纯氧,但价格较高;虽然它也可使用燃料气与空气混合,但反应后需加净化处理装置,其成本也很高。因此若能开发廉价的纯氧制取装置,部分氧化重整将得到很大突破。

(3) 自动供热重整。自动供热重整将燃料与水蒸气两者结合,因此,由水蒸气重整反应吸收的热量平衡了从部分氧化重整反应中所放出的热量。自动供热重整相对于蒸气重整结构简单,无需庞大的换热装置,制造成本低,对燃料的要求也降低,可使用醇类和重烃类的液体燃料;相对于部分氧化重整来说,自动供热重整由于氧化反应放出的热量直接被吸热的蒸气重整反应吸收,所以系统的效率也提高了。但自动供热重整要求同时调节好氧气、水蒸气和燃料之间的比例,控制比较困难,并且在重整中易产生积炭现象而损伤催化剂。

(4) 等离子体重整。等离子体重整是一种先进的制氢技术,它采用等离子激发重整反应的发生,可在满足制氢效率的情况下进行小规模生产,同时降低成本。一般等离子重整器在中小型制氢系统上经济效益比较明显,因为等离子的能量密度很高,使得重整器结构紧凑、起动快、动态响应快,基本不需要催化剂,而且它对燃料的适应性很强,除轻质烃外,各种重质烃、重油、生物质燃料甚至垃圾燃料都可用。等离子制氢技术可分为热等离子和冷等离子两种,产生氢气的过程与传统技术一样,它也包括蒸气重整、部分氧化和热分解等。采用热等离子技术,反应气体温度高、热损大且不易控制,而且温度升高也产生了对电极的腐蚀。等离子重整器不宜工作在高压下,因为在高压下限制了电弧的灵活性,增加了电极的腐蚀,会减少电极寿命。

3.3.5 质子交换膜燃料电池

质子交换膜燃料电池采用可传导离子的聚合膜作为电解质,所以也叫聚合物电解质燃料电池(PEFC)、固体聚合物燃料电池(SPFC)或固体聚合物电解质燃料电池(SPEFC)。

1. 质子交换膜燃料电池的基本结构

质子交换膜燃料电池由质子交换膜、催化剂层、扩散层、集流板(又称双极板)组成,如图3.15所示。

(1) 质子交换膜。质子交换膜(PEM)是质子交换膜燃料电池中最重要的部件之一,其性能好坏直接影响电池的性能和寿

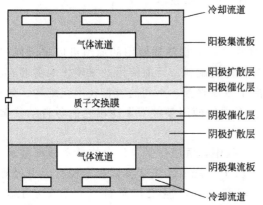

图 3.15 质子交换膜燃料电池结构示意图

命。质子交换膜燃料电池中的质子交换膜与一般化学电源中使用的隔膜有很大不同，它不只是一种将阳极的燃料与阴极的氧化剂隔开的隔膜材料，它还是电解质和电极活性物质（电催化剂）的基底，即兼有隔膜和电解质的作用；另外，质子交换膜还是一种选择透过性膜，在其高分子结构中，含有多种离子基团，它只允许 H^+ 穿过，其他离子、气体及液体均不能通过。

（2）电催化剂。为了加快电化学反应速度，气体扩散电极上都含有一定量的催化剂。质子交换膜燃料电池的电催化剂主要有铂系和非铂系两类，目前多采用铂催化剂。由于这种电池是在低温条件下工作的，因此提高催化剂的活性，防止电极催化剂中毒很重要。

（3）电极。质子交换膜燃料电池的电极是一种多孔气体扩散电极，一般由扩散层和催化层构成。扩散层是导电材料制成的多孔合成物，起着支撑催化层，收集电流，并为电化学反应提供电子通道、气体通道和排水通道的作用。催化层是进行电化学反应的区域，是电极的核心部分，其内部结构粗糙多孔，因而有足够的表面积以促进氢气和氧气的电化学反应。因此电极制作的好坏对电池的性能有重要影响。

（4）膜电极。膜电极（MEA）是通过热压将阴极、阳极与质子交换膜复合在一起而形成的。为了使电化学反应顺利进行，多孔气体扩散电极必须具备质子、电子、反应气体和水的连续通道。MEA 性能不仅依赖于电催化剂活性，还与电极中 4 种通道的构成及各种组分的配比、电极孔分布与孔隙率、电导等因素密切相关。

理想的电极结构必须满足以下条件：反应区必须透气（即高气体渗透性）；气体所到之处需要有催化剂粒子，即催化剂必须分布在能接触到气体分子的表面；催化剂又必须与阳离子交换膜接触，以保证反应产生离子的顺利通过（即高质子传导性）；作为催化剂载体的炭黑导电性要高，这将有利于电子转移（即高导电性），因为催化剂不能连成片（必须有很大的催化活性表面才能提高催化反应速度，而片状金属表面积小），难以作为电导体，所以催化剂粒子上反应产生或需要的电子必须通过导电性物质与电极沟通；催化剂的稳定性要好。高分散、细颗粒的铂催化剂表面自由能大，很不稳定，需要掺入一些其他催化剂以降低其表面自由能，或者掺入少量含有能与催化剂形成化学键或弱结合力元素的物质。

（5）集流板与流场。集流板又称双极板，是电池的重要部件之一，其作用是分隔反应气体，收集电流，将各个单电池串联起来和通过流场为反应气体进入电极及水的排出提供通道。目前，制备质子交换膜燃料电池双极板广泛采用的材料是炭质材料、金属材料及金属与炭质的复合材料。而对金属板，为改善其在电池工作条件下的抗腐蚀性能，必须进行表面改性。

质子交换膜燃料电池的流场板一般是指按一定间隔开槽的石墨板，开的槽就是流道，在槽之间形成流道间隔。流场的功能是引导反应气流动方向，确保反应气均匀分配到电极的各处流场，经电极扩散层到达催化层参与电化学反应。为提高电池反应气体的利用率，通常排放尾气越少越好，流场设计的好坏直接影响电池尾气的排放量。

在常见的质子交换膜燃料电池中，有的流场板与双极板是分体的，如网状流场板等；有的流场板与双极板是一体的，如点状流场和部分蛇形流场板等，这样流场除了具有上述流场板的功能以外，还要兼顾双极板的作用。至今已开发点状、网状、多孔体、平行沟槽、蛇形和交指型流场。

通常，质子交换膜燃料电池的运行需要一系列辅助设备与之共同构成发电系统。质子交换膜燃料电池系统一般由电堆、氢气系统、空气系统、水热管理系统和控制系统等构成。

电堆是系统的核心，承担把化学能转化成电能的任务；氢气系统提供燃料电池正常工作所需氢气；空气系统提供燃料电池正常工作所需空气；水热管理系统保证燃料电池堆所需空气、氢气的温度和湿度，保证电堆在正常温度下工作；控制系统通过检测传感器信号和需求信号，利用一定的控制策略保证系统正常工作。

2. 质子交换膜燃料电池的工作原理

质子交换膜燃料电池在原理上相当于水电解的"逆"装置。其单电池由阳极、阴极和质子交换膜组成，阳极为氢燃料发生氧化的场所，阴极为氧化剂还原的场所，两极都含有加速电极电化学反应的催化剂，质子交换膜为电解质。质子交换膜燃料电池的工作原理如图3.16所示。

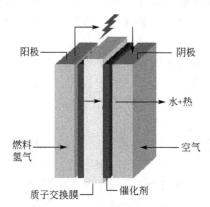

图 3.16 质子交换膜燃料电池的工作原理

导入的氢气通过阳极集流板（双极板）经由阳极气体扩散层到达阳极催化剂层，在阳极催化剂的作用下，氢分子分解为带正电的氢离子（即质子）并释放出带负电的电子，完成阳极反应；氢离子穿过膜到达阴极催化剂层，而电子则由集流板收集，通过外电路到达阴极，电子在外电路形成电流，通过适当连接可向负载输出电能；在电池另一端，氧气通过阴极集流板（双极板）经由阴极气体扩散层到达阴极催化剂层。在阴极催化剂的作用下，氧与透过膜的氢离子及来自外电路的电子发生反应生成水，完成阴极反应；电极反应生成的水大部分由尾气排出，一小部分在压力差的作用下通过膜向阳极扩散。阴极和阳极发生的电化学反应为

$$2H_2 \longrightarrow 4H^+ + 4e^-$$

$$4e^- + 4H^+ + O_2 \longrightarrow 2H_2O$$

电池总的反应为

$$2H_2 + O_2 \longrightarrow 2H_2O$$

上述过程是理想的工作过程，实际上，整个反应过程中会有很多中间步骤和中间产物的存在。

3. 质子交换膜燃料电池的特点

质子交换膜燃料电池的优点如下。

(1) 能量转化效率高。过氢氧化合作用，直接将化学能转化为电能，不通过热机过程，不受卡诺循环的限制。

(2) 可实现零排放。唯一的排放物是纯净水，没有污染物排放，是环保型能源。

(3) 运行噪声低，可靠性高。质子交换膜燃料电池组无机械运动部件，工作时仅有气体和水的流动。

(4) 维护方便。质子交换膜燃料电池内部构造简单，电池模块呈现自然的"积木化"结构，使得电池组的组装和维护都非常方便，也很容易实现"免维护"设计。

(5) 发动效率平稳。发电效率受负荷变化影响很小，非常适合用作分散型发电装置（作为主机组），也适合用作电网的"调峰"发电机组（作为辅机组）。

(6) 氢来源广泛。氢是世界上最多的元素,氢气来源极其广泛,是一种可再生的能源资源。可通过石油、天然气、甲醇、甲烷等进行重整制氢;也可通过电解水制氢、光解水制氢、生物制氢等方法获取氢气。

(7) 技术成熟。氢气的生产、储存、运输和使用等技术目前均已非常成熟、安全、可靠。

质子交换膜燃料电池的缺点如下。

(1) 成本高。因为膜材料和催化剂均十分昂贵,只有达到一定规模的生产,经济效益才能显示出来。

(2) 对氢的纯度要求高。这种电池需要纯净的氢,因为它们极易受到一氧化碳和其他杂质的污染。

因为质子交换膜燃料电池的工作温度低,起动速度较快,功率密度较高(体积较小),所以很适合用作新一代交通工具动力。世界各大汽车集团竞相投入巨资,研究开发电动汽车和代用燃料汽车。从目前发展情况看,质子交换膜燃料电池是技术最成熟的电动车动力源,质子交换膜燃料电池电动汽车被业内公认为是电动汽车的未来发展方向。燃料电池将会成为继蒸汽机和内燃机之后的第3代动力系统。

应用案例3-4

韩国现代-起亚开发的霸锐SUV燃料电池电动汽车,如图3.17所示,其燃料电池堆可以在常压下工作,并不需要额外的空气压缩机,起动时完全没有任何噪声,非常平稳,而且催化剂铂的用量也被大量减少。该车拥有一台110kW的电动机,燃料电池堆能输出115kW的电能,最高车速达160km/h,并应用700bar的高压氢气,续航里程超过700km。

据悉,起亚霸锐希望在2015年之前达到10000辆左右的销量。

图3.17 霸锐SUV燃料电池电动汽车

3.3.6 碱性燃料电池

1. 碱性燃料电池的结构与工作原理

碱性燃料电池(Alkaline Fuel Cell,AFC)以强碱(如氢氧化钾、氢氧化钠)为电解质,氢气为燃料,纯氧或脱除微量二氧化碳的空气为氧化剂,采用对氧电化学还原具有良好催化活性的Pt/C、Ag、Ag-Au、Ni等为电催化剂制备的多孔气体扩散电极为氧化极,以Pt-Pd/C、Pt/C、Ni或硼化镍等具有良好催化氢电化学氧化的电催化剂制备的多孔气体电极为氢电极。以无孔炭板、镍板或镀镍甚至镀银、镀金的各种金属(如铝、镁、铁等)板为双极板材料,在板面上可加工各种形状的气体流动通道构成的双极板。

图 3.18 为碱性石棉膜型氢氧燃料电池单池的工作原理。

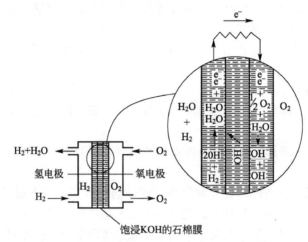

图 3.18 碱性石棉膜型氢氧燃料电池单池的工作原理

在阳极,氢气与碱中的 OH^- 在电催化剂的作用下,发生氧化反应生成水和电子,电子通过外电路达到阴极,在阴极电催化剂的作用下,参与氧的还原反应,生成的 OH^- 通过饱浸碱液的多孔石棉迁移到氢电极。阳极和阴极发生的电化学反应为

$$H_2 + 2OH^- \longrightarrow 2H_2O + 2e^-$$
$$O_2 + 2H_2O + 4e^- \longrightarrow 4OH^-$$

总的反应为

$$2H_2 + O_2 \longrightarrow 2H_2O$$

2. 碱性燃料电池的特点

碱性燃料电池与其他类型燃料电池相比,具有以下特点。

(1) 碱性燃料电池具有较高的效率(50%~55%)。

(2) 工作温度大约 80℃,因此,它们的起动很快,但其电力密度却只能达到质子交换膜燃料电池密度的十几分之一。

(3) 性能可靠,可用非贵金属作为催化剂。

(4) 碱性燃料电池是燃料电池中生产成本最低的一种电池。

(5) 碱性燃料电池是技术发展最快的一种电池,主要为空间任务,包括为航天飞机提供动力和饮用水,用于交通工具,具有一定的发展和应用前景。

(6) 碱性燃料电池使用具有腐蚀性的液态电解质,具有一定的危险性和容易造成环境污染,此外,为解决 CO_2 毒化所采用的一些方法,如使用循环电解液、吸收 CO_2 等增加了系统的复杂性。

3.3.7 磷酸燃料电池

磷酸燃料电池(Phosphoric Acid Fuel Cell,PAFC)是以酸为导电电解质的酸性燃料电池。它被称为继火电、水电、核电之后的第 4 种发电方式,是目前燃料电池中唯一商业化运行的燃料电池。

1. 磷酸燃料电池的结构

磷酸燃料电池的电池片由基材及肋条板触媒层所组成的燃料极、保持磷酸的电解质层、与燃料极具有相同构造的空气极构成。在燃料极，燃料中的氢原子释放电子成为氢离子。氢离子通过电解质层，在空气极与氧离子发生反应生成水。将数枚单电池片进行叠加，每数枚电池片中叠加进为降低发电时内部热量的冷却板，从而构成输出功率稳定的基本电池堆。再加上用于上下固定的构件、供气用的集合管等构成磷酸燃料电池的电池堆，其结构示意图如图 3.19 所示。

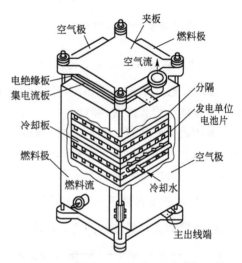

图 3.19 磷酸燃料电池电池堆结构示意图

2. 磷酸燃料电池的工作原理

图 3.20 是磷酸燃料电池的工作原理图。磷酸燃料电池使用液体磷酸为电解质，通常位于碳化硅基质中。当以氢气为燃料，氧气为氧化剂时，在电池内发生电化学反应。

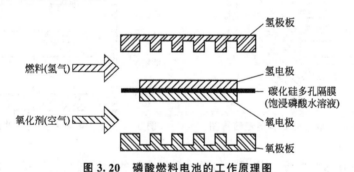

图 3.20 磷酸燃料电池的工作原理图

阳极和阴极发生的电化学反应为

$$H_2 \longrightarrow 2H^+ + 2e^-$$
$$O_2 + 4H^+ + 4e^- \longrightarrow 2H_2O$$

总的电化学反应为

$$2H_2 + O_2 \longrightarrow 2H_2O$$

3. 磷酸燃料电池的特点

磷酸燃料电池的工作温度要比质子交换膜燃料电池和碱性燃料电池的工作温度略高，位于 150~200℃，但仍需电极上的铂金催化剂来加速反应。较高的工作温度也使其对杂质的耐受性较强，当其反应物中含有 1%~2% 的一氧化碳和百万分之几的硫时照样可以工作。

磷酸燃料电池的效率比其他燃料电池低，约为 40%，其加热的时间也比质子交换膜燃料电池长。

磷酸燃料电池具有构造简单、稳定、电解质挥发度低等优点。它可用作公共汽车的动力,而且有许多这样的系统正在运行,不过这种电池很难用在轿车上。目前,磷酸燃料电池能成功地用于固定的应用,已有许多发电能力为 0.2~20MW 的工作装置被安装在世界各地,为医院、学校和小型电站提供电力。

3.3.8 熔融碳酸盐燃料电池

1. 熔融碳酸盐燃料电池的结构

熔融碳酸盐燃料电池(MCFC)是由多孔陶瓷阴极、多孔陶瓷电解质隔膜、多孔金属阳极、金属极板构成的燃料电池。

单体的熔融碳酸盐燃料电池一般是平板型的,由电极-电解质、燃料流通道、氧化剂流通道和上下隔板组成,如图 3.21 所示。单体的上下为隔板/电流采集板,中间部分是电解质板,电解质板的两侧为多孔的阳极极板和阴极极板,其电解质是熔融态碳酸盐。

2. 熔融碳酸盐燃料电池的工作原理

熔融碳酸盐燃料电池的工作原理如图 3.22 所示。

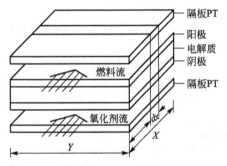

图 3.21 单体熔融碳酸盐燃料电池结构图

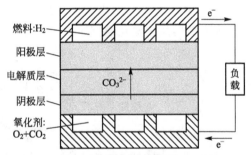

图 3.22 熔融碳酸盐燃料电池的工作原理

燃料电池工作过程实质上是燃料的氧化和氧化剂的还原过程。燃料和氧化剂气体流经阳极和阴极通道。氧化剂中的 O_2 和 CO_2 在阴极与电子进行氧化反应产生 CO_3^{2-},电解质板中的 CO_3^{2-} 直接从阴极移动到阳极,燃料气中的 H_2 与 CO_3^{2-} 在阳极发生反应,生成了 CO_2、H_2O 和电子。电子被集流板收集起来,然后到达隔板。隔板位于燃料电池单元的上部和下部,并和负载设备相连,从而构成了包括电子传输和离子移动在内的完整的回路。

其电化学反应式为

$$H_2(a) + CO_3^{2-} \longrightarrow H_2O(a) + CO_2(a) + 2e^-(a)$$
$$2CO_2 + O_2(c) + 4e^-(c) \longrightarrow 2CO_3^{2-}(c)$$
$$2H_2 + O_2 + 2CO_2(c) \longrightarrow 2H_2O + 2CO_2(a) + 2E^0 + Q^0$$

式中,a、c 分别表示阳极、阴极;e^- 表示电子;E^0 表示基本发电量;Q^0 表示基本放热量。

3. 熔融碳酸盐燃料电池的特点

熔融碳酸盐燃料电池是一种高温电池(600~700℃),具有效率高(高于 40%)、噪声低、无污染、燃料多样化(氢气、煤气、天然气和生物燃料等)、余热利用价值高和电池构造材料价廉等诸多优点,是未来的绿色电站。

3.3.9 固体氧化物燃料电池

固体氧化物燃料电池(Solid Oxide Fuel Cell,SOFC)属于第 3 代燃料电池,是一种在中高温下直接将储存在燃料和氧化剂中的化学能高效、环境友好地转化成电能的全固态化学发电装置。固体氧化物燃料电池被普遍认为是在未来会与质子交换膜燃料电池一样得到广泛应用的一种燃料电池。

1. 固体氧化物燃料电池的结构

固体氧化物燃料电池单体主要由电解质、阳极或燃料极、阴极或空气极和连接体或双极板组成,如图 3.23 所示。

固体电解质是固体氧化物燃料电池最核心的部件,它的主要功能在于传导氧离子。它的性能(包括电导率、稳定性、热膨胀系数、致密化温度等)不但直接影响电池的工作温度及转换效率,还决定了与之相匹配的电极材料及其制备技术的选择。目前常用的电解质材料是 Ni 粉弥散在 YSZ 的金属陶瓷,其离子电导率在氧分压变化十几个数量级时,都不发生明显变化。

图 3.23　固体氧化物燃料电池的基本组成

电极材料本身首先是一种催化剂。阴极需要长期在高温和氧化中工作,起传递电子和扩散氧作用,应是多孔洞的电子导电性薄膜。固体氧化物燃料电池的工作温度高,只有贵金属或电子导电的氧化物适用于阴极材料,由于铂、钯等贵金属价格昂贵,一般只在实验范围内使用。实际常应用掺锶的锰酸镧作为固体氧化物燃料电池的阴极材料。目前,Ni/YSZ 陶瓷合金造价最低,是实际应用中的首选的阳极材料。

连接材料在单电池间起连接作用,并将阳极侧的燃料气体与阴极侧氧化气体(氧气或空气)隔离开来。钙钛矿结构的铬酸镧常用作固体氧化物燃料电池连接体材料。

2. 固体氧化物燃料电池的工作原理

固体氧化物燃料电池工作时,电子由阳极经外电路流向阴极,氧离子经电解质由阴极流向阳极。图 3.24 为固体氧化物燃料电池的工作原理示意图。

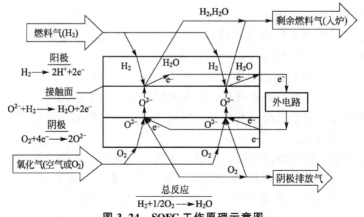

图 3.24　SOFC 工作原理示意图

在阴极发生氧化剂(氧或空气)的电还原反应,即氧分子得到电子被还原为氧离子。阴极的电化学反应为

$$O_2 + 4e^- \longrightarrow 2O^{2-}$$

氧离子 O^{2-} 在电解质隔膜两侧电位差与浓差驱动力的作用下,通过电解质隔膜中的氧空位,定向跃迁到阳极侧。

在阳极发生燃料(氢或富氢气体)的电氧化反应,即燃料(如氢)与经电解质传递过来的氧离子进行氧化反应生成水,同时向外电路释放电子,电子通过外电路到达阴极形成直流电。

分别用 H_2、CO、CH_4 作为燃料时,阳极反应为

$$H_2 + O^{2-} \longrightarrow H_2O + 2e^-$$

$$CO + O^{2-} \longrightarrow CO_2 + 2e^-$$

$$CH_4 + 4O^{2-} \longrightarrow 2H_2O + CO_2 + 8e^-$$

以 H_2 为例,电池的总反应为

$$2H_2 + O_2 \longrightarrow 2H_2O$$

3. 固体氧化物燃料电池的特点

固体氧化物燃料电池除具备燃料电池高效、清洁、环境友好的共性外,还具有以下优点。

(1) 固体氧化物燃料电池是全固态的电池结构,不存在电解质渗漏问题,避免了使用液态电解质所带来的腐蚀和电解液流失等问题,无需配置电解质管理系统,可实现长寿命运行。

(2) 对燃料的适应性强,可直接用天然气、煤气和其他碳氢化合物作为燃料。

(3) 固体氧化物燃料电池直接将化学能转化为电能,不通过热机过程,因此不受卡诺循环的限制。发电效率高、能量密度大、能量转换效率高。

(4) 工作温度高,电极反应速度快,不需要使用贵金属作为电催化剂。

(5) 可使用高温进行内部燃料重整,使系统优化。

(6) 低排放、低噪声。

(7) 废热的再利用价值高。

(8) 陶瓷电解质要求中、高温运行(600~1000℃),加快了电池的反应进行,还可以实现多种碳氢燃料气体的内部还原,简化了设备。

但是,固体氧化物燃料电池也存在如下不足之处。

(1) 氧化物电解质材料为陶瓷材料,质脆易裂,电堆组装较困难。

(2) 高温热应力作用会引起电池龟裂,所以主要部件的热膨胀率应严格匹配。

(3) 存在自由能损失。

(4) 工作温度高,预热时间较长,不适用于需经常起动的非固定场所。

早期开发出来的固体氧化物燃料电池的工作温度较高,一般为 800~1000℃。目前科学家已经研发成功中温固体氧化物燃料电池,其工作温度一般在 800℃ 左右。一些国家的科学家也正在努力开发低温固体氧化物燃料电池,其工作温度可以降低至 650~700℃。工

作温度的进一步降低,使得固体氧化物燃料电池的实际应用成为可能。

由于单体电池只能产生 1V 左右电压,功率有限,为了使固体氧化物燃料电池具有实际应用可能,需要大大提高固体氧化物燃料电池的功率。为此,可以将若干个单电池以各种方式(串联、并联、混联)组装成电池组。目前固体氧化物燃料电池组的结构主要为管状、平板型和整体型 3 种,其中平板型因功率密度高和制作成本低而成为固体氧化物燃料电池的发展趋势。

固体氧化物燃料电池的能量密度高、燃料范围广和结构简单等优点是其他燃料电池无法比拟的。随着固体氧化物燃料电池的生产成本和操作温度的进一步降低,能量密度的增加和起动时间的进一步缩短,可以预见,固体氧化物燃料电池在今后的燃料电池电动汽车发展中有比较广阔的发展前景。

3.3.10 直接甲醇燃料电池

直接甲醇燃料电池(Direct Methanol Fuel Cell,DMFC)属于质子交换膜燃料电池中的一类,是直接使用水溶液及蒸气甲醇为燃料供给来源,而不需要通过重整器重整甲醇、汽油及天然气等再取出氢以供发电。

1. 直接甲醇燃料电池的结构与原理

直接甲醇燃料电池主要由阳极、固体电解质膜和阴极构成,阳极和阴极分别由多孔结构的扩散层和催化剂层组成,通常使用不同疏水性、亲水性的炭黑和聚四氟乙烯作为直接甲醇燃料电池的阳极和阴极材料,如图 3.25 所示。

以甲醇为燃料,将甲醇和水混合物送至直接甲醇燃料电池的阳极,在阳极甲醇直接发生电催化氧化反应生成 CO_2,并释放出电子和质子。阴极氧气发生电催化氧化还原反应,与阳极产生的质子反应生成水。电子从阳极经外电路转移至阴极形成直流电,工作温度为 25~135℃。

阳极和阴极发生的电化学应为

$$CH_3OH + H_2O \longrightarrow CO_2 + 6H^+ + 6e^-$$
$$3O_2 + 12e^- + 6H_2O \longrightarrow 12OH^-$$

总的电化学反应为

$$CH_3OH + 3/2O_2 \longrightarrow CO_2 + 2H_2O$$

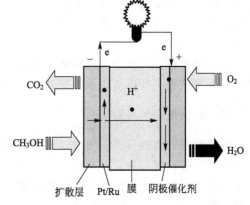

图 3.25 直接甲醇燃料电池的结构与原理示意图

2. 直接甲醇燃料电池的特点

直接甲醇燃料电池的突出优点如下。

(1) 甲醇来源丰富,价格低廉,储存携带方便。

(2) 与氢-氧质子交换膜燃料电池相比,结构更简单,操作更方便。

(3) 与质子交换膜燃料电池相比,体积能量密度更高。

(4) 与重整式甲醇燃料电池相比,它没有甲醇重整装置,质量更轻、体积更小、响应时间更快。

直接甲醇燃料电池的缺点是当甲醇低温转换为氢和二氧化碳时要比常规的质子交换膜燃料电池需要更多的铂金催化剂。

直接甲醇燃料电池的使用的技术仍处于其发展的早期，但已成功地显示出可以用作移动电话和膝上型计算机的电源，将来可能成为可携式电子产品应用和交通器用电源的主流。

3.3.11 微生物燃料电池

微生物燃料电池利用电池的阳极来代替氧或硝酸盐等天然的电子受体，通过电子的不断转移来产生电能。微生物氧化燃料所生成的电子通过细胞膜相关连组分或者通过氧化还原介体传递给阳极，再经过外电路转移到阴极，在阴极区电子将电子受体（如氧）还原，然后透过质子交换膜转移过来的质子结合生成水。

微生物燃料电池本质上是收获微生物代谢过程中生产的电子并引导电子产生电流的系统。微生物燃料电池的功率输出取决于系统传递电子的数量和速率及阳极与阴极间的电位差。由于微生物燃料电池并非一个热机系统，避免了卡诺循环的热力学限制，因此，理论上微生物燃料电池是化学能转变为电能最有效的装置，最大效率有可能接近100%。

与其他燃料电池相比，微生物燃料电池在温度（常温）、电极（无需贵金属电极）、燃料（无需纯化）等方面具有优势。虽然单个微生物燃料电池的工作电压只有0.15V左右，但许多个微生物燃料电池堆叠就可产生较高的电压，满足低电压用电的需求。

目前，研究工作者已在微生物燃料电池设计和提高输出功率方面取得了较大进展，并在降低电极和质子交换膜等材料的成本、设计无介体无膜系统、提高系统运行负荷和运行连续性等方面也取得了可喜的进展。但要实现技术从实验室到工业化应用的转换仍面临不少难题。

微生物燃料电池作为一种可再生的清洁能源技术的研究正在国内外迅速兴起，它势必将得到不断的推广和应用，为节能减排、治理污染做出重要的贡献。

3.3.12 再生型燃料电池

再生型燃料电池（RFC）由电解池和燃料电池组成，向日时太阳能发电并电解水，生成氢气与氧气并储存起来；背日时，燃料电池发电，生成水，水可以循环使用，并保持储能基本恒定。再生燃料电池具有高的比能量和比功率，使用中无自放电且无放电深度及电池容量的限制。

再生型燃料电池的概念相对较新，但全球有许多研究小组正在从事这方面的工作。这一技术与普通燃料电池的相同之处在于它也用氢和氧来生成电、热和水。其不同的地方是它还进行逆反应，也就是电解。燃料电池中生成的水再送回到以太阳能为动力的电解池中，分解成氢和氧组分，然后这种组分再送回到燃料电池。这种方法就构成了一个封闭的系统，不需要外部生成氢。

美国等国家非常重视再生燃料电池技术的研究开发，已经把再生燃料电池技术应用于航空航天领域，并将再生燃料电池技术视为今后"空间可再生能源技术"的重要发展方向之一。德国、日本等国家在再生燃料电池领域也有一定规模的研究。

目前，再生燃料电池商业化开发业已走了一段路程，但仍有许多问题尚待解决，如成本及进一步改进太阳能利用的稳定性等问题。

3.4 太阳电池

太阳电池是利用太阳光和材料相互作用直接产生电能的,是对环境无污染的可再生能源。它的应用可以解决人类社会发展在能源需求方面的问题。太阳能是一种储量极其丰富的洁净能源,太阳每年向地面输送的能量高达 3×10^{24} J,相当于世界年耗能量的 1.5 万倍。因此太阳电池作为人们可持续利用的太阳能资源,是解决世界范围内的能源危机和环境问题的一条重要途径。

1. 太阳电池的分类

太阳电池可以按照材料和结构进行分类。

太阳电池按照材料不同,主要有硅系列太阳电池和化合物系列太阳电池。

(1) 硅系列太阳电池。硅系列太阳电池是以硅材料为基体的太阳电池,分为单晶硅太阳电池、多晶硅薄膜太阳电池和非晶硅薄膜太阳电池等。

(2) 化合物系列太阳电池。多元化合物薄膜太阳电池材料为无机盐,其主要包括砷化镓、硫化镉、碲化镉及铜铟硒薄膜电池等。

太阳电池按照结构不同,可以分为同质结电池、异质结电池、肖特基结电池、光电化学电池等。

(1) 同质结电池。由同一种半导体材料构成一个或多个 PN 结的电池。如硅太阳电池、砷化镓太阳电池等。

(2) 异质结电池。用两种不同的半导体材料,在相接的界面上构成一个异质结的太阳电池。如氧化铟锡/硅电池、硫化亚铜/硫化镉电池等。如果两种异质材料晶格结构相近,界面处的晶格匹配较好,则称为异质面电池,如砷化铝镓/砷化镓电池。

(3) 肖特基结电池。用金属和半导体接触组成一个"肖特基势垒"的电池,也称 MS 电池。目前已发展成金属-氧化物-半导体电池(MOS)和金属-绝缘体-半导体电池(MIS),这些又总称为导体-绝缘体-半导体电池。

(4) 光电化学电池。用浸于电解质中的半导体电极构成的电池,又称为液结电池。

2. 太阳电池的特点

单晶硅太阳电池转换效率最高,技术也最为成熟。转换效率为 15%~17%。在大规模应用和工业生产中仍占据主导地位,但由于单晶硅价格高,大幅度降低其成本很困难,为了节省硅材料,发展了多晶硅薄膜和非晶硅薄膜作为单晶硅太阳电池的替代产品。

多晶硅薄膜太阳电池与单晶硅太阳电池相比,成本低廉,而效率高于非晶硅薄膜太阳电池,其转换效率为 12%~14%。因此,多晶硅薄膜太阳电池将会在太阳电池市场上占据主导地位。

非晶硅薄膜太阳电池成本低、质量轻,转换效率为 6%~10%,便于大规模生产,有极大的潜力;但受制于其材料引发的光电效率衰退效应,稳定性不高,直接影响了它的实际应用。如果能进一步解决稳定性问题及提高转换率问题,那么非晶硅太阳电池无疑是太阳电池的主要发展产品之一。

硫化镉、碲化镉多晶薄膜太阳电池的效率较非晶硅薄膜太阳电池的效率高,成本较单晶硅太阳电池低,并且也易于大规模生产,但由于镉有剧毒,会对环境造成严重的污染,因此,并不是晶体硅太阳电池最理想的替代产品。

砷化镓化合物太阳电池的转换效率可达28%,砷化镓化合物材料具有十分理想的光学带隙及较高的吸收效率,抗辐照能力强,对热不敏感,适合制造高效单结电池。但是砷化镓材料的价格不菲,因而在很大程度上限制了砷化镓电池的普及。

铜铟硒薄膜太阳电池适合光电转换,不存在光衰退问题,转换效率和多晶硅一样,具有价格低廉、性能良好和工艺简单等优点,将成为今后发展太阳电池的一个重要方向。唯一的问题是材料的来源,由于铟和硒都是比较稀有的元素,因此,这类电池的发展又必然受到限制。

3. 太阳电池的发电原理

太阳电池的发电原理是基于半导体的光生伏特效应将太阳辐射能直接转换为电能。在晶体中电子的数目总是与核电荷数相一致,所以P型硅和N型硅是电中性的。如果将P型硅或N型硅放在阳光下照射,光的能量通过电子从化学键中被释放,由此产生电子-空穴对,但在很短的时间内(在微秒范围内)电子又被捕获,即电子和空穴"复合"。

当P型材料和N型材料相接,将在晶体中P型和N型材料之间形成界面,即P—N结。此时在界面层N型材料中的自由电子和P型材料中的空穴相对应。由于正负电荷之间的吸引力,在界面层附近N型材料中的电子扩散到P型材料中,而空穴扩散到N型材料中与自由电子复合。这样在界面层周围形成一个无电荷区域。通过界面层周围的电荷交换形成两个带电区,即通过电子到P型材料的迁移在N型形成一个正的空间电荷区和在P型区形成一个负的空间电荷区。

对不同材料的太阳电池,尽管光谱响应的范围是不同的,但光电转换的原理是一致的。如图3.26所示,在P—N结的内建电场作用下,N区的空穴向P区运动,而P区的电子向N区运动,最后造成在太阳电池受光面(上表面)有大量负电荷(电子)积累,而在电池背光面(下表面)有大量正电荷(空穴)积累。如在电池上、下表面引出金属电极,并用导线连接负载,在负载上就有电流通过。只要太阳光照不断,负载上就一直有电流通过。

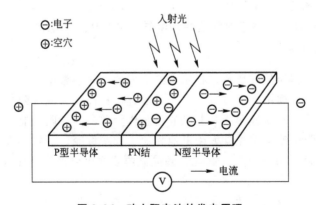

图 3.26　硅太阳电池的发电原理

4. 太阳电池在汽车上的应用

国外太阳电池最早于1978年用在汽车上,当时的太阳能汽车车速仅为13km/h。之后世界很多国家对太阳能汽车进行了研究，但主要侧重于赛车领域。2014年，澳大利亚新南威尔士大学的学生用他们制造的新型太阳能电动汽车，打破了一项沉寂了近26年的世界纪录。该项目由国际汽联（FIA）设置，测试标准是电动汽车单次充电后，在500km行驶距离中的平均时速。新纪录将原有73km/h的平均车速提升到了100km/h，也刷新了人们对太阳能电动汽车续驶里程和行驶速度的认识。该车采用全电力驱动并融入了太阳能充电系统，只可搭载两名成年人，整车质量只有318kg，甚至比特斯拉Model S的电池组还要轻。其最高车速可达140km/h，一次充电最远可行驶800km。在车顶和发动机盖上覆盖了800W的太阳电池板，此外还内置了一块由松下公司制造的重达60kg的电池。借助先进的太阳电池系统，只要在阳光下泊车8h，就能连续行驶2h。即便在行驶途中，这些太阳电池也能持续发电。

太阳能在汽车上的应用技术主要集中在两个方面：一是作为驱动力，二是用作汽车辅助设备的能源。

作为驱动力，一般采用太阳电池板，通过太阳电池转化的电能驱动汽车行驶。按照应用太阳能的程度又可分为两种形式：一是太阳能作为第一驱动力驱动汽车，目前主要是用在太阳能赛车和短距离电瓶车上；二是太阳能和其他能量混合驱动汽车，相当于混合动力汽车，既可以减轻蓄电池的质量，也可以适当降低环境污染。

作为汽车辅助能源，应用最广泛的是太阳能天窗。太阳能天窗的工作原理是：在汽车停车熄火的情况下，安装在天窗里的太阳能集电板产生电力，将车厢外的冷空气导入车内，驱除车内热气，达到降温的目的；同时，太阳能天窗能吸入室外空气并排除车内废气。国外配置太阳能天窗的只有奔驰E级轿车，奥迪A8、A6L、A4，途锐及辉腾等高级别车型，中级车型很少配置，但并不是所有车型的太阳能天窗都能达到理想的降温效果。新奥迪A6L太阳能天窗可以在阳光充足时利用太阳能将鼓风机运转，将车内外空气进行交换，不消耗电能和其他能量，但驻车通风和驻车加热则需要消耗蓄电池电能，驻车加热还要消耗部分燃油。而奥迪A4的太阳能天窗则只是将一部分能源供给天窗系统，当驻车时太阳能天窗就不会给予其他额外的支持。辉腾轿车的太阳能天窗在车顶天窗上整合了28块太阳电池板，总共可提供24W的能量，还可以在车辆静止的状态下为电扇供电，以减少蓄电池能量的消耗。

太阳能还可以作充电站，比如在房子上搭很多的太阳能板，把太阳能收集起来给电动汽车充电；也可以利用太阳能制氢，由太阳能先发电，用电解水的方法制出氢气后，储存在一个大罐子里，给汽车里的燃料电池加氢，氢和氧气再化合生成水同时放出电，供汽车使用。

随着太阳电池能量密度的增大，转化效率的提高，价格的降低，太阳电池在汽车上的应有前景广阔。

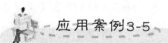
应用案例3-5

2013年，荷兰埃因霍温技术大学的研究团队展示了自己设计的全球首辆太阳能家用汽车Stella。报道称，这款名为Stella的四人座太阳能家用车，结合了电动车和太阳能车的特点，太阳能板安装在车顶，同时以电池驱动。一天充电一次，便可在白天行驶800km，行驶里程比一般电动车多3倍，最高车速达120km/h。由于它在行驶和停止状态都能利用太阳能充电，因此一年所供应的能量是它所使用的两倍。并且，质量仅380kg，仅为一般汽车质量的1/2，加上采用空气动力学设计原理，面对较少的空气阻力，比市面一般电动车更节能，更有效率。不仅如此，Stella也是一辆智能车，恩智浦半导体公司为它装置无线连接技术，让它能与其他智能车或监控中心互换速度和位置等信息以避免碰撞，还可避开交通阻塞。

2013年于澳大利亚举办的世界太阳能车赛中，Stella完成长达6天横跨澳洲内陆的3000km，在以实用性进行评比的"Michelin Cruiser Class"项目夺得金牌。尽管车内的装饰无法和现有的豪华轿车相比，但毫无疑问Stella的出现使太阳能汽车这种绿色能源交通工具步入普通家庭迈出了一大步。

图3.27是全球首辆太阳能家用汽车。

图3.27　全球首辆太阳能家用汽车

3.5　超级电容器

超级电容器是一种具有超级储电能力、可提供强大脉冲功率的物理二次电源，它是介于蓄电池和传统静电电容器之间的一种新型储能装置。超级电容器主要利用电极/电解质界面电荷分离所形成的双电层，或借助电极表面快速的氧化还原反应所产生的法拉第准电容来实现电荷和能量的储存。超级电容器又称双电层电容器、黄金电容、法拉第电容，它是一种电化学元件，在电极与电解液接触面间具有极高的比电容和非常大的接触表面积，但其储能的过程并不发生化学反应，并且这种储能过程是可逆的，因此超级电容器可反复充放电数十万次。

1. 超级电容器的结构原理

超级电容单体主要由电极、电解质、集电极、隔离膜连线极柱、密封材料和排气阀等组成。电极材料一般有碳电极材料、金属氧化物及其水合物电极材料、导电聚合物电极材料，要求电极内阻小、电导率高、表面积大、尽量薄；电解质需有较高导电性（内阻小）和足够电化学稳定性（提高单体电压），电解质材料分为有机类和无机类，或分为液态和固态类；集电极选用导电性能良好的金属和石墨等来充当，如泡沫镍、镍网（箔）、铝箔、钛网（箔）及碳纤维等；隔离膜防止超级电容相邻两电极短路，保证接触电阻较小，尽量薄，通常使用多孔隔膜，有机电解质通常使用聚合物或纸作为隔膜，水溶液电解质可采用玻璃纤维或陶瓷隔膜。

电极的材料、制造技术、电解质的组成和隔离膜质量对超级电容器的性能有较大影响。

在电动汽车上广泛使用的主要是碳电极超级电容器。碳电极超级电容器的面积是基于多孔碳材料,该材料的多孔结构允许其面积达到$2000m^2/g$,通过一些措施还可以实现更大的表面积。碳电极超级电容器电荷分离开的距离是由被吸引到带电电极的电解质离子尺寸决定的,该距离(小于10Å)比传统电容器薄膜材料所能实现的距离更小。这种庞大的表面积再加上非常小的电荷分离距离使得超级电容器较传统电容器而言有巨大的静电容量。超级电容器中,多孔化电极采用的是活性炭粉、活性炭或活性炭纤维,电解液采用有机电解质,如丙烯碳酸酯或高氯酸四乙氨等。工作时,在可极化电极和电解质溶液之间的界面上形成的双电层中聚集电容量,其多孔化电极在电解液中吸附电荷,因而可以存储很大的静电能量,超级电容器的这一储电特性介于传统的电容器与电池之间。尽管这能量密度比电池低,但是这能量的储存方式,有快充快放的特点,可以应用在传统电池难以解决的短时高峰值电流应用之中。

双电层电容本质上是一种静电型能量储存方式,目前已经研制出的活性炭材料表面积可以达到$2000m^2/g$,单位质量的电容量可达100F/g,并且电容的内阻还能保持在很低的水平;而且炭材料还具有成本低、技术成熟等优点,使得该类超级电容器在汽车上应用广泛。

图 3.28 电动汽车用 48V 165F 超级电容器外观图

图 3.28 是电动汽车用 48V 165F 超级电容器外观图。电动汽车用 48V 165F 超级电容器主要技术指标如下。

工作温度:$-40\sim+65$℃。

储存温度:$-40\sim+70$℃。

额定容量:165F。

容量偏差:$+20\%\sim-5\%$。

额定电压:48.6V。

内阻:AC$\leqslant$5.2mΩ,DC$\leqslant$6.1mΩ。

漏电流:5.2mA。

尺寸:416mm×190mm×160mm。

质量:14.2kg。

2. 超级电容器的分类

超级电容器可以按以下不同的方式进行分类。

(1) 按照储能原理分类。按照储能原理分类,可分为因电荷分离而产生的双电层电容器、欠电位沉积或吸附电容而产生的法拉第准电容器、双电层与准电容混合型电容器。

(2) 按照结构形式分类。按照结构形式分类,可分为对称型与非对称型。两电极组成相同且电极反应相同,但反应方向相反,称为对称型;两电极组成不同或反应不同,称为非对称型。

(3) 按照电极材料分类。按照电极材料分类,可分为以活性炭粉末、活性炭纤维、炭气凝胶、纳米炭管、网络结构活性炭为电极材料的超级电容器;以贵金属二氧化钌、氧化镍、氧化锰为电极材料的超级电容器;以聚吡咯、聚苯胺、聚对苯等聚合有机物为电极的超级电容器。

(4) 按照电解液不同分类。按照电解液不同分类,可分为3种:水溶液体系超级电容器，这种电容器电导率高、成本低、分解电压低(1.2V)；有机体系超级电容器，这种电容器电导率低、成本高、分解电压高(3.5V)；固体物电解质超级电容器，这种电容器可靠性高、电导率低、无泄漏、比能量高、薄型化。

3. 超级电容器的特点

超级电容器具有以下优点。

(1) 高功率密度。超级电容器的内阻小，输出功率密度高，是一般蓄电池的数十倍。

(2) 循环寿命长。超级电容器具有至少十万次以上的充电寿命，没有"记忆效应"。

(3) 充电速度快。可以用大电流给超级电容器充电，充电 10s～10min 可达到其额定容量的 95% 以上。

(4) 工作温度范围宽。超级电容器能在 $-40\sim60℃$ 的环境温度中正常工作。

(5) 简单方便。超级电容器充放电线路简单，无需充电电池那样的充电电路，安全系数高，长期使用免维护；检测方便，剩余电量可直接读出。

(6) 绿色环保。超级电容器在生产过程中不使用重金属和其他有害化学物质，因而在生产、使用、储存及拆解过程中均没有污染，是一种新型的绿色环保电源。

超级电容器自身存在如下缺点。

(1) 线性放电。超级电容器线性放电的特性使它无法完全放电。

(2) 低能量密度。目前超级电容器可储存的能量比化学电源少得多。

(3) 低电压。超级电容单体电压低，需要多个电容串联才能提升整体电压。

(4) 高自放电。它的自放电速率比化学电源要高。

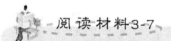

阅读材料3-7

国家"863"计划对"十二五"期间研发的超级电容器的主要技术指标提出了明确要求。对于能量型超级电容器：功率密度≥3000W/kg，能量密度≥30W·h/kg，循环寿命≥10000次。对于功率型超级电容器：功率密度≥800W/kg，能量密度≥6W·h/kg，循环寿命≥500000次。

4. 超级电容器在汽车上的应用

目前超级电容器被广泛应用到新能源汽车中，用作起动、制动、爬坡时的辅助动力。汽车频繁的起步、爬坡和制动造成其功率需求曲线变化很大，在城市路况下更是如此。一辆高性能的电动汽车的峰值功率与平均功率之比可达 16：1，但是这些峰值功率的特点是持续时间一般都比较短，需要的能量并不高。对于纯电动、燃料电池和串联混合动力汽车而言，这就意味着要么汽车动力性不足，要么电压总线上要经常承受大的尖峰电流，这无疑会大大损害电池、燃料电池或其他辅助动力装置的寿命。如果使用比功率较大的超级电容器，当瞬时功率需求较大时，由超级电容器提供尖峰功率，并且在制动回馈时吸收尖峰功率，那么就可以减轻对电池、燃料电池或其他辅助动力装置的压力，从而可以大大增加起步、加速时系统的功率输出，而且可以高效地回收大功率的制动能量，这样做还可以提高电池的使用寿命，改善其放电性能。

超级电容器除了用于动力驱动系统外，在汽车零部件领域也有广泛的应用前景。例如，未来汽车设计使用的42V电系统（转向、制动、空调、高保真音响、电动座椅等），如果使用长寿命的超级电容器，可以使需求功率经常变化的子系统性能大大提高，另外还可以减少车内用于电制动、电转向等子系统的布线，同时减少汽车子系统对电池的功率消耗，延长电池使用时间。

超级电容器的快速充放电特点使其十分适合为公交车提供主动力。超级电容器具有很高的功率密度，放电电流可以达到数百安培，在大电流应用场合，特别是高能脉冲环境，可更好地满足功率要求。同时，超级电容器充放电时间短、效率高，可在很短的时间内完成一个充放电循环，所用时间远远低于可充电电池，特别适合短距离行驶车辆。超级电容器的循环使用寿命可达10万次以上，比目前最好的电池要高出100倍，同时在使用过程中不需要经常性维护，其适用温度范围宽，可在-40～70℃范围内使用，可满足车辆动力系统在低温环境下的起动，安全性高，这些使它成为城市公交动力理想的选择。

2014年是新能源客车备受关注的一年，混合动力客车只能在一定程度上实现节能减排，而纯电动客车则可实现零排放，必将会成为未来客车的发展趋势。目前纯电动客车主要包括锂电池和超级电容客车，锂电池由于充电时间长、寿命短、成本高，实现大范围推广有一定难度，而超级电容凭借其优异的性能或将成为未来城市客车的发展方向。作为超级电容纯电动客车的储能装置，超级电容器相比于蓄电池，不但其成本低、寿命长、充放电性能好，而且安全可靠。超级电容器的充放电过程属物理变化而非化学变化，储能物质性能稳定。

超级电容客车利用终点站驾驶人休息的时间，一次充电15min左右，可行驶20km，如路程较长，可在中途改造充电站台，利用乘客上下客的时间快速充电。与一次充电时间在3h以上的普通锂电池客车相比，大大缩短了充电时间，提高了车辆的利用率，更适用于公交营运。

目前，由于超级电容车辆政府补贴力度相对较小，在推广应用上尚有阻力，但超级电容优良的性能更加适合城市公交的运营，真正实现安全、节能、环保，相信未来超级电容客车将是新能源城市客车发展的主流方向。

图3.29是扬州亚星开发生产的超级电容纯电动客车。

图3.29 扬州亚星开发生产的超级电容纯电动客车

3.6 飞轮电池

飞轮电池是20世纪90年代才提出的新概念电池，它突破了化学电池的局限，用物理方法实现储能。

1. 飞轮电池的结构与原理

飞轮电池由飞轮、电动机、发电机和输入/输出电子装置共同组成，如图3.30所示。

图3.30 飞轮电池组成结构

飞轮电池通过输入/输出电子装置与外部大功率的电气系统相连，外部系统所传输的能量经由电动机通过提升飞轮的转速将电能转化为机械能储存。当需要向负载输出功率时，飞轮通过发电机再将机械能转化为电能，同时飞轮转速相应降低。由于飞轮电池系统的能量转换是单线程的，即不可能同时输入、输出能量，为了降低电池系统质量和制造成本，通常将电动机/发动机及输入/输出电子装置集成在一起。

飞轮储能的关键在于降低机械能的损失，这部分能量损失主要由空气摩擦阻力和旋转摩擦阻力两部分组成。根据降低空气摩擦阻力方式的不同，可以将飞轮电池分为高速飞轮电池和低速飞轮电池。其中低速飞轮电池通过增加飞轮质量来降低空气摩擦所带来的影响，而高速飞轮电池则通过降低飞轮工作环境的空气压力来降低空气摩擦阻力。此类电池的飞轮由于新型高强度复合材料的使用而具有轻质量和高转速的特点，其理想工作环境为真空环境，但由于技术限制，通常只是将空气摩擦阻力降低至可以接受的程度。为了减小高速旋转时所产生的旋转摩擦阻力，飞轮电池系统通常通过两个磁悬浮轴承的非接触式支撑被固定在真空空间内。高速飞轮电池体积小，适合车载使用。

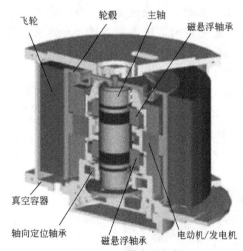

图3.31 飞轮电池结构

飞轮电池结构如图3.31所示，它主要由飞轮、轴、轴承、电动机、真空容器和电力电子变换器等部件组成。飞轮是整个电池装置的核心部件，它直接决定了整个装置的储能多少。电力电子变换器通常是由场效应晶体管和绝缘栅极场效应晶体管组成的双向逆变器，它们决定了飞轮装置能量输入输出量的大小。

2. 电池性能的比较

现在广泛使用的储能电池是基于电化学原理的化学电池，它将电能转变为化学能储存,再转化为电能输出,主要优点是价格低廉、技术成熟。但存在污染严重、效率低下、充电时间长、用电时间短、使用过程中电能不易控制等缺点。

另一种储能电池是超导电池,它把电能转化为磁能储存在超导线圈的磁场中,由于超导状态下线圈没有电阻,所以能量损耗非常小,效率也高,对环境污染也小。但由于超导状态是线圈处于极低温度下才能实现,维持线圈处于超导状态所需要的低温需耗费大量能量,而且维持装置过大,不易小型化,民用的市场前景并不看好。

飞轮电池则兼顾了两者的优点,虽然近阶段的价格较高,但伴随着技术的进步,必将有一个非常广阔的应用前景。

3种典型储能电池的性能见表3-5。

表3-5　3种典型储能电池的性能

性能	储能电池		
	化学电池	飞轮电池	超导电池
储能方式	化学能	机械能	磁能
使用寿命/年	3~5	>20	≈20
技术	成熟	验证	验证
温度范围	限制	不限	不限
外形尺寸(同功率)	大	最小	中间
储能密度	小	大	大
放能深度	浅	深	深
价格	低	高	较高
环境影响	污染	无污染	无污染

3. 飞轮电池在汽车上的应用

由于技术和材料价格的限制,飞轮电池的价格相对较高,在小型场合还无法体现其优势。但在一些需要大型储能装置的场合,使用化学电池的价格也非常昂贵,飞轮电池已得到逐步应用。

飞轮电池充电快,放电完全,非常适合应用于混合能量推动的车辆中。车辆在正常行驶和制动时,给飞轮电池充电,飞轮电池则在加速或爬坡时,给车辆提供动力,保证车辆运行在一种平稳、最优的状态下,可减少燃料消耗、空气和噪声污染、发动机的维护,延长发动机的寿命。美国TEXAS大学已研制出汽车用飞轮电池,电池在车辆需要时,可提供150kW的能量,满载车辆能加速到100km/h。

美国国防部预测未来的战斗车辆在通信、武器和防护系统等方面都广泛需要电能,飞轮电池由于其快速的充放电,独立而稳定的能量输出,质量轻,能使车辆工作处于最优状态,减少车辆的噪声,提高车辆的加速性能等优点,已成为美国军方首要考虑的储能装置。

作为一种新兴的储能方式,飞轮电池所拥有传统化学电池无法比拟的优点已被人们广泛认同,它非常符合未来储能技术的发展方向。目前,飞轮电池正在向小型化、低廉化的方向发展。可以预见，伴随着技术和材料学的进步，飞轮电池将在未来的各行各业中发挥重要的作用。

在2010年10月美国勒芒系列赛最后一轮中，保时捷911GT3混合动力赛车首次正式使用了飞轮电池技术。911GT3是保时捷第一辆混合动力赛车，如图3.32所示，它是918Spyder混合动力车的前身，而后者于2012年推出。保时捷北美区执行总裁德特勒夫·冯普拉滕表示，用于这两款车型的飞轮电池技术代表着保时捷的未来。

图3.32 保时捷911GT3混合动力赛车

保时捷918Spyder混合动力车是将飞轮电池应用在前轮两个电动机上以补充发动机的动力。飞轮电池将制动所收集的动能转化为电能，并将能量储存于一个飞轮电池之中。在加速过程中，该能量将转移至前轮，前轮载有内燃机。这一过程将大大减少燃料消耗，并增加行驶范围；在赛车中，飞轮电池技术的一大优势在于赛车加油的次数较少，为其在赛场上赢得了宝贵的时间。在不牺牲速度和敏捷性的前提下，让汽车更有效率，这是一个令人振奋的进步，保时捷918Spyder混合动力车仅需3.2s即能将速度从0提至约100km/h。

1. 电动汽车用储能装置有哪几种？
2. 动力电池的性能指标主要有哪些？
3. 电动汽车对动力电池有哪些要求？
4. 电动汽车用蓄电池主要有哪几种？其特点是什么？
5. 燃料电池主要有哪几种？其特点是什么？

第 4 章
电动汽车电动机驱动系统

通过本章的学习,要求读者了解电动汽车电动机驱动系统的组成与类型、电动汽车对电动机的要求和电动机驱动系统的发展趋势,熟悉电动机的额定指标,掌握电动汽车 5 种电动机驱动系统的结构原理及其主要特点和控制特性,对电动机的运行特性和轮毂电动机有一个初步的认识。

教学要求

知识要点	能力要求	相关知识
电动机驱动系统的组成与类型,额定指标及电动汽车对电动机的要求	了解电动汽车电动机驱动系统的组成与类型、电动汽车对电动机的要求和电动机驱动系统的发展趋势,熟悉电动机的额定指标	电动机的类型,额定指标,电动机与电动汽车的关系
直流电动机的分类、结构、特点、工作原理、控制	了解直流电动机有哪些类型;掌握直流电动机的结构、特点、工作原理和控制特性	直流电动机
无刷直流电动机的分类、结构、特点、工作原理、控制	了解无刷直流电动机有哪些类型;掌握无刷直流电动机的结构、特点、工作原理和控制特性	无刷直流电动机
异步电动机的结构、特点、工作原理、运行特性、控制	掌握异步电动机的结构、特点、工作原理和控制特性;了解异步电动机的运行特性	异步电动机
永磁同步电动机的结构、特点、工作原理、运行特性、控制	掌握永磁同步电动机的结构、特点、工作原理和控制特性;了解永磁同步电动机的运行特性	永磁同步电动机
开关磁阻电动机的结构、特点、工作原理、运行特性、控制	掌握开关磁阻电动机的结构、特点、工作原理和控制特性;了解开关磁阻电动机的运行特性	开关磁阻电动机
轮毂电动机结构形式、应用类型、驱动方式、驱动系统的特点和关键技术	了解轮毂电动机结构形式、应用类型、驱动方式、驱动系统的特点和关键技术	轮毂电动机

导入案例

2009年10月1日，在新中国成立60周年庆典的盛大阅兵式上，引人注目的国徽彩车随着国徽方队隆重亮相，这是国庆游行彩车队伍中唯一使用纯电力能源的绿色环保彩车，也是国庆庆典有史以来的第一辆绿色能源彩车，如图4.1所示。驱动系统是该彩车的核心部分，装配了EVM100W-50型100kW水冷式电动车专用控制器，配套车由100kW水冷异步电动机构成，驱动系统稳定可靠，实现了彩车节能环保的新突破。为了应对特殊天气，制造工艺中加强了绝缘、防尘、防水、漏电保护等性能。彩车安全系数非常高，能抗7级大风正常行驶；最高车速达到45km/h以上，续驶里程为100km，全车总质量达到了19t的极限。

除了异步电动机以外，还有哪些电动机可以作为电动汽车的驱动电动机？通过本章的学习，读者可以得到答案。

图4.1 国徽纯电动彩车

电动机是电动汽车驱动系统的核心部件，其性能的好坏直接影响电动汽车驱动系统的性能，特别是电动汽车的最高车速、加速性能及爬坡性能等。

4.1 概　　述

4.1.1 电动汽车电动机驱动系统的组成与类型

1. 电动汽车电动机驱动系统的组成

电动机驱动系统是电动汽车的心脏，它由电动机、功率转换器、控制器、各种检测传感器和电源（蓄电池）组成，其任务是在驾驶人的控制下，高效率地将蓄电池的电量转化为车轮的动能，或者将车轮的动能反馈到蓄电池中。图4.2是电动机驱动系统的基本组成框图。

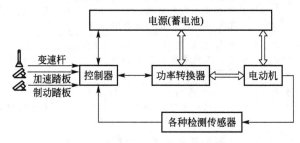

→ 控制信号流向；⇒ 动力电源流向

图4.2 电动机驱动系统的基本组成框图

早期的电动汽车主要采用直流电动机系统，但直流电动机有机械换向装置，必须经常维护。随着电力电子技术的发展，交流调速逐渐取代直流调速。现代电动汽车常用的驱动系统有3种：异步电动机系统、永磁无刷电动机系统和开关磁阻电动机系统。

功率转换器按所选电动机类型，有DC/DC功率转换器、DC/AC功率转换器等形式，其作用是按所选电动机驱动电流的要求，将蓄电池的直流电转换为相应电压等级的直流、交流或脉冲电源。

检测传感器主要对电压、电流、速度、转矩及温度等进行检测，其作用是为了提高改善电动机的调速特性，对于永磁无刷电动机或开关磁阻电动机还要求有电动机转角位置检测。

控制器是按驾驶人操纵变速杆、加速踏板和制动踏板等，相应输入的前进、倒退、起步、加速、制动等信号，以及各种检测传感器反馈的信号，通过运算、逻辑判断、分析比较等适时向功率转换器发出相应的指令，使整个驱动系统有效运行。

2. 电动汽车电动机驱动系统的类型

电动汽车电动机驱动系统按所选电动机的类型可分为直流电动机、无刷直流电动机、异步电动机、永磁同步电动机和开关磁阻电动机等。

（1）直流电动机。直流电动机具有起动加速时驱动力大、调速控制简单、技术成熟等优点。但是直流电动机的电枢电流由电刷和换向器引入，换向时产生电火花，换向器容易烧蚀，电刷容易磨损，需经常更换，维护工作量大。接触部分存在磨损，不仅使电动机效率降低，还限制了电动机的工作转速。新研制的电动汽车基本不采用直流电动机。

（2）无刷直流电动机。无刷直流电动机是一种高性能的电动机，它既有交流电动机的结构简单、运行可靠、维护方便等诸多优点，又具备运行效率高、无励磁损耗、运行成本低和调速性能好等特点。因此，它在电动汽车上的应用日益广泛。

（3）异步电动机。异步电动机在电动汽车上广泛应用是因为异步电动机采用变频调速时，可以取消机械变速器，实现无级变速，使传动效率大为提高。另外，异步电动机很容易实现正反转，再生制动能量的回收也更加简单。当采用笼型转子时，异步电动机还具有结构简单、坚固耐用、价格便宜、工作可靠、效率高和免维护等优点。

（4）永磁同步电动机。永磁同步电动机结构上与无刷直流电动机相似，不同之处在于它采用正弦波驱动，所以在具备无刷直流电动机优点的同时，还具有低噪声、体积小、功率密度大、转动惯量小、脉动转矩小、控制精度高等特点，特别适用于混合动力电动汽车电动机驱动系统，可以达到减小系统体积、改善汽车加速性能和行驶平稳等目的，因此，永磁同步电动机受到了全世界各大汽车生产厂家的重视。

（5）开关磁阻电动机。开关磁阻电动机是一种新型电动机，因其结构简单、坚固、工作可靠、效率高，调速系统运行性能和经济指标比普通的交流调速系统好，而具有很大的潜力，被公认为是一种极有发展前途的电动汽车驱动电动机。

随着电子技术和计算机技术的飞速发展，新的电动机理论与控制方式层出不穷，推动新的电动机驱动系统迅猛发展。高密度、高效率、轻量化、低成本、宽调速牵引电动机驱动系统已成为各国研究和开发的主要热点，如永磁式开关磁阻电动机、转子磁极分割型混合励磁结构同步电动机、永磁无刷交流电动机等。

4种典型电动机的性能见表4-1。

表 4-1 4 种典型电动机的性能

类型 项目	直流电动机	交流电动机	永磁电动机	开关磁阻电动机
转速范围/(r/min)	4000～6000	12000～20000	4000～10000	>15000
功率密度	低	中	高	较高
功率因数	—	82～85	90～93	60～65
峰值效率/(%)	85～89	94～95	95～97	85～90
负荷效率/(%)	80～87	90～92	85～97	78～86
过载能力/(%)	200	300～500	300	300～500
恒功率区比例	—	1∶5	1∶2.25	1∶3
电动机质量	重	中	轻	轻
电动机外形尺寸	大	中	小	小
可靠性	一般	好	优良	好
结构坚固性	差	好	一般	优良
控制操作性能	最好	好	好	好
控制器成本	低	高	高	一般

4.1.2 电动机的额定指标

电动机的额定指标是指根据国家标准及电动机的设计、试验数据而确定的额定运行数据，是电动机运行的基本依据。电动机的额定指标主要包括以下各项。

(1) 额定功率。额定功率是指额定运行情况下轴端输出的机械功率(W 或 kW)。

(2) 额定电压。额定电压是指外加于线端的电源线电压(V)。

(3) 额定电流。额定电流是指电动机额定运行(额定电压、额定输出功率)情况下电枢绕组(或定子绕组)的线电流(A)。

(4) 额定频率。额定频率是指电动机额定运行情况下电枢(或定子侧)的频率(Hz)。

(5) 额定转速。额定转速是指电动机额定运行(额定电压、额定频率、额定输出功率)的情况下，电动机转子的转速(r/min)。

当电动机在额定运行情况下输出额定功率时，称为满载运行，这时电动机的运行性能、经济性及可靠性等均处于优良状态。输出功率超过额定功率时称为过载运行，这时电动机的负载电流大于额定电流，将会引起电动机过热，从而减少电动机使用寿命，严重时甚至烧毁电动机。电动机的输出功率小于额定功率时称为轻载运行，轻载时电动机的效率和功率因数等运行性能均较差，因此应尽量避免电动机轻载运行。

4.1.3 电动汽车对电动机的要求

电动汽车在行驶过程中，经常频繁地起动/停车、加速/减速等，这就要求电动汽车中的电动机比一般工业用的电动机性能更高，基本要求如下。

(1) 电动机的运行特性要满足电动汽车的要求，在恒转矩区，要求低速运行时具有大转矩，以满足电动汽车起动和爬坡的要求；在恒功率区，要求低转矩时具有高的速度，以满足电动汽车在平坦的路面能够高速行驶的要求。

（2）电动机应具有瞬时功率大、带负载起动性能好、过载能力强、加速性能好、使用寿命长的特点。

（3）电动机应在整个运行范围内，具有很高的效率，以提高一次充电的续驶里程。

（4）电动机应能够在汽车减速时实现再生制动，将能量回收并反馈给蓄电池，使得电动汽车具有最佳的能量利用率。

（5）电动机应可靠性好，能够在较恶劣的环境下长期工作。

（6）电动机应体积小、质量轻，一般为工业用电动机的 1/3～1/2。

（7）电动机的结构要简单坚固，适合批量生产，便于使用和维护。

（8）价格便宜，从而能够降低电动汽车的整体价格，提高性价比。

（9）运行时噪声低，减少污染。

4.1.4 电动汽车电动机驱动系统的发展趋势

电动汽车电动机驱动系统具有以下发展趋势。

（1）电动机的功率密度不断提高，永磁电动机应用范围不断扩大。电动机作为电动汽车动力系统中一个重要的动力输出源，其自身的性能直接影响到了电动汽车的整体性能。一方面，汽车所需求的电动机输出和回收功率不断提高，以满足不同工况不同车型的需求；另一方面，这种新型机电一体的传动系统尺寸受到车内空间的限制。这就需要电动汽车用电动机向高性能和小尺寸发展。不断提高电动机本身的功率密度，用相对小巧的电动机发挥出大的功率成为各汽车及电动机厂商的发展方向。

（2）电动机的工作转速不断提高，回馈制动的高效区不断拓宽。回馈制动是混合动力机电一体化技术的一个基本特点。伴随着对混合度要求的提升，相应回馈制动范围的需求也会越来越大。采用回馈高效的电动机，适当的变速系统和控制策略，可以使回馈制动的允许范围适应更多工况，使整车节能更加有效，延长行车里程，这是混合动力汽车向真正实用性必须迈出的一步。

（3）电动机驱动系统的集成化和一体化趋势更加明显。车用电动机及其控制系统的集成化主要体现在电动机与发动机、电动机与变速器、电动机与底盘系统的集成度不断提高。对于混合发动机与起动发电一体机(ISG)，其发展从结构集成到控制集成和系统集成，电动机与变速器的一体化越来越明显，汽车动力的电气化成分越来越高，不同耦合深度的机电耦合动力总成系统使得电动机与变速器两者之间的联系变得越来越紧密。在高性能电动汽车领域，全新设计开发的底盘系统、制动系统、轮系将电动机和动力传动装置进行一体化集成，融合程度越来越深。

（4）电动机驱动系统的混合度与电功率比不断增加。对于混合动力汽车来说，虽然目前市场上分布了轻混、中混、强混等各种混合程度的混合动力车型，但从各种混合度车型的节能减排效果来看，混合程度越高，汽车的节能能力越强。电功率占整车功率的比例正在混合动力汽车领域逐渐提高，电动机已不再单单作为发动机的附属设备。各车厂正在逐渐将小排量发动机和大功率电动机运用在汽车驱动上。

（5）车用电动机驱动控制系统的集成化和数字化程度不断加大。车用电动机驱动控制系统集成化程度也不断加大，将电动机控制器、低压 DC/DC 转换器，以及发动机控制器、变速器控制器、整车控制器等进行不同方式的集成正在成为发展趋势。

同时，高速高性能微处理器使得电动机驱动控制系统进入一个全数字化时代。在高性能高速的数字控制芯片的基础上，高性能的控制算法、复杂的控制理论得以实现。同时，面向用户的可视化编程，通过代码转化和下载直接进入微处理器，可不断提高编程效率和可调试性。

国家"863"计划对"十二五"期间研发的混合动力电动汽车和纯电动汽车所用的电动机及控制器的主要技术指标提出了明确要求。混合动力电动汽车所用的电动机及控制器，对于轿车，电动机功率密度≥1500W/kg，控制器功率密度≥3000W/kg；对于客车，电动机功率密度≥1200W/kg，控制器功率密度≥4000W/kg，二者的系统最高效率≥93%，效率≥80%的区域不低于65%。纯电动汽车所用的电动机及控制器，对于轿车，电动机功率密度≥2400W/kg，控制器功率密度≥4000W/kg，系统最高效率≥94%，效率≥80%的区域不低于70%；对于客车，电动机功率密度≥1800W/kg，控制器功率密度≥4000W/kg，系统最高效率≥93%，效率≥80%的区域不低于65%。

4.2 直流电动机

直流电动机就是将直流电能转换成机械能的电动机，是电动机的主要类型之一，它具有结构简单、技术成熟、控制容易等特点，在早期的电动汽车或希望获得更简单结构的电动汽车中应用，特别是场地用电动车和专用电动车。

4.2.1 直流电动机的分类

直流电动机分为绕组励磁式直流电动机和永磁式直流电动机两种。在电动汽车所采用的直流电动机中，小功率电动机采用的是永磁式直流电动机，大功率电动机采用的是绕组励磁式直流电动机。

绕组励磁式直流电动机根据励磁方式的不同，可分为他励、并励、串励和复励4种类型。

1. 他励直流电动机

他励直流电动机的励磁绕组与电枢绕组无连接关系，而由其他直流电源对励磁绕组供电。因此励磁电流不受电枢端电压或电枢电流的影响。永磁式直流电动机也可看作他励直流电动机。

他励直流电动机在运行过程中励磁磁场稳定而且容易控制，容易实现电动汽车的再生制动要求。但当采用永磁激励时，虽然电动机效率高，质量和体积较小，但由于励磁磁场固定，电动机的机械特性不理想，驱动电动机产生不了足够大的输出转矩来满足电动汽车起动和加速时的大转矩要求。

2. 并励直流电动机

并励直流电动机的励磁绕组与电枢绕组并联，共用同一电源，性能与他励直流电动机基本相同。并励绕组两端电压就是电枢两端电压，但是励磁绕组用细导线绕成，其匝数很多，因此具有较大的电阻，使得通过它的励磁电流较小。

3. 串励直流电动机

串励直流电动机的励磁绕组与电枢绕组串联后，再接于直流电源上，这种直流电动机的励磁电流就是电枢电流。这种电动机内磁场随着电枢电流的改变有显著的变化。为了使励磁绕组中不致引起大的损耗和电压降，励磁绕组的电阻越小越好，所以串励直流电动机通常用较粗的导线绕成，它的匝数较少。

串励直流电动机在低速运行时，能给电动汽车提供足够大的转矩，而在高速运行时，电动机电枢中的反电动势增大，与电枢串联的励磁绕组中的励磁电流减小，电动机高速时的弱磁调速功能易于实现，因此串励直流电动机驱动系统能较好地符合电动汽车的特性要求。但串励直流电动机由低速到高速运行时弱磁调速特性不理想，随着电动汽车行驶速度的提高，驱动电动机输出转矩快速减小，不能满足电动汽车高速行驶时由于风阻大而需要输出较大转矩的要求。串励直流电动机运行效率低；在实现电动汽车的再生制动时，由于没有稳定的励磁磁场，再生制动的稳定性差；另外由于再生制动需要加接触器切换，使得驱动电动机控制系统的故障率较高，可靠性较差。另外，串励直流电动机的励磁绕组损耗大，体积和质量也较大。

4. 复励直流电动机

复励直流电动机有并励和串励两个励磁绕组，电动机的磁通由两个绕组内的励磁电流产生。若串励绕组产生的磁通势与并励绕组产生的磁通势方向相同，则称为积复励。若两个磁通势方向相反，则称为差复励。

复励直流电动机的永磁励磁部分采用高磁性材料钕铁硼，运行效率高。由于电动机永磁励磁部分有稳定的磁场，因此用该类电动机构成驱动系统时易实现再生制动功能。同时由于电动机增加了增磁绕组，通过控制励磁绕组的励磁电流或励磁磁场的大小，能克服纯永磁他励直流电动机不能产生足够的输出转矩来满足电动汽车低速或爬坡时的大转矩要求的缺陷，而电动机的质量或体积比串励直流电动机的小。

各种励磁方式直流电动机的电路如图4.3所示，图中 I_a 为电枢电流；I_f 为励磁电流；U 为电源电压；U_f 为励磁电压；I 为负载电流。

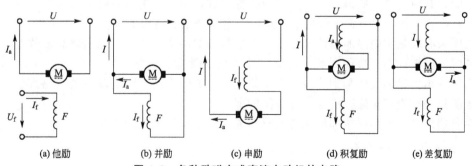

(a) 他励　　(b) 并励　　(c) 串励　　(d) 积复励　　(e) 差复励

图4.3　各种励磁方式直流电动机的电路

电动汽车所使用的直流电动机主要是他励直流电动机(包括永磁直流电动机)、串励直流电动机、复励直流电动机3种类型。

小功率(0.1~10kW)的电动机采用的是小型高效的永磁直流电动机,可以应用在小型、低速的搬运设备上,如电动自行车、休闲用电动汽车、高尔夫球车、电动叉车等。

中等功率(10~100kW)的电动机采用他励、复励或串励直流电动机,可以用于结构简单、转矩要求较大的电动货车上。

大功率(>100kW)直流电动机采用串励直流电动机,可用在要求低速、高转矩的专用电动车上,如矿石电动搬运车、玻璃电动搬运车等。

4.2.2 直流电动机的结构与特点

1. 直流电动机的结构

直流电动机由定子与转子两大部分构成,定子和转子之间的间隙称为气隙,直流电动机的结构如图4.4所示。

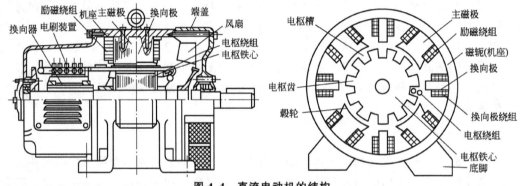

图4.4 直流电动机的结构

(1)定子部分。直流电动机定子主要由主磁极、机座、换向极和电刷装置等组成。

主磁极的作用是建立主磁场,它由主极铁心和套装在铁心上的励磁绕组构成。主极铁心一般由1~1.5mm的低碳钢板冲压成一定形状叠装固定而成,是主磁路的一部分。励磁绕组用扁铜线或圆铜线绕制而成,产生励磁磁动势。

机座用铸钢或厚钢板焊接而成,它既是主磁路的一部分,又是电动机的结构框架。

换向极的作用是改善直流电动机的换向情况,使直流电动机运行时不产生有害的火花。它由换向极铁心和套装在铁心上的换向极绕组构成。

电刷装置由电刷、刷握、刷杆、汇流排等组成,用于电枢电路的引入或引出。

(2)转子部分。转子部分包括电枢铁心、电枢绕组、换向器等。

电枢铁心既是主磁路的组成部分,又是电枢绕组的支撑部分,电枢绕组嵌放在电枢铁心的槽内。电枢铁心一般用0.55mm硅钢冲片叠压而成。

电枢绕组由扁铜线或圆铜线按一定规律绕制而成,它是直流电动机的电路部分,也是产生电动势和电磁转矩进行机电能量转换的部分。

换向器由冷拉梯形铜排和绝缘材料等构成,用于电枢电流的换向。

2. 直流电动机的特点

直流电动机具有以下特点。

(1) 调速性能好。直流电动机可以在重负载条件下,实现均匀、平滑的无级调速,而且调速范围较宽。

(2) 起动力矩大。直流电动机可以均匀而经济地实现转速调节,因此,凡是在重负载下起动或要求均匀调节转速的机械,如大型可逆轧钢机、卷扬机、电力机车、电车等,都可用直流电动机拖动。

(3) 控制比较简单。直流电动机一般用斩波器控制,它具有高效率、控制灵活、质量轻、体积小、响应快等优点。

(4) 有易损件。由于直流电动机存在电刷、换向器等易磨损器件,所以必须进行定期维护或更换。

电动汽车专用的直流电动机和其他通用的电动机相比,应在耐高温性、抗振动性、低损耗性、抗负载波动性及小型轻量化、免维护性等方面给予特殊考虑。

除此之外,电动汽车用直流电动机大多在较低的电压下驱动,同时是大电流电路,因此需要注意连接线的接触电阻。

4.2.3 直流电动机的工作原理

图 4.5 为直流电动机的工作原理示意图。图中,定子有一对 N、S 极,电枢绕组的末端分别接到两个换向片上,正、负电刷 A 和 B 分别与两个换向片接触。

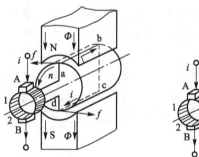

(a) 导体ab处于N极下　　(b) 导体ab处于S极下

图 4.5　直流电动机的工作原理示意图

1、2—换向片；A、B—电刷

如果给两个电刷加上直流电源,如图 4.5(a)所示,则有直流电流从电刷 A 流入,经过线圈 abcd,从电刷 B 流出。根据电磁力定律,载流导体 ab 和 cd 受到电磁力的作用,其方向可用左手定则判定,两段导体受到的力形成了一个转矩,使得转子逆时针转动。如果转子转到如图 4.5(b)所示的位置,电刷 A 和换向片 2 接触,电刷 B 和换向片 1 接触,直流电流从电刷 A 流入,在线圈中的流动方向是 dcba,从电刷 B 流出。此时载流导体 ab 和 cd 受到电磁力的作用方向同样可用左手定则判定,它们产生的转矩仍然使得转子逆时针转动,这就是直流电动机的工作原理。

虽然外加的电源是直流的,但由于电刷和换向片的作用,在线圈中流过的电流是交流的,其产生的转矩的方向却是不变的。

4.2.4 直流电动机的转速控制

直流电动机的转速控制方法主要有电枢调压控制、磁场控制和电枢回路串电阻控制 3 种。

电枢调压控制是指通过改变电枢的端电压来控制电动机的转速。这种控制只适合电动机基速以下的转速控制，它可保持电动机的负载转矩不变，电动机转速近似与电枢端电压成比例变化，所以称为恒转矩调速。直流电动机采用电枢调压控制可实现在宽广范围内的连续平滑的速度控制，调速比一般可达 1∶10，如果与磁场控制配合使用，调速比可达 1∶30。电枢调压控制需要专用的可控直流电源，过去常用电动机-发电机组，现在大、中容量的可控直流电源广泛采用晶闸管可控整流电源，小容量则采用电力晶体管的 PWM 控制电源，电动汽车用的直流电动机常用斩波控制器作为电枢调压控制电源。

电枢调压控制的调速过程：当磁通保持不变时，减小电压，由于转速不立即发生变化，反电动势也暂时不变化，由于电枢电流减小了，转矩也减小了。如果阻转矩未变，则转速下降。随着转速的下降，反电动势减小，电枢电流和转矩就随着增大，直到转矩与阻转矩再次平衡为止，但这时转速已经较原来下降了。

磁场控制是指通过调节直流电动机的励磁电流改变每极磁通量，从而调节电动机的转速，这种控制只适合电动机基速以上的控制。当电枢电流不变时，具有恒功率调速特性。磁场控制效率高，但调速范围小，一般不超过 1∶3，而且响应速度较慢。磁场控制可采用可变电阻器，也可采用可控整流电源作为励磁电源。

磁场控制的调速过程为：当电压保持恒定时，减小磁通，由于机械惯性，转速不立即发生变化，于是反电动势减小，电枢电流随之增加。由于电枢电流增加的影响超过磁通减小的影响，所以转矩也就增加。如果阻转矩未变，则转速上升。随着转速的上升，反电动势增大，电枢电流和转矩也随着减小，直到转矩和阻转矩再次平衡为止，但这时转速已经较原来上升了。

电枢回路串电阻控制是指当电动机的励磁电流不变时，通过改变电枢回路电阻来调节电动机的转速。这种控制方法的机械特性较软，而且电动机运行不稳定，一般很少应用。对于小型串励直流电动机，常采用电枢回路串电阻控制方式。

应用案例 4-1

由于直流电动机具有价格低、控制简单等特点，它被广泛应用于高尔夫球车、观光游览车、巡逻车、送餐车、特种车、牵引车、叉车等。图 4.6 是某企业生产的观光游览车，该车采用的是 5kW 的直流电动机。

图 4.6 采用直流电动机的观光游览车

4.3 无刷直流电动机

无刷直流电动机是用电子换向装置代替了有刷直流电动机的机械换向装置,保留了有刷直流电动机宽阔而平滑的优良调速性能,克服了有刷直流电动机机械换向带来的一系列的缺点,无刷直流电动机体积小、质量轻、可做成各种体积形状、效率高、转矩高、精度高、数字式控制,是最理想的调速电动机之一,在电动汽车上有着广泛的应用前景。

4.3.1 无刷直流电动机的分类

无刷直流电动机按照工作特性,可以分为具有直流电动机特性的无刷直流电动机和具有交流电动机特性的无刷直流电动机。

具有直流电动机特性的无刷直流电动机,反电动势波形和供电电流波形都是矩形波,所以又称为矩形波同步电动机。这类电动机由直流电源供电,借助位置传感器来检测主转子的位置,由所检测出的信号去触发相应的电子换相线路以实现无接触式换相。显然,这种无刷直流电动机具有有刷直流电动机的各种运行特性。

具有交流电动机特性的无刷直流电动机,反电动势波形和供电电流波形都是正弦波,所以又称为正弦波同步电动机。这类电动机也由直流电源供电,但通过逆变器将直流电变换成交流电,然后去驱动一般的同步电动机。因此,它们具有同步电动机的各种运行特性。

下面介绍的无刷直流电动机主要是指具有直流电动机特性的无刷直流电动机。

4.3.2 无刷直流电动机结构与特点

1. 无刷直流电动机的结构

无刷直流电动机主要由电动机本体、电子换相器和位置传感器三部分组成。

(1) 电动机本体。无刷直流电动机的电动机本体由定子和转子两部分组成。

定子是电动机本体的静止部分,它由导磁的定子铁心、导电的电枢绕组及固定铁心和绕组用的一些零部件、绝缘材料、引出部分等组成,如机壳、绝缘片、槽楔、引出线及环氧树脂等。

转子是电动机本体的转动部分,是产生励磁磁场的部件,由永磁体、导磁体和支撑零部件组成。

(2) 电子换相器。电子换相器由功率开关和位置信号处理电路构成,主要用来控制定子各绕组通电的顺序和时间。无刷直流电动机本质上是自控同步电动机,电动机转子跟随定子旋转作磁场运动,因此,应按一定的顺序给定子各相绕组轮流通电,使之产生旋转的定子磁场。无刷直流电动机的三相绕组中通过的电流是120°电角度的方波,绕组在持续通过恒定电流的时间内产生的定子磁场在空间是静止不动的。而在开关换相期间,随着电流从一相转移到另一相,定子磁场随之跳跃了一个电角度。而转子磁场则随着转子连续旋转。这两个磁场的瞬时速度不同,但是平均速度相等,因此能保持"同步"。无刷直流电动机由于采用了自控式逆变器即电子换相器，电动机输入电流的频率和电动机转速始终保持同步，电动机和逆变器不会产生振荡和失步，这也是无刷直流电动机的优点之一。

一般来说，对电子换向器的基本要求是结构简单；运行稳定可靠；体积小，质量轻；功耗小；能按照位置传感器的信号进行正确换向，并能控制电动机的正反转；应能长期满足不同环境条件的要求。

(3) 位置传感器。位置传感器在无刷直流电动机中起着检测转子磁极位置的作用，为功率开关电路提供正确的换相信息，即将转子磁极的位置信号转换成电信号，经位置信号处理电路处理后控制定子绕组换相。由于功率开关的导通顺序与转子转角同步，因而位置传感器与功率开关一起，起着与传统有刷直流电动机的机械换向器和电刷相类似的作用。位置传感器的种类比较多，可分为电磁式位置传感器、光电式位置传感器、磁敏式位置传感器等。电磁式位置传感器具有输出信号大、工作可靠、寿命长等优点，但其体积比较大，信噪比较低且输出为交流信号，需整流滤波后才能使用。光电式位置传感器性能比较稳定、体积小、质量轻，但对环境要求较高。磁敏式位置传感器的基本原理为霍尔效应和磁阻效用，它对环境适应性很强，成本低廉，但精度不高。

图 4.7 是某无刷直流电动机实物图。

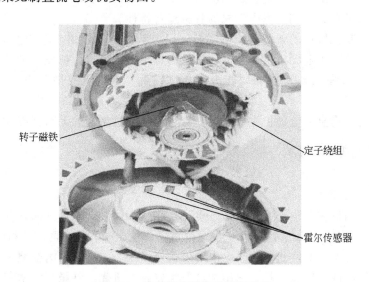

图 4.7　某无刷直流电动机实物图

2. 无刷直流电动机的特点

无刷直流电动机作为电动汽车用电动机，具有以下优点。

(1) 外特性好。非常符合电动汽车的负载特性，尤其是具有低速大转矩特性，能够提供大的起动转矩，满足电动汽车的加速要求。

(2) 可以在低、中、高宽速度范围内运行，而有刷电动机由于受机械换向的影响，只能在中低速下运行。

(3) 效率高，尤其是在轻载车况下，仍能保持较高的效率，这对珍贵的电池能量是很重要的。

(4)过载能力强,比 Y 系列电动机可提高过载能力 2 倍以上,满足电动汽车的突起堵转需要。

(5)再生制动效果好,因无刷直流电动机转子具有很高的永久磁场,在汽车下坡或制动时电动机可完全进入发电机状态,给电池充电,同时起到电制动作用,减轻机械制动负担。

(6)体积小、质量轻、比功率大,可有效地减轻质量、节省空间。

(7)无机械换向器,采用全封闭式结构,防止尘土进入电动机内部,可靠性高。

(8)控制系统比异步电动机简单。

无刷直流电动机的缺点是电动机本身比交流电动机复杂,控制器比有刷直流电动机复杂。

4.3.3 无刷直流电动机的工作原理

无刷直流电动机的工作原理与有刷直流电动机的工作原理基本相同。它是利用电动机转子位置传感器输出信号控制电子换相线路去驱动逆变器的功率开关器件,使电枢绕组依次馈电,从而在定子上产生跳跃式的旋转磁场,拖动电动机转子旋转。同时,随着电动机转子的转动,转子位置传感器又不断送出位置信号,以不断地改变电枢绕组的通电状态,使得在某一磁极下导体中的电流方向保持不变,这样电动机就旋转起来了。

图 4.8 为无刷直流电动机的工作原理图。

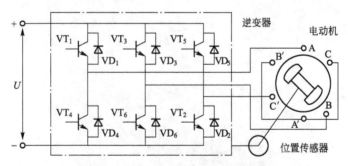

图 4.8 无刷直流电动机的工作原理图

4.3.4 无刷直流电动机的控制

按照获取转子位置信息的方法划分,无刷直流电动机的控制方法可以分为有位置传感器控制和无位置传感器控制两种。

有位置传感器控制方法是指在无刷直流电动机定子上安装位置传感器来检测转子旋转过程中的位置,将转子磁极的位置信号转换成电信号,为电子换相电路提供正确的换相信息,以此控制电子换相电路中的功率开关管的开关状态,保证电动机各相按顺序导通,在空间形成跳跃式的旋转磁场,驱动永磁转子连续不断地旋转。无刷直流电动机中常用的位置传感器有霍尔元件位置传感器、磁敏晶体管位置传感器、光电式位置传感器等。

无刷直流电动机的无位置传感器控制,无需安装传感器,使用场合广,相对于有位置传感器方法有较大的优势,因此,无刷直流电动机的无位置传感器控制近年来已成为研究的热点。无刷直流电动机的无位置传感器控制中,不直接使用转子位置传感器,但在电动机运转过程中,仍然需要转子位置信号,以控制电动机换相。因此,如何通过软硬件间接获得可靠的转子位置信号,成为无刷直流电动机无位置传感器控制的关键。为此,国内外的研究人员在这方面做了大量的研究工作,提出了多种转子位置信号检测方法,大多是利用检测定子电压、电流等容易获取的物理量实现转子位置的估算。归纳起来,可以分为反电动势法、电感法、状态观测器法、电动机方程计算法、人工神经网络法等。

应用案例4-2

图4.9所示为中联重科股份有限公司开发的一款纯电动桶装垃圾运输车,适用于城市道路、居民小区、公园、车站等带有垃圾桶收集垃圾的场所垃圾收集作业,垃圾收集入垃圾桶后,通过本产品对垃圾桶进行置换与转运作业。该车的长宽高尺寸分别为4505mm、1516mm、2126mm,轴距为2400mm;整备质量为1450kg,额定载质量为630kg;动力方面,该车搭载了大容量磷酸铁锂电池、无刷直流电动机,电动机额定电压为72V,额定功率为7kW;电池组容量为180A·h;最高车速为50km/h,最大爬坡度为15%,满载续驶里程大于120km。

图4.9 搭载无刷直流电动机的纯电动桶装垃圾运输车

4.4 异步电动机

异步电动机又称感应电动机,是由气隙旋转磁场与转子绕组感应电流相互作用产生电磁转矩,从而实现电能量转换为机械能量的一种交流电动机。

异步电动机的种类很多。最常见的分类方法是按转子结构和定子绕组相数分类。按照转子结构来分,有笼型异步电动机和绕线型异步电动机;按照定子绕组相数来分,有单相异步电动机、两相异步电动机和三相异步电动机。异步电动机是各类电动机中应用最广、需要量最大的一种电动机。在电动汽车中,主要使用笼型异步电动机。下面介绍的异步电动机就是指三相笼型异步电动机。

4.4.1 异步电动机的结构与特点

1. 异步电动机的结构

异步电动机主要由静止的定子和旋转的转子两大部分组成,定子和转子之间存在气隙,此外,还有端盖、轴承、机座和风扇等部件。图 4.10 所示为三相异步电动机的典型结构。

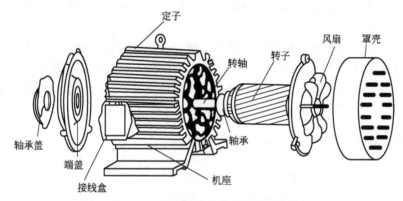

图 4.10 三相异步电动机的典型结构

(1) 定子。异步电动机的定子由定子铁心、定子绕组和机座构成。

定子铁心是电动机磁路的一部分,并在其上放置定子绕组。定子铁心一般由 0.35～0.5mm 厚表面具有绝缘层的硅钢片冲制、叠压而成,在铁心的内圆冲有均匀分布的槽,用以嵌放定子绕组。定子铁心槽型有半闭口型槽、半开口型槽和开口型槽 3 种。

定子绕组是电动机的电路部分,通入三相交流电,产生旋转磁场。定子绕组由 3 个在空间互隔 120°电角度、对称排列的结构完全相同的绕组连接而成,这些绕组的各个线圈按一定规律分别嵌放在定子各槽内。

机座主要用于固定定子铁心与前后端盖,以支撑转子,并起防护、散热等作用。机座通常为铸铁件,大型异步电动机机座一般用钢板焊成,微型电动机的机座采用铸铝件。封闭式电动机的机座外面有散热筋以增加散热面积,防护式电动机的机座两端端盖开有通风孔,使电动机内外的空气可直接对流,以利于散热。

(2) 转子。异步电动机的转子由转子铁心、转子绕组和转轴组成。

转子铁心也是电动机磁路的一部分,并在铁心槽内放置转子绕组。转子铁心所用材料与定子一样,由 0.5mm 厚的硅钢片冲制、叠压而成,硅钢片外圆冲有均匀分布的孔,用来安置转子绕组。通常用定子铁心冲落后的硅钢片内圆来冲制转子铁心。一般小型异步电动机的转子铁心直接压装在转轴上,大、中型异步电动机(转子直径在 300～400mm 以上)的转子铁心则借助于转子支架压在转轴上。

转子绕组是转子的电路部分,它的作用是切割定子旋转磁场产生感应电动势及电流,并形成电磁转矩而使电动机旋转。转子绕组分为笼式转子和绕线式转子两种。

转轴用于固定和支撑转子铁心,并输出机械功率。转轴材料一般用中碳钢。

(3) 气隙。异步电动机定子与转子之间有一小的间隙,称为电动机气隙。气隙的大小对异步电动机的运行性能有很大影响。中小型异步电动机的气隙一般为 0.2～2mm;功率越大,转速越高,气隙长度就越大。

2. 异步电动机的特点

异步电动机的基本特点是：转子绕组不需与其他电源相连，其定子电流直接取自交流电力系统；与其他电动机相比，异步电动机的结构简单，制造、使用、维护方便，运行可靠性高，质量轻，成本低。以三相异步电动机为例，与同功率、同转速的直流电动机相比，前者质量只及后者的1/2，成本仅为1/3。异步电动机还容易按不同环境条件的要求，派生出各种系列产品。它还具有接近恒速的负载特性，能满足大多数工农业生产机械拖动的要求。

异步电动机的局限性是它的转速与其旋转磁场的同步转速有固定的转差率，因而调速性能较差，在要求有较宽广的平滑调速范围的使用场合不如直流电动机经济、方便。此外，异步电动机运行时，从电力系统吸取无功功率以励磁，这会导致电力系统的功率因数变坏，因此，在大功率、低转速场合不如用同步电动机合理。

4.4.2 异步电动机的工作原理与运行特性

1. 异步电动机的工作原理

图 4.11 所示为异步电动机工作原理图。

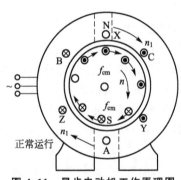

图 4.11 异步电动机工作原理图

当异步电动机的三相定子绕组通入三相交流电后，将产生一个旋转磁场，该旋转磁场切割转子绕组，从而在转子绕组中产生感应电动势，电动势的方向由右手定则来确定。由于转子绕组是闭合通路，转子中便有电流产生，电流方向与电动势方向相同，而载流的转子导体在定子旋转磁场作用下将产生电磁力，电磁力的方向可用左手定则确定。由电磁力进而产生电磁转矩，驱动电动机旋转，并且电动机旋转方向与旋转磁场方向相同。

异步电动机的转子转速不等于定子旋转磁场的同步转速，这是异步电动机的主要特点。

如果电动机转子轴上带有机械负载，则负载被电磁转矩拖动而旋转。当负载发生变化时，转子转速也随之发生变化，使转子导体中的电动势、电流和电磁转矩发生相应变化，以适应负载需要。因此，异步电动机的转速是随负载变化而变化的。

异步电动机的转子转速与定子旋转磁场的同步转速之间存在转速差，它的大小决定着转子电动势及其频率的大小，直接影响异步电动机的工作状态。通常将转速差与同步转速的比值用转差率表示，即

$$s = \frac{n_1 - n}{n_1}$$

式中，s 为转差率；n_1 为定子旋转磁场的同步转速；n 为转子转速。

转差率是异步电动机运行时的一个重要物理量。异步电动机运行时，取值范围为 $0 < s < 1$。在额度负载条件下运行时，一般额定转差率 $s = 0.01 \sim 0.06$。

2. 异步电动机的运行特性

异步电动机的运行特性包括工作特性和机械特性。

异步电动机的工作特性是指电动机在保持额度电压和额定频率不变的情况下,电动机的转速、电磁转矩、定子电流、效率和功率因数随输出功率变化的特性。工作特性一般通过负载试验来测取。图 4.12 所示为异步电动机的工作特性。

工作特性是异步电动机的重要特性。转速特性和电磁转矩特性关系到电动机与机械负载匹配的合理性;定子电流特性可以表明电动机的发热情况,关系到电动机运行的可靠性和使用寿命;效率特性和功率因数特性关系到电动机运行的经济性。

异步电动机的机械特性是指电动机在恒定电压和恒定频率的情况下,电动机的转速与转矩之间的关系,是电动机的重要特性。机械特性曲线一般包括异步电动机的起动转矩、起动过程的最小转矩、最大转矩、额定转矩、同步转速、额定转速等重要技术数据,以及电动机转速随转矩变化的情况。

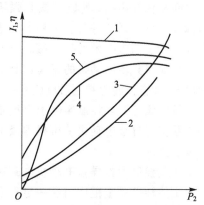

图 4.12 异步电动机的工作特性
1—转速特性;2—电磁转矩特性;
3—定子电流特性;4—功率
因数特性;5—效率特性

异步电动机的机械特性分为自然机械特性和人为机械特性。

在电源电压和电源频率恒定且定子、转子回路不接入任何附加设备情况下的机械特性称为自然机械特性,如图 4.13 所示。图中,T_{st} 为异步电动机的起动转矩;T_{min} 为起动过程的最小转矩;T_{max} 为最大转矩;T_N 为额定转矩;n_1 为同步转速;n_N 为额定转速。

电源电压、电源频率、电动机极对数、定子或转子回路接入其他附属设备等,这些条件中任意一项改变得到的机械特性称为人为机械特性。图 4.14 所示为电源电压改变时的人为机械特性。由于电源频率不变,所以同步转速点不变,电磁转矩与电源电压的平方成比例变化,但各条曲线的最大转矩点对应的转差率基本保持不变。

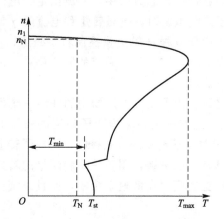

图 4.13 异步电动机的自然机械特性

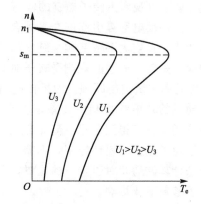

图 4.14 电源电压改变时的人为机械特性

4.4.3 异步电动机的控制

异步电动机是一个多变量(多输入输出)系统,其中变量电压(电流)、频率、磁通、转速之间又相互影响,所以其又是强耦合的多变量系统。如何对这样一个非线性、多变量、强耦合的复杂系统进行有效控制,成为研究的重点,把经典理论与现代控制理论相结合,已经形成了诸多有效的控制策略与方法。

目前对异步电动机的调速控制主要有恒压频比开环控制(VVVF)、转差控制、矢量控制(VC)及直接转矩控制(DTC)等。

恒压频比开环控制实际上只控制了电动机磁通而没有控制电动机的转矩,采用这样的控制系统对异步电动机来讲根本谈不上控制性能,通常只用于对调速性能要求一般的通用变频器上。

转差控制根据异步电动机电磁转矩和转差频率的关系来直接控制电动机的转矩,可以在一定的转差频率范围内、一定程度上通过调节转差来控制电动机的电磁转矩,从而改善调速系统的控制性能,但其控制理论是建立在异步电动机的稳态数学模型基础上的,它适合于电动机转速变化缓慢或者对动态性能要求不高的场合。

这里主要介绍异步电动机的矢量控制和直接转矩控制。

1. 异步电动机的矢量控制

矢量控制理论采用矢量分析的方法来分析交流电动机内部的电磁过程,是建立在交流电动机的动态数学模型基础上的控制方法。它模仿直流电动机的控制技术,将交流电动机的定子电流解耦成互相独立的产生磁链的分量和产生转矩的分量。分别控制这两个分量就可以实现对交流电动机的磁链控制和转矩控制的完全解耦,从而达到理想的动态性能。

1) 异步电动机矢量控制方式的选择

异步电动机的矢量控制是基于磁场定向的方法,其调速控制系统的方式比较复杂,常用的控制策略有以下 4 种。

(1) 转子磁场定向矢量控制原理。交流电动机的转矩与定子、转子旋转磁场及其夹角有关,要控制好转矩,必须精确检测和控制磁通,在此种控制方式中,检测出定子电流的 d 轴分量,就可以观测出转子磁链的幅值,当转子磁链恒定时,电磁转矩和电流的 q 轴分量成正比,忽略反电动势引起的交叉耦合,可以由电压方程 d 轴分量控制转子磁通,q 轴分量控制转矩,目前大多数变频系统使用此种控制方法,它实现了系统的完全解耦,但是其最大的缺点是转子磁通的观测受转子时间常数的影响。

(2) 转差率矢量控制原理。如果使电动机的定子、转子或气隙磁场中的任何一个保持不变,电动机的转矩就主要由转差率决定。因此,此方法主要考虑转子磁通的稳态方程式,从转子磁通直接得到定子电流 d 轴分量,通过对定子电流的有效控制,形成了转差矢量控制,避免了磁通的闭环控制,不需要实际计算转子的磁链,用转差率和测量的转速相加后积分来计算磁通相对于定子的位置,此种方法主要应用在低速系统中,而且系统性能同样受转子参数变化影响。

(3) 气隙磁场定向矢量控制原理。除了转子磁场的定向控制以外,还有一些控制系统使用的是气隙磁场的定向控制,此种方法比转子磁通的控制方式复杂,但其利用了气隙磁通易于观测的优点,保持气隙磁通的恒定,从而使转矩与 q 轴电流成正比,直接对 q 轴电流控制,达到控制电动机的目的。

(4) 定子磁场定向矢量控制原理。由于转子磁通的检测容易受电动机参数影响,气隙磁通的检测需要附加一些额外的检测器件等，国内外兴起了定子磁场定向的矢量控制方法，此种方法是通过保持定子磁通不变，控制与转矩成正比的 q 轴电流，从而控制电动机，但是，此种方法和气隙磁场定向的矢量控制一样，需要对电流进行解耦，而且以定子电压作为测量量，容易受到电动机转速的影响。

2）异步电动机矢量控制的特点

矢量控制变频器可以分别对异步电动机的磁通和转矩电流进行检测和控制，自动改变电压和频率，使指令值和检测实际值达到一致，从而实现了变频调速，大大提高了电动机控制静态精度和动态品质。转速精度约等于 0.5%，转速响应也较快。采用矢量变频器异步电动机变频调速可以达到控制结构简单、可靠性高的效果。其主要表现在：可以从零转速起进行速度控制，因此调速范围很宽广；可以对转矩实行较为精确的控制；系统的动态响应速度很快；电动机的加速度特性很好。

带速度传感器矢量控制变频器的异步电动机闭环变频调速技术虽然性能较好，但是毕竟它需要在异步电动机轴上安装速度传感器，这已经减弱了异步电动机结构坚固、可靠性高的优势。况且，在某些情况下，由于电动机本身或环境的因素无法安装速度传感器。系统增加了反馈电路和其他辅助环节，也增加了出故障的概率。因此，对于调速范围、转速精度和动态品质要求不是特别高的场合，往往采用无速度传感器矢量变频开环控制异步电动机变频调速系统。

2. 异步电动机的直接转矩控制

直接转矩控制是将电动机输出转矩作为直接控制对象，通过控制定子磁场向量控制电动机转速。它不需要复杂的坐标变换，也不需要依赖转子数学模型，只是通过控制 PWM 型逆变器的导通和切换方式，控制电动机的瞬时输入电压，改变磁链的旋转速度来控制瞬时转矩，使系统性能对转子参数呈现鲁棒性，并且这种方法已被推广到弱磁调速范围。逆变器的 PWM 采用电压空间向量控制方式，性能优越，但同时不可避免地产生了转矩脉动，调速性能降低的问题。此外，该方法对逆变器开关频率提高的限制较大，定子电阻对电动机低速性能也有较大影响，如在低速区，定子电阻的变化会引起定子电流和磁链的畸变，以及转矩脉动、死区效应和开关频率等问题。

1）异步电动机直接转矩控制系统的结构与原理

直接转矩控制系统框图如图 4.15 所示。它主要包括磁链调节器、转矩调节器、磁链和转矩观测器、转速调节器等。其中磁链观测器对磁链的观测是否准确对整个控制系统的稳定性有着举足轻重的作用，而开关策略和磁链、转矩调节是先进控制算法的核心部分。

（1）磁链观测器。定子磁链观测器的准确性，可以说是直接转矩控制技术实现的关键。定子磁链无论是幅值还是相位，若出现较大的误差，控制性能都会变坏，或者出现不稳定。解决磁链问题的较为通用的方法为间接测量方法，即通过测量的定子电压、定子电流和转速等建立定子磁链的观测模型，在控制中实时地准确算出定子磁链的幅值和相位，常用的磁链观测模型有基于定子电压和电流的磁链观测模型、基于定子电流和转速的磁链观测模型和基于定子电压和转速的磁链观测模型。

（2）磁链调节器。控制定子磁链在给定值的附近变化，输出磁链控制信号。

（3）转矩观测器。转矩观测器的任务是用状态检测转矩模型，完成电磁转矩的计算。

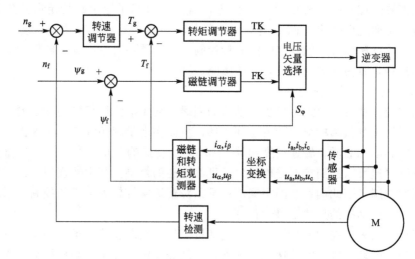

图 4.15 直接转矩控制系统框图

(4) 转矩调节器。转矩调节器的任务是实现对转矩的直接控制，直接转矩控制的名称由此而来。为了控制转矩，转矩调节必须具备两个功能：一是转矩调节器直接调节转矩；二是在调节转矩的同时，控制定子磁链的旋转方向，以加强转矩的调节。

(5) 转速调节器。在直接转矩控制系统中，主要是通过控制电压空间矢量来控制转速，从而控制转矩。而转矩的控制又成为转速控制的基础，故在系统中应用闭环控制，闭环控制系统具有简洁、直观等特点。从传感器中引出转速反馈信号与转速给定信号作比较后送入 PI 调节器，调节器的输出直接作为转矩的给定值，便可以实现转速的闭环控制。

直接转矩控制过程如下：通过传感器检测得到定子电流、电压的 $\alpha-\beta$ 分量，然后通过磁链观测器和转矩观测器分别获得定子磁链的实际值 ψ_f 和转矩的实际值 T_f，将定子磁链的实际值 ψ_f 与给定值 ψ_g 输入磁链调节器，通过滞环比较器实现磁链的自控制。转速给定值 n_g 与通过速度测量得到的转速 n_f 之差经过转速调节器得到转矩给定值 T_g，将转矩的实际值 T_f 与给定值 T_g 输入转矩调节器，实现转矩的自控制。

2) 直接转矩控制的特点

与矢量控制相比，直接转矩控制有以下主要特点。

(1) 直接转矩控制直接在定子坐标系下分析交流电动机的数字模型，控制电动机的磁链和转矩。它不需要将交流电动机与直流电动机作比较、等效和转化。既不需要模仿直流电动机的控制，也不需要为解耦而简化交流电动机的数学模型。它省掉了矢量旋转变换等复杂的变换和计算。因此，它所需要的信号处理工作特别简单，所用的控制信号使观察者对于交流电动机的物理过程能够做出直接和明确的判断。

(2) 直接转矩控制磁通估算所用的是定子磁链，只要知道定子电阻就可以把它观测出来。而磁场定向矢量控制所用的是转子磁链，观测转子磁链需要知道电动机转子电阻和电感。因此直接转矩控制大大减少了矢量控制技术中控制性能易受参数变化影响的问题。

(3) 直接转矩控制采用空间矢量的概念来分析三相交流电动机的数学模型和控制各物

理量，使问题变得特别简单明了。与矢量控制的方法不同，它不是通过控制电流、磁链等量来间接控制转矩，而是把转矩直接作为被控量，直接控制转矩。因此它不用极力获得理想的正弦波波形，也不专门强调磁链完全理想的圆形轨迹。相反，从控制转矩的角度出发，它强调的是转矩的直接控制效果，因而它采用离散的电压状态和六边形磁链轨迹或近似圆形磁链轨迹的概念。

（4）直接转矩控制技术对转矩实行直接控制。它的控制效果不是取决于电动机的数学模型是否能够简化，而是取决于转矩的实际状况，它的控制既直接又简化。

因此，从理论上看，直接转矩控制有矢量控制所不及的转子参数鲁棒性和结构上的简单性。然而在技术实现上，直接转矩控制往往很难体现出优越性来，调速范围不及矢量控制宽，其根源主要在于其低速转矩特性差、稳态转矩脉动的存在及带负载能力的下降，这些问题制约了直接转矩控制进入实用化的进程。

应用案例4-3

目前，正在全球热销的特斯拉纯电动汽车搭载的是一台375V的交流异步电动机，有3种规格，最大功率分别为225kW、270kW、310kW，最大转矩分别为430N·m、440N·m、600N·m。特拉斯使用的异步电动机技术取得了突破，过去异步电动机的最大缺陷就是很难控制转子的旋转速度，但随着现代半导体控制技术的发展，这一问题已经被解决。

特斯拉纯电动汽车采用的异步电动机，能够忍受大幅度的温度变化；输出转矩可以在大范围内调整，无需安装第二套乃至第三套传动机构；体积小，质量轻，仅52kg。因此，特斯拉电动机驱动系统具有质量轻、效率高和结构紧凑的优点。图4.16所示为特斯拉纯电动汽车采用的交流异步电动机。

图 4.16 特斯拉纯电动汽车采用的交流异步电动机

4.5 永磁同步电动机

永磁同步电动机（Permanent Magnet Synchronous Motor，PMSM）具有高效、高控制精度、高转矩密度、良好的转矩平稳性及低振动噪声的特点，通过合理设计永磁磁路结构能获得较高的弱磁性能，它在电动汽车驱动方面具有很高的应用价值，受到国内外电动汽车界的高度重视，是最具竞争力的电动汽车驱动电动机系统之一。

4.5.1 永磁同步电动机的结构与特点

1. 永磁同步电动机的结构

永磁同步电动机分为正弦波驱动电流的永磁同步电动机和方波驱动电流的永磁同步电动机两种。这里介绍的主要是三相正弦波驱动的永磁同步电动机。

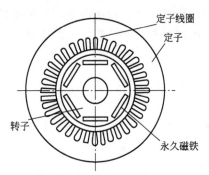

图 4.17 永磁同步电动机的结构示意图

永磁同步电动机的结构示意图如图 4.17 所示，和传统电动机一样，它主要由定子和转子两大部分构成。

定子与普通感应电动机基本相同，由电枢铁心和电枢绕组构成。电枢铁心一般采用 0.5mm 硅钢冲片叠压而成，对于具有高效率指标或频率较高的电动机，为了减少铁耗，可以考虑使用 0.35mm 的低损耗冷轧无取向硅钢片。电枢绕组则普遍采用分布、短距绕组；对于极数较多的电动机，则普遍采用分数槽绕组；需要进一步改善电动势波形时，也可以考虑采用正弦绕组或其他特殊绕组。

转子主要由永磁体、转子铁心和转轴等构成。其中永磁体主要采用铁氧体永磁和钕铁硼永磁材料；转子铁心可根据磁极结构的不同，选用实心钢，或采用钢板或硅钢片冲制后叠压而成。

与普通电动机相比，永磁同步电动机还必须装有转子永磁体位置检测器，用来检测磁极位置，并以此对电枢电流进行控制，达到对永磁同步电动机驱动控制的目的。

按照永磁体在转子上位置的不同，永磁同步电动机的磁极结构可分为表面式和内置式两种。

（1）表面式转子磁路结构。表面式转子磁路结构中，永磁体通常呈瓦片形，并位于转子铁心的外表面上，永磁体提供磁通的方向为径向。表面式结构又分为凸出式和嵌入式两种，如图 4.18 所示。对采用稀土永磁材料的电动机来说，由于永磁材料的相对回复磁导率接近 1，所以表面凸出式转子在电磁性能上属于隐极转子结构；而嵌入式转子的相邻两永磁磁极间有着磁导率很大的铁磁材料，故在电磁性能上属于凸极转子结构。

表面凸出式转子结构具有结构简单、制造成本较低、转动惯量小等优点，在矩形波永磁同步电动机和恒功率运行范围不宽的正弦波永磁同步电动机中得到了广泛应用。此外，表面凸出式转子结构中的永磁磁极易于实现最优设计，它能使电动机气隙磁密波形趋近于正弦波的磁极形状，可显著提高电动机乃至整个传动系统的性能。

表面嵌入式转子结构可充分利用转子磁路不对称性所产生的磁阻转矩，提高电动机的功率密度，动态性能较凸出式有所改善，制造工艺也较简单，常被某些调速永磁同步电动机所采用，但漏磁系数和制造成本都较凸出式大。

（2）内置式转子磁路结构。内置式转子磁路结构的永磁体位于转子内部，永磁体外表面与定子铁心内圆之间有铁磁物质制成的极靴，极靴中可以放置铸铝笼或铜条笼，有阻尼

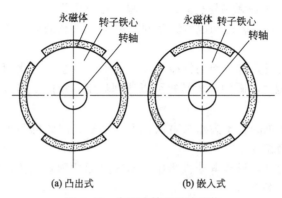

图 4.18 表面式转子磁路结构

或起动作用,动、稳态性能好,广泛用于要求有异步起动能力或动态性能高的永磁同步电动机。内置式转子内的永磁体受到极靴的保护,其转子磁路结构的不对称性所产生的磁阻转矩也有助于提高电动机的过载能力或功率密度,而且易于弱磁扩速。

按永磁体磁化方向与转子旋转方向的相互关系,内置式转子磁路结构可分为径向式、切向式和混合式 3 种,如图 4.19 所示。

图 4.19 内置式转子磁路结构

径向式转子结构的永磁同步电动机的磁钢或者放在磁通轴的非对称位置上或同时利用径向和切向充磁的磁钢以产生高磁通密度。该结构的优点是漏磁系数小,转轴上不需要采取隔磁措施,极弧系数易于控制,转子冲片机械强度高,安装永磁体后转子不易变形等。

切向式转子结构的转子有较大的惯性,漏磁系数较大,制造工艺和成本较径向式有所增加。其优点是一个极距下的磁通由相邻两个磁极并联提供,可得到更大的每极磁通。尤其当电动机极数较多、径向式结构不能提供足够的每极磁通时,这种结构的优势就显得更为突出。此外,采用该结构的永磁同步电动机的磁阻转矩可占到总电磁转矩的 40%,对提高电动机的功率密度和扩展恒功率运行范围都是很有利的。

混合式转子结构集中了径向式转子结构和切向式转子结构的优点,但结构和制造工艺都比较复杂,制造成本也比较高。

2. 永磁同步电动机的特点

永磁同步电动机与其他电动机相比,具有以下优点。

(1) 用永磁体取代绕线式同步电动机转子中的励磁绕组,从而省去了励磁线圈、集电环和电刷，以电子换相实现无刷运行，结构简单、运行可靠。

（2）永磁同步电动机的转速与电源频率间始终保持准确的同步关系，控制电源频率就能控制电动机的转速。

（3）永磁同步电动机具有较硬的机械特性，对于因负载的变化而引起的电动机转矩的扰动具有较强的承受能力，瞬间最大转矩可以达到额定转矩的 3 倍以上，适合在负载转矩变化较大的工况下运行。

（4）永磁同步电动机的转子为永久磁铁，无需励磁，因此电动机可以在很低的转速下保持同步运行，调速范围宽。

（5）永磁同步电动机与异步电动机相比，不需要无功励磁电流，因而功率因数高，定子电流和定子铜耗小，效率高。

（6）体积小、质量轻。近些年来随着高性能永磁材料的不断应用，永磁同步电动机的功率密度得到很大提高，比起同容量的异步电动机来，体积和质量都有较大的减少，使其适合应用在许多特殊场合。

（7）结构多样化，应用范围广。永磁同步电动机由于转子结构的多样化，产生了特点和性能各异的许多品种，从工业到农业，从民用到国防，从日常生活到航空航天，从简单电动工具到高科技产品，几乎无所不在。

但是，永磁同步电动机还存在以下缺点。

（1）由于永磁同步电动机的转子为永磁体，无法调节，必须通过加定子直轴去磁电流分量来削弱磁场，这会增大定子的电流，增加电动机的铜耗。

（2）永磁同步电动机的磁钢价格较高。

由此可见，永磁同步电动机体积小、质量轻、转动惯量小、功率密度高（可达 1kW/kg），适合电动汽车空间有限的特点；另外，转矩惯量比大、过载能力强，尤其低转速时输出转矩大，适合电动汽车的起动加速。因此，永磁同步电动机得到国内外电动汽车界的广泛重视，并已在日本得到了普遍应用，日本新研制的电动汽车大都采用永磁同步电动机驱动。比较典型的是在丰田普锐斯混联式混合动力轿车上的应用。

丰田普锐斯电动机为交流永磁同步电动机，采用钕磁铁（永久磁铁）转子。其特点是输出功率高、低速转矩特性好。THSⅡ 的 500V 最高电压使电动机的输出功率比 THS 系统（最高电压为 274V）提高了 1.5 倍，即从 33kW 提高到 50kW，而电动机的尺寸保持不变，它是目前世界上单位质量和体积输出功率最大的电动机。在电动机控制方面，中转速范围增加全新的过调制控制技术，保留原来的低速和高速控制方法。通过改进脉冲宽度调制方法，中速范围的输出比原来的最大值增加大约 30%。

丰田普锐斯发电机也采用交流永磁同步发电机，向高功率电动机提供充足的电能。发电机高速旋转，以增大输出功率。采用增加转子强度等措施，将最大功率输出时的转速从 6500r/min 提高到 10000r/min，高转速明显地提高了中转速范围的电力，改善了低转速范围的加速性能。此外，发电机还用作发动机的起动机。起动时，发电机（起动机）驱动分配装置的太阳轮带动发动机旋转。

4.5.2　永磁同步电动机的工作原理与运行特性

1. 电枢反应

永磁同步电动机带负载时，气隙磁场是永磁体磁动势和电枢磁动势共同建立的。电枢磁动势对气隙磁场有影响，电枢磁动势的基波对气隙磁场的影响称为电枢反应。电枢反应不仅使气隙磁场波形发生畸变，而且还会产生去磁或增磁作用，因此，气隙磁场将影响永磁同步电动机的运行特性。

对永磁同步电动机进行分析时，需要采用双反应理论，即需要把电枢电流和电枢电动势分解成交轴和直轴两个分量。交轴电枢电流产生交轴电枢电动势，发生交轴电枢反应；直轴电枢电流产生直轴电枢电动势，发生直轴电枢反应。

2. 电压方程式

忽略磁饱和效应的影响，永磁同步电动机的电压方程式为

$$U = E_0 + I_a R_a + jI_d X_d + jI_q X_q$$

式中，U 为电枢端电压；E_0 为励磁电动势；I_a 为电枢电流，$I_a = I_d + I_q$；I_d 为电枢电流在 d 轴的分量；I_q 为电枢电流在 q 轴的分量；R_a 为电枢绕组电阻；X_d 为直轴同步电抗；X_q 为交轴同步电抗。

3. 功率与转矩

当永磁同步电动机具有滞后功率因数并考虑电枢电阻的影响，电动机从电网输入的电功率为

$$P_1 = mUI_a\cos\varphi$$
$$= \frac{mU[E_0(X_q\sin\theta - R_a\cos\theta) + R_a U + U(X_d - X_q)\sin2\theta/2]}{R_a^2 + X_d X_q}$$

式中，θ 为电动机的功率角。

电动机的电磁功率为

$$P_e = P_1 - P_{cua}$$

式中，P_{cua} 为电动机的电枢绕组铜耗。

如果忽略电枢电阻的影响，则

$$P_e = \frac{mE_0 U}{X_d}\sin\theta + \frac{mU^2}{2}\left(\frac{1}{X_q} - \frac{1}{X_d}\right)\sin2\theta$$

式中的前半部分称为基本电磁功率，由永磁磁场与电枢磁场相互作用产生；后半部分因凸极效应产生，称为附加电磁功率或磁阻功率。对于永磁同步电动机，充分利用磁阻功率是提高电动机功率密度和效率的有效途径。

电磁功率与功率角的关系称为永磁同步电动机的功角特性，如图 4.20 所示，曲线 1 为基本电磁功率；曲线 2 为磁阻功率；曲线 3 为合成电磁功率。如果把纵坐标改用转矩，则表示了电磁转矩与功率角之间的关系，称为永磁同步电动机的矩角特性。与基本电磁功率相对应的转矩分量称为基本电磁转矩，也称为永磁转矩；与磁阻功率相对应的转矩分量称为磁阻

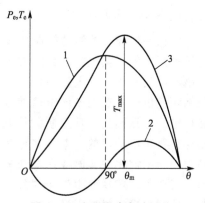

图 4.20 永磁同步电动机的功角特性和矩角特性

转矩。

4. 永磁同步电动机的运行特性

永磁同步电动机的运行特性主要包括机械特性和工作特性。

永磁同步电动机稳态正常运行时，转速始终保持同步速不变，因此，其机械特性为平行于横轴的直线，调节电源频率来调节电动机转速时，转速将严格地与频率成正比变化，如图4.21所示。

永磁同步电动机的工作特性是指当电源电压恒定时，电动机的输入功率P_1、电枢电流I_a、效率η、功率因数$\cos\varphi$等随输出功率变化的关系，如图4.22所示。

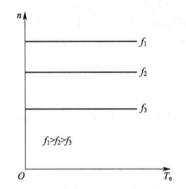

图 4.21 永磁同步电动机的机械特性

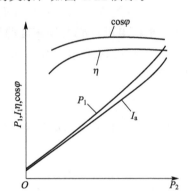

图 4.22 永磁同步电动机的工作特性

从图4.22中可以看出，在正常工作范围内，永磁同步电动机的功率因数比较平稳，效率特性也能保持较高的水平。电动机的输入功率和电枢电流近似与输出功率成正比。

4.5.3 永磁同步电动机的控制

为了提高永磁同步电动机控制系统性能，使其具有更快的响应速度、更高的转速精度、更宽的调速范围，其动、静响应能够与直流电动机系统相媲美，人们提出了各种新型控制策略用于永磁同步电动机控制。

1. 恒压频比开环控制

恒压频比开环控制的控制变量为电动机的外部变量即电压和频率。控制系统将参考电压和频率输入实现控制策略的调制器中，最后由逆变器产生一个交变的正弦电压施加在电动机的定子绕组上，使之运行在指定的电压和参考频率下。按照这种控制策略进行控制，使供电电压的基波幅值随着速度指令成比例地线性增长，从而保持定子磁通的近似恒定。恒压频比开环控制的控制策略简单、易于实现，转速通过电源频率进行控制，不存在异步电动机的转差和转差补偿问题。但同时，由于系统中不引入速度、位置等反馈信号，因此无法实时捕捉电动机状态，致使无法精确控制电磁转矩；在突加负载或者速度指令时，容易发生失步现象；也没有快速的动态响应特性。因此，恒压频比开环控制的控制电动机磁通而没有控制电动机的转矩，控制性能差。通常只用于对调速性能要求一般的通用变频器上。

2. 矢量控制

矢量控制理论的基本思想：以转子磁链旋转空间矢量为参考坐标，将定子电流分解为相互正交的两个分量，一个与磁链同方向，代表定子电流励磁分量，另一个与磁链方向正交，代表定子电流转矩分量，分别对其进行控制，获得与直流电动机一样良好的动态特性。矢量控制因其控制结构简单、控制软件实现较容易，已被广泛应用到调速系统中。

永磁同步电动机矢量控制策略与异步电动机矢量控制策略有些不同。由于永磁同步电动机转速和电源频率严格同步，其转子转速等于旋转磁场转速，转差恒等于零，没有转差功率，控制效果受转子参数影响小。因此，在永磁同步电动机上更容易实现矢量控制。

由于永磁同步电动机输出电磁转矩对应多个不同的交、直轴电流组合，不同组合对应着不同的系统效率、功率因数及转矩输出能力，因此永磁同步电动机有不同的电流控制策略。

(1) $i_d=0$ 控制。目前，在永磁同步电动机伺服系统中，$i_d=0$ 矢量控制是主要的控制方式。通过检测转子磁极空间位置 d 轴，控制逆变器功率开关器件导通关断，使定子合成电流位于 q 轴，此时 d 轴定子电流分量为零，永磁同步电动机电磁转矩正比于转矩电流，即正比于定子电流幅值，只需控制定子电流大小就可以很好地控制永磁同步电动机的输出电磁转矩。

(2) 最大转矩/电流比控制。在电动机输出相同电磁转矩下使电动机定子电流最小的控制策略称为最大转矩/电流比控制。

最大转矩/电流比控制实质是求电流极值问题，可以通过建立辅助方程，采用牛顿迭代法求解。但是计算量较大，在实际应用中系统实时性无法满足，只有通过离线计算出不同电磁转矩对应的交、直轴电流，以表的形式存放于 DSP 中，实际运行时根据负载情况查表求得对应的 i_d、i_q 进行控制。

(3) 弱磁控制。永磁同步电动机弱磁控制思想来自他励直流电动机调磁控制。对于他励直流电动机，当其电枢端电压达到最高电压时，为使电动机能运行于更高转速，采取降低电动机励磁电流的方法，以平衡电压。在永磁同步电动机电压达到逆变器所能输出的电压极限后，要想继续提高转速，也要采取弱磁增速的办法。

永磁同步电动机励磁磁动势由永磁体产生，无法像他励直流电动机那样通过调节励磁电流实现弱磁。传统方法是通过调节定子电流 i_d 和 i_q，增加定子直轴去磁电流分量实现弱磁升速，为保证电动机电枢电流幅值不超过极限值，转矩电流分量 i_q 应随之减小，因此这种弱磁控制过程本质上就是在保持电动机端电压不变情况下减小输出转矩的过程，永磁同步电动机直轴电枢反应比较微弱，因此需要较大的去磁电流才能起到去磁增速作用，在电动机工作在额定电流的情况下，去磁电流的增加有限，因此采用这种方法所能得到的弱磁增速范围也是有限的。

图 4.23 是某电动汽车用永磁同步电动机矢量控制系统框图。从图中可知，通过分别比较控制永磁同步电动机的实际电流值 i_d、i_q，与给定电流值 i_d^*、i_q^*，实现其转速和转矩控制。并且，i_d 和 i_q 独立控制，便于实现各种先进的控制策略。

根据永磁同步电动机具体应用要求的不同，可以采用的控制方法主要有 $i_d=0$ 控制、

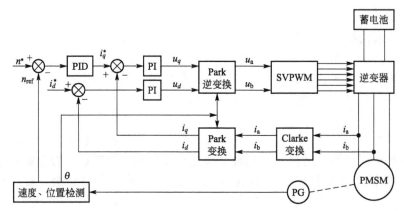

图 4.23　某电动汽车用永磁同步电动机矢量控制系统框图

$\cos\varphi=1$ 控制、恒磁链控制、最大转矩/电流比控制、弱磁控制、最大输出功率控制等。当电动汽车正常行驶时，电动机转速处于基速以下运行，在定子电流给定的情况下，$i_d=0$ 的电磁转矩 $T_e=p_n\Psi_f i_q$，这样只要控制 i_q 的大小就能控制转速和转矩，实现矢量控制；当电动机转速在基速以上时，由于永磁体的励磁磁链为常数，电动机感应电动势随着电动机转速成正比增加，电动机感应电压也跟随提高，但是电动机相电压和相电流的有效值的极限值受到与电动机端相连的逆变器的直流侧电压和逆变器最大输出电流的限制，所以必须进行弱磁升速。通过控制 i_d 来控制磁链，通过控制 i_q 来控制转速，实现矢量控制。在实际控制中，i_d、i_q 不能直接被检测，所以必须通过实时检测到的三相电流和电动机转子位置经坐标变换得到。

矢量控制本身也存在如下的缺陷。

（1）转子磁链的准确观测存在一定的难度，转子磁链的计算对电动机的参数有较强的依赖性，因此对参数变化较为敏感。为了克服这一问题，出现了多种参数辨识方法，但这些方法进一步增加了系统的复杂性。

（2）由于需要进行解耦运算，采用了矢量旋转变换，系统计算比较复杂。

但是，永磁同步电动机矢量控制系统能实现高精度、高动态响应性能和大范围的调速或伺服控制。随着工业领域对高性能伺服系统需求的不断增加，尤其是数控、机器人等方面技术的发展，永磁同步电动机矢量控制系统作为一种相对比较成熟的控制策略具有广阔的应用前景。

3. 直接转矩控制

永磁同步电动机直接转矩控制系统原理图如图 4.24 所示，它由永磁同步电动机、逆变器、磁链和转矩计算及扇区判断模块、速度传感器、开关表及调节器模块组成。其工作原理及控制过程如下：通过检测逆变器输出的三相相电流及逆变器直流侧电压，利用坐标变换和系统控制规律可计算出电动机的定子磁链；根据计算的磁链和实测的电流来计算电动机的瞬时转矩；再根据 α、β 轴定子磁链来判别其位置所在的扇区 θ；速度调节器根据转速参考值和实际转速的偏差来确定转矩参考值，并与反馈转矩相比较，得到的偏差经滞环比较器得到转矩的控制信号 τ，电动机的转速可通过光电编码器获得，也可以通过定子磁链的旋转速度估计得到，实现无速度传感器运行；定子磁链参考值与实际值比较后得到的偏差经同样滞环比较器产生磁链的控制信号 φ；三个控制信号 τ、φ、θ 经过开关表选取电压矢量，确定出适当的开关状态，控制逆变器进而驱动永磁同步电动机。

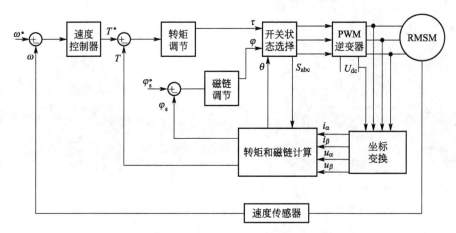

图 4.24　永磁同步电动机直接转矩控制系统原理图

4. 智能控制

为了提高永磁同步电动机的控制性能和控制精度，模糊控制、神经网络控制等开始应用于同步电动机的控制。

采用智能控制方法的永磁同步电动机控制系统，在多环控制结构中，智能控制器处于最外环充当速度控制器，而内环电流控制、转矩控制仍采用 PI 控制、直接转矩控制这些方法，这主要是因为外环是决定系统的根本因素，而内环主要的作用是改造对象特性以利于外环的控制，各种扰动给内环带来的误差可以由外环控制或抑制。

在永磁同步电动机系统中应用智能控制时，也不能完全摒弃传统的控制方法，必须将两者很好地结合起来，才能彼此取长补短，使系统的性能达到最优。

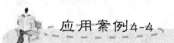
应用案例4-4

2014 年，北汽推出了首款 B 级电动车型——绅宝 EV，如图 4.25 所示。该车的长宽高尺寸分别为 4861mm、1820mm、1462mm，轴距为 2755mm；动力方面，该车搭载了大容量三元体系锂离子动力电池、高效率永磁同步电动机，电动机最大功率输出达 40kW，峰值转矩为 127N·m，并匹配电动汽车特有的单挡减速器。该车最高车速为 130km/h，满电情况下，最大续驶里程为 150km。绅宝 EV 被北京市授予"2014 年亚太经合组织第三次高官会及相关会议官方指定用车"荣誉铭牌。

宝马 i3 纯电动汽车（图 4.26）是宝马公司的第一款综合了环保技术及功能性创新的量产车，并荣获 2014 年度世界环保车型大奖和 2014 年度世界汽车设计大奖。该车采用后置后驱的布置形式，永磁同步电动机位于后桥后方，最大输出功率为 125kW，最大输出转矩为 250N·m，搭载了一套 22kW·h 的锂离子电池，0～100km/h 的加速时间为 7.2s，最高车速为 150km/h，在一次充满电的情况下，续驶里程为 130～160km。

图4.25 采用永磁同步电动机的北汽绅宝电动汽车

图4.26 采用永磁同步电动机的宝马 i3 电动汽车

4.6 开关磁阻电动机

开关磁阻电动机(Switched Reluctance Motor,SRM)是继直流电动机和交流电动机之后,又一种极具发展潜力的新型电动机。

4.6.1 开关磁阻电动机的结构与特点

1. 开关磁阻电动机的结构

开关磁阻电动机由双凸极的定子和转子组成,其定子、转子的凸极均由普通的硅钢片叠压而成。定子极上绕有集中绕组,把沿径向相对的两个绕组串联成一个两级磁极,称为"一相";转子既无绕组又无永磁体,仅由硅钢片叠成。

开关磁阻电动机有多种不同的相数结构,如单相、二相、四相及多相等,且定子和转子的极数有多种不同的搭配。低于三相的开关磁阻电动机一般没有自起动能力。相数多有利于减小转矩脉动,但结构复杂、主开关器件多、成本提高。目前应用较多的是四相 8/6 极结构和三相 6/4 极结构。下面介绍的开关磁阻电动机的结构为四相 8/6 极结构。

2. 开关磁阻电动机的特点

开关磁阻电动机与其他电动机相比,具有以下优点。

(1)可控参数多,调速性能好。可控参数有主开关开通角、主开关关断角、相电流幅值、直流电源电压,控制方便,可四象限运行,容易实现正转、反转和电动、制动等特定的调节控制。

(2)结构简单,成本低。开关磁阻电动机转子无绕组,也不加永久磁铁,定子为集中绕组,比传统的直流电动机、永磁电动机及感应电动机都简单,制造和维护方便;它的功率变换器比较简单,主开关元件数较少,电子器件少,成本低。

(3)损耗小,运转效率高。开关磁阻电动机的转子不存在励磁及转差损耗,功率变换器元器件少,相应的损耗也小;控制灵活,易于在很宽转速范围内实现高效节能控制。

(4) 起动转矩大,起动电流小。在15%额定电流的情况下就能达到100%的起动转矩。

但是,由于开关磁阻电动机的特殊结构和工作方式,也存在如下一些缺点。

(1) 转矩脉动现象较大。

(2) 振动和噪声相对较大,特别是在负载运行的时候。

(3) 电动机的出线头相对较多,还有位置检测器出线端。

(4) 电动机的数学模型比较复杂,其准确的数学模型较难建立。

(5) 控制复杂,依赖于电动机的结构。

4.6.2 开关磁阻电动机的工作原理与运行特性

1. 开关磁阻电动机的工作原理

开关磁阻电动机的工作原理图如图 4.27 所示。图中,S_1、S_2 是电子开关;VD_1、VD_2 是二极管;U 是直流电源。

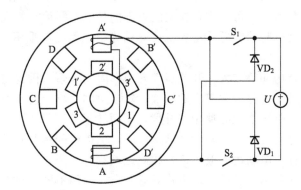

图 4.27 开关磁阻电动机的工作原理图

电动机的定子和转子呈凸极形状,极数互不相等,转子由叠片构成,转子带有位置检测器以提供转子位置信号,使定子绕组按一定的顺序通断,保持电动机的连续运行。

开关磁阻电动机的磁阻随着转子磁极与定子磁极的中心线对准或错开而变化。因为电感与磁阻成反比,所以当转子磁极在定子磁极中心线位置时,相绕组电感最大;当转子磁极中心线对准定子磁极中心线时,相绕组电感最小。

因为开关磁阻电动机的运行原理遵循"磁阻最小原理",即磁通总要沿着磁阻最小的路径闭合,所以具有一定形状的铁心在移动到最小磁阻位置时,必须使自己的主轴线与磁场的轴线重合。从图 4.27 中可看出,当定子 D-D' 极励磁时,所产生的磁力力图使转子旋转到转子极轴线 1-1' 与定子极轴线 D-D' 重合的位置,并使 D 相励磁绕组的电感最大。若以图中定、转子所处的相对位置作为起始位置,则依次给 D-A-B-C 相绕组通电,转子即会逆着励磁顺序以逆时针方向连续旋转;反之,若依次给 B-A-D-C 相通电,则电动机会沿着顺时针方向转动。所以开关磁阻电动机的转向与相绕组的电流方向无关,而仅取决于相绕组通电的顺序。

2. 开关磁阻电动机的运行特性

开关磁阻电动机的运行特性可分为 3 个区域：恒转矩区、恒功率区和串励特性区（自然特性区），如图 4.28 所示。

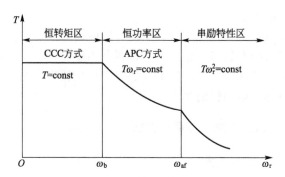

图 4.28 开关磁阻电动机的运行特性

开关磁阻电动机一般运行在恒转矩区和恒功率区。在这两个区域内，电动机的实际运行特性可控。通过控制条件，可以实现在实线以下的任意实际运行特性。

在恒转矩区，电动机转速较低，电动机反电动势小，因此需采用电流斩波控制（CCC）方式。

在恒功率区，旋转电动势较大，开关器件导通的时间较短，因此电流较小。当外加电压和开关角一定的条件下，随着角速度的增加，转矩急剧下降，此时可采用角度位置控制（APC）方式，通过按比例地增大导通角来补偿，延缓转矩的下降速度。

在串励特性区，电动机的可控条件都已达极限，电动机的运行特性不再可控，电动机呈现自然串励运行特性，电动机一般不运行在此区域。

电动机运行时存在着第一、第二两个临界运行点，采用不同的可控条件匹配可得到两个临界点的不同配置，从而得到各种各样所需的机械特性。

临界运行点对应的转速称为临界转速，是开关磁阻电动机运行和设计时要考虑的重要参数。第一临界转速是开关磁阻电动机开始运行于恒功率特性的临界转速，定义为开关磁阻电动机的额定转速，对应的功率即为额定功率；第二临界转速是能得到额定功率的最高转速，是恒功率特性的上限，可控条件都达到了极限，当转速再增加时，输出功率将下降。

4.6.3 开关磁阻电动机的控制

开关磁阻电动机不同于常规的感应电动机，因其自身结构的特殊性，既可以通过控制电动机自身的参数（如开通角、关断角）来实现，也可以用适用于其他电动机的控制理论，如 PID 控制、模糊控制等，对功率变换器部分进行控制，进而实现电动机的速度调节。

针对开关磁阻电动机的自身参数进行控制，目前主要使用的几种基本控制方式有：角度位置控制（APC）、电流斩波控制（CCC）和电压控制（VC）。

1. 角度位置控制

角度位置控制是在加在绕组上的电压一定的情况下，通过改变绕组上主开关的开通

角 θ_{on} 和关断角 θ_{off}，来改变绕组的通、断电时刻，调节相电流的波形，实现转速闭环控制。

根据电动势平衡方程式可知，当电动机转速较高时，旋转电动势较大，则此时电流上升率下降，各相的主开关器件的导通时间较短，电动机绕组的相电流不易上升，电流相对较小，便于使用角度位置控制方式。

因为开通角和关断角都可调节，角度位置控制可分为变开通角、变关断角和同时改变开通角、关断角 3 种方式。改变开通角，可改变电流波形的宽度、峰值和有效值的大小，还可改变电流波形与电感波形的相对位置，从而改变了电动机的转矩和转速。而关断角一般不影响电流的峰值，但可改变电流波形的宽度及其与电感曲线的相对位置，进而改变电流的有效值。故一般采用固定关断角、改变开通角的控制方式。

根据开关磁阻电动机的转矩特性分析可知，当电流波形主要位于电感的上升区时，产生的平均电磁转矩为正，电动机运行在电动状态；当电流波形主要位于电感的下降区时，产生的平均电磁转矩为负，电动机工作在制动状态。而通过对开通角、关断角的控制，可以使电流的波形处在绕组电感波形的不同位置，因此可以用控制开通角、关断角的方式来使电动机运行在不同的状态。

角度位置控制的优点在于：转矩调节的范围宽；可同时多相通电，以增加电动机的输出转矩，同时减小了转矩波动；通过角度的优化，能实现效率最优控制或转矩最优控制。

根据上面的分析可知，此法不适于低速场合。因为在低速时，旋转电动势较小，使电流峰值增大，必须采取相应措施进行限流，故一般用于转速较高的场合。

2. 电流斩波控制

根据电动势平衡方程式可知，电动机低速运行特别是起动时，旋转电动势引起的压降很小，相电流上升快，为避免过大的电流脉冲对功率开关器件及电动机造成损坏，需要对电流峰值进行限定，因此可采用电流的斩波控制，获取恒转矩的机械特性。电流斩波控制一般不会对开通角、关断角进行控制，它将直接选择在每相的特定导通位置对电流进行斩波控制。

目前电流斩波控制常用的控制方案有两种，方案一，对电流上、下限进行限制的控制；方案二，限制电流上限值和恒定关断时间的控制。

方案一中，主开关器件在 $\theta = \theta_{on}$ 时导通，绕组电流将从零开始上升，当电流增至斩波电流的上限值时，切断绕组电流，绕组承受反压，电流迅速下降；当电流降至斩波电流的下限值时，绕组再次导通，重复上述过程，从而形成斩波电流，直至 $\theta = \theta_{off}$ 时实现相关断。方案二同方案一的区别在于，当绕组电流达最大限定值后，将主开关关断一个固定的时间后再开通，这样，电流下降的幅度主要取决于电感量、电感变化率、转速等因素，因此该方式的关键在于合理地选取关断时间的长度。

电流斩波控制的优点在于它适用于电动机的低速调速系统，可以控制电流峰值的增长，并有很好的电流调节作用。因每相电流波形会呈现出较宽的平顶状，使得产生的转矩比较平稳，转矩的波动相应地比其他控制方式要小。

然而，由于电流的峰值受到了限制，当电动机转速在负载的扰动作用下发生变化时，电流的峰值无法做出相应的改变，使得系统的特性比较软，因此系统在负载扰动下的动态响应很缓慢。

3. 电压控制

电压控制是保持开通角、关断角不变的前提下，使功率开关器件工作在脉冲宽度调制方式。通过调节PWM波的占空比，来调整加在绕组两端电压的平均值，进而改变绕组电流的大小，实现对转速的调节。若增大调制脉冲的频率，就会使电流的波形比较平滑，电动机出力增大，噪声减小，但对功率开关器件工作频率的要求就会增大。

按照续流方式的不同，电压控制分为单管斩波和双管斩波方式。单管斩波方式中，连接在每相绕组中的上、下桥臂的两个开关管只有一个处于斩波状态，另一个一直导通。而双管斩波方式中，两个开关管同时导通和关断，对电压进行斩波控制。考虑到系统效率等因素，实际应用中一般常用单管斩波方式。

电压控制的优点在于，它通过调节绕组电压的平均值进而调节电流，因此可用在低速和高速系统，且控制简单，但它的调速范围有限。

在实际的开关磁阻电动机驱动系统运用中，也可以采用多种控制方式相组合的方法，如高速角度控制和低速电流斩波控制相组合，变角度电压斩波控制和定角度电压斩波控制等。这些组合方式各有优势及不足，因此必须针对不同的应用场合和不同的性能要求，合理地选择控制方式，才能使电动机运行于最佳状态。

根据系统性能要求的不同，控制电路的具体结构形式会有很大差异，但一般均应包含以下功能。

（1）用于接收外部指令信号，如起动、转速、转向信号的操作电路。

（2）用于将给定量与控制量相比较，并按规定算法计算出控制参数的调节量的调节器电路。

（3）用于决定控制电路的工作逻辑，如正反转相序逻辑、高低速控制方式的工作逻辑电路。

（4）用于检测系统中的有关物理量，如转速、角位移、电流和电压的传感器电路。

（5）用于当系统中某些物理量超过允许值时，采取相应保护措施的保护电路，如过电压保护和过电流保护。

（6）用于控制各被控量信号的输出电路，如控制功率开关器件的导通与关断。

（7）用于指示系统的工作状况和参数状态显示电路，如指示电动机转速、指示故障保护情况的显示。

应用案例4-5

混合动力城市公交车用开关磁阻电动机及控制系统由开关磁阻电动机及其控制器构成。电动机采用三相12/8极结构，铸铝外壳，自然冷却；控制器采用数字信号处理器作为主控芯片，实现了对开关磁阻电动机全数字化控制。系统的额定电压为直流336V，额定功率为35kW，峰值功率为60kW，发电功率为50kW，额定转速为2000r/min，最高转速为4500r/min。系统能在任意转速下实现可控的发电回馈制动。额定的总系统效率为0.88，且在很宽的速度范围内电动工况和发电工况都具有高效率，两种工况下效率大于0.8的区域都超过50%，最高效率在0.90以上。系统的动态性能好、速度响应快。

系统具有所要求的控制功能和完备的保护功能。系统非常适用于城市公交混合电动车，也可用作其他电动汽车的电机驱动系统。系统已成功应用于东风电动车辆股份有限公司所研制的 EQ6110HEV 混合动力城市公交车上。

东风混合动力城市公交车 EQ6110HEV 如图 4.29 所示，它由东风电动车辆股份有限公司自主研发，拥有完全自主知识产权。该车采用自主开发的 11m 东风混合动力电动城市客车专用底盘，其驱动系统装载康明斯电控柴油发动机，风冷式开关磁阻电动机和高性能镍氢电池作为辅助动力，以并联方式参与驱动；具备停车断油和制动能量回馈功能；用户在使用过程中不需外接电源对车辆进行充电，与燃油客车相比，整车动力性能相当，减少温室气体排放 30%，降低燃油消耗 30%。

图 4.29 采用开关磁阻电动机的东风混合动力城市公交车 EQ6110HEV

4.7 轮毂电动机

轮毂电动机技术又称为车轮内装式电动机技术，是一种将电动机、传动系统和制动系统融为一体的轮毂装置技术，是现阶段先进电动汽车技术研究的热点之一。

从各种驱动技术的特点和发展趋势来看，采用轮毂电动机技术是电动汽车的最终驱动形式。随着电池技术、动力控制系统和整车能源管理系统等相关技术研发的不断深入，电动机性能的不断提高，轮毂电动机技术将在电动汽车上取得更大成功。

4.7.1 轮毂电动机结构形式

轮毂电动机驱动系统通常由电动机、减速机构、制动器与散热系统等组成。轮毂电动机驱动系统根据电动机的转子形式主要分成两种结构形式：内转子型和外转子型。图 4.30 所示为两种形式轮毂电动机的结构简图。通常，外转子型采用低速外转子电动机，电动机的最高转速为 1000～1500r/min，无任何减速装置，电动机的外转子与车轮的轮辋固定或者集成在一起，车轮的转速与电动机相同。内转子型则采用高速内转子电动机，同时装备固定传动比的减速器。为了获得较高的功率密度，电动机的转速通常高达 10000r/min。减速结构通常采用传动比为 10∶1 左右的行星齿轮减速装置，车轮的转速为 1000r/min 左右。

高速内转子的轮毂电动机的优点是具有较高的比功率，质量轻、体积小、效率高、噪声小、成本低；缺点是必须采用减速装置，使效率降低，非簧载质量增大，电动机的最高转速受线圈损耗、摩擦损耗及变速机构的承受能力等因素的限制。低速外转子电动机的优点是结构简单、轴向尺寸小、比功率高，能在很宽的速度范围内控制转矩，而且响应速度快，外转子直接和车轮相连，没有减速机构，因此效率高；缺点是如要获得较大的转矩，必须增大发动机体积和质量，因而成本高，加速时效率低，噪声大。这两种结构在目

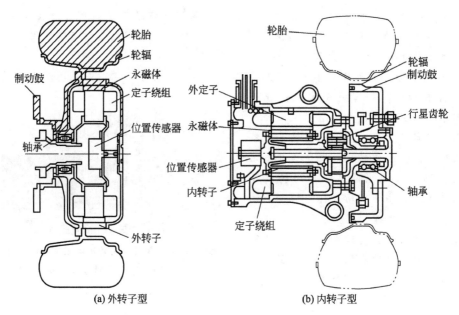

图 4.30 两种形式轮毂电动机的结构简图

前的电动车中都有应用,但是随着紧凑的行星齿轮变速机构的出现,高速内转子式驱动系统在功率密度方面比低速外转子式更具竞争力。

轮毂电动机动力系统由于电动机电制动容量较小,不能满足整车制动效能的要求,通常需要附加机械制动系统。轮毂电动机系统中的制动器可以根据结构采用鼓式或者盘式制动器。由于电动机电制动容量的存在,往往可以使制动器的设计容量适当减小。大多数的轮毂电动机系统采用风冷方式进行冷却,也可采用水冷和油冷的方式对电动机、制动器等的发热部件进行散热降温,但结构比较复杂。

4.7.2 轮毂电动机应用类型

轮毂电动机系统的驱动电动机按照电动机的磁场类型分为轴向磁通和径向磁通两种类型。轴向磁通电动机的结构更利于热量散发,并且它的定子可以不需要铁心;径向磁通电动机系统定子、转子之间受力比较均衡,磁路由硅钢片叠压得到,技术更简单成熟。

轮毂电动机系统的电动机主要分为永磁、感应、开关磁阻式3种,其特点如下。

(1) 无刷永磁同步电动机可采用圆柱形径向磁场结构或盘式轴向磁场结构,具有较高的功率密度和效率,以及宽广的调速范围,已在国内外多种电动汽车中获得应用,发展前景十分乐观。

(2) 感应(异步)电动机的优点是结构简单、坚固耐用、成本低廉、运行可靠,转矩脉动小,噪声低,不需要位置传感器,转速极限高;缺点是驱动电路复杂、成本高,相对永磁电动机而言,异步电动机效率和功率密度偏低。

(3) 开关磁阻式电动机具有结构简单、制造成本低廉、转速/转矩特性好等优点,适用于电动汽车驱动;缺点是设计和控制非常困难和精细,运行噪声大。

4.7.3 轮毂电动机驱动方式

轮毂电动机的驱动方式可以分为直接驱动和减速驱动两种基本形式。

直接驱动方式如图 4.31 所示，采用低速外转子电动机，轮毂电动机与车轮组成一个完整部件总成，电动机布置在车轮内部，直接驱动车轮带动汽车行驶。其主要优点是电动机体积小、质量轻、成本低、系统传动效率高、结构紧凑，既有利于整车结构布置和车身设计，也便于改型设计。这种驱动方式直接将外转子安装在车轮的轮辋上驱动车轮转动。由于电动汽车在起步时需要较大的转矩，所以安装在直接驱动型电动轮中的电动机必须能在低速时提供大转矩；承载大转矩时需要大电流，易损坏电池和永磁体；电动机效率峰值区域很小，负载电流超过一定值后效率急剧下降。为了使汽车能够有较好的动力性，电动机还必须具有很宽的转矩和转速调节范围。由于电动机工作产生一定的冲击和振动，要求车轮轮辋和车轮支撑必须坚固、可靠；同时，由于非簧载质量大，要保证汽车的舒适性，要求对悬架系统进行优化设计。此方式适用于平路或负载小的场合。

减速驱动方式如图 4.32 所示，采用高速内转子电动机，适合现代高性能电动汽车的运行要求。这种电动轮采用高速内转子电动机，其目的是为了获得较高的功率。减速机构布置在电动机和车轮之间，起减速和增矩的作用，保证电动汽车在低速时能够获得足够大的转矩。电动机输出轴通过减速机构与车轮驱动轴连接，使电动机轴承不直接承受车轮与路面的载荷作用，改善了轴承的工作条件；采用固定速比行星齿轮减速器，使系统具有较大的调速范围和输出转矩，消除了车轮尺寸对电动机输出转矩和功率的影响。但轮毂电动机内齿轮的工作噪声比较大，并且润滑方面存在很多问题；其非簧载质量也比直接驱动式电动轮电驱动系统的大，对电动机及系统内部的结构方案设计要求更高。

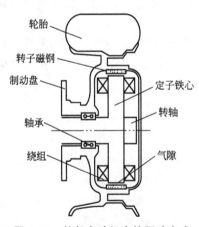

图 4.31 轮毂电动机直接驱动方式

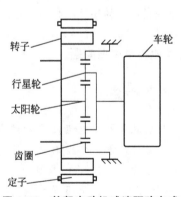

图 4.32 轮毂电动机减速驱动方式

4.7.4 轮毂电动机驱动系统的特点

轮毂电动机驱动系统作为一种新兴的电动机驱动形式，其布置非常灵活，可以根据汽车驱动方式分别布置在电动汽车的两前轮、两后轮或四个车轮的轮毂中。和其他驱动形式的电动汽车相比，轮毂电动机驱动式电动汽车在动力源配置、底盘结构等方面有其独特的技术特征和优势，具体体现在以下几个方面。

(1) 动力控制由硬连接改为软连接。通过电子线控技术，实现各电动轮从零到最大速度的无级变速和各电动轮间的差速要求，从而省略了传统汽车所需的机械式操纵变速装置、离合器、变速器、传动轴和机械差速器等，使驱动系统和整车结构简洁，有效可利用空间大，传动效率提高。

(2) 各电动轮的驱动力直接独立可控，使其动力学控制更为灵活、方便；能合理控制各电动轮的驱动力，从而提高恶劣路面条件下的行驶性能。

(3) 容易实现各电动轮的电气制动、机电复合制动和制动能量回馈，还能对整车能源的高效利用，实施最优化控制和管理，节约能源。

(4) 底架结构大为简化，使整车总布置和车身造型设计的自由度增加，若能将底架承载功能与车身功能分离，则可实现相同底盘不同车身造型的产品多样化和系列化，从而缩短新车型的开发周期，降低开发成本。

(5) 若在采用轮毂电动机驱动系统的四轮电动汽车上导入线控四轮转向技术，实现车辆转向行驶高性能化，可有效减小转向半径，甚至实现零转向半径，大大增加了转向灵便性。

4.7.5 轮毂电动机驱动系统的关键技术

轮毂电动机带来的新的技术挑战，主要包括以下方面。

(1) 轮毂电动机系统集驱动、制动、承载等多种功能于一体，优化设计难度大。

(2) 车轮内部空间有限，对电动机功率密度性能要求高，设计难度大。

(3) 电动机与车轮集成导致非簧载质量较大，使悬架隔振性能恶化，影响不平路面行驶条件下的汽车操控性和安全性。同时，轮毂电动机将承受很大的路面冲击载荷，电动机抗振要求苛刻。

(4) 汽车在大负荷低速爬长坡工况下容易出现冷却不足导致的轮毂电动机过热烧毁问题，电动机的散热和强制冷却问题需要重视。

(5) 车轮部位容易集存水和污物等，导致电动机的腐蚀破坏，使寿命和可靠性受到影响。

(6) 轮毂电动机运行转矩的波动可能会引起汽车轮胎、悬架、转向系统的振动和噪声，以及其他整车声振问题。

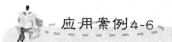

应用案例4-6

作为未来混合动力电动汽车和纯电动汽车的驱动系统之一，轮毂电动机这项技术提供了太多的应用前景，但是真正在汽车行业引起争议的是轮毂电动机将会对量产车市场带来多大的影响。目前已有很多厂商投入精力研发轮毂电动机技术，比如TM4、舍弗勒、Protean Electric、西门子和米其林，此外还有一些日本的供应商，包括三菱和Sim-Drive等，他们在过去的10年中都在研发轮毂电动机。

Protean Electric是一家总部位于美国底特律的清洁能源企业，也是汽车轮毂电动机系统开发与商业化的领导者。在2013年上海车展上，该公司推出了最新的量产版轮毂电动机驱动系统。该产品是奔驰公司Brabus轿车的混合动力系统的组成部分，如图4.33所示，安装在两个后轮的内部，与传统内燃机协同工作。每个轮毂电动机能够提供80kW的峰值功率和800N·m的峰值转矩，该车0~100km/h的加速时间小于7.4s，60~120km/h的加速时间小于5.6s；还可回收85%的制动能量，燃油降低30%。

图 4.33 采用轮毂电动机驱动的混合动力汽车

1. 电动汽车用电动机主要有哪几种？其特点是什么？
2. 电动汽车对电动机有哪些要求？
3. 直流电动机有哪些类型？
4. 无刷直流电动机的工作原理是什么？其控制方法有哪些？
5. 异步电动机的工作原理是什么？其控制方法有哪些？
6. 永磁同步电动机的运行原理与特性是什么？
7. 开关磁阻电动机的工作原理是什么？其控制方法有哪些？
8. 轮毂电机驱动方式有哪几种？轮毂电机驱动系统有哪些特点？

第 5 章
电动汽车能量管理与回收系统

教学目标

通过本章的学习，要求读者了解什么是电动汽车能量管理系统和电动汽车再生制动能量回收系统，掌握电池管理系统的功能和制动能量回收的方法和类型，理解纯电动汽车能量管理系统的组成、混合动力电动汽车的能量管理策略和工作模式，以及电动汽车的制动能量回收系统的组成和作用等。

教学要求

知识要点	能力要求	相关知识
电池管理系统的功能，纯电动汽车能量管理系统，混合动力电动汽车能量管理系统	了解什么是电动汽车能量管理系统，掌握电池管理系统的功能，理解纯电动汽车能量管理系统的组成，以及混合动力电动汽车的能量管理策略和工作模式等	电动汽车能量管理系统
制动能量回收的方法和类型，电动汽车的再生制动能量回收系统	了解什么是电动汽车再生制动能量回收系统，掌握再生制动能量回收的方法和类型，理解电动汽车的再生制动能量回收系统的组成和作用等	电动汽车再生制动能量回收系统

电动汽车能量管理与回收系统 第5章

富士重工公司开发的带有电池管理系统和制动能量回收系统的4座插电式纯电动汽车STELLA如图5.1所示。该车的驱动电动机采用三相永磁同步电动机,前轮驱动;动力电池采用层叠式锰酸锂锂离子蓄电池,蓄电池模块由8个蓄电池组(每个蓄电池组由12个单体电池串联而成)串联而成,总电压为346V,容量为26A·h,能量为9kW·h,蓄电池模块与蓄电池控制系统组成一个整体,就构成了一个蓄电池包。

蓄电池模块设有蓄电池控制单元,并与整车控制单元连接,构成蓄电池管理系统。蓄电池管理系统进行蓄电池的控制与管理,有以下功能。

图 5.1 带有电池管理系统和制动能量回收系统的纯电动汽车 STELLA

(1) 蓄电池总电压的检测。
(2) 电流检测。
(3) 单体电池温度检测。
(4) 蓄电池充电状态(SOC)检测。
(5) 蓄电池正常工作状态(SOH)检测。
(6) 单体电池电压均等化。
(7) 单体电池与蓄电池系统的故障诊断。
(8) 与车辆控制装置等方面的信息交流(通信)。

为了发挥STELLA插电式纯电动汽车的可靠实用性能,富士重工公司开发了新的高精度推算测定SOC的算法语言,利用这种技术能够正确检测蓄电池剩余电量,并把这种信息实时地传递给驾驶人,以便高可靠性地掌握电动汽车的续驶里程。

STELLA纯电动汽车设有制动能量回收功能。当车辆减速和制动时,驱动电动机作为发电机工作,进行制动能量回收。为此,增加了制动踏板行程传感器,通过该传感器把驾驶人对制动踏板操作的信息经电控单元实时进行最优制动能量回收控制,其优点是能够显著提高制动能量回收效率。

电池管理系统和制动能量回收系统具有什么作用?通过本章的学习,读者可以得到答案。

能量管理系统和回收系统是电动汽车的重要组成部分,它们不但能够保证电动汽车的正常行驶,而且还能够对汽车的能量进行合理控制,提高电动汽车的续驶里程。

5.1 电动汽车能量管理系统

能量管理系统(Energy Management System,EMS)在电动汽车中非常重要,它由硬件系统和软件系统组成,如图5.2所示。能量管理系统具有从电动汽车各子系统采集运行数据，控制完成电池的充电，显示蓄电池的荷电状态(SOC)，预测剩余行驶里程，监控电池的状态，调节车内温度，调节车灯亮度，以及回收再生制动能量为蓄电池充电等功能。能量管理系统中最主要的是电池管理系统。

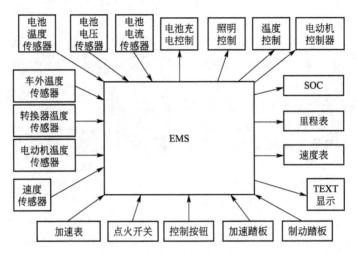

图 5.2 电动汽车能量管理系统

5.1.1 电池管理系统的功能

电池管理系统(BMS)是能量管理系统的核心，其主要任务是保证电池组工作在安全区间内，提供车辆控制所需的必须信息，在出现异常时及时响应处理，并根据环境温度、电池状态及车辆需求等决定电池的充放电功率等。电池管理系统的主要功能有电池参数监测、电池状态估计、在线故障诊断、充电控制、自动均衡、热管理等。

电池管理的核心问题就是 SOC 的预估问题，电动汽车电池操作窗 SOC 的合理范围是 30%~70%，这对保证电池寿命和整体的能量效率至关重要。电动汽车在运行时，电池的放电和充电均为脉冲工作模式，大的电流脉冲很可能会造成电池过充(超过 80% SOC)、深放(小于 20% SOC)甚至过放(小于 0% SOC)，因此电动汽车的控制系统一定要对电池的荷电状态敏感，并能够及时做出准确的调整，这样电池能量管理系统才能根据电池容量决定电池的充放电电流，从而实施控制，根据各只电池容量的不同，识别电池组中各电池间的性能差异，并以此做出均衡充电控制和电池是否损坏的判断，确保电池组的整体性能良好，延长电池组的寿命。

准确和可靠地获得电池 SOC 是电池管理系统中最基本和最首要的任务，在此基础上才能对电动汽车的用电进行管理，特别是防止电池的过充及过放。蓄电池的荷电状态是不能直接得到的，只能通过对电池特性——电压、电流、电池内阻、温度等参数来推断。这些参数与 SOC 的关系并不是简单的对应关系。

典型的电池管理系统应具备如下功能。

(1) 实时采集电池系统运行状态参数。实时采集电动汽车蓄电池组中的每块电池的端电压和温度、充放电电流及电池组总电压等。由于电池组中的每块电池在使用中的性能和状态不一致，因而对每块电池的电压、电流和温度数据都要进行监测。

(2) 确定电池的 SOC。准确估测动力电池组的 SOC，从而随时预报电动汽车储能电池还剩余多少能量或储能电池的 SOC，使电池的 SOC 值控制在 30%～70% 的工作范围内。

（3）故障诊断与报警。当蓄电池电量或能量过低需要充电时，及时报警，以防止电池过放电而损害电池的使用寿命；当电池组的温度过高，非正常工作时，及时报警，以保证蓄电池正常工作。

（4）电池组的热平衡管理。电池热管理系统是电池管理系统的有机组成部分，其功能是通过风扇等冷却系统和热电阻加热装置使电池温度处于正常工作温度范围内。

（5）一致性补偿。当电池之间有差异时，有一定措施进行补偿，保证电池组表现能力更强，并有一定的手段来显示性能不良的电池位置，以便修理替换。一般采用充电补偿功能，设计有旁路分流电路，以保证每个单体都可以充满电，这样可以减缓电池老化的进度，延长电池的使用寿命。

（6）通过总线实现各监测模块和中央处理单元的通信。在电动汽车上实现电池管理的难点和关键在于如何根据采集的每块电池的电压、温度和充放电电流的历史数据，建立确定每块电池剩余能量的较精确的数学模型，即准确估计电动汽车蓄电池的 SOC 状态。

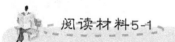
阅读材料5-1

在 QC/T 897—2011《电动汽车用电池管理系统技术条件》中，规定了电池管理系统的一般要求和技术要求。

电池管理系统的一般要求主要如下。

（1）电池管理系统应能检测电池的电和热相关的数据，至少应包括电池单体或者电池模块的电压、电池组回路电流和电池包内部温度等参数。

（2）电池管理系统应能对动力电池的荷电状态、最大充放电电流（或者功率）等状态参数进行实时估算。

（3）电池管理系统应能对电池系统进行故障诊断，并可以根据具体故障内容进行相应的故障处理，如故障码上报、实时警示和故障保护等。

（4）电池管理系统应有与车辆的其他控制器基于总线通信方式的信息交互功能。

（5）电池管理系统应用在具有可外接充电功能的电动汽车上时，应能通过与车载充电机或者非车载充电机的实时通信或者其他信号交互方式实现对充电过程的控制和管理。

电池管理系统的技术要求主要如下。

（1）绝缘电阻：电池管理系统与动力电池相连的带电部件和其壳体之间的绝缘电阻值应不小于 2MΩ。

（2）绝缘耐压性能：电池管理系统应能经受绝缘耐压性能试验，在试验过程中应无击穿或闪络等破坏性放电现象。

（3）状态参数测量精度：电池管理系统所检测状态参数的测量精度应符合要求，总电压值≤±2% FS，电流值≤±3% FS，温度值≤±2℃，单体（模块）电压值≤±0.5% FS。

（4）SOC 估算精度：SOC 估算精度要求不大于 10%。按照要求进行试验后，分别比较在不同 SOC 范围内电池管理系统上报的 SOC 值与 SOC 测试真值的偏差。

（5）电池故障诊断：根据整车功能设计和电池系统的具体需要，对电池管理系统设置具体的故障诊断项目。

(6) 过电压运行：电池管理系统应能在规定的过电压下正常工作，而且满足状态参数测量精度的要求。

(7) 欠电压运行：电池管理系统应能在规定的欠电压下正常工作，而且满足状态参数测量精度的要求。

(8) 高温运行：电池管理系统应能经受规定的高温运行试验，在试验过程中及试验后应能正常工作，而且满足状态参数测量精度的要求。

(9) 低温运行：电池管理系统应能经受规定的低温运行试验，在试验过程中及试验后应能正常工作，而且满足状态参数测量精度的要求。

(10) 耐高温性能：电池管理系统应能经受规定的高温试验，在试验后应能正常工作，而且满足状态参数测量精度的要求。

(11) 耐低温性能：电池管理系统应能经受规定的低温试验，在试验后应能正常工作，而且满足状态参数测量精度的要求。

(12) 耐温度变化性能：电池管理系统应能经受规定的温度变化试验，在试验后应能正常工作，满足状态参数测量精度的要求。

(13) 耐盐雾性能：电池管理系统应能经受规定的盐雾试验，在试验后应能正常工作，而且满足状态参数测量精度的要求。厂家如果能够证明电池电子部件或电池控制单元实车安装在车辆内部或者具备防尘防水条件的电池包内部，可不要求该零部件进行耐盐雾性能试验。

(14) 耐湿热性能：电池管理系统应能经受规定的湿热试验，在试验后应能正常工作，而且满足状态参数测量精度的要求。

(15) 耐振动性能：电池管理系统应能经受规定的振动试验，在试验后应能正常工作，而且满足状态参数测量精度的要求。

(16) 耐电源极性反接性能：电池管理系统应能经受规定的电源极性反接试验，在试验后应能正常工作，而且满足状态参数测量精度的要求。

(17) 电磁辐射抗扰性：电池管理系统应按规定进行电磁辐射抗扰性试验，在试验过程中及试验后应能正常工作，而且满足状态参数测量精度的要求。

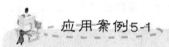

应用案例5-1

目前风靡全球的电动汽车——特斯拉(Tesla)，其核心技术就是电池管理系统。

特斯拉电动汽车最出人意料的是选取松下的 NCA 系列 18650 型号镍钴铝酸锂电池串并能量包作为动力源，每辆特斯拉 Model S 使用约 8000 多节。特斯拉坚持不使用大容量电池单元，是因为小容量的 18650 型号锂电池工艺成熟，成本低，安全性好，一旦电池单元出现热失控，不容易影响到周围的电池单元。但是将 8000 节的小电池单体组成电池组，将会大幅增加电池单体之间的不一致性，导致单体温度、电荷、电压出现不平衡现象，引起个别电池过充、过放并产生静电反应，从而降低电池组寿命及安全性。这就要提到特斯拉的核心技术——电池管理系统，如图 5.3 所示。

特斯拉电动汽车对这些电池采用了分层管理的设计——每 69 个电池单元并连成一个电池组，9 个电池组又串联成一个电池方块，最后再串联成整块电池板。每个电池单元、

电动汽车能量管理与回收系统 第5章

图 5.3　特斯拉电动汽车电池管理系统

电池组和电池方块都有熔丝，每个层级都会有电流、电压和温度的监控，一旦电流过大立刻熔断。特拉斯电动汽车电池管理系统主要具有以下功能。

(1) 电荷平衡系统，有效排除 18650 故障单体。每个锂电池单体都有一个电压上限和下限，电池在此范围内可正常工作，但一旦单体电压接近这一限值其化学性能将发生突变，必须立即停止放电或充电，否则电池将会受到不可逆的损坏，将会大幅增加电池的自放电率、产生静电反应进而引起爆炸。众多电池单体所组成的电池组大大增加了单体之间的不一致性，导致电池电压的安全范围各不相同，安全性大幅降低。为此特斯拉自主研发单体电荷平衡系统，可有效排除故障单体，保证整车安全性能。特斯拉电池组尾部安装有印制电路板，内置众多电源开关，每个电源开关一端连接某个 18650 电池单体，另一端连接一个中型的集电器(单体电荷监控器)。当电池组中某一电池因过充、过放、温度过高导致电量与其他电池不同时，集电器就会将能量在电池之间进行相互转移，防止其电压超过安全范围而产生异变。而当该电池真的产生异变时，电子集成器将控制电路板上相对应的电源开关弹开，从而将此电池单体隔离，避免产生静电反应而引起爆炸。

(2) 电池温度管理系统，提升整车安全性能。特斯拉高达 60kW·h、85kW·h 的电池组容量使其运行过程中将会释放更多的热量，从而加大了电池组温度过高引起爆炸的概率，这是特斯拉电池管理系统解决的最为核心的问题之一。2008—2013 年期间特斯拉所申请的核心知识产权大都与电池安全控制系统相关，包括电池冷却系统，安全系统，电荷平衡系统等。截止到 2013 年 3 月底特斯拉所申请的此类专利数量达 142 项，另有 258 项专利正在审核过程中。

电池温度管理系统又包括电池组温度检测系统和电池组液体冷凝系统。

电池组温度检测系统的主要任务是智能温度监测。电动汽车安全性能主要体现在对电池组温度及电流的控制上，尤其对于大容量的电池模组，电池组过充、过放、碰撞及运行过程中电池过度发热都会引发电池组温度过高而引发爆炸。特斯拉汽车电池组中的每一个电池单体都连接着一个热敏电阻及一系列的光导纤维，同时将热敏电阻连接到电池监控器，将光导纤维连接到光敏感应器。当某个电池单体温度超过安全标准时，热敏电阻将产生一个电信号传达至电池监控器以便启动电池冷凝系统保证电池安全性能。当电池发生热逃逸等现象时，将影响光导纤维中光束的传输，进而刺激光敏感应器发出相应信号进行热度调节。而当汽车发生剧烈碰撞时,电池组与电动机的能量传输路径将被立即阻断,电池组外保护层将保护电池组免受碰撞影响,从而避免发生剧烈爆炸。

电池组液体冷凝系统的主要任务是实时温度控制。特斯拉自主研发的机体液体冷凝系统为双模式冷却系统,其中第一层冷却回路专门为电池组降温,电池回路将电池组与冷却泵相连接,回路中充满了冷却剂,而且延伸多个冷却管覆盖至每个电池单体;第一层冷却回路将控热系统、通风设备及其他散热装置与电池组热量管理系统连接起来,从而保证每个电池单体温度低于其安全值以下,保证其散热性及安全性能。第二层冷却回路包括第二冷却储液罐且与至少一个转动部件进行热交换,并立于第一层冷却回路,保证电池组冷却系统的独立性。

电池管理系统对外提供了两路 CAN 总线接口,包括一路与整车 CAN 总线网络连接的 CAN1 和一路与具有 CAN 总线接口充电器相连的 CAN2。

5.1.2 纯电动汽车能量管理系统

1. 纯电动汽车能量管理系统的组成

纯电动汽车能量管理系统的基本结构如图 5.4 所示,它主要由电池输入控制器、车辆运行状态参数、车辆操纵状态、能量管理系统 ECU、电池输出控制器、电动机发电机系统控制等组成。能量管理系统 ECU 的参数包括各电池组的状态参数(如工作电压、放电电流和电池温度等)、车辆运行状态参数(如行驶速度、电动机功率等)和车辆操纵状态(如制动、起动、加速和减速等)等,能量管理系统具有对检测的状态参数进行实时显示的功能。ECU 对检测的状态参数按预定的算法进行推理与计算,并向电池、电动机等发出合适的控制和显示指令等,实现电池能量的优化管理与控制。

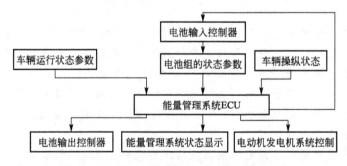

图 5.4 纯电动汽车能量管理系统的基本结构

2. 电池荷(充)电状态指示器

电池荷(充)电状态指示器是能量管理系统的一个重要组成。电动汽车蓄电池中储存有多少电能,还能行驶多少里程,是电动汽车行驶中必须知道的重要参数。与燃油汽车的油量表类似的仪表就是电池荷(充)电状态指示器,它是能量管理系统的一个重要装置。因此,在电动汽车中要装备满足这一需求的仪表,即电池荷(充)电状态指示器。

3. 电池管理系统

电池管理系统是能量管理系统的一个子系统。电动汽车电池携带的能量是有限的，也是非常宝贵的。为了增加电动汽车的续驶里程，对电池系统进行全面、有效的管理是十分必要的。蓄电池管理系统在汽车运行过程中需完成的任务多种多样，其主要任务是保持电动汽车蓄电池性能良好，并优化各蓄电池的电性能和保存、显示测试数据等。

目前主要根据实际情况，确定具体纯电动汽车的电池管理系统的功能和形式。电池管理系统设计包括硬件系统的设计和软件系统的设计。

硬件系统的设计取决于管理系统实现的功能。基本要实现对动力电池组的合理管理，即保证采集数据的准确性、可靠稳定的系统通信、抗干扰性。在具体实现过程中，根据设计要求确定需要采集的动力电池组的数据类型；根据采集量及精度要求确定前向通道的设计；根据通信数据量及整车的要求选用合理的总线。

图 5.5 是某电池管理系统的结构框图。

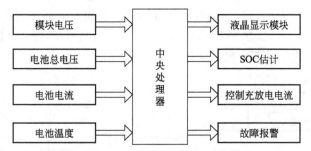

图 5.5 某电池管理系统结构框图

电池的 SOC 一部分是经过对电流的积分得到的，电流信号检测的精度直接影响系统的 SOC 的准确度，因此要求电流转换隔离放大单元在较大范围内有较高的精度，较快的响应速度，较强的抗干扰能力，较好的零漂、温漂抑制能力和较高的线性度。电流转换隔离放大单元是用电流性霍尔元件将 $-400 \sim 400A$ 的电流（充电电流为正，放电电流为负）转换为电压信号。电流的采样精度要求为 1%。

电池的温度是判断电池能否正常使用的关键性参数，如果电池的温度超过一定值，有可能造成电池的不可恢复性破坏。电池组之间的温度差异造成电池组的单体之间的不均衡，从而会造成电池寿命的降低，系统中温度采样单元通过总线数字化温度传感器完成，温度采样精度可达到 $0.5℃$。

电压是判断电池组好坏的重要依据，系统要求能得到电池组在同一时刻的电压值的变化和各电池组的值，通过算法来找出问题电池组，因此电压的采样精度要求比较高，本系统采用单片机内部自带 A/D 转换功能，精度可以达到 $0.1V$。

电动汽车中电动机等强电磁干扰源的存在对系统的抗干扰性要求较高，所以要求系统从硬件设计、印制电路板的制作和软件程序方面提高系统的抗干扰性。

本硬件系统是基于 ATMEGA8L 单片机进行设计的。

(1) 电压采样的实现。电压采样是对电动汽车电池组的电压进行采样，每个电池组由 10 个单体电池构成。本系统中一共有 14 个电池组组成电动汽车的动力电池。电压数据采集方案硬件原理如图 5.6 所示，每个电池为一个电池组。

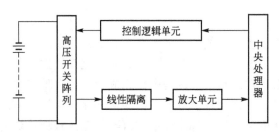

图 5.6　电压数据采集方案硬件原理图

ATMEGA8L 通过逻辑控制单元，控制高压开关阵列的通断来采样电池组电压，电压信号经过线性隔离器件，再经放大后输入到 ATMEGA8L 的 A/D 转换器。

（2）电流采样的实现。电流的采样是估计电池 SOC 的主要依据，因此对其采样的精度、抗干扰能力、零飘、温飘和线性度误差的要求都很高。在这里采用电流传感器 LT308（LEM），该电流传感器是基于霍尔原理的闭环（补偿）电流传感器，具有高的精度、良好的线性度和最佳的反应时间，同时也具有很好的抗干扰能力。其一次的额定电流为 300A，满足系统设计的要求。二次的额定电流为 150mA，其转换率为 1∶2000。供电电源为 ±12V 或 ±15V。电流采样部分电路如图 5.7 所示。

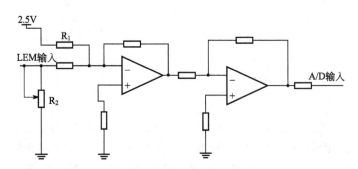

图 5.7　电流采样部分电路

电流传感器的输入电流经过可调电阻 R_2 转换为电压信号，可调电阻用于调节电流与其对应的电压之间的比例关系。由于从电流传感器过来的电流是双向的，因此其转换得到的电压是以地（GND）为中心变化的一个正负电压，而选用的 A/D 转换器是单向的，因此必须将其电压提供至 0V 以上。为此，设计一个加法器（前端的运算放大器），它的功能是将以 0V 为中心的正负电压提升至以 2.5V 为中心的正电压。后端的运算放大器为一个反相器，将由加法器得到的负电压转换为正电压，同时起到功率放大的作用。通过两级运放，最终将信号变为 0～5V 的标准信号进入 A/D 转换器。

电阻 R_1 前端的 2.5V 电压是通过稳压器件调整得到的，它的稳定性关系到系统零点的稳定，对电流采样有重要的意义。采用高精度的电压参考源 AD580，其输出精度为 $2.5×(1±0.4\%)V$ 完全满足设计要求。

（3）温度采样的实现。温度传感器采用美国 DALLAS 公司继 DS1820 之后推出的增强型单总线数字温度传感器 DS18B20，它在测温精度、转换时间、传输距离、分辨率等方面较 DS1820 有了很大的改进，给用户带来了更方便的使用界面和更令人满意的效果。

温度采集电路如图 5.8 所示。温度检测系统采用直接电源供电方式。当 DS18B20 处于写存储器操作和温度 A/D 转换操作时,总线上必须有强的上拉,上拉开启时间最大为 $10\mu s$。由于单线制只有一根线,因此发送接收口必须是三态的。同时由于读写在操作上是分开的,故不存在信号竞争问题。

无论是单点还是多点温度检测,在系统安装及工作之前,应将主机逐个与 DS18B20 挂接,读出其序列号。

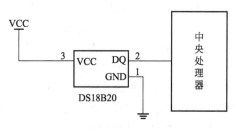

图 5.8 温度采集电路

(4) 抗干扰措施的设计。由于电池管理系统用在情况比较复杂的电动汽车上,所以干扰可以沿各种线路侵入单片机系统,其主要的渠道有 3 条:空间干扰、供电系统干扰、过程通道干扰。干扰对单片机系统的作用可以分为 3 个部位:第 1 个部位是输入系统,干扰叠加在信号上,使数据采集误差增大,特别在前向通道的传感器接口是小电压信号输入时,此现象会更加严重;第 2 个部位是输出系统,使各输出信号混乱,不能正常反映单片机系统的真实输出量,导致一系列严重后果;第 3 个部位是单片机系统的内核,使总线上的数字信号错乱,程序运行失常,内部程序指针错乱,控制状态失灵,单片机中数据被修改,更严重的会导致死机,使系统完全崩溃。

硬件抗干扰效率高,若硬件措施得当,可以将绝大多数干扰拒之门外。硬件抗干扰技术主要有电隔离、双绞线传输和终端阻抗匹配、硬件滤波、良好的接地、屏蔽等。

在单片机系统中,充分挖掘软件的抗干扰能力可以将干扰的影响抑制到最小。软件抗干扰设计主要是消除模拟输入信号的噪声,程序运行混乱时使程序重新正常运行。软件抗干扰技术主要有数字滤波和程序运行监视系统。

(5) 车载 CAN 通信设计实现。电池管理系统是混合电动车车载电气系统的一部分,它与整车控制系统的通信联系是通过 CAN 通信来实现的。在电池管理系统中,CAN 通信的实现依靠由外围设置 CAN 的控制器和接收器组成的通信模块,它的设计原理图如图 5.9 所示。

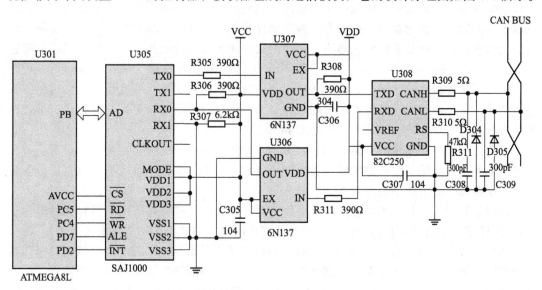

图 5.9 CAN 通信接口设计原理图

从图 5.9 中可以看出，电路主要由 4 部分构成：微处理器 ATMEGA8L、CAN 控制器 SAJ1000、CAN 总线驱动器 82C250 和高速光电耦合器 6N137。

为了增强 CAN 总线节点的抗干扰能力，SAJ1000 的 CAN 接口不是直接与 82C250 的 TXD 和 RXD 相连，而是通过高速光耦 6N137 后与 82C250 相连，这样就很好地实现了总线上各 CAN 节点间的电气隔离。同时光耦部分电路所采用的两个电源 VCC 和 VDD 也完全隔离，否则采用光耦就失去了意义。电源的完全隔离采用的是两个小功率的隔离电源模块来实现的。这些部分虽然增加了接口电路的复杂性，但是却提高了节点的稳定性和安全性。

82C250 与 CAN 总线的接口部分也采用了一定的安全和抗干扰措施。82C250 的 CANH 和 CANL 引脚各自通过一个 5Ω 的电阻与 CAN 总线相连，电阻可起到一定的限流作用，保护 82C250 免受过流的冲击。CANH 和 CANL 与地之间并联了两个 30pF 的小电容，可滤除总线上的高频干扰，具有一定的防电磁辐射的能力。另外，在两 CAN 总线上与地之间分别接一个防雷击管，可以防止总线与地之间的瞬间干扰。

电池管理系统的软件主要包括 3 个部分：中央处理单元的管理部分、各 ECU 的测量与控制部分、整个系统的通信部分。

电池管理系统的主要任务是检查电池的电压、电流和温度。通过对测量参数的分析，估计电池的剩余容量并做出各种错误报警。系统软件是基于 ATMEGA8L 的 C 语言实现的，主要有以下几部分：系统初始化、参数检测及滤波、剩余容量估计、通信、数据诊断报警。

(1) 系统内存配置。ATMEGA8L 有两种类型的存储器：程序存储器（主要包含可执行程序代码）和数据存储器（主要包含外部变量、静态变量、系统堆栈）。由 C 语言生成的每一块程序或数据存放于存储器空间的一个连续的段中。

在编写软件时，应通过伪指令定义段，并给段分配空间，二进制可执行文件是以段的形式存储的。使用段的好处是可进行模块化编程，可以提供灵活方法来管理代码和目标系统内存空间，编者可以自由决定把哪些代码归属到哪些段。

C 编译器对 C 语言编译生成 7 个可以进行重定位的代码和数据块，这些块叫做段，这些段根据不同的系统配置以不同的方式被放到存储器中。这 7 个块有两种类型：一种是已初始化的块，另一种是未初始化的块。已初始化的块主要包含数据表和可执行代码，它包括 text、cinit、const 和 switch 4 种类型，未初始化的块包括 bss、stack 和 ysmem 3 种类型，它们用于保留存储空间。程序运行时，利用这些空间创建和存储变量。堆栈机制实现以下功能：保护函数的返回地址、分配局部变量、传递函数变量、保护临时结果。堆栈的大小由全局符号 TACK_SIRE 决定（默认值为 1k）。

静态变量和全局变量的存储分配。在 C 程序中说明的每一个外部或静态变量都是被分配给一个唯一的连续空间，空间的地址由链接器决定，编译器保证给这些变量空间分配多个字，以便每个变量按字边界对齐。

使用汇编器可以将汇编语言源程序变为目标文件，用链接器将若干个目标文件链接成可被 CPU 芯片执行的可执行文件。这些目标文件的格式为通用目标文件格式(coff)。链接器通过连接 coff 目标文件建立可执行文件，目标文件中的段是链接时的重要依据，链接器可把段定位到用户系统已配置的存储器中。芯片的存储器配置随应用的不同而不同。用户可以通过 cmd 链接命令文件，用链接器伪指令 MEMORY 可以确定目标系统的各种内存配置，当决定了存储器的模式后，可以用链接器伪指令 SECTIONS 确定链接器组合输入端的方法和输出端在存储器中的位置。

coff 文件会使模块编程和管理变得更加方便，链接器根据链接命令文件(cmd)，将一个或多个 coff 文件链接起来，将各个文件的各个段配置到目标系统的存储器中，对各个符号和段进行重定位。

(2) 参数检测及滤波。电压、电流的检测都是通过 AD 中断采集的。ADC 转换结果为 10 位，存放于 ADC 数据寄存器 ADCH 及 ADCL 中。默认情况下转换结果为右对齐但可通过设置 ADMUX 寄存器的 ADLAR 变为左对齐。在此设计中，采用默认右对齐模式。在读 ADCH 之前又有一次 ADC 转换结束，数据寄存器的数据也不会更新，从而保证了转换结果不丢失。ADCH 被读出后，ADC 即可再次访问 ADCH 及 ADCL 寄存器。ADC 转换结束可以触发中断。即使由于转换发生在读取 ADCH 与 ADCL 之间而造成 ADC 无法访问数据寄存器，并因此丢失了转换数据，中断仍将触发。向 ADC 启动转换位 ADSC 位写"1"可以启动单次转换。在转换过程中此位保持为高，直到转换结束，然后被硬件清零。如果在转换过程中选择了另一个通道，那么 ADC 会在改变通道前完成这一次转换。

使用 ADC 中断标志作为触发源，可以在正在进行的转换结束后即开始下一次 ADC 转换。之后 ADC 便工作在连续转换模式，持续地进行采样并对 ADC 数据寄存器进行更新。第一次转换通过向 ADCSRA 寄存器的 ADSC 写 1 来启动。在此模式下，后续的 ADC 转换不依赖于 ADC 中断标志 ADIF 是否置位。在此设计中采用连续中断模式，以保证数据更新速度和及时性。在中断服务程序中，采集多组数据，剔除两端极值，然后对数据进行平均滤波。在温度数据采集中也同样经过滤波处理。

(3) 剩余容量估计。剩余容量估计在系统软件中分 3 部分：开机参数初始化、数据采集及电流积分、根据估计模型进行计算。

(4) CAN 通信。CAN 通信是电池管理系统与整车控制单元进行通信的中介，电池管理系统把电池的 SOC、温度及相关报警信息发送到 CAN 总线上，中央控制单元接收到数据后对数据进行处理，从而对整车进行控制。在系统中，CAN 总线以报文为单位进行数据传输，节点对总线的访问采取位仲裁方式。报文起始发送节点标识符分为地址标识符和功能标识符，CAN 协议的最大特点是打破了传统的节点地址编码方式，扩展了对系统数据进行编码的方式。采用这种方式可使不同的节点同时接收到相同的数据。数据标识符的值越小，帧数据的优先级越高。CAN 控制器监听总线的电平决定发送数据是否有效。

CAN 总线智能节点的软件设计主要包括 3 大部分：CAN 节点初始化、报文发送和报文接收。熟悉这 3 部分程序设计，就能编写出利用 CAN 总线进行通信的一般应用程序。当然，如果将 CAN 总线应用于比较复杂的系统中，还应该详细了解有关 CAN 总线错误处理、总线关闭处理等方面的错误。

CAN 通信初始化过程只能在复位模式下进行，主要包括工作方式的设置、接收滤波方式的设置、接收屏蔽寄存器和接收代码寄存器的设置等，在完成 SJA1000 的初始化设置以后，SJA1000 就可以回到工作状态，进行正常的通信任务。

(5) 数据诊断报警。在此电池管理系统中，对电池组相关的数据进行分析处理是关键，也是电池管理系统的核心所在，这中间涉及温度的诊断、电压高低的诊断、电池组好坏的诊断等，并且要在危险情况下做出紧急处理和报警。

例如，在温度诊断中，利用一总线式温度传感器对电池温度进行检测，当温度高于设定的上下限后，要断开电池组的充电电路。

电压高低也要做出相应诊断,以免电动汽车电池组出现过充或坏电池现象,对于电池组中出现坏电池现象,也在程序中做了相应的算法,以发现坏电池所在电池组,并显示在液晶屏中,方便更换电池组。

5.1.3 混合动力电动汽车能量管理系统

作为一种新型的多能量交通工具,混合动力电动汽车的性能与其采用的能量管理策略密切相关,其能量管理策略是传统燃油汽车与纯电动汽车完美结合的纽带,是混合动力电动汽车成败的最终决定性因素。

1. 能量管理策略

能量管理策略的控制目标是根据驾驶人的操作,如踩踏加速踏板、制动踏板等,判断驾驶人员的意图,在满足车辆动力性能的前提下,最优地分配电动机、发动机、动力电池等部件的功率输出,实现能量的最优分配,提高车辆的燃油经济性和排放性能。由于混合动力汽车中电池不需要外部充电,能量管理策略还应考虑动力电池的荷电状态平衡,以延长电池寿命,降低车辆维护成本。

混合动力电动汽车的能量管理系统十分复杂,并且随系统组成的不同而呈现出很大差异。下面简单介绍3种混合动力电动汽车的能量管理策略。

1)串联式混合动力电动汽车的能量管理策略

由于串联式混合动力电动汽车的发动机与汽车行驶工况没有直接联系,因此能量管理策略的主要目标是使发动机在最佳效率区和排放区工作。为了优化能量分配整体效率,还应考虑传动系统的动力电池、发动机、电动机和发电机等部件。串联式混合动力电动汽车有3种基本的能量管理策略。

(1)恒温器策略。当动力电池SOC低于设定的低门限值时,起动发动机,在最低油耗或排放点按恒功率模式输出,一部分功率用于满足车轮驱动功率要求,另一部分功率给动力电池充电。而当动力电池组SOC上升到所设定的高门限值时,发动机关闭,由电动机驱动车辆。其优点是发动机效率高、排放低,缺点是动力电池充放电频繁,加上发动机开关时的动态损耗,使得系统总体的损失功率变大,能量转换效率较低。

(2)功率跟踪式策略。由发动机全程跟踪车辆功率需求,只有在动力电池的SOC大于SOC设定上限时,而且仅由动力电池提供的功率能满足车辆需求时,发动机才停机或怠速运行。由于动力电池容量小,动力电池充放电次数减少而使得系统内部损失减少。但是发动机必须在从低到高的较大负荷区内运行,使得发动机效率和排放不如恒温器策略。

(3)基本规则型策略。该策略综合了恒温器策略与功率跟踪式策略二者的优点,根据发动机负荷特性图设定了高效率工作区,根据动力电池的充放电特性设定了动力电池高效率的荷电状态范围。并设定一组控制规则,根据需求功率和SOC进行控制,以充分利用发动机和动力电池的高效率区,使其达到整体效率最高。

2)并联式混合动力电动汽车的能量管理策略

并联式混合动力电动汽车的能量管理策略基本属于基于转矩的控制。目前主要有以下4类。

(1)静态逻辑门限策略。该策略通过设置车速、动力电池SOC上下限、发动机工作转矩等一组门限参数,限定动力系统各部件的工作区域,并根据车辆实时参数及预先设定的规则调整动力系统各部件的工作状态，以提高车辆整体性能。其实现简单，目前实际应用较为广泛。但由于主要依靠工程经验设置门限参数，静态逻辑门限策略无法保证车辆燃油经济性最优，而且这些静态参数不能适应工况的动态变化，无法使整车系统达到最大效率。

（2）瞬时优化能量管理策略。针对静态逻辑门限策略的缺点，一些学者提出了瞬时优化能量管理策略。瞬时优化策略一般是采用等效燃油消耗最少法或功率损失最小法，二者原理类似。其中等效燃油消耗最少法将电动机的等效油耗与发动机的实际油耗之和定义为名义油耗，将电动机的能量消耗转换为等效的发动机油耗，得到一张类似于发动机万有特性图的电动机等效油耗图。在某一个工况瞬时，从保证系统在每个工作时刻的名义油耗最小出发，确定电动机的工作范围（用电动机转矩表示），同时确定发动机的工作点，对每一对工作点计算发动机的实际燃油消耗，以及电动机的等效燃油消耗，最后选名义油耗最小的点作为当前工作点，实现对发动机、电动机输出转矩的合理控制。为了将排放一同考虑，该策略还可采用多目标优化技术，采用一组权值来协调排放和燃油同时优化存在的矛盾。等效燃油消耗最少法在每一步长内是最优的，但无法保证在整个运行区间内最优，而且需要大量的浮点运算和比较精确的车辆模型，计算量大，实现困难。

（3）全局最优能量管理策略。全局最优能量管理策略是应用最优化方法和最优控制理论开发出来的混合动力系统能量分配策略，目前主要有基于多目标数学规划方法的能量管理策略、基于古典变分法的能量管理策略和基于 Bellman 动态规划理论的能量管理策略3 种。

研究最为成熟的是基于 Bellman 动态规划理论的能量管理策略，该方法首先建立空间状态方程，然后计算在约束条件下满足性能指标的最优解。为了满足电池荷电状态平衡的约束条件，采用拉格朗日乘子法推导出的性能指标，除了包含燃油消耗外，还包括荷电状态变化量。采用迭代方法计算其拉格朗日系数，可以得到满足荷电状态平衡约束条件的最优解。该方法只能用于特定的驾驶循环，即必须预先精确知道车辆的需求功率，因而不能用于在线控制。

全局最优模式实现了真正意义上的最优化，但实现这种策略的算法往往都比较复杂，计算量也很大，在实际车辆的实时控制中很难得到应用。通常的做法是把应用全局最优算法得到的能量管理策略作为参考，以帮助总结和提炼出能用于在线控制的能量管理策略，如与逻辑门限策略等相结合，在保证可靠性和实际可能性的前提下进行优化控制。

（4）模糊能量管理策略。该策略基于模糊控制方法来决策混合动力系统的工作模式和功率分配，将"专家"的知识以规则的形式输入模糊控制器中，模糊控制器将车速、电池 SOC、需求功率/转矩等输入量模糊化，基于设定的控制规则来完成决策，以实现对混合动力系统的合理控制，从而提高车辆整体性能。基于模糊逻辑的策略可以表达难以精确定量表达的规则；可以方便地实现不同影响因素（功率需求、SOC、电动机效率等）的折中；鲁棒性好。但是模糊控制器的建立主要依靠经验，无法获得全局最优。

3）混联式混合动力电动汽车的能量管理策略

混联式混合动力电动汽车由于其特有的传动系统结构（如采用行星齿轮传动），除了采用瞬时优化能量管理策略、全局最优能量管理策略和模糊能量管理策略（与并联式混合动力汽车能量管理策略原理类似)以外,还有如下一些特有的能量管理策略。

(1)发动机恒定工作点策略。由于采用了行星齿轮机构,发动机转速可以独立于车速变化,这样使发动机工作在最优工作点,提供恒定的转矩输出,而剩余的转矩则由电动机提供。这样电动机来负责动态部分,避免了发动机动态调节带来的损失,而且与发动机相比,电动机的控制也更为灵敏,易于实现。

(2)发动机最优工作曲线策略。发动机工作在万有特性图中最佳油耗线上,只有当发电机电流需求超出电池的接受能力或者当电动机驱动电流需求超出电动机或电池的允许限制时,才调整发动机的工作点。

2. 工作模式

混合动力电动汽车的实际运行工况十分复杂,主要包括起步、加速、减速、巡航、上坡、下坡、制动、停车、倒车等。混合动力电动汽车由两种动力源驱动,由于发动机和电动机两套动力系统分别具有不同的高效工作区,为了充分发挥混合动力系统的优势,汽车在不同的运行工况下,应具有多种不同的工作模式,以充分提高车辆整体性能。

1)串联式混合动力电动汽车的工作模式

串联式混合动力电动汽车主要包含以下工作模式。

(1)纯电动模式。发动机关闭,车辆仅由蓄电池组供电、驱动。

(2)纯发动机模式。车辆牵引功率仅来源于发动机-发电机组,而蓄电池组既不供电也不从驱动系统中吸收任何功率,电设备组用作从发动机到驱动轮的电传动系统。

(3)混合模式。牵引功率由发动机-发电机组和蓄电池组共同提供。

(4)发动机牵引和蓄电池充电模式。发动机-发电机组供给向蓄电池组充电和驱动车辆所需的功率。

(5)再生制动模式。发动机-发电动机组关闭,牵引电机产生的电功率用于向蓄电池组充电。

(6)蓄电池组充电模式。牵引电动机不接收功率,发动机-发电机组向蓄电池组充电。

(7)混合式蓄电池充电模式。发动机-发电机组和运行在发电机状态下的牵引电动机共同向蓄电池组充电。

5)并联式混合动力电动汽车的工作模式

并联式混合动力电动汽车主要包含以下工作模式。

(1)纯电动模式。当混合动力电动汽车处于起步、低速等轻载工况且动力电池的电量充足时,若以发动机作为动力源,则发动机燃油效率较低,并且排放性能很差。因此,关闭发动机,由动力电池提供能量并以电动机驱动车辆。但当动力电池的电量较低时,为保护电池,应当切换到行车充电模式。

(2)纯发动机模式。在车辆高速行驶等中等负荷时,车辆克服路面阻力运行所需的动力较小,一般情况下主要由发动机提供动力。此时,发动机可工作于高效区域,燃油效率较高。

(3)混合驱动模式。在加速或爬坡等大负荷情况下,当车辆行驶所需的动力超过发动机工作范围或高效区时,由电动机提供辅助动力同发动机一同驱动车辆。若此时动力电池的剩余电量较低,则转换到纯发动机模式。

(4) 行车充电模式。在车辆正常行驶等中低负荷时，若动力电池的剩余电量较低，发动机除了要提供驱动车辆所需的动力外，还要提供额外的功率，通过电动机发电以转换成电能给动力电池充电。

(5) 再生制动模式。当混合动力电动汽车减速/制动时，发动机不工作，电动机尽可能多地回收再生制动能量，剩余部分由机械制动器消耗。

(6) 怠速/停车模式。在怠速/停车模式中，通常关闭发动机和电动机，但当动力电池剩余电量较低时，需要起动发动机和电动机，控制发动机工作于高效区并拖动电动机为动力电池充电。

5.1.4 能量管理系统的发展方向

能量管理系统是电动汽车和电池的核心部件，得到了企业的重视，取得了一定的成果，但是现在的能量管理技术仍然有许多要改良和完善的地方。

(1) 电池能量管理系统成本高，电路复杂，电池在充放电过程中的化学变化也很复杂，而且电动汽车在运行中，其放电电流是随机变化的，电池电压与容量很难进行准确测量，建立每块电池剩余能量的较精确的数学模型比较困难，如何降低成本并能准确估测电动汽车电池模块的 SOC 状态仍将是后期研究的重点。

(2) 电池模块的安全预警技术也是能量管理系统的重要研究方向之一，关系到电动汽车能否正常运行和能否获得大众的认可。安全预警除了电池组热管理技术和对系统异常报警技术外，同时还需要加强对特殊情况的及时处理，如电池模块的过电压、过电流、欠电压等。

(3) 由于能量管理系统软件规模越来越庞大，运行的外部环境也越来越复杂，能量管理系统在运行中经常会出现一些无规律的异常现象，如局部功能失效、短时间的数据跳变等。传统的跟踪手段很难判断异常的出现。因此，发展更高级的配套跟踪系统已成为目前的研究重点。

(4) 目前，国内外比较成型的能量管理系统技术主要是针对某一动力系统设计的，效果比较好，但是不同的电动汽车动力传动结构有不同的系统配置、不同的能量管理系统管理体系结构，加上高效的实时性能，大大增加了控制任务的复杂性。因此，研究新的动力传动配置和控制器及更具有通用性的能量管理系统已经成为目前的发展方向。

5.2 电动汽车再生制动能量回收系统

再生制动是指电动汽车在减速制动(或者下坡)时将汽车的部分动能转化为电能，转化的电能储存在储存装置中，如各种蓄电池、超级电容和超高速飞轮，最终增加电动汽车的续驶里程。如果储能器已经被完全充满，再生制动就不能实现，所需的制动力就只能由常规的制动系统提供。

图 5.10 所法为电动汽车的再生制动/液压制动系统的基本结构，当驾驶人踩下制动踏板后，电泵使制动液增压产生所需的制动力，制动控制与电动机控制协同工作，确定电动汽车上的再生制动力矩和前后轮上的液压制动力。再生制动时，再生制动控制回收再生制动能量，并且反充到动力电池中。与传统燃油车相同，电动汽车上的 ABS 及其控制阀的

作用是产生最大的制动力。

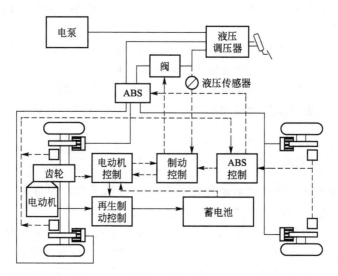

图 5.10　电动汽车的再生制动/液压制动系统的基本结构

5.2.1　再生制动能量回收的方法和类型

再生制动能量回收的基本原理是先将汽车制动或减速时的一部分机械能(动能)经再生系统转换(或转移)为其他形式的能量(旋转动能、液压能、化学能等)，并储存在储能器中，同时产生一定的负荷阻力使汽车减速制动；当汽车再次起动或加速时，再生系统又将储存在储能器中的能量转换为汽车行驶所需要的动能(驱动力)。

1. 再生制动能量回收方法

根据储能机理不同，电动汽车再生制动能量回收的方法也不同，主要有 3 种，即飞轮储能、液压储能和电化学储能。

飞轮储能是利用高速旋转的飞轮来储存和释放能量，能量回收系统原理图如图 5.11 所示。当汽车制动或减速时，先将汽车在制动或减速过程中的动能转换成飞轮高速旋转的动能；当汽车再次起动或加速时，高速旋转的飞轮又将存储的动能通过传动装置转化为汽车行驶的驱动力。

图 5.11　飞轮储能式再生制动能量回收系统原理图

图 5.12 是一种飞轮储能式再生制动能量回收系统示意图。系统主要由发动机、高速储能飞轮、增速齿轮、离合器和驱动桥组成。发动机用来提供驱动汽车的主要动力，高速储能飞轮用来回收再生制动能量及作为负荷平衡装置，为发动机提供辅助的功率以满足峰值功率的要求。

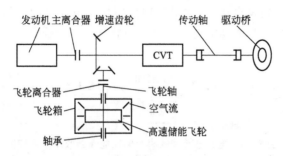

图 5.12　飞轮储能式再生制动能量回收系统示意图

液压储能式再生制动能量回收系统原理图如图 5.13 所示。它是先将汽车在制动或减速过程中的动能转换成液压能,并将液压能储存在液压储能器中;当汽车再次起动或加速时,储能系统又将储能器中的液压能以机械能的形式反作用于汽车,以增加汽车的驱动力。

图 5.13　液压储能式再生制动能量回收系统原理图

图 5.14 是液压储能式再生制动能量回收系统示意图。系统由发动机、液压泵/电动机、储能器、变速器、驱动桥、离合器和液压控制系统组成。汽车起动、加速或爬坡时,液控离合器接合,液压储能器与连动变速器连接,液压储能器中的液压能通过液压泵/电动机转化为驱动汽车的动能,用来辅助发动机满足驱动汽车所需要的峰值功率。减速时,电控元件发出信号,使系统处于储能状态,将动能转换为压力能储存在液压储能器内,这时汽车行驶阻力增大,车速降低直至停车。在紧急制动或初始车速较高时,能量再生系统不工作,不影响原车制动系统正常工作。

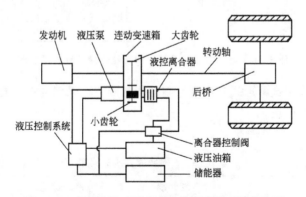

图 5.14　液压储能式再生制动能量回收系统示意图

电化学储能式再生制动能量回收系统原理图如图 5.15 所示。它是先将汽车在制动或减速过程中的动能,通过发电机转化为电能并以化学能的形式储存在储能器中;当汽车再次起动或加速时,再将储能器中的化学能通过电动机转化为汽车行驶的动能。储能器可采用蓄电池或超级电容,由发电机/电动机实现机械能和电能之间的转换。系统还包括一个控制单元,用来控制蓄电池或超级电容的充放电状态,并保证蓄电池的剩余电量在规定的范围内。

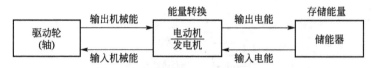

图 5.15　电化学储能式再生制动能量回收系统原理图

图 5.16 是一种用于前轮驱动汽车的电化学储能式再生制动能量回收系统示意图。当汽车以恒定速度或加速度行驶时,电磁离合器脱开。当汽车制动时,行车制动系统开始工作,汽车减速制动,电磁离合器接合,从而接通驱动轴和变速器的输出轴。这样,汽车的动能由输出轴、离合器、驱动轴、驱动轮和从动轮传到发动机和飞轮上。制动时的机械能由电动机转换为电能,存入蓄电池。当离合器再分离时,传到飞轮上的制动能,驱动发电机产生电能,存入蓄电池。在发电机和飞轮回收能量的同时,产生负载作用,作为前轮驱动的制动力。当汽车再次起动时,蓄电池的化学能被转换成机械能用来加速汽车。

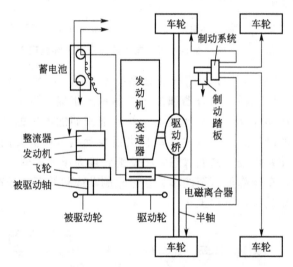

图 5.16　电化学储能式再生制动能量回收系统示意图

电动汽车一般采用这种形式实现再生制动能量回收,采用的办法是在制动或减速时将驱动电动机转化为发电机。

3 种储能方法的比较见表 5-1。

表 5-1　3 种储能方法的比较

项目	飞轮储能	液压储能	电化学储能
能量密度	+	-	++
功率密度	++	++	-
储能效率(短时间)	+	+	++
储能效率(长时间)	--	+	0

(续)

项目	飞轮储能	液压储能	电化学储能
能量转换效率	＋	－	＋
寿命	＋＋	＋＋	－－
过负荷容量	＋	＋	－
可靠性	＋	＋	－
维护性	＋	＋	－－
噪声	＋	＋	＋＋
成本	＋	－	－－

注：表中符号"＋＋"表示优秀、"＋"表示良好、"0"表示中等、"－"表示差、"－－"表示较差。

2．再生制动能量回收系统的类型

再生制动能量回收系统的类型因储能方法不同而不同，主要有电能式、动能式和液压式。

电能式主要由发电机、电动机和蓄电池或超级电容组成，一般在电动汽车上使用；动能式主要由飞轮、无级变速器构成，一般在公交汽车上使用；液压式主要由液压泵/电动机、储能器组成，一般在工程机械或大型车辆上使用。

5.2.2 电动汽车的再生制动能量回收系统

再生制动能量回收问题对于提高电动汽车的能量利用率具有重要意义。在汽车制动过程中，汽车的动能通过摩擦转化为热能耗散掉，浪费了大量的能量。有关研究数据表明，在几种常见城市工况下，大量的驱动能量被转化为制动能量而消散掉。从平均数值看，制动能量占总驱动能量的50%左右。

在电动汽车上采取再生制动能量回收方法，有如下作用。

（1）在目前电动汽车的储能元件没有大的突破与发展的实际情况下，再生制动能量回收装置可以提高电动汽车的能量利用率，延长电动汽车的行驶里程。

（2）电制动与传统制动相结合，可以减轻传统制动器的磨损，增长其使用周期，达到降低成本的目的。

（3）可以减少汽车制动器在制动，尤其是缓速下长坡及滑行过程中产生的热量，降低汽车制动器的热衰退，提高汽车的安全性和可靠性。

再生制动系统的结构与原理如图5.17所示，由驱动轮、主减速器、变速器、电动机、AC/DC转换器、DC/DC转换器、能量储存系统及控制器组成。

汽车在制动或滑行过程中，根据驾驶人的制动意图，由制动控制器计算得到汽车需要的总制动力，再根据一定的制动力分配控制策略得到电动机应该提供的电动机再生制动力，电动机控制器计算需要的电动机电枢中的制动电流，通过一定的控制方法

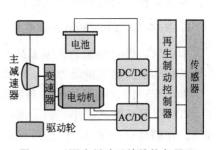

图5.17 再生制动系统结构与原理

使电动机跟踪需要的制动电流,从而较准确地提供再生制动力矩,在电动机的电枢中产生的电流经 AC/DC 整流再经 DC/DC 控制器反充到储能装置中保存起来。

在城市循环工况下,汽车的平均车速较低,负荷率起伏变化大,需要频繁地起动和制动,相关研究显示,汽车制动过程中以热能方式消耗到空气中的能量约占驱动总能量的 50% 左右,如果可以将该部分损失的能量加以回收利用,汽车的续驶里程将会得到很大提高。有关资料显示,具有再生制动能量回收系统的电动汽车,一次充电续驶里程至少可以增加 10%~30%。

下面简单介绍几种电动汽车再生制动能量回收系统。

1. Eco-Vehicle 制动控制系统

Eco-Vehicle 是日本开发的一款电动车,该车制动系统使用了传统制动系统不具有的制动压力控制阀单元,控制单元安装在主缸和前后制动器之间的液压回路中,同时压力控制阀还包括主缸压力传感器和两个由制动控制器控制的电磁调节器,如图 5.18 所示。

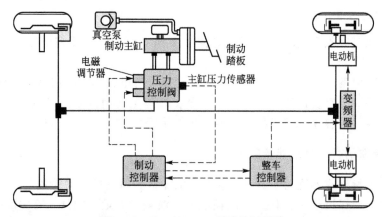

图 5.18 Eco-Vehicle 制动控制系统

压力控制阀单元包含 2 个阀体,而且每个阀体能够独立地作用在前后轮制动器上,同时每个阀体都有一个电磁调节器。利用电磁调节器来控制输出的压力不会直接输送到轮缸,车上的制动控制器控制输出液压制动力。在 Eco-Vehicle 制动控制系统中,使用压力控制阀减小液压制动力所占比例。压力控制阀中还有一种补偿制动液损失的机械装置,它能够在压力出现起伏波动时减轻踏板的振动。制动控制器根据接收的主缸压力信号做出判断,计算出施加的再生制动力的大小,并将结果以电信号形式发送给汽车控制器,之后汽车控制器参与到再生制动过程中,同时将结果反馈给制动控制器。制动控制器根据反馈信号决定压力控制阀的调节器应处于什么位置,从而控制制动压力的大小。

2. 本田 EV Plus 制动控制系统

本田 EV Plus 的制动控制系统与传统的液压(气压)制动系统有所区别,它使用电动真空泵给制动助力器提供动力源;制动过程中将回收能量传递到动力电池中。

本田 EV Plus 的制动控制系统如图 5.19 所示。当驾驶人踩下制动踏板一定时间后,电动机将以发电方式工作。制动回收的动能经过能量控制单元进入电池,转化为电能储存起来。在制动中,主缸产生的液压制动力矩经过补偿阀,补偿阀根据能量回收制动力矩的大小对液压制动力矩进行相应的调节控制。

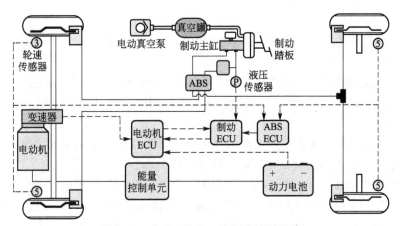

图 5.19 本田 EV Plus 的制动控制系统

3. 丰田普锐斯制动控制系统

丰田普锐斯是丰田汽车公司研制的一款混合动力轿车,它的制动系统包括能量回收制动和液压制动,能量回收制动由整车 ECU 控制,液压制动则由制动控制器控制,液压制动系统如图 5.20 所示。它包括常规制动系统,并且加装了踏板行程模拟机构、压力传感器、压力控制单元。该车具有 ABS 的压力调节功能,4 个压力传感器分别用于检测 2 个制动力矩及 2 个轮缸压力。制动过程如下。

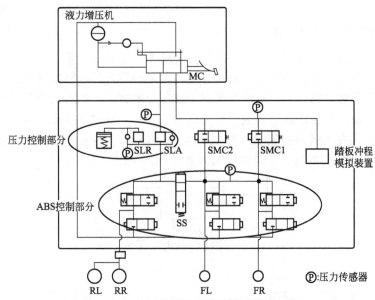

图 5.20 丰田普锐斯的液压制动控制系统

(1) 在制动开始时,制动控制器根据主缸的压力计算出驾驶人所需的制动力矩,并将该制动力矩发送给整车 ECU,整车 ECU 通过计算得到当前所能够施加的能量回收制动力矩的大小,并将其发送给制动控制器。

(2) 制动控制器根据能量回收制动力矩的大小计算目标液压制动力矩的大小,并根据目标液压制动力矩的数值确定电磁阀 SLA 的通电电流的大小,通过 SLA 来控制液压制动力矩的大小。

（3）SLR 是减压电磁阀，在 ABS 不起作用的时候可以通过 SLR 和储液器的配合来起到减压的作用。

（4）SS 为沟通前后轮缸回路的电磁阀，当前轮的制动力完全可以由能量回收制动力矩提供时，SS 是关闭的，当能量回收制动力矩不能够满足前轮制动需要时，SS 打开，前轮也进行液压制动。

（5）踏板行程模拟机构主要用来模拟踏板行程，吸收多余的制动液，使得在确保制动安全的前提下尽可能采用能量回馈制动，减少液压制动。

（6）SMC1 和 SMC2 为 2 个电磁阀，在正常情况下它们是关闭的，截断了两前轮的轮缸制动回路和制动主缸之间的连接，当制动回路出现异常情况时，如 SS 阀失效，前轮无法获取液压制动力矩时，SMC1 和 SMC2 打开，连通前轮的制动轮缸和制动主缸，确保前轮制动。

（7）电磁阀 SLA 和 SLR 都是相关的机械开启装置（在一定的开启压力下可以打开），防止由于电信号失效导致制动轮缸的压力增减失效。当 ABS 起作用时，SLA 全开，此后制动过程由 ABS 控制。

（8）当 ABS 不再起作用时，则转换为压力控制部分工作，通过 SLA 来控制液压制动力矩。

（9）压力控制单元主要用于控制液压制动力矩，它包括液压调节阀和制动主缸，同时实现 ABS 功能。当 ABS 起作用时，该车不进行能量回收制动，完全由液压制动系统来完成制动过程。

4. 再生-液压混合制动系统

图 5.21 是某电动汽车的再生-液压混合制动系统，它只在前轮上进行再生制动能量回收，前轮上的总制动力矩大小等于电机产生的再生制动力矩与机械制动系统产生的摩擦制动力矩的和。踩下制动踏板后，电动泵使制动液压力增加以产生所需的制动力，制动控制器与电机控制器协同工作以确定再生制动力矩和前后轮上的液压制动力矩大小。在电动机再生制动过程中，再生制动控制模块回收再生制动能量并输送到电池中，电动汽车上的 ABS 及其控制阀的作用都是产生尽可能大的制动力。

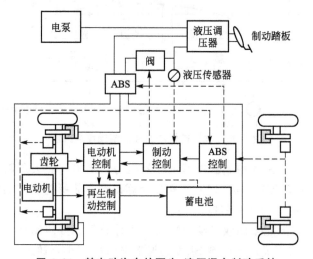

图 5.21 某电动汽车的再生-液压混合制动系统

新途锐混合动力汽车采用了由机械增压直喷汽油发动机(V6 TSI,最大功率245kW,最大转矩333N·m)和一个电动机(最大功率34.3kW,最大转矩140N·m)结合构成强劲、高效的动力系统。混合动力驱动模块安装于发动机和自动变速器之间,是指挥驱动单元的中枢。根据行驶工况,系统通过离合器装置协调汽油机和电动机"并行"工作,可产生高达279kW的最大功率及580N·m的最大转矩,相当于8缸发动机的强大动力,却只有4缸或6缸发动机的油耗和排放,不仅带来强劲的性能表现和极致的驾乘乐趣,更为豪华SUV市场树立了节能环保新标杆,实现动力与环保的双重追求。

新途锐混合动力汽车通过结合电力驱动、车辆滑行、能量回收和起动—停车系统4个方面的技术,使得这辆重达2.3t的SUV在城市路况的燃油效率较同级别车型提高了25%;在城市、高速公路和乡间的综合路况,平均油耗则降低了17%。0~100km/h的加速时间仅为6.5s;而低至8.2L/100km的油耗和193g/km的二氧化碳排放量,更使其当之无愧地成为豪华SUV领域的环保新标杆。

新途锐混合动力汽车具有制动能量回收系统,在制动或减速过程中,电动机转换为发电机,将多余能量回收,存储于高压蓄电池中,如图5.22所示。

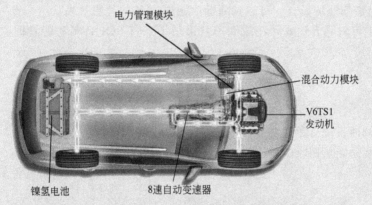

图5.22 新途锐混合动力汽车制动能量回收透视图

制动能量回收系统现今广泛应用于混合动力汽车及纯电动汽车。作为汽车新能源技术的伴生技术,制动能量回收系统的加入进一步提高了能源的利用率,将混合动力汽车和电动汽车的节能环保性能发挥至极致。随着混合动力技术及电动技术的发展,制动能量回收系统有望成为高效环保的主流标配。

制动能量回收系统不仅应用于新能源汽车上,在高级燃油汽车上也开始时应用。马自达汽车株式会社(以下简称"马自达")开发出世界首款面向乘用车、在充放电时采用"电容器"的制动能量回收系统,命名为"i-ELOOP",如图5.23所示。其独特之处在于使用了"电容"这一电子原件,它具有能够快速充放大量电力、即使长期反复使用也不易老化的特点。通过该项制动能量回收系统,可以将车辆减速时所产生的动能转化为电力,以供空调、音响及其他车载电器设备的使用,在频繁进行加速、制动的实际行驶中可以降低油耗约达 10%。

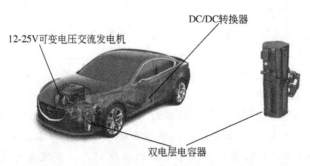

图 5.23 马自达的制动能量回收系统 i-ELOOP

为了在单次制动周期中实现良好的电能回收效果，马自达采用了全新的 12～25V 可变电压交流发电机、低阻双电层电容器、DC/DC 转换器。从行驶过程中驾驶人松开加速踏板车辆减速的瞬间开始，动能已开始被迅速回收，并利用交流发电机发电，提供最大为 25V 的电压，为双电层电容器进行充电并同时存储。这种新开发的汽车专用大容量电容器可在短短数秒内即完成充电。之后通过 DC/DC 转换器将电容所蓄积的电力减压至 12V，除直接分配供空调和音响等电子装置使用外，还可根据需要对蓄电池充电。由于每次车辆制动时都将重复这一过程，这大大节省了传统发动机为发电所消耗的燃料。因此，在日常行驶频繁发生加减速的场合，可达到降低油耗约 10% 的理想效果。

2014 年上市的马自达 6 阿特兹汽车就采用了 i-ELOOP 制动能量回收系统，排量为 2.0L 的综合工况油耗为 6.5L/100km。

思考题

1. 电池管理系统有哪些功能？
2. 再生制动能量回收的方法和类型有哪些？

第 6 章 电动汽车充电技术

 **教学目标**

通过本章的学习,要求读者了解电动汽车对充电设备的要求,掌握电动汽车充电设备的类型,以及充电方法和充电方式,熟悉电动汽车车载充电机和非车载充电机的组成、技术参数、充电接口和充电过程,了解电动汽车光伏充电站的结构与原理。

 **教学要求**

知识要点	能力要求	相关知识
电动汽车对充电设备的要求,电动汽车充电设备的类型,电动汽车充电方法和充电方式	了解电动汽车对充电设备的要求,掌握电动汽车充电设备的类型,以及充电方法和充电方式	充电设备
电动汽车车载充电机的组成、技术参数、充电接口和充电过程	熟悉电动汽车车载充电机的组成、技术参数、充电接口和充电过程	车载充电机
电动汽车非车载充电机的组成、技术参数、充电接口和充电过程	熟悉电动汽车非车载充电机的组成、技术参数、充电接口和充电过程	非车载充电机
电动汽车光伏充电站的结构与原理	了解电动汽车光伏充电站的结构与原理	光伏发电

> **导入案例**
>
> 电动汽车充电站是电动汽车的重要基础支撑系统，也是电动汽车商业化、产业化过程中的重要环节。随着电动汽车产业的快速发展，为避免充电标准不统一可能引发国内电动汽车无序发展的问题，国家相关部门正在积极推动电动汽车充电标准建设相关工作。
>
> 图6.1是某电动汽车充电站，充电设备有哪些？如何对电动汽车进行充电？通过本章的学习，读者可以得到答案。

图 6.1　电动汽车充电站

电动汽车产业能否得到快速发展，充电技术是关键因素之一。智能、快速的充电方式成为电动汽车充电技术发展的趋势。

6.1　概　　述

6.1.1　电动汽车对充电设备的要求

电动汽车充电设备是指与电动汽车或动力蓄电池相连接，并为其提供电能的设备，是电动汽车充电站最主要的设备。

电动汽车对充电设备的基本要求主要如下：

（1）安全性。电动汽车充电时，要确保人员的人身安全和蓄电池组的安全。

（2）使用方便。充电设备应具有较高的智能性，不需要操作人员过多干预充电过程。

（3）成本经济。成本经济、价格低廉的充电设备有助于降低整个电动汽车的成本，提高运行效益，促进电动汽车的商业化推广。

（4）效率高。高效率是对现代充电设备最重要的要求之一，效率的高低对整个电动汽车的能量效率具有重大影响。

（5）对供电电源污染要小。采用电力电子技术的充电设备是一种高度非线性的设备，会对供电网及其他用电设备产生有害的谐波污染，而且由于充电设备功率因数低，在充电系统负载增加时，对其供电网的影响也不容忽视。

6.1.2　电动汽车充电设备的类型

电动汽车充电设备的类型很多，一般分为非车载充电机、车载充电机、交流充电桩、直流充电桩和交直流充电桩等。

1. 非车载充电机

非车载充电机是指安装在电动汽车车体外，将电网的交流电能变换为直流电能，采用传导方式为电动汽车动力蓄电池充电的专用装置。图 6.2 所示为某企业生产的电动汽车非车载充电机。

非车载充电机一般由高频开关电源模块、监控单元、人机操作界面、与电动汽车相连的电气接口、计量系统和通信接口等组成。

2. 车载充电机

车载充电机是指固定安装在电动汽车上运行，将交流电能转换为直流电能，采用传导方式为电动汽车动力蓄电池充电的专用装置。图 6.3 所示为某企业生产的电动汽车车载充电机。

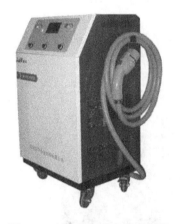 

图 6.2　电动汽车非车载充电机　　图 6.3　电动汽车车载充电机

车载充电机由交流输入接口、功率单元、控制单元、直流输出接口等部分组成，充电过程中宜由车载充电机提供电池管理系统、充电接触器、仪表板、冷却系统等低压用电电源。

3. 交流充电桩

交流充电桩是指固定在电动汽车外、与交流电网连接，采用传导方式为具有车载充电装置的电动汽车提供交流电源的专用供电装置。交流充电桩只提供电力输出，没有充电功能，需连接车载充电机为电动汽车充电。图 6.4 所示为电动汽车交流充电桩。

交流充电桩由桩体、电气模块和计量模块 3 部分组成。桩体外部结构包括外壳和人机交互界面；电气模块包括充电插座、供电电缆、电源转接端子排、安全防护装置等；计量模块包括电能表、计费管理系统、非接触式读写装置等。

图 6.4　电动汽车交流充电桩

4. 直流充电桩

直流充电桩是指固定在电动汽车外、与交流电网连接，可以为非车载电动汽车动力电池提供小功率直流电源的供电装置。直流充电桩的输入电压采用三相四线 AC380V（1±15%），频率 50Hz，输出为可调直流电，直接为电动汽车的动力电池充电。图 6.5 所示为电动汽车直流充电桩。

直流充电桩主要由监控器、电度计量表、读卡器、人机交互界面、通信模块及充电接口、执行机构和户外柜体等部分组成。

5. 交直流充电桩

交直流充电桩是采用交直流一体的结构，既可实现直流充电，也可以交流充电。白天充电业务多的时候，使用直流方式进行快速充电，当夜间充电站用户少时可用交流充电进行慢充操作。图 6.6 所示为电动汽车交直流充电桩。

图 6.5 电动汽车直流充电桩

图 6.6 电动汽车交直流充电桩

6.1.3 电动汽车充电方法

电动汽车蓄电池充电方法主要有恒流充电、恒压充电和恒流限压充电，现代智能型蓄电池充电机可设置不同的充电方法。

1. 恒流充电

恒流充电是指充电过程中使充电电流保持不变的方法。恒流充电具有较大的适应性，容易将蓄电池完全充足，有益于延长蓄电池的寿命。缺点是在充电过程中，需要根据逐渐升高的蓄电池电动势调节充电电压，以保持电流不变，充电时间也较长。

恒流充电是一种标准的充电方法，有如下 4 种充电方法：

（1）涓流充电，即维持电池的满充电状态，恰好能抵消电池自放电的一种充电方法，其充电电率对满充电的电池长期充电无害，但对完全放电的电池充电，电流太小。

（2）最小电流充电，是指在能使深度放电的电池有效恢复电池容量的前提下，把充电电流尽可能地调整到最小的方法。

(3) 标准充电，即采用标准速率充电，充电时间为14h。

(4) 高速率(快速)充电，即在3h内就给蓄电池充满电的方法，这种充电方法需要自动控制电路保护电池不损坏。

2. 恒压充电

恒压充电是指充电过程中保持充电电压不变的充电方法，充电电流随蓄电池电动势的升高而减小。合理的充电电压，应在蓄电池即将充足时使其充电电流趋于0。如果电压过高会造成充电初期充电电流过大和过充电，如果电压过低则会使蓄电池充电不足。充电初期若充电电流过大，则应适当调低充电电压，待蓄电池电动势升高后再将充电电压调整到规定值。

恒压充电的优点是充电时间短，充电过程无需调整电压，较适合于补充充电。缺点是不容易将蓄电池完全充足，充电初期大电流对极板会有不利影响。

3. 恒流限压充电

先以恒流方式进行充电，当蓄电池组端电压上升到限压值时，充电机自动转换为恒压充电，直到充电完毕。

6.1.4 电动汽车充电方式

电动汽车充电方式主要有常规充电方式、快速充电方式、更换电池充电方式、无线充电方式和移动式充电方式。

1. 常规充电方式

常规充电方式采用恒压、恒流的传统充电方式对电动汽车进行充电，相应的充电器的工作和安装成本相对比较低。电动汽车家用充电设施(车载充电机)和小型充电站多采用这种充电方式。车载充电机是电动汽车的一种最基本的充电设备，如图6.7所示。充电机作为标准配置固定在车上或放在行李箱里。由于只需将车载充电器的插头插到停车场或家中的电源插座上即可进行充电，因此充电过程一般由客户自己独立完成。直接从低压照明电路取电，充电功率较小，由220V/16A规格的标准电网电源供电。典型的充电时间为8～10h(SOC达到95%以上)。这种充电方式对电网没有特殊要求，只要能够满足照明要求的供电质量就能够使用。由于在家中充电通常是晚上或者是在电低谷期，有利于电能的有效利用，因此电力部门一般会给予电动汽车用户一些优惠，如电低谷期充电打折。

小型充电站是电动汽车的一种最重要的充电方式，如图6.8所示，充电机设置在街

图6.7 车载充电机充电方式

图6.8 小型充电站充电方式

边、超市、办公楼、停车场等处。采用常规充电电流充电。电动汽车驾驶人只需将车停靠在充电站指定的位置上,接上电线即可开始充电。计费方式是投币或刷卡,充电功率一般为 5~10kW,采用三相四线制 380V 供电或单相 220V 供电。其典型的充电时间是:补电 1~2h,充满 5~8h(SOC 达到 95%以上)。

常规充电方式的主要优点:充电技术成熟,技术门槛低,使用方便,容易推广普及;充电设施配置简单,占地较小,投资少;电池充电过程缓和,电池能够深度充满,续航能力更长;充电时电池发热温和,不易发生高温短路或爆炸危险,安全性较高;接口和相关标准较低;充电功率相对低,对配电网要求降低,基础设施配套需求小;一般选择夜间充电,可避开傍晚用电高峰期,享受低谷电价优惠,节能效果较好。

常规充电方式的主要缺点:充电时间长,续驶里程有限,使用受到限制;用于有慢速充电需求的停车场所,如住宅小区停车场,社会公共停车场等。

2. 快速充电方式

快速充电方式以 150~400A 的高充电电流在短时间内为蓄电池充电,与常规充电方式相比安装成本相对较高。快速充电也可称为迅速充电或应急充电,其目的是在短时间内给电动汽车充满电,充电时间应该与燃油车的加油时间接近。大型充电站(机)多采用这种充电方式。

图 6.9 大型充电站(机)的快速充电方式

大型充电站(机)的快速充电方式如图 6.9 所示,它主要针对长距离旅行或需要进行快速补充电能的情况进行充电,充电机功率很大,一般都大于 30kW,采用三相四线制 380V 供电。其典型的充电时间是 10~30min。这种充电方式对电池寿命有一定的影响,特别是普通蓄电池不能进行快速充电,因为在短时间内接受大量的电量会导致蓄电池过热。快速充电站的关键是非车载快速充电组件,它能够输出 35kW 甚至更高的功率。由于功率和电流的额定值都很高,因此这种充电方式对电网有较高的要求,一般应靠近 10kV 变电站附近或在监测站和服务中心使用。

快速充电方式的主要优点:技术较为成熟,接口标准要求较低;充电速度快,增加电动汽车长途续航能力,是一种有效的补充方案。

快速充电方式的主要缺点:充电功率较大,接口和用电安全提高,电池散热成为重要因素;电池不能深度充电,一般为电池容量的 80%左右,容易损害电池寿命,需要承担更多的电池折旧成本;短时用电消耗大,对配电网要求较高,基础设施配套需求巨大;一般在白天和傍晚时间段充电,属于城市电力负荷高峰时段,对城市电网的安全性是一种威胁,而且不享受夜间电价打折;快速充电模式技术较为成熟,接口标准逐渐统一。

3. 更换电池充电方式

更换电池充电方式采用更换动力电池的方法迅速补充车辆电能,更换电池可在 10min 以内完成,理论上无限提升了车辆续驶里程。

图 6.10 所示为利用换电机器人为电动汽车更换电池。

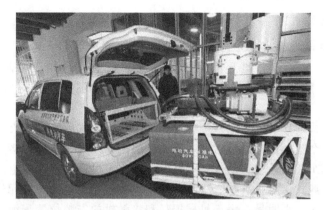

图 6.10　利用换电机器人为电动汽车更换电池

更换电池充电方式的主要优点：电池更换客户感受接近传统的加油站加油；用户只需购买裸车，电池采用租赁，大幅降低了车辆价格；采用适合的充电方式保证电池的健康及电池效能的发挥，电池集中管理便于集中回收和维护，减小环境污染；选择夜间用电低谷时段慢速充电，降低服务机构运行成本，对电网起到错峰填谷作用。

更换电池充电方式的主要缺点：基础设施建设成本较高，占用场地大，电网配套要求高；需解决电动汽车更换电池方便问题，如电池设计安装位置、电池拆卸难易程度等；需要电动汽车行业众多标准的严格统一，包括电池本身外形和各项参数的标准化，电池和电动车接口的标准化，电池和外置充电设备接口的标准化等；电池更换容易导致电池接口接触不良等问题，对电池及车辆接口的安全可靠要求提高；电池租赁带来的资产管理、物流配送、计价收费等一系列问题，运作复杂性和成本提高。

4. 无线充电方式

电动汽车无线充电方式是利用无线电能传输技术对蓄电池进行充电的一种新型充电方式，主要有感应式、谐振式和微波无线电能传输 3 种形式。感应式无线输电是松散耦合结构，相当于可分离变压器；谐振式无线电能传输利用近场电磁共振耦合，可以实现电能中距离有效传输；微波无线电能传输是一种远场辐射型能量传输方式，由于其传输效率很低，而且容易对人体产生危害，因此不宜用于电动汽车无线充电。

相对于电动汽车的有线充电而言，无线充电具有使用方便、安全、可靠，没有电火花和触电的危险，无积尘和接触损耗，无机械磨损，没有相应的维护问题，可以适应雨雪等恶劣的天气和环境等优点。无线充电技术用于电动汽车充电可以降低人力成本，节省空间，不影响交通视线等。如果可以实现电动汽车的动态无线充电，则可以大幅减少电动汽车配备的动力电池容量，从而减轻车体质量，降低电动汽车的运行成本。

有了无线充电技术，公路上行驶的电动汽车或双能源汽车可通过安装在电线杆或其他高层建筑上的发射器快速补充电能。电费将从汽车上安装的预付卡中扣除。

电动汽车无线充电示意图如图 6.11 所示。

图 6.11　电动汽车无线充电示意图

5. 移动式充电方式

对电动汽车蓄电池而言，最理想的情况是电动汽车在路上巡航时充电，即所谓的移动式充电（MAC）。这样，电动汽车用户就没有必要去寻找充电站、停放车辆并花费时间去充电了。移动式充电系统埋设在一段路面之下，即充电区，不需要额外的空间。

接触式和感应式的移动式充电系统都可实施。对接触式的移动式充电系统而言，需要在车体的底部装一个接触拱，通过与嵌在路面上的充电元件相接触，接触拱便可获得瞬时高电流。当电动汽车巡航通过移动式充电区时，其充电过程为脉冲充电。对于感应式的移动式充电系统，车载式接触拱被感应线圈所取代，嵌在路面上的充电元件被可产生强磁场的高电流绕组所取代。很明显，由于机械损耗和接触拱的安装位置等因素的影响，接触式的移动式充电对人们的吸引力不大。

目前的研究主要集中在感应式移动充电方式，因为它不需要机械接触，也不会产生大的位置误差。当然，这种充电方式的投资巨大，现在仍处于实验阶段。

制约电动汽车推广应用的两个瓶颈是续驶里程和充电时间。无线充电技术的诞生，让人们看到了突破瓶颈的希望。2013 年，德国博世公司最先开始销售 Plugless Power 无线充电装置（图 6.12），这种充电器可以作为改装部件安装在日产聆风和雪佛兰沃蓝达汽车上，目前仅限于北美地区。此时虽然已经诞生无线充电技术，不过它和用一根电缆充电其实差别并不大，只是节省了拔插电线的步骤。这套系统采用的是电磁感应式无线充电技术，该技术虽然能量转换效率高，传输功率的范围也比较大，能从几瓦到几百瓦。不过弊端也很明显，只能进行一对一充电，另外对于磁场发射端和接收端的位置要求很高，两者的距离、角度稍有偏差都会大大影响充电效率。

图 6.12　德国博世公司的无线充电技术

在 2014 年年初，丰田公司也加入无线充电的行列，而且将无线充电技术的重要性放在了电池技术开发之上。为了弥补无线充电技术对位置的高要求，丰田还专门开发了一套泊车辅助功能，可在中控显示屏上显示发射线圈的位置，供驾驶人停车时对准位置。

随后本田以飞度 EV 汽车测试了磁场共振式无线充电技术，磁场共振式无线充电技术与声波共振类似，只要发射端和接收端达到相同的共振频率，就能传递能量。因此对于位置要求没有那么高，而且支持一对多充电，不过遗憾的是能量损耗比较大，而且传输功率越大损耗也就越大。据本田宣称，只要发射端与接收端有 80% 的面积重合，就可以为车辆充电。

奔驰和宝马近期宣布合作研发无线充电技术，奔驰将基于全新 S 级汽车进行测试，而宝马则计划率先应用在 i8 汽车身上。关于充电时间，这套系统目前的额定功率为 3.6kW，以宝马 i8 汽车为例，该系统可在 2h 内为其充满电。未来还将对线圈进一步改造，使其输出功率最终达到 7kW，彻底解决充电慢的劣势。

无线充电技术使充电变得方便，充电时间问题解决了，但是续驶里程依然是个问题，怎么办？把"充电站"搬马路上去。美国一家专为电动汽车提供无线充电的企业 Hevo 设计了井盖形状的充电设备（图 6.13），只要车上装有 Hevo 公司的接收器，就可以停在上面进行充电。

图 6.13 美国 Hevo 公司的无线充电技术

瑞典沃尔沃公司想法更加超前，提出了 "Charging on the go（充电车道）"的理念，以沃尔沃 C30 BEV 为试验车，在瑞典测试场中的一条 400m 长的车道下面，布置了动态无线充电技术所需的相关感应系统，如图 6.14 所示，车辆只需要从这条道上开过去就可以充上电。

图 6.14 瑞典沃尔沃公司的无线充电技术

6.1.5 电动汽车充电技术的发展趋势

电动汽车充电技术具有以下发展趋势。

(1) 充电通用化。在多种类型蓄电池、多种电压等级共存的市场背景下，用于公共场所的充电装置必须具有适应多种类型蓄电池系统和适应各种电压等级的能力，即充电系统需要具有充电广泛性，具备多种类型蓄电池的充电控制算法，可与各类电动汽车上的不同蓄电池系统实现充电特性匹配，能够针对不同的电池进行充电。因此，在电动汽车商业化的早期，就应该制定相关政策措施，规范公共场所用充电装置与电动汽车的充电接口、充电规范和接口协议等。

(2) 实现智能充电控制。电动汽车充电行为具有随机性和间歇性，会对电网造成诸多不利影响。如果能在提供方便安全的电动汽车充电服务的基础上，通过现代化的技术手段和管理方法，对电动汽车充电设施进行统一监控，实现充电网络一体化、自动化与智能化的充电设施管理与控制，可大幅度削弱电动汽车充电给电力系统带来的不利影响，甚至可将电动汽车充电设施作为电力系统的"友好负荷"，使其参与电力系统削峰填谷，有助于提高电力系统的运行效率和安全性。

(3) 与新能源发电配合。新能源发电可利用的资源丰富、污染较少，甚至是零污染，可以在一定程度上缓解电力供应的紧张情况和环保压力。如能将充电设施与新能源发电集成接入电力系统，将在一定程度上削弱新能源接入对电力系统造成的不利影响，降低充电设施带来的负荷增量，提高可再生能源的利用率；在新能源丰富的郊区建立电动汽车充电站，同时在市区提供电池组更换服务，通过双向运输等方式促进电动汽车和新能源发电的发展。

(4) 作为系统储能的组成部分。由于太阳能、风能具有随机性、波动性和不可控性，在含光伏发电、风力发电的微电网或配电网中，需配置一定容量的储能设备。若储能配置偏少，可能无法满足系统发电和用电之间的实时动态平衡；若储能配置过于充裕，将显著增加系统总投资费用，可能造成经济性变差。从电动汽车特性可知，只有在蓄电池荷电状态比较充裕时才可使用，因此当电动汽车因电量不足以行驶时，仍有一定的电量存储，可用于参与含分布式电源的微电网或配电网功率实时动态平衡。此外，电动汽车行驶时间通常较短，可在其大量的空置时间内参与电网运行，作为储能单元参与系统削峰填谷，减少系统静态储能设备的配置，提高系统的经济性。

(5) 成为智能电网的重要组成部分。电动汽车是发展新能源汽车的重要方向，支持电动汽车发展的电网技术是智能电网的重要组成部分。目前，为充电设施安装智能电表、充电站双向通信设施等都是电动汽车充电的主要研究方向。智能电网的实现也依赖于对电网中各环节重要运行参数的在线监测和实时信息掌控，新兴的物联网可作为"智能信息感知末梢"，使管理更加集中化、统一化、智能化。将物联网应用于电动汽车充电将有助于实现电动汽车的自动识别、自动报警、自动管理等功能，是推动智能电网发展的重要技术手段。

6.2 电动汽车车载充电机

车载充电机具有为电动汽车动力电池安全、自动充满电的能力。充电机依据电池管理系统提供的数据，能动态调节充电电流或电压参数，执行相应的动作，完成充电过程。

6.2.1　电动汽车车载充电机组成

车载充电机由交流输入端口、功率单元、控制单元、低压辅助单元、直流输出端口等部分组成。车载充电机连接示意图如图 6.15 所示。

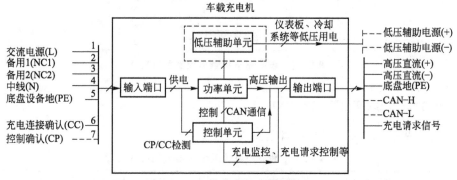

图 6.15　车载充电机连接示意图

输入端口是车载充电机与地面供电设备的连接装置，当使用车载充电机对电动汽车充电时，推荐使用图 6.16 所示的典型引导电路作为充电接口连接状态及车载充电机输出的判断装置。

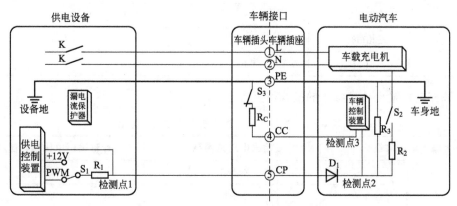

图 6.16　车载充电机输入控制引导电路

功率单元作为充电能量的传递通道，主要包括 EMI 抑制模块、整流模块、PFC 校正模块、滤波模块、全桥变换模块、直流输出模块，其作用是在控制单元的配合下，把电网的交流电转换成蓄电池需要的高压直流电。

控制单元主要包括原边检测及保护模块、过电流检测及保护模块、过电压/欠电压监测及保护模块、DSP 主控模块，其作用是通过电力电子开关器件控制功率单元的转换过程，通过闭环控制方式精确完成转换功能，并提供保护功能。

低压辅助单元主要包括 CAN 通信模块、辅助电源模块、人机交互模块，其作用是为控制单元的电力电子器件提供低压供电及实现系统与外界的联系。

输出端口是车载充电机与蓄电池之间的连接装置，车载充电机输出控制引导电路如图 6.17 所示。

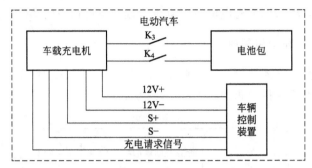

图 6.17 车载充电机输出控制引导电路

6.2.2 电动汽车车载充电机技术参数

车载充电机输入技术参数的推荐值见表 6-1。

表 6-1 车载充电机输入技术参数的推荐值

序号	额定输入电压/V	额定输入电流/A	额定输入功率/kW	额定频率/Hz
1	单相 220	10	2.2	50
2	单相 220	16	3.5	
3	单相 220	32	7.0	
4	三相 380	16	10.5	
5	三相 380	32	21.0	
6	三相 380	63	41.0	

车载充电机输出技术参数的推荐值见表 6-2。

表 6-2 车载充电机输出技术参数的推荐值

输出电压等级	输出电压范围/V	标称输出电压推荐值/V
1	24~65	48
2	55~120	72
3	100~250	144
4	200~420	336
5	300~570	384、480
6	400~750	640

输出电流可根据各厂家蓄电池组电压情况设定。车载充电机在额定输入电压、额定负载的状态下，效率应不低于 90%，功率因数应不低于 0.92。

车载充电机的技术参数误差要求：输入电压波动范围为额定输入电压的±15%；输入电压频率波动范围为额定频率的±2%；车载充电机在恒压输出状态下运行时，其输出电压与设定电压的误差应为±1%；车载充电机在恒流输出状态下运行时，其输出电流与设定电流的误差应为±5%；车载充电机在允许的输出电流的范围内，输出电流的周期和随机偏差不能大于设定电流值的10%;车载充电机在稳流区间工作时,其稳流精度应小于1%,在稳压区间工作时,稳压精度应小于0.5%。

6.2.3 电动汽车车载充电机充电接口

电动汽车车载充电机属于交流充电,其接口应满足交流充电接口的要求。

车载充电机车辆供电插头的触头布置方式如图6.18所示,车辆充电插座的触头布置方式如图6.19所示。

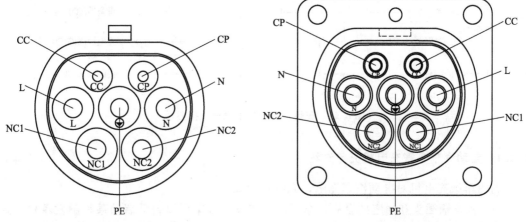

图6.18 车载充电机车辆供电
插头的触头布置方式

图6.19 车载充电机车辆充电
插座的触头布置方式

在充电连接过程中,首先接通保护接地触头,最后接通控制确认触头与充电连接确认触头;断开过程相反。车辆充电接口的电气连接界面如图6.20所示,供电接口的电气连接界面如图6.21所示。

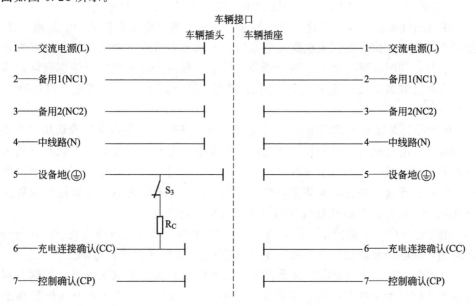

图6.20 车辆充电接口的电气连接界面

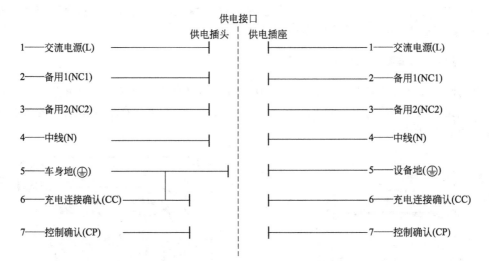

图 6.21 车辆供电接口的电气连接界面

6.2.4 电动汽车车载充电机充电过程

利用车载充电机对电动汽车充电,充电过程如下:

(1) 将车辆插头和插座插合后,车辆的总体设计方案可以自动启动某种触发条件,通过互锁或者其他控制措施使车辆处于不可行驶状态。

(2) 电动汽车车辆控制装置通过测量图 6.16 中检测点 3 与 PE 之间的电阻值,判断车辆插头与车辆插座是否已完全连接。

(3) 在操作人员对供电设备完成充电启动设置后,如供电设备无故障,并且供电接口已完全连接,则闭合 S_1,供电控制装置发出 PWM 信号,电动汽车车辆控制装置通过测量图 6.16 中检测点 2 的 PWM 信号,判断充电连接装置是否已完全连接。

(4) 在电动汽车和供电设备建立电气连接及车载充电机完成自检后,通过测量图 6.16 中检测点 2 的 PWM 信号确认充电额定电流值;车载充电机给电动汽车控制装置发送充电感应请求信号,同时或延时后给车辆控制装置供电;根据充电协议进行信息确认,若需充电则电动汽车控制装置发送需充电报文并控制充电接触器闭合,车载充电机按所需功率输出。

(5) 车辆控制装置通过判断图 6.16 中检测点 2 的 PWM 信号占空比确认供电设备当前能提供的最大充电电流值;车辆控制装置对供电设备、充电连接装置及车载充电机的额定输入电流值进行比较,将其最小值设定为车载充电机当前最大允许输入电流;当判断充电连接装置已完全连接,并完成车载充电机最大允许输入电流设置后,车辆控制装置控制图 6.17 中 K_3、K_4 闭合,车载充电机开始对电动汽车进行充电。

(6) 充电过程中,车辆控制装置可以对图 6.16 中检测点 3 的电压值及 PWM 信号占空比进行监测,供电控制装置可以对图 6.16 中检测点 1 的电压值进行监测。

(7) 在充电过程中,当充电完成或者因为其他原因不满足充电条件时,车辆控制装置发出充电停止信号给车载充电机,车载充电机停止直流输出、CAN 通信和低压辅助电源输出。

6.3 电动汽车非车载充电机

作为推动电动汽车发展的重要因素，电动汽车充电站这一基础设施的建设显得尤为重要，没有充电站就相当于现在没有加油站，充电站的建设对于提供电动汽车远程旅行及提高续驶里程具有非常重要的作用。而作为充电站的核心，非车载充电机是必不可少的。

6.3.1 电动汽车非车载充电机组成

非车载充电机主要由充电机主体和充电终端两个部分组成，如图 6.22 所示。充电机主体通过三相输入接触器与电网相连，将交流电转换为输出电压、电流可调的直流电。输出经过充电终端的充电接口与电动汽车的蓄电池相连。充电终端面向用户，并与整流柜控制系统、电池管理系统、充电站监控系统等实现通信。充电终端也有一个单独的 MCU 控制系统，对整个终端进行管理。充电终端包括 IC 卡计费系统、打印系统、人机交互面板显示系统、电能测量系统，并与整流柜控制系统、电池管理系统、充电站监控系统等实现通信，它们之间的相互间关系如图 6.23 所示。

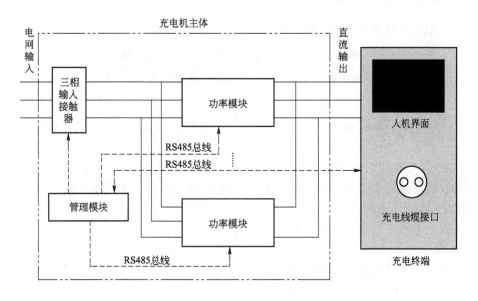

图 6.22 非车载充电机系统结构

功率模块是非车载充电机中实现能量传递的主体，是充电机中最关键的部件，单个功率模块难以实现充电机的大功率输出，必须选择分布式系统来实现，即多个相同的功率模块并联均流。

人机交互界面不但要提供充电时客户所关心的一些信息，还要提供给充电站维护人员一些必要信息，主要有电池类型、充电电压、充电电流、电能量计量信息；电池单体最高/最低电压；故障及报警信息等；在充电完成后，需要充电机打印输出交易信息，比如用电度数、交易金额及充电时间等。

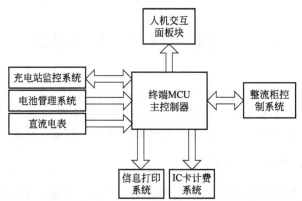

图 6.23 非车载充电机充电终端结构

　　管理模块和充电终端及各功率模块进行数据交互，通过 RS485 总线下发正确的充电控制命令和参数设置命令给各功率模块。功率模块作为充电的具体执行模块，按照管理模块下发的命令上传自身参数，或者接收管理模块的命令，设置相关参数完成充电过程。管理模块和功率模块协同工作实现充电功能。

6.3.2　电动汽车非车载充电机技术参数

电动汽车非车载充电机输入技术参数见表 6-3。

表 6-3　电动汽车非车载充电机输入技术参数

输入方式	输入电压额定值/V	输入电流额定值/A	频率/Hz
1	单相 220	$I_N \leqslant 16$	
2	单相 220/三相 380	$16 < I_N \leqslant 32$	50
3	三相 380	$I_N > 32$	

　　根据蓄电池组电压等级的范围，非车载充电机输出电压一般分为三级：150～350V、300～500V、450～700V。

　　非车载充电机输出额定电流宜采用：10A、20A、50A、100A、160A、200A、315A、400A、500A。

　　当非车载充电机的输出功率为额定功率的 50%～100% 时，效率不应小于 90%，功率因数不应小于 0.9。

　　非车载充电机技术参数误差要求：当交流电源电压在标称值的 ±15% 范围内变化，输出直流电压在规定的相应调节范围内变化时，输出直流电流在额定值的 20%～100% 范围内任一数值上应保持稳定，充电机输出电流精度不应超过 ±1%；当交流电源电压在标称值的 ±15% 范围内变化，输出直流电流在额定值的 0～100% 范围内变化时，输出直流电压在规定的相应调节范围内任一数值上应保持稳定，充电机输出电压精度不应超过 ±0.5%。

6.3.3　电动汽车非车载充电机充电接口

　　电动汽车非车载充电机车辆插头的触头布置方式如图 6.24 所示，车辆插座的触头布置方式如图 6.25 所示。

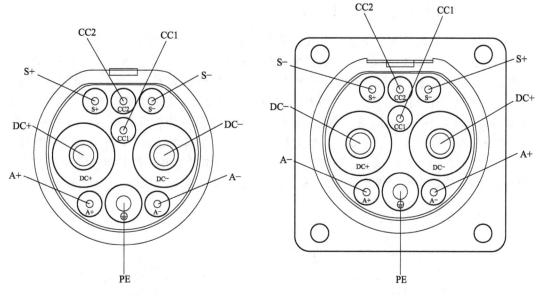

图 6.24　非车载充电机车辆　　　　图 6.25　非车载充电机车辆
　　　插头的触头布置方式　　　　　　　　插座的触头布置方式

车辆插头和车辆插座在连接过程中触头耦合的顺序为保护接地，直流电源正、直流电源负、车辆端连接确认，低压辅助电源正与低压辅助电源负，充电通信与供电端连接确认；在脱开的过程中则顺序相反。直流充电接口的连接界面如图 6.26 所示。

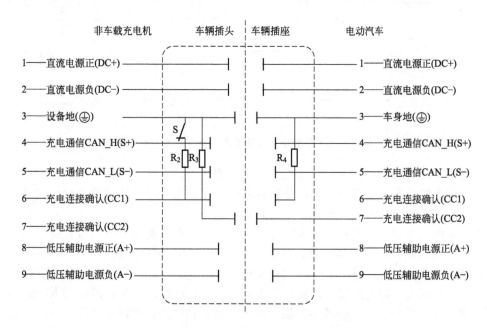

图 6.26　非车载充电机直流充电接口的连接界面

6.3.4 电动汽车非车载充电机充电过程

非车载充电机直流充电安全保护系统基本方案如图 6.27 所示,包括非车载充电机控制装置,电阻 $R_1 \sim R_5$,开关 S、直流供电回路接触器 K_1 和 K_2(可以仅设置 1 个)、低压辅助供电回路接触器 K_3 和 K_4(可以仅设置 K_3)、充电回路接触器 K_5 和 K_6(可以仅设置 1 个)、电子锁及车辆控制装置,其中车辆控制装置可以集成在电池管理系统中。电阻 R_2 和 R_3 安装在车辆插头上,电阻 R_4 安装在车辆插座上。开关 S 为车辆插头的内部常闭开关,当车辆插头和车辆插座完全连接后,开关 S 闭合。在整个充电过程中,非车载充电机控制装置应能监测接触器 K_1、K_2,接触器 K_3、K_4 及电子锁状态并控制其接通及关断;电动汽车车辆控制装置应能监测接触器 K_5 和 K_6 状态并控制其接通及关断。

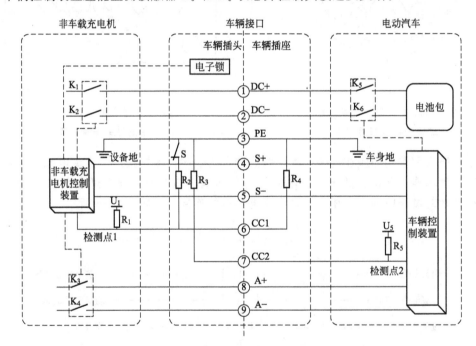

图 6.27 非车载充电机直流充电安全保护系统基本方案

利用非车载充电机对电动汽车充电,充电过程如下:

(1) 将车辆插头和插座插合后,车辆的总体设计方案可以自动启动某种触发条件,通过互锁或者其他控制措施使车辆处于不可行驶状态。

(2) 操作人员对非车载充电机进行充电设置后,非车载充电机控制装置通过测量检测点 1 的电压值判断车辆插头与车辆插座是否已完全连接,如检测点 1 的电压值为 4V,则判断车辆接口完全连接,非车载充电机控制电子锁锁止。

(3) 在车辆接口完全连接后,如非车载充电机完成自检,则闭合接触器 K_3 和 K_4,使低压辅助供电回路导通,同时开始周期发送充电机辨识报文;在得到非车载充电机提供的低压辅助电源供电后,车辆控制装置通过测量检测点 2 的电压值判断车辆接口是否已完全连接;如检测点 2 的电压值为 6V,则车辆控制装置开始周期发送车辆控制装置(或电池管理系统)辨识报文,该信号也可以作为车辆处于不可行驶状态的触发条件之一。

(4) 车辆控制装置与非车载充电机控制装置通信通讯完成握手和配置后,车辆控制装

置闭合接触器 K_5 和 K_6，使充电回路导通，非车载充电机控制装置闭合接触器 K_1 和 K_2，使直流供电回路导通。

（5）在整个充电阶段，车辆控制装置通过向非车载充电机控制装置实时发送充电级别需求来控制整个充电过程，非车载充电机控制装置根据电池充电级别需求来调整充电电压和充电电流以确保充电正常进行，此外，车辆控制装置和非车载充电机控制装置还相互发送各自的状态信息。

（6）车辆控制装置根据电池系统是否达到满充状态或是否收到充电机中止充电报文来判断是否结束充电。在满足以上充电结束条件时，车辆控制装置开始周期发送车辆控制装置（或电池管理系统）中止充电报文，在一定时间后断开接触器 K_5 和 K_6；非车载充电机控制装置开始周期发送充电机中止充电报文，并控制充电机停止充电，之后断开接触器 K_1、K_2、K_3 和 K_4，然后电子锁解锁。

6.4 电动汽车光伏充电站

目前，电动汽车充电站主要是利用电网供电，如果电动汽车得到大量推广使用，必将额外消耗大量不可再生资源用于发电，煤、石油等化石能源在燃烧发电过程中又造成环境污染，加重了传统能源消耗和环境问题，因此，开发利用清洁的可再生能源给电动汽车充电站供电势在必行，光伏充电站是电动汽车未来最理想的充电站。

电动汽车光伏充电站可以分为两类，即离网运行的电动汽车光伏充电站和并网运行的电动汽车光伏充电站，目前应用较多的是并网运行的电动汽车光伏充电站。

并网运行的电动汽车光伏充电站主要由光伏电池阵列、储能电池组、多组 DC/DC 变流模块、交流电源、中央控制器等单元组成，如图 6.28 所示。

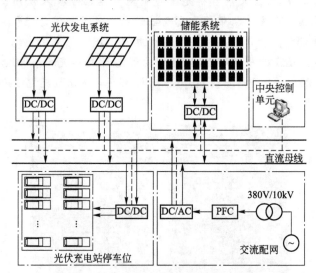

图 6.28 电动汽车光伏充电站系统结构图

光伏电池阵列由太阳电池板串、并联组成，它吸收太阳能并发出直流电，经 DC/DC 变流模块接入充电系统，是站内电动汽车充电的主要电源。

储能电池组在系统中起能量储存和调节的作用，当光伏发电量过剩时，储存多余的电能；光伏不足时，由储能或与交流配网一起向电动汽车充电。

多组 DC/DC 变流模块作为光伏电池阵列、储能电池组和电动汽车充电系统的变流单元，其中，光伏发电系统和电动汽车充电系统使用能量单向流动的 DC/DC 模块，储能电池组使用能量双向流动的 DC/DC 模块。

DC/AC 变流模块作为交流配电网与光伏充电系统的连接单元，根据站内充电需要，将配电网输入的交流电转换为直流接入充电系统。

中央控制器协调系统内各组成单元正常运行，实现能量的监测与控制。

电动汽车光伏充电站的原理是利用高储能电池把太阳能发的电量储存并及时提供给电动汽车充电使用或是给其他系统供应电力，而在太阳能发的电量不足以满足充电站使用时可以从电网中输送电量到充电站中储存以便于及时给汽车提供电力。

光伏充电站的主要特点是：第一，光伏充电站不需要建设专门的电站或是电网来供电给充电站使用，也不需要加大电网的电容量。因为光伏发电系统不但有自身的发电功能，在遇到供不应求的情况时，光伏充电站系统会在电网低谷时段选择从国家电网购买电量储存在电容器里，这样不仅使充电站的电量能满足快速供给电动汽车充电而不影响电网的使用，而且对国家电网低谷时段的电力做了有效利用。相反地，当国家电网到高峰时段用电压力较大时，也同样可以利用充电站储电优势反供电给电网。第二，因为储能光伏充电站是多个储能电池组合成的，所以在遇到供不应求的情况下，也不需要重新建造更大的充电站，其扩大能量的方法非常简单，只要按需求增加电池组数量即可。这样在很大程度上节约了充电站的建设成本，也给充电站的长远发展提供了更多的可能性。

应用案例 6-2

2014 年 6 月，特斯拉在北京首个光伏超级充电站已经投入使用，如图 6.29 所示。该光伏超级充电站由一个充电机带两个充电桩组成，采用电网电能和太阳能联合供电方式，并备有电池组储电。所谓超级，即高压大电流，可实现快速充电。交流输入电压为 380V，电流 192A；直流输出功率为 125kW，给电动汽车充电。以电力用尽的特斯拉 Model S85 为例，20min 充电 50%，40min 充电 80%，80min 充电 100%。

图 6.29 特斯拉光伏超级充电站

宝马公司和EIGHT设计公司共同开发了一款电动汽车光伏充电站,现已安装在慕尼黑的宝马博物馆,如图6.30所示。

图6.30　宝马电动汽车光伏充电站

该充电站的外形类似一个拱形的鸟翼。以太阳能板作为顶棚,内部基于LED的电气照明系统可以跟用户进行交互式体验。当用户接近充电站的时候,LED灯的颜色和亮度会发生改变。LED照明系统也可以告诉人们该充电站是有人占用还是处于空闲状态。

充电站的集成触摸显示屏会显示和车辆相关的信息,如当前电池续驶里程、启动之前的安全信息及收费方式。它还会告诉用户汽车的电池能使用多久,在到达目的地之前,用户需要在何时何地进行充电。充电站靠收集的太阳能为汽车充电,同时也将平日不用的能量重新输送回输电网。

1. 电动汽车的充电设备有哪些?
2. 电动汽车的充电方法有哪些?
3. 电动汽车的充电方式有哪些?

第7章 新材料和新技术应用

教学目标

通过本章的学习,要求读者了解和掌握镁合金和碳纤维等新材料在电动汽车上的应用,以及表面装饰技术、现代控制技术、仿真技术、车载网络技术、线控转向技术、线控制动技术等新技术在电动汽车上的应用。

教学要求

知识要点	能力要求	相关知识
镁合金的类型和特性、主要成型工艺及在汽车上的应用	了解镁合金的类型和特性,初步掌握镁合金的主要成型工艺,熟悉镁合金材料在汽车上的应用	镁合金
碳纤维的定义和分类、特性及在汽车上的应用	掌握碳纤维的定义和分类,了解碳纤维的特性,熟悉碳纤维在汽车上的应用	碳纤维
表面装饰技术的定义和分类、工艺和特点及在汽车上的应用	掌握表面装饰技术的定义和分类,了解表面装饰技术的工艺和特点,熟悉表面装饰技术在汽车上的应用	热烫印、模内转印、嵌片注塑术和模内贴片
控制技术的分类、汽车控制系统的分类	了解控制技术的分类,熟悉汽车控制系统的分类	控制理论,汽车构造
仿真技术的作用、ADVISOR 高级车辆仿真器	了解仿真技术的作用,熟悉 ADVISOR 高级车辆仿真器	ADVISOR 软件
CAN 总线、LIN 总线、FlexRay 总线、MOST 总线、电动汽车网络信号、电动汽车网络结构	了解 CAN 总线、LIN 总线、FlexRay 总线、MOST 总线,熟悉电动汽车网络信号和电动汽车网络结构	车载网络技术
汽车线控转向系统的结构、工作原理、特点及硬件要求和模块	掌握电动汽车线控转向系统的结构、工作原理和特性,了解电动汽车线控转向系统的硬件要求和模块	电动汽车线控转向系统
电动汽车线控制动系统的结构和特点	了解电动汽车线控制动系统的结构和特点	电动汽车线控制动系统

导入案例

2010年11月5日，宝马公司在德国东部城市莱比锡的宝马厂向人们展示未来都市电动车拟使用的碳纤维塑料车身结构，如图7.1所示。宝马公司正在设计中的"大都市电动车"车型将采用全新结构，包括将首次用强度高、质量轻和耐腐蚀的碳纤维复合材料制造座舱结构，由电池、驱动系统等组成的驱动模块也将由轻质铝质材料制成，使用这些轻质材料的目的是抵消大型电池组通常会给汽车带来的额外负荷。

宝马都市电动车将使用完全由宝马公司自主开发的125kW电动发动机，并将采用主动冷却技术冷却锂电池组。

除了碳纤维在电动汽车上的应用外，还有哪些新材料和新技术可以在电动汽车上应用？通过本章的学习，读者可以得到正确答案。

图7.1 碳纤维电动汽车车身

随着汽车技术的发展，新材料和新技术在汽车上的应用不断涌现，如镁合金、碳纤维、表面装饰技术、现代控制技术、仿真技术、车载网络技术、线控转向技术、线控制动技术等，这些新材料和新技术的应用，必将促进汽车技术的快速提高和发展。电动汽车作为一个较新的载体，还没有产业化，一些新材料和新技术在电动汽车上的应用将是未来的主流。

7.1 镁 合 金

随着现代汽车节能降耗要求的不断增强，安全和环保法规日趋严格，轻量化的需求也变得更为迫切。节能降耗成为汽车新产品开发的难点和重点，轻质材料的应用成为减重节能的重要手段。镁合金作为工业用材中最轻的金属材料，应用在汽车上可以使汽车减轻质量，有利于节能减排。一般轿车质量每减轻100kg，油耗可降低5%，CO_2年排放量能减少30%以上。

7.1.1 镁合金的类型和特性

镁合金是以镁为基加入其他元素组成的合金，其特点是密度小、比强度高、弹性模量大、消振性好、承受冲击载荷能力比铝合金大、耐有机物和碱的腐蚀性能好。镁合金的主要合金元素有铝、锌、锰、铈、钍及少量锆或镉等。目前使用最广的是镁铝合金，其次是镁锰合金和镁锌锆合金。在实用金属中镁是最轻的金属，其相对密度大约是铝的2/3，是铁的1/4。

镁合金可以分为铸造镁合金和变形镁合金。铸造镁合金适宜在熔融状态下充填铸型，以获得良好形状和尺寸的毛坯；变形镁合金适宜塑性成型，在塑性变形中仍然能保持镁的特性。

镁合金按合金组元不同主要有 Mg-Al-Zn-Mn 系(AZ 系)、Mg-Al-Mn 系(AM 系)、Mg-Al-Si-Mn 系(AS 系)、Mg-Al-RE 系(AE 系)、Mg-Zn-Zrn 系(ZK 系)、Mg-Zn-RE 系(ZE 系)等合金。常用铸造镁合金的牌号及特性见表 7-1。常见变形镁合金的化学成分及基本特性见表 7-2。

表 7-1 常用铸造镁合金的牌号及特性

合金	抗拉强度/MPa	拉伸屈服强度/MPa	拉压屈服强度/MPa	延伸率/(%)	弹性模量/GPa	耐蚀性/[(mg/cm²/day)]
AM60A	205	115	115	6	45	0.13
AS21X1	240	130	130	9	—	—
AS41A，XB	220	150	150	4	45	0.25
AZ911A，B，D	230	150	165	3	45	0.13
A350	325	160	—	4	71	—

表 7-2 常见变形镁合金的化学成分及基本特性

镁合金牌号	名义成分(质量分数)/(%)						基本特性
	Al	Zn	Mn	Zr	Th	Li	
M1	—	—	1.5	—	—	—	可焊、耐腐蚀、低强度
AZ31	3	1	0.3	—	—	—	中强度、可焊、成型性好
AZ61	6.5	1	0.3	—	—	—	高强度、可焊
AZ80	8.5	0.5	0.3	—	—	—	高强度
ZM21	—	2	1	—	—	—	中强度、成型性好、阻尼性好
LA141	1.2	—	0.2	—	—	14	超轻
ZK31	—	3	—	0.6	—	—	高强度
HK61	—	6	—	0.8	—	—	高强度
HK31	—	—	—	0.7	3.2	—	蠕变性能好
HM21	—	—	0.8	—	2	—	蠕变性能好
HZ11	—	0.6	—	0.6	0.8	—	蠕变性能好

7.1.2 镁合金的主要成型工艺

一般镁合金制品成型主要分为变形(轧制、挤压等)和铸造两种方法。当前镁合金的成型工艺主要分为压力铸造、低压铸造、挤压铸造、半固态铸造和触变注射成型等，其中压力铸造仍是最主要的成型工艺。

1. 压力铸造

压力铸造是目前最成熟、应用最广泛的铸造方法，目前，镁合金压铸工艺的研究热点主要集中在镁合金压铸件的开发设计和镁合金压铸工艺的完善创新两个方面。世界上镁合金铸件的93%是用压铸工艺生产的，镁合金是一种非常适合高压铸造的金属材料，其实际压铸周期比铝合金短50%，同时比所用的模具寿命高2~3倍。

为了不断提升零件性能，在传统工艺的基础上衍生出了真空压铸和充氧压铸等诸多新技术。真空压铸通过压铸过程中抽除型腔内的气体，以消除或减少压铸件内的气孔和溶解气体，提高其力学性能和表面质量，目前已成功地用此法生产出镁合金汽车轮毂和转向盘。充氧压铸又称无气孔压铸，该法是在金属液充型前，将活性气体充入型腔，与充型金属液反应生成金属氧化物微粒分布在压铸件内，从而消除了压铸件中的气体，使压铸件可热处理强化。目前，可通过计算机模拟来了解镁合金的铸造工艺过程。

2. 低压铸造

低压铸造已经应用于生产镁合金汽车铸件，此法可以保证平稳充型，避免镁合金液氧化和卷气，还可以在铸造过程中将加压系统与镁合金的气体保护有效地结合起来。低压铸造由于其充型过程的平稳性和良好的排气性能，被广泛应用于轮毂等对铸件缺陷较为敏感的零件制造上。

3. 挤压铸造

挤压铸造是将一定量的熔融金属液直接注入金属模腔，在机械静压力的作用下，使处于熔融或半熔融状态的金属流动并凝固成型，从而获得毛坯或零件。挤压铸造最重要的参数是浇铸温度和充型压力等，其直接影响合金本身的性能和化学成分。挤压铸造能提高材料利用率、降低生产成本、缩短生产周期。挤压铸造的铸型温度一般为200~300℃，充型压力为50~150MPa。

4. 半固态铸造

半固态铸造具有充型平稳、无金属飞溅、金属液氧化少、节能、操作安全、减少铸件内孔洞类缺陷等优点，是近年来发展起来的成型技术。通过此种方法可以获得高致密度的镁合金制品。半固态铸造可分为流变铸造和触变铸造，流变铸造是将金属从熔融状态冷却至两相区成型的一种方法，触变铸造是将金属从固态加热到两相区成型的一种方法，是目前半固态铸造的主要工艺方法。

5. 触变注射成型

触变注射成型是将具有触变结构的半固态镁合金高速注射到模具中，得到近终形的金属零件。它具有如下特点：镁锭不需要预热及熔化、成型工艺简单、成本低；铸造温度比传统压力铸造温度低90~120℃；金属不需要熔融处理，避免了镁合金熔化损害。与传统的压铸相比，触变注射成型不需要金属熔炼及浇铸等过程，从而使生产过程更加清洁、安全和节能。

7.1.3　镁合金材料在汽车上的应用

镁是比铝更轻的金属材料，它可在铝的基础上再减轻15%~20%的质量。在轻量化的驱动下，自1990年以来，镁在汽车中的应用正以年均增长20%的速度迅速发展。镁合金的开发与应用已成为汽车材料技术发展的一个重要方向。

目前，汽车上应用的镁合金零部件主要有两类共 60 多种，如离合器外壳、变速器体、曲轴箱等壳体类，以及转向盘、座椅支架、仪表板框架、转向支架、车镜支架等支架类。在材料的选择方面，用于结构件的一般以 AZ 系和 AS 系镁合金为主，而 AM 系镁合金主要用于装饰零件。

图 7.2 是某企业生产的镁合金轮毂。

图 7.2　某企业生产的镁合金轮毂

表 7-3 是部分汽车零部件采用镁合金材料后的轻量化效果。

表 7-3　部分汽车零部件采用镁合金材料后的轻量化效果

汽车零部件	原用材料	原质量/kg	镁合金质量/kg	减重效果(%)
发动机缸体	铝合金	22	19	14
变速器壳体	铝合金	21.5	15	30
油底壳	铝合金	3	2	33
轮毂	铝合金	23	18	22
框架	铝合金	14.4	7.3	50
转向盘	钢	4	0.9	78
脚踏板	钢	5	1.1	72
阀体零件	铝合金	2.5	0.7	72

目前，北美和欧洲的平均单车镁合金用量约为 3.8kg，德国大众汽车公司的帕萨特单车镁合金用量为 14kg；美国通用和福特汽车公司的单车镁合金用量为 3kg。预计在 2015 年单车镁合金用量将提高至 100kg。

我国镁合金在汽车上的应用主要有变速器箱体及壳盖、离合器外壳及壳盖、泵体、转向盘、气缸盖罩、轮毂、仪表板、座椅架和防护杆等零件。单车镁合金用量平均不足 1kg。镁合金汽车压铸件的年产量不足 4000t。

镁合金以其显著的减重效果、良好的铸造和尺寸稳定性、优良的抗振性及可回收再生等特性，已成为汽车制造业最具潜力的结构材料。特别是大力提倡发展低碳经济的今天，镁合金是汽车轻量化中取代钢铁及部分铝合金的首选材料，各国也把单车镁合金用量作为汽车先进性的标志之一。

7.2 碳 纤 维

实验证明，汽车质量降低一半，燃料消耗也会降低将近一半。当前，由于环保和节能的需要，汽车的轻量化已经成为世界汽车发展的潮流，一些极富创造力的世界汽车巨头，在为自己打造的汽车概念蓝图中，大比例地启用碳纤维。

7.2.1 碳纤维的定义和分类

1. 碳纤维的定义

碳纤维是一种纤维状复合材料，含碳量超过 90%，具有碳材料的固有本征特性，又兼备纺织纤维的柔软可加工性，是新一代增强纤维。它的强度比钢大，密度比铝小，具有极好的电学、热学和力学性能。

2. 碳纤维的分类

碳纤维可按原料、力学性能和状态来进行分类。

(1) 按原料分类。碳纤维按原料可分为聚丙烯腈系碳纤维和沥青系碳纤维。其中聚丙烯腈系碳纤维具有高强度、高弹性率的性质，在航空器材、体育、休闲娱乐等领域大范围使用；沥青系碳纤维具有的高弹性模量、高导热性等特性是聚丙烯腈系碳纤维所达不到的，通常以长纤维形态被利用。由于沥青系碳纤维为高模量级纤维，比弹性模量高，适合于支配刚性结构物轻量化并赋予其结构刚性。另外，沥青系碳纤维具有高导热性、低电阻、低热线性膨胀率及化学稳定性好等特性。

(2) 按力学性能分类。碳纤维按力学性能可分为通用型碳纤维和高性能型碳纤维。通用型碳纤维强度为 1000MPa、模量为 100GPa 左右；高性能型碳纤维又分为高强型（强度为 2000MPa、模量为 250GPa）和高模型（模量为 300GPa 以上），强度大于 4000MPa 的又称为超高强型，模量大于 450GPa 的称为超高模型。

(3) 按状态分类。碳纤维按状态可分为长丝碳纤维、短碳纤维和短切碳纤维。

7.2.2 碳纤维的特性

1. 碳纤维的力学特性

碳纤维是一种力学性能优异的新材料，它的相对密度不到钢的 1/4，碳纤维树脂复合材料抗拉强度一般都在 3500MPa 以上，是钢的 7~9 倍，抗拉弹性模量为 23000~43000MPa，也高于钢。但碳纤维材料也只是沿纤维轴方向表现出很高的强度，其耐冲击性却较差,容易损伤,所以在制造成为结构组件时,往往利用其耐拉质轻的优势而避免去作承受侧面冲击的部分。

碳纤维经 2500℃ 高温处理(也可称作石墨化处理)后,称高模量碳纤维(或石墨纤维),或称Ⅰ型碳纤维;在 1300~1700℃ 范围内处理的碳纤维称高强度碳纤维,或称Ⅱ型碳纤维。

碳纤维的拉伸破坏方式属脆性破坏,即在拉断前没有明显的塑性变形,这一点与玻璃纤维相似,然而其断裂伸长率比玻璃纤维的小。高模量碳纤维的断裂伸长率约为 0.5%;高强度碳纤维的约为 1%;玻璃纤维的约为 2.6%;而环氧树脂的约为 1.7%,所以碳纤维复合材料的强度能得到充分的发挥。

2. 碳纤维的物理特性

碳纤维的导热系数较高,但随温度升高有减小的趋势。碳纤维复合材料纤维轴向的导热系数为 $0.04\mathrm{cal/(s \cdot cm \cdot ℃)}$ [$1\mathrm{cal/(s \cdot cm \cdot ℃)} = 1.16 \times 10^{-2} \mathrm{J/(s \cdot cm \cdot ℃)}$];垂直纤维向的导热系数为 $0.002\mathrm{cal/(s \cdot cm \cdot ℃)}$。

碳纤维的线膨胀系数具有负的温度效应,即随温度的升高,碳纤维有收缩的趋势。碳纤维的线膨胀系数沿纤维轴向为 $0.072 \times 10^{-8} \sim 0.9 \times 10^{-6}/℃$;垂直纤维轴向为 $22 \times 10^{-6} \sim 32 \times 10^{-6}/℃$,而基体树脂的线膨胀系数约为 $45 \times 10^{-6}/℃$,二者之间相差较大,所以碳纤维复合材料在固化后冷却过速,或经受高低温度变化时易产生裂纹。

碳纤维的密度取决于原料的性质及热处理条件,如 PAN 基碳纤维经 1000℃ 处理后,密度为 $1.7\mathrm{g/cm^3}$;经 3000℃ 处理后,密度为 $2.01\mathrm{g/cm^3}$。

此外,碳纤维具有自润滑性、摩擦系数较低、良好的导电性等特性。

3. 碳纤维的化学特性

碳纤维的化学性能与块状碳的相似,在空气中,当温度高于 400℃ 时,出现明显的氧化,氧化物以 CO、CO_2 的形式从其表面散失,这个反应从 200~900℃ 结束。在惰性气体中,即使温度超过 2000℃,碳纤维仍具有承载能力。

碳纤维除了能被强氧化剂氧化外,一般的酸碱对它作用很小,因此它比玻璃纤维具有更好的耐腐蚀性。将碳纤维置于一些酸溶液中浸泡 20 天后,测量其弹性模量、拉伸强度及直径,发现在浓度 50% 的盐酸、硫酸及磷酸中浸泡后均无变化;在浓度 50% 的硝酸中浸泡后直径略有增大;在浓度 50% 的次氯酸中浸泡后直径略为减小。

此外,碳纤维还具有耐油、抗辐射及减速中子运动等特性。

7.2.3 碳纤维在汽车上的应用

碳纤维和碳纤维增强复合材料(CFRP)作为 21 世纪的新材料,具有强度高、质量轻、耐腐蚀等优势,多年前便应用于赛车领域,目前已开始逐步应用到民用汽车领域,特别是在新能源汽车上,有着广泛的应用前景。

1. 在汽车车身和底盘上的应用

碳纤维增强复合材料有足够的强度和刚度,是制造汽车车身和底盘等主要结构件的最轻材料。预计碳纤维复合材料的应用可使汽车车身、底盘减轻质量 40%~60%,相当于钢结构质量的 1/6~1/3。

英国材料系统实验室曾对碳纤维复合材料减重效果进行研究,结果表明碳纤维复合材料车身质量仅为172kg,而钢制车身质量为368kg,减重约50%。

但由于碳纤维成本较高,碳纤维增强复合材料在汽车上的应用有限,仅在一些F1赛车、高级轿车上有所应用。

日产Yuki-onna概念车是一款十分环保的车型,其依靠安装在每个车轮上的电动机来行驶。该车的整体外观呈现的是跑车车型风格,底盘采用碳纤维材料,如图7.3所示。

未来兰博基尼几乎所有的新车型车身都将使用碳纤维材料,大幅降低车身质量。在2010年3月初举办的日内瓦车展上,兰博基尼发布了其最新车型Gallardo LP570-4 Superleggera,如图7.4所示。在轻量化车身的设计理念下,LP570-4 Superleggera车身和内饰大量采用碳纤维材料,配以将两侧车窗及发动机盖换装透明的聚碳酸酯材料,实现了全车的有效减重。这款新车相比LP560-4整车轻了70kg,车身净重仅为1340kg,为兰博基尼当时在售车型中最轻的一款。

图7.3 日产碳纤维底盘跑车

图7.4 兰博基碳纤维车身跑车

2010年首届FSAE中国大学生方程式汽车大赛中,哈尔滨工业大学制造的赛车(图7.5),车身全部采用碳纤维,整车质量只有260kg。

在宝马未来产品规划中,电动都市车型有着极高的重要性,为了抵消电池组带来的250~350kg的额外质量,车身轻量化势在必行。

2. 在制动摩擦片上的应用

碳纤维具有环保和耐磨的特点,适于被应用在高档轿车的制动摩擦片上,特别是在F1赛车上。例如,使用碳纤维摩擦

图7.5 哈尔滨工业大学制造的碳纤维F1赛车

片的赛车,能够在50m的距离内将汽车的速度从300km/h降低到50km/h,此时制动盘的温度会升高到900℃以上,制动盘会因为吸收大量的热能而变红。碳纤维制动盘能够承受2500℃的高温,而且具有非常优秀的制动稳定性。虽然碳纤维制动盘具有卓越的减速性能,但是目前在量产的汽车上使用碳纤维制动盘却不实际,因为碳纤维制动盘的性能在温度达到800℃以上时才能够达到最好。另外,碳纤维制动盘的磨损速度快、成本高。

3. 在座椅加热垫上的应用

碳纤维汽车座椅加热垫是碳纤维加热应用于汽车工业的一个突破，碳纤维加热技术在汽车配套市场越来越受欢迎，它将会完全替代传统的座椅加热系统。目前全球所有汽车制造厂商的高档、豪华轿车都计划配备这种座椅加热装置，如奔驰、宝马、奥迪、大众、本田、丰田等。碳纤维热载荷碳纤维是一种比较高效率的导热材料，热效率高达96%，并且在加热垫中均匀密布，保证热量在座椅加热区域均匀释放，碳纤维线及温度分布均匀，又确保了加热垫能长期使用，保持座椅表面皮革平整完好，不产生纹路痕迹，不产生局部变色，温度超过设定区间则自动断电，不能满足要求时自动通电调节温度。碳纤维适宜人体吸收的红外线波长，具有促进健康的保健作用，可以充分减少驾乘疲劳，增强舒适度。

4. 在燃料储罐上的应用

采用碳纤维增强复合材料可以在满足要求的条件下实现压力容器的轻量化。随着新能源汽车的开发，以氢为燃料的燃料电池电动汽车使用碳纤维增强复合材料制作燃料储罐已为市场所接受。据日本能源厅燃料电池研讨会信息，2020年日本将有500万辆汽车使用燃料电池。

另外，碳纤维在发动机罩、汽车内饰、车轮、传动轴、尾翼等方面也有应用。

总之，碳纤维复合材料在汽车上的应用，一方面可以让汽车更安全，另一方面，可以使汽车更轻量化。碳纤维复合材料具有极佳的能量吸收能力，保证了碳纤维复合材料汽车的安全性。据介绍，碳纤维复合材料的能量吸收能力比金属材料高4～5倍。数年来，F1车队一直采用碳纤维复合材料制造其赛车的碰撞缓冲构件，从而显著减少了运动项目中的重伤事故。除了安全性之外，轻量化是碳纤维复合材料的另一个显著优点，而轻量化的直接成果就是降低汽车的油耗。例如通用汽车公司推出的超轻概念车，车身采用碳纤维复合材料，整体车身的质量为191kg，用碳纤维取代钢材制造车身和底盘构件，可减轻质量68%，从而节约汽油消耗40%。

汽车零部件采用碳纤维增强复合材料轻量化的例子见表7-4。

表7-4 汽车零部件采用碳纤维增强复合材料轻量化

零件名称	钢/kg	碳纤维增强复合材料/kg	减轻的质量/kg
车身	209	94	115
车架	128	94	34
前端	44	13	31
发动机罩	22	8	14
罩盖	19	6	13
保险杠	56	20	36
车轮	42	23	19
车门	71	28	43
其他	31	16	15
合计	622	302	320

虽然对于汽车来说，碳纤维复合材料具有更高的安全性、轻量化等众多优点，但是现阶段它还仅限于高档轿车的应用，这主要是因为碳纤维的价格较高。美国岩石山研究所曾经对汽车工业应用的碳纤维作了研究分析，结论是当碳纤维价格降至每千克16.5美元以下时，碳纤维与钢材相比就有竞争性了。而降低碳纤维价格的途径之一就是应用大丝束碳纤维。因为大丝束碳纤维制备属于低成本生产技术，售价只有小丝束碳纤维的50%~60%。

7.3 表面装饰技术

目前，表面装饰新技术已经很普遍并广泛地应用在汽车的内外装饰上，其工艺提供的高质量表面、多样式的设计及灵活的应用，已经成为大批量塑件生产中最经济及最受关注的技术，在欧美等发达国家，其在轿车上的普及率已达到80%以上，我国新车型也在逐步扩大其应用，特别是在内饰件上。

7.3.1 表面装饰技术的定义与分类

1. 表面装饰技术的定义

传统的表面装饰是在注塑成型的塑料器件表面印上不同的图案，而这些图案往往会因长时间摩擦（尤其是接触按键）而消失，且不耐划伤，容易产生划痕，即使印在透明按键材料上，这些图案也不会透光，并且对于表面不平整的材料，只能用移印的办法印上图案，给批量生产带来了不便。随着社会的进步，人们对表面装饰的要求也在不断提高，为满足社会的需要，人们研制和开发了新的表面装饰技术。

2. 表面装饰技术的分类

新的表面装饰技术主要包括热烫技术、模内转印技术、嵌片注塑技术和模内贴片技术。这些技术可提供各种装潢效果，如桃木、碳纤维及金属效果，因此日益受到重视而成为内饰的新宠儿，已是现代汽车应用在门踏板、空调出风口、扶手、中央饰框、显示面板、标牌、散热格栅、A-B-C柱、镀铬饰条、外饰条、按键、甚至发动机顶盖装潢上的优化工艺。该技术产品在生产过程中没有任何污水排放，与传统的电镀、喷涂和水转印工艺相比，不会造成环境污染，多年来已广泛应用在奔驰、大众、宝马、通用、福特、丰田、奥迪等高档车型上，近几年中档车型也开始应用。

7.3.2 表面装饰技术的工艺与特点

1. 热烫印技术

热烫印（Hot Stamping，HS）就是利用烫印机输出的热和压力使烫印箔的装饰层与聚酯薄膜剥离，连同保护层一起转印到基材上，牢固地贴紧在装饰件表面。

热烫印工艺分为两类：平压式烫印和圆压式烫印。平压式烫印就是烫印头上下移动完成烫印；而圆压式烫印则通过旋转的烫印辊或印轮完成烫印。热烫印工艺是对注塑成型后的产品进行平面装饰。

热烫印工艺过程如图7.6所示。

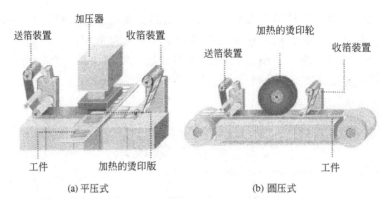

(a) 平压式　　　　　　　　　(b) 圆压式

图 7.6　热烫印工艺过程

2. 模内转印技术

模内转印(In-Mold-Decoration，IMD)是通过送箔机器自动输送定位，将已印好图案的膜片放入金属模具中，然后将成型用的塑胶注入金属模具内与膜片结合，使印刷在膜片上的图案跟树脂形成一体而固化成产品。

模内转印工艺过程如图 7.7 所示。

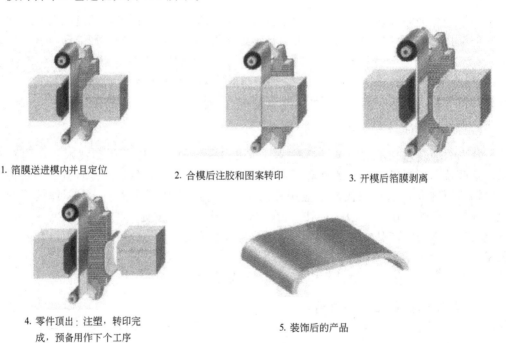

1. 箔膜送进模内并且定位　　2. 合模后注胶和图案转印　　3. 开模后箔膜剥离

4. 零件顶出：注塑，转印完成，预备用作下个工序　　5. 装饰后的产品

图 7.7　模内转印工艺过程

模内转印的主要特点如下。
(1) 生产时的自动化程度高，大批量生产的成本较低。
(2) 成型与转印同时进行，减少工序、仓储与时间的成本。
(3) 不需要用任何溶剂，不会对环境造成污染。
(4) 通过更换送箔器上的装饰箔可快速变更图案，表面装饰变化多样。

(5) 提供金属、激光效果、发丝、木纹、石纹等多种图案设计。
(6) 表层 UV 涂布可有效提高产品磨耗特性。
(7) 特殊效果转印成型后，直接呈现在塑胶的外观，有效地提升了产品的质感及价值感。
(8) 开发周期长，开发费用高。
(9) 只能做平面或轻微弯曲表面装饰。
(10) 生产环境必须清洁。

3. 嵌片注塑技术

嵌片注塑(Insert Molding，INS)是膜内转印以外的另一种工艺，能提供更大的延伸性或装饰深度。这种工艺利用热吸塑成型或高压成型，把转印好的 ABS 板材(一般厚度是 0.5mm)进行三维拉伸，然后依照产品外形裁出嵌片；再把此嵌片准确地置于注塑模腔内，在注塑的同时把图案转移到部件上，注塑成品上便可以出现所需要的装饰效果。它结合了转印、真空吸塑和注塑 3 种工序。

嵌片注塑工艺过程如图 7.8 所示。

1. 将烫印箔转印到可吸塑性的 ABS 片材上

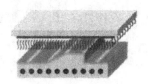

2. 将 ABS 片材吸塑成型为部件的外形

3. 把立体化的 ABS 片材比多余的周边切割

4. 切割后的片材放进注塑模具内

5. 射出成型

6. 完成装饰

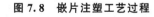

图 7.8　嵌片注塑工艺过程

模内转印和嵌片注塑两种工艺有以下区别。

(1) 模具不同：模内转印只有一套注塑倒装硬模；嵌片注塑有成型模、冲切模和注塑模。

(2) 片材不同：模内转印通常是 PET 薄膜；嵌片注塑有 PC、PET、ABS 的片材。

(3) 程序不同：模内转印是把已印刷好的图案放进注塑膜内，对位，然后注塑，工序简洁，而且可以全自动，减少人手；嵌片注塑是先把印刷好的片材成型，然后冲切，再注塑，工序比模内转印多。

嵌片注塑的主要特点如下。

(1) 比模内转印技术装饰区域更深。

(2) 在生产中可以随时更改图案及颜色，装饰效果和方案更多。

(3) 嵌片注塑最外层是胶片油墨丝印于中间层,外表光洁美观,越摸越光亮,具有优良的抗刮性。

(4) 嵌片注塑生产批量数量很灵活,适合多品种小批量生产。

(5) 有良好的边缘装饰。

(6) 无污染。

(7) 易产生胶片脱落、扭曲变形等情况。

(8) 成品率难以控制,受人为因素影响比较大,温度难控制。

(9) 需要3套模具,成本增加。

(10) 薄膜厚度变化需要修改成型模,费用昂贵,R角成型差,易拉破片材等。

嵌片注塑技术和模内转印技术生产出的产品,最大不同点在于分型面不同,嵌片注塑比模内转印的分型面深,一般可拉伸到5mm左右,如图7.9所示。

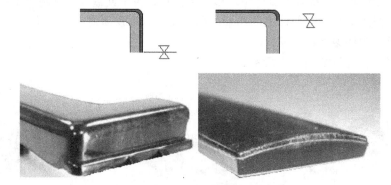

图7.9 嵌片注塑和模内转印的区别

4. 模内贴片技术

模内贴片(In-Mold Labeling,IML)在塑料装饰市场出现了许多年,目前仍然是高速发展的技术,被用于各行业的塑料表面装饰。这里提到的模内贴片,其独特之处在于它的底层是 ABS 物料,表层是装饰层和保护层,它适合汽车装饰件、手持式移动电话机外壳、笔记本式计算机外壳、白色家电及塑料包装等。

模内贴片工艺过程如图7.10所示。

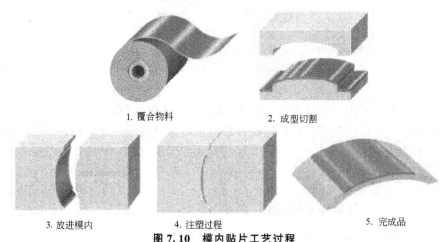

图7.10 模内贴片工艺过程

上述 4 种工艺适当组合应用，便可在塑料件生产及装饰上大量节省成本，而这些工艺都可以满足汽车的内饰和外饰件在物理性能和装饰效果方面的要求，虽然这些工艺的初期投入较高，但它在大批量生产上的价格优势足以分摊此费用。这些工艺都具备高级的表面装饰效果和环保的工艺工程，不同的工艺更能互补及重叠，获得高品质、低成本的装饰效果。

表 7-5 是热烫印、模内转印、嵌片注塑和模内贴片 4 种装饰工艺的比较。

表 7-5　4 种装饰工艺的比较

	热烫印	模内转印	嵌片注塑	模内贴片
优点	(1) 使用标准箔膜，价格便宜。 (2) 高贵表面装潢。 (3) 大量标准箔设计。 (4) 比较容易调整。 (5) 环保工艺。 (6) 快速图案/设计替换。 (7) 更稳定的颜色调配。	(1) 单一工序生产成型及装饰，降低生产成本。 (2) 高贵表面装潢。 (3) 环保工艺。 (4) 快速图案/设计替换。 (5) 可在表面施以热烫印。 (6) 可提供高级的电镀和金属拉丝效果。 (7) 可从箔膜上产生纹理效果。 (8) 一次加工完成作业。 (9) 可从模腔产生纹理效果。 (10) 完美的边缘装饰。 (11) 更稳定的颜色调配	(1) 可装饰较复杂三维的表面。 (2) 高贵表面装潢。 (3) 环保工艺。 (4) 快速图案/设计替换。 (5) 可在表面施以热烫印。 (6) 可提供高级的电镀和金属拉丝效果。 (7) 可从模腔产生纹理效果。 (8) 更稳定的颜色调配。 (9) 可做局部装饰	(1) 可装饰很复杂的表面。 (2) 可后加上多层涂料
局限性	(1) 只适合较平的表面装饰。 (2) 需要在干净环境操作。	(1) 可用在中度拉伸表面装潢。 (2) 需要在较干净的注塑厂房生产。 (3) 生产模具成本较高。 (4) 只可做全面积的装饰。	(1) 需要使用真空成型及冲切模具。 (2) 边角半径最少需要 1mm。 (3) 成型基材需要和 ABS 底材吻合。	(1) 需要经过多重的工序才能完成装饰。 (2) 产品报废率很高。 (3) 有限的图案/设计选择。 (4) 局部装饰比较困难
装饰特点	成型后装饰一次完成	产品成型及装饰一次完成	产品成型及装饰需要三重工序完成	注塑后需要多重工序完成装饰

7.3.3　表面装饰技术在汽车上的应用

近年来，随着汽车设计与制造技术的不断发展，对内饰件的要求越来越高，不仅要求汽车内饰件的形状、材质和色彩协调，满足功能要求，也要求内饰件美观、舒适、隔音、防振和环保。目前，汽车的内饰件正朝着"协调、实用、整洁、安全、舒适、环保"的方向发展。

新的表面装饰技术，特别是模内转印和嵌片注塑技术正在取代传统的模后涂漆、印刷、热冲压和镀铬等旧工艺，它们在汽车内外饰用中等尺寸及相对扁平的塑件中获得了成功。今天，模内转印和嵌片注塑技术已经发展到用于三维塑件中，如轿车和货车的整体仪表板、保险杠、顶棚乃至发动机盖。

模内转印和嵌片注塑技术消除了二次操作的费用，这对于汽车业是特别具有吸引力的。油漆是汽车上最为昂贵的部分之一，在汽车组装工厂里喷漆流水线是最大的一笔投资。它占据了一半的工厂地面空间，且每年会产生超过 1500t 的可挥发性气体。

近几年来，模内转印和嵌片注塑技术已经被用于汽车仪表板和门板、内饰条、开关、仪表前盖和中央控制板等，并且其应用会继续扩大。

目前，各式各样的标准烫印膜均可以在市场采购，比较适合应用热烫印工艺的汽车部件有散热格栅、镀铬饰条、发动机顶盖、标牌及按键等。因为具有比较明显的成本优势及环保因素，烫印金属效果比电镀效果更佳。图 7.11 所示为某汽车前格栅用热烫印的效果图。图 7.12 所示为某汽车标版用热烫印的效果图。

图 7.11　某汽车前格栅用热烫印的效果图

图 7.12　某汽车标版用热烫印的效果图

模内转印可以根据用户的要求，装饰出各种不同的图案和效果，而且具有一定的保护性。成品不需要额外的后期处理，如喷保护漆等。因为生产及装饰只需要单一的工艺，可大量节省成本，而装饰设计很容易更换，也可以在同一班生产中改款设计，用于汽车的特别版本或配置区分。因此，该工艺能够最大限度地满足汽车制造行业在多样化、灵活多变及低成本等方面的要求。图 7.13 所示为利用模内转印技术生产的汽车内饰条。

图 7.13　利用模内转印技术生产的汽车内饰条

图 7.14 所示为是利用嵌片注塑技术生产的中央面板，使用同一模具，只需更换薄膜材料，就会得到不同的效果。

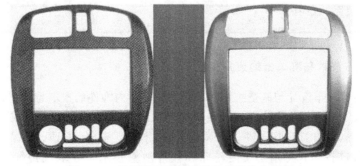
图 7.14　利用嵌片注塑技术生产的中央面板

图 7.15 所示为某汽车综合应用表面装饰技术实例。

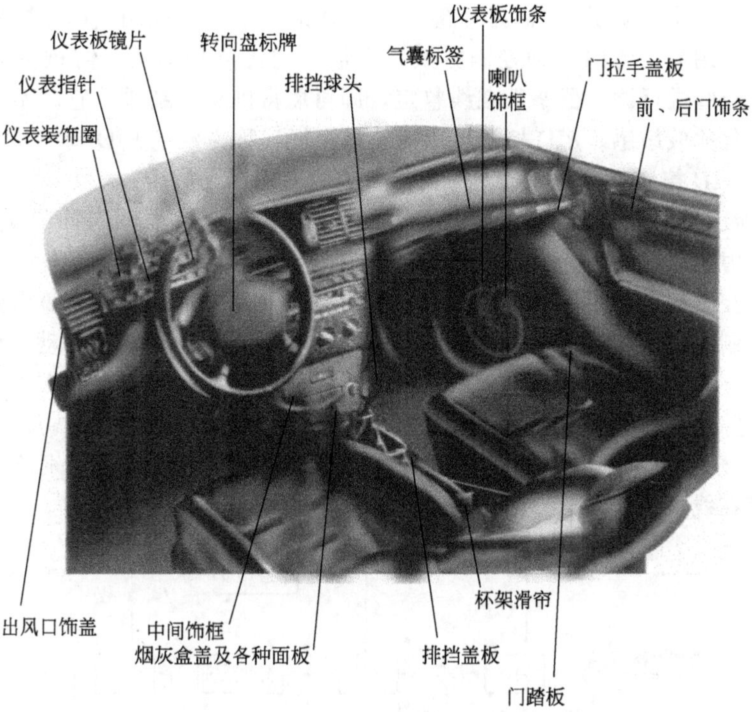

图 7.15 某汽车综合应用表面装饰技术实例

7.4 现代控制技术

7.4.1 控制技术的分类

控制技术分为经典控制技术、现代控制技术和智能控制技术。

经典控制技术使用的方法与工具主要有微分方程、傅里叶变换、拉普拉斯变换、传递函数及频域分析等，它只能用于线性或定常系统。

现代控制技术使用的数学工具是概率论、随机过程、矩阵方法和变分法等，它适用于复杂的动态系统，系统可能是线性的，也可能是非线性的；可能是定常的，也可能是时变的；本质上是"时域"的方法。

智能控制是把人工智能和自动控制相结合，它不依赖系统的精确数学模型，算法非常简便，在实际应用中已显示出它的巨大优越性。

自动控制技术在汽车上的应用，使汽车操纵实现了自动化，极大地提高了汽车性能，减轻了驾驶人的劳动强度，大大地提高了汽车产品的质量。目前，在汽车系统中应用较多的控制技术有 PID 控制、最优控制、自适应控制、滑模变结构控制、模糊控制、神经网络控制及它们之间的联合控制等。

1. PID 控制

PID(比例、积分、微分)控制是以经典控制理论为基础的控制。PID 控制是连续系统中技术成熟、应用最广泛的一种控制方式。它最大的优点是不用了解被控对象的数学模型,只要根据经验进行调节器参数在线整定,即可取得满意的结果。它的不足之处是对被控对象参数变化比较敏感。PID 控制可用计算机实现,称为数字 PID 调节器。由于用软件编程方法实现 PID 控制,参数变动十分灵活,因而获得广泛应用。

图 7.16 所示为 PID 串级控制的 ABS。它有 2 个 PID 控制器和 2 个传感器,分内外环路,内环为压力控制,外环为滑移率控制,要求内环的控制响应要快于外环的响应,才能得到比较好的控制精度和控制稳定性。在不同的条件下,采用不同的 PID 参数,即增益调度,在压力控制中,低压时采用大增量,高压时采用小增量。从 PID 的动态调节过程可以看出,用滑移率作为控制目标必须采用系统辨识路面的附着系数变化的方法,自动地改变控制目标来跟踪路面附着系数的变化,使制动效能始终保持在最佳状态。由此可见,简单的 PID 控制器不能满足 ABS 在所有路况下的使用要求,它必须具备识别路面特征的辨识功能,并具有在线整定控制器参数的功能。

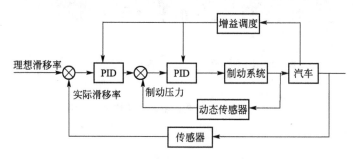

图 7.16 PID 串级控制的 ABS

2. 最优控制

经典控制理论不适用于多变量系统、时变系统和非线性系统,而这些系统在汽车工程中是大量遇到的,这就必须以采用现代控制理论为基础的状态空间设计法。这种方法既适用于单变量系统、定常系统和线性系统,也适用于多变量系统、时变系统和非线性系统。它是利用状态空间表达式,确定系统的控制规律,使控制系统达到要求的性能指标。一般采用二次型指标最优来确定控制率的最优控制法。

例如,ABS 的最优控制是根据 ABS 的各项控制要求,按最优化原理求得控制系统的最优控制指标。一般取车轮角速度和角加速度作为 ABS 的状态变量,把附着系数和滑移率的关系曲线峰值处的车轮速度作为系统的期望值输出,设计跟踪系统,使系统实现闭环控制。

3. 自适应控制

当被控对象参数是定常或变化较小以致可忽略时,一般采用常规反馈控制、模型匹配控制或最优控制等方法,便可以得到较为满意的控制效果。但是,当被控参数未知,或者由于环境条件影响,参数发生较大变化时,上述控制方式就不适用了。因为对象参数的变化会使本来处于某种最优指标状态下工作的系统,不再是最优的甚至会变成不稳定的系统。为了解决上述问题，使系统维持在最优或接近最优状态工作，最有效的方法是采用自适应控制。自适应控制系统是一个具有一定适应能力的系统，它能够识别环境条件的变化（如负荷变化、风、雨等气候条件的变化等）并自动校正控制动作，使系统达到最优或接近最优的控制效果。

图 7.17 是半主动悬架阻尼自适应控制系统框图。它是利用汽车悬挂质量的影响，逐步调节悬架阻尼，直至车身垂直加速度的方均根值达到极小值作为控制的目标量。

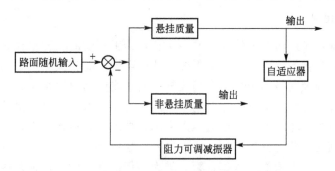

图 7.17　半主动悬架阻尼自适应控制系统框图

4. 滑模变结构控制

滑模变结构控制属于一类特殊的非线性控制系统。它是根据系统当时的状态、偏差及其导数值，在不同的控制区域，以理想开关的方式切换控制量的大小和符号，使系统在滑移曲线很小的领域内沿滑移换节曲线滑动的控制方式。

滑模变结构控制本质上分为两个部分，一部分是在滑模面上的基于制动模型的近似控制，这相当于系统的连续控制，有利于消除系统的抖动；另一部分是在达到滑移面之前的控制，可以保证物理滑模系统的相轨迹达到滑移面。

滑模控制对被控系统参数变化不敏感，抗干扰能力强，动态性能好，具有很好的鲁棒性和很强的自适应性，但它的算法有静差调节，很难保证静态精度，要求动作系统有较高的动作频率，而且滑动运动在切换面附近切换时有抖动，对作动系统的性能及可靠性要求太高，很难实施。

5. 模糊控制

模糊控制是一种新型的智能控制。它模仿人工控制活动中人脑的模糊概念和成功的控制策略，运用模糊数学，把人工控制策略用计算机实现。模糊控制不依赖系统的精确数学模型，因而对系统参数变化不敏感，具有很强的鲁棒性。另外，它的控制算法是基于若干条控制规则，算法非常简捷，特别适合于像汽车这一类快动态系统。

图 7.18 所示为模糊控制 ABS。其控制过程是，制动时由制动踏板输出一个阶跃输入，而输入给制动系统一个设定制动压力值，和模糊控制器输出的控制压力值进行比较，输

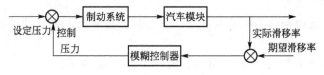

图 7.18　模糊控制 ABS

入制动系统,求得系统的动态制动力矩,它输入汽车模块使汽车进行制动,汽车模块输出为汽车的实际滑移率,它输入模糊控制器模块,实际滑移率与设定期望滑移率构成误差,由模糊控制算法算出控制压力值反馈给制动系统。

模糊控制器鲁棒性好,无静差,具有较小的超调和较短的响应时间,性能明显优于其他控制方法。利用模糊控制,能真正实现车轮的临界抱死,最大限度地发挥汽车的制动性能,提高行驶安全性。

6. 神经网络控制

神经网络控制是模拟仿真人的神经网络,实现人工智能的一种途径。它具有记忆过去的经验和识别环境变化的能力,并为了更好地适应环境,能够按照一定的规律改变自己的结构或工作程序。神经网络系统是一个高度复杂的非线性动力学系统。它由大量的神经元节点组成,尽管每个神经元的结构相对简单,而且功能有限,但由大量神经元按一定的方式连接成的网络集体工作,并按一定的规则来调整神经元间连接强度,却能使系统具有十分强大的功能。其处理单元分为三类:输入单元、隐单元和输出单元。神经网络发生的动力学过程有两类:第一类为学习过程,第二类为运行过程。学习过程是通过一定的规则来改变连接权值,运行过程是使输入通过网络的处理得出一个期望的输出值。

图 7.19 是某半主动悬架神经网络控制系统简图。它有两个子神经网络,其中神经网络 1 用于对汽车悬架系统进行在线辨识。在对悬架进行在线辨识的基础上,应用另一个具有控制作用的神经网络 2,通过对控制网络的权系数进行在线调整,控制器经过学习,对悬架系统进行在线控制,使悬架系统输出逐渐接近于期望值。具有神经网络自适应控制的主动悬架能很好地减小汽车振动,提高行驶平顺性和稳定性。

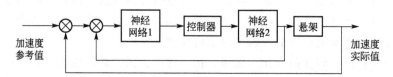

图 7.19 某半主动悬架神经网络控制系统简图

另外,为了充分发挥不同控制技术的特点,更好地解决实际问题,有时会把几种控制技术结合起来进行联合控制,如基于模糊控制的神经网络控制等。

7.4.2 汽车控制系统的分类

汽车电子化发展迅速,电子控制装置日新月异,层出不穷。现代汽车控制系统围绕改善汽车的动力性、经济性、安全性、舒适性等,主要可以分为两大类,一类是汽车电子控制装置,包括发动机控制系统、底盘控制系统、车身控制系统;另一类是车载汽车电子设备,包括汽车信息系统、导航系统和娱乐系统。

1. 发动机控制系统

发动机控制主要包括汽油机控制和柴油机控制,控制的主要目的是改善汽车的动力性和经济性。

汽油机控制主要有燃油喷射控制、点火控制、怠速控制、排放控制、进气及增压控制、稀薄燃烧及缸内直喷控制等;柴油机控制主要有各种泵油喷射系统控制、怠速控制、进气控制、增压控制、排放控制、起动控制等。

2. 底盘控制系统

随着汽车技术的发展，底盘控制的内容正在增多，目前底盘控制系统主要有自动变速器控制、悬架系统控制、动力转向系统控制、四轮转向系统控制、制动防抱死系统控制、驱动防滑系统控制、稳定性系统控制、巡航系统控制等。其主要目的是提高汽车行驶的舒适性、安全性和动力性。

3. 车身控制系统

车身控制系统主要包括自动空调控制、安全气囊控制、安全带控制、防撞系统控制、灯光控制、门锁控制、刮水器控制、防盗系统控制、自动座椅控制、音响及音像系统控制等。其主要目的是改善驾乘人员的安全性、舒适性和方便性。

4. 汽车信息系统

汽车信息系统主要包括汽车行驶自身显示系统、车载通信系统、上网设备、语言信息等。其主要目的是让驾乘人员更多更快地获取有关汽车各方面的信息，同时通过与车外通信实现社会连接，以获取各种信息资料。

5. 导航系统

导航系统主要包括电子导航系统、全球定位系统（GLobal Position System，GPS）等。其主要目的是对汽车进行定位，确定最优行驶路线，为出行者提供静态的或实时的最优出行路线信息，并在出行过程中对驾驶人适时地做出路线指引。

6. 娱乐系统

娱乐系统主要包括数字视频系统、数字音响等。其主要目的是为驾乘人员提供视觉或听觉上的享受，以减少行车中的寂寞，增进行车安全。

对于电动汽车，还有电动机驱动系统、电池管理系统和整车控制系统等。

7.5 仿真技术

仿真技术是一门多学科的综合性技术，它以控制论、系统论、相似原理和信息技术为基础，以计算机和专用设备为工具，利用系统模型对实际的或设想的系统进行动态试验。在工程实践中，可用物理模型或数学模型来模仿实际系统，代替实际系统进行实验和研究。

7.5.1 仿真技术的作用

目前，以计算机为平台的仿真技术在现代产品开发中发挥着重要作用，它可以提高产品开发质量、缩短产品开发周期、降低产品开发费用等。

（1）提高产品开发质量。现代产品开发强调最优化设计，以追求产品全寿命周期的综合性能最佳为核心准则。但是，产品在其全寿命周期内可能遇到各种各样复杂的工作环境，而且这些复杂的工作环境往往是人工难以复现的。应用计算机仿真技术，甚至可以在产品尚未最终设计出来之前，就考察研究它们在各种工作环境下的表现，从而保证其综合性能的最优。

(2) 缩短产品开发周期。传统的产品开发要经历方案设计、图样设计、样机制造、工艺设计、工艺试验、批量生产这样一系列步骤，在任何一个步骤中发现问题，常常要退回到前面的某一步骤重新循环。此外，样机制造、工艺试验本身也要花费很多时间，因而造成产品开发周期的冗长。应用仿真技术，在方案设计中可以同时对多个方案进行综合性能的模拟预测，以便迅速确定最佳方案；在图样设计阶段，可以通过仿真对结构和参数是否适合产品综合性能要求进行验证；可以通过对制造过程、装配过程的仿真及早在设计阶段发现并解决工艺设计、加工制造中可能发生的问题。

(3) 降低产品开发费用。用计算机仿真代替样机或实体模型试验，不仅可以缩短产品开发周期，而且可以大大节省开发费用。例如，在汽车车身覆盖件的设计中，不仅要考虑其运行阻力、外观造型等因素，而且要考虑安全因素。当汽车受到碰撞时，车身的变形应尽可能少地危及乘员的安全。为此，每设计一个车型总要拿出一些样车，都要从不同方向进行撞车试验，验证车身的变形状况，但现在已实现用计算机进行撞车模拟试验。

7.5.2 ADVISOR 高级车辆仿真器

ADVISOR(Advanced Vehicle Simulator)高级车辆仿真器是美国能源部可再生能源实验室基于 MATLAB/Simulik 软件环境二次开发的一种混合前向/后向车辆模拟仿真系统，该系统除了包括整车性能、能源储存系统、发动机和电动机的驱动系统等仿真模型外，还包括了 30 多种电动汽车的数据文件和模型库，另外，用户还可以自定义新的结构模型，解决在设计高效率汽车的动力性、排放性和经济性等方面的关键技术问题，用户图形界面友好、使用方便，目前研究电动汽车基本上都使用该软件。

1. ADVISOR 的主要功能和特点

ADVISOR 是 MATLAB/Simulik 软件环境下的一系列模型、数据和脚本文件，它在给定的道路循环条件下利用汽车各部分参数，能快速地分析传统汽车、纯电动汽车和混合动力汽车的燃油经济性、动力性及排放性等各种性能。具体表现如下。

(1) 能够预测汽车的燃油经济性、动力性及排放性等各种性能。

(2) 能够了解传统汽车、纯电动汽车和混合动力汽车的动力系统中能量是如何流动和转换的。

(3) 可以比较多种测试循环下相同发动机的排放情况。

(4) 可以评估混合动力电动汽车能量转换装置的控制策略。

(5) 可以优化变速器的传动比，使燃油经济性最佳等。

该软件的开放性也允许对用户自定义的汽车模型和控制策略作仿真分析。

ADVISOR 软件主要有以下特点。

(1) 仿真模型采用模块化的设计思想。ADVISOR 软件分模块建立了发动机、离合器、变速器、主减速器、车轴和车轮等部件的仿真模型，各个模块都有标准的数据输入/输出端口，便于模块间进行数据传递，而且各总成模块都很容易扩充和修改，各模块也可以随意地组合使用，用户可以在现有模型的基础上根据需要对一些模块进行修改，然后重新组装需要的汽车模型，这样会大大节省建模时间，提高建模质量。

(2) 仿真模型和源代码全部开放。ADVISOR 软件的仿真模型和源代码在全球范围内完全公开，可以在网站上免费下载。用户可以方便地研究 ADVISOR 的仿真模型和工作原理，在此基础上根据需要修改或重建部分仿真模型，调整或重新设计控制策略，使之更接近于实际情况，得出的仿真结果更加合理。

（3）采用独特的混合仿真方法。ADVISOR 采用以后仿真为主，前仿真为辅的混合仿真方法，这样两种方法优势互补，使仿真计算量较小，运算速度较快，同时又保证了仿真结果的精度。

（4）在 MATLAB/Simulik 软件环境下开发研制。MATLAB 是世界上顶尖的可视化科学计算与数学应用软件，其语法结构简单，数值计算高效，图形功能完备，集成了诸多专业仿真包，而且它还提供了方便的应用程序接口（API），用户可以在 MATLAB 环境下直接调用 C、FORTRAN 等语言编写的程序。MATLAB 内置的计算程序、专业的仿真工具及与其他应用程序的接口，会减少汽车模型的搭建和仿真计算过程中的工作量，同时也方便了熟悉不同编程语言的用户之间的合作。

（5）能与其他多种软件进行联合仿真。汽车是一个复杂的系统，其仿真更是涉及机械、电子、控制等多个领域，工作量很大，ADVISOR 软件开发过程中也难以涉及所有领域，这样就限制了它一些功能的实现。但 ADVISOR 软件设计了开放的软件接口，能与 Saber、Simplorer、VisuaDOC、Sinda/Fluint 等软件进行联合仿真，为用户改进和拓展其功能提供了方便。

ADVISOR 软件也有一些缺点。例如，它的部件模型都是准静态的，不能预测小于 0.1s 左右时间的一些现象；机械振动、电磁振荡等许多动态特性也不能通过 ADVISOR 软件进行仿真。

2. ADVISOR 软件的仿真模型

ADVISOR 软件分模块建立了发动机、离合器、变速器、主减速器、车轴和车轮等部件的仿真模型，用户可以在现有模型的基础上根据需要对一些模块进行修改，然后重新组装需要的汽车模型。

下面以纯电动汽车为例，介绍 ADVISOR 软件的仿真模型。

基于 ADVISOR 建立的电动汽车主要部件及整车仿真模型组成如图 7.20 所示。

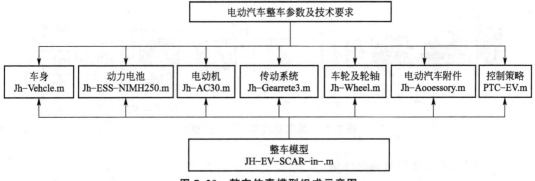

图 7.20　整车仿真模型组成示意图

（1）电动机仿真模型。电动汽车用的交流电动机/控制器仿真模型总成包括转动惯量影响子模块、转速评价器、转矩限制子模块及温度控制子模块等。电动机/控制器仿真模型能够把需求的转速、转矩转化为电能需求并把电能转化成转矩和转速输出。此模块可以计算牵引电动机的转矩、转速、输入功率,以及对电动机的转矩、转速进行限制,并控制牵引电动机的温度;电动机特性图输入控制电动机的特性,并对转动惯量及电动机温度的影响进行计算,最后得到电动机输出的有效驱动转矩和转速,以及电动机输入的能量。

(2) 蓄电池仿真模型。蓄电池在充放电时伴随着复杂的化学反应,产生的热量导致电池温度也会发生变化。因此蓄电池的电化学特性是一个与各种随机变量相关的非线性函数。实际上,电化学电池动态模型的建立一方面从分析内在机理出发,另一方面借助试验测试来拟合非线性变量之间的关系,建模的基础是确定电动势及内阻的特性函数。蓄电池仿真模型总成包括开路电压和内阻计算子模块、功率限制子模块、负载电流计算子模块、SOC 计算子模块、蓄电池散热子模块等。蓄电池所容纳的充电量被看作常数,并受到最小开路电压的限制。电池放电过后需要重新补充的电量受到库仑定律的影响,最大充电量受到电池最大开路电压的限制。当电池完全被当作一个已知内阻的电压源时,与之相连的部件(如电动机)将被看作耗能元件。电池的输出功率受等效电路输出的最大功率、电动机功率、控制器接收的最大功率的影响。

(3) 车身仿真模型。车身模型包括滚动阻力、坡度阻力、迎风阻力、加速阻力计算子模块及汽车车速计算子模块。电动汽车的车速是评判电动汽车的一项重要指标,所以汽车车速计算子模块在模型总成中也具有相当重要的作用,通过该模块计算出汽车行驶车速,从而推算出汽车的行驶阻力,根据车轮反馈而来的汽车需要的驱动力和线性速度,计算出传递给汽车所需要的驱动力及更新下一刻车速。

(4) 主减速器和变速器仿真模型。主减速器仿真模型总成通过车轮/轮轴传递的主减速器输出端需要的转矩和转速,以及由变速器反馈而来的有效转矩和转速,修正主减速器输入端的转矩和转速计算出主减速器的输出转矩和转速。变速器仿真模型总成由输入输出轴转矩转速计算子模块、变速器控制子模块、转动惯量影响子模块、转矩损失子模块等构成。此模型总成通过主减速器模型传递的变速器需要输出的转矩和转速,以及由电动机/控制器模型反馈而来的转矩和转速,修正变速器的输入转矩和转速计算出变速器的输出有效转矩和转速。主减速器和变速器仿真模型都具有传递及修正转矩和转速的作用。

(5) 纯电动汽车整车仿真模型。综上所述,将各个模块封装连接组成纯电动汽车的整车模型如图 7.21 所示。

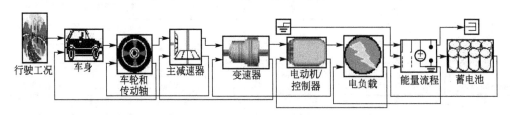

图 7.21 纯电动汽车整车仿真模型

3. ADVISOR 软件的操作方法

ADVISOR 软件通过人机界面使用户在进行仿真时操作方便,并能够提供各种仿真结果。在 ADVISOR 软件中有 3 个人机界面,通过它们,用户输入要仿真的车型和各种相关参数、仿真的实验方案和目标要求,然后运行计算,得到仿真结果。

(1) 仿真输入界面。3 个人机界面的布局基本相同,屏幕的左侧是汽车的图像信息,在右侧窗口，用户可以设定汽车的各种参数和需要显示的内容，并可控制 ADVISOR 软件下一步的运行。例如，图 7.22 中 ADVISOR 仿真输入界面所示的混合动力电动汽车，从界面左上方的汽车结构示意图中，用户可以看到整个驱动系统的组成结构及能量的流动方向；在左下方，显示驱动系统不同总成的性能；在界面的右方，是汽车驱动系统结构形式及驱动系统各个总成类型的选择界面，用户通过选择不同的数据文件，来定义被仿真汽车。

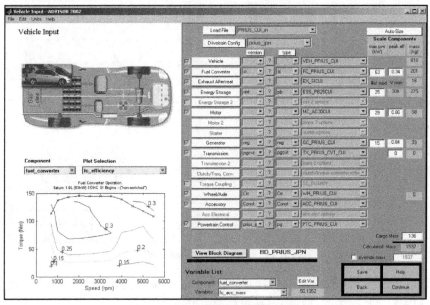

图 7.22　ADVISOR 仿真输入界面

（2）仿真设置界面。第 2 个人机界面是仿真设置界面，如图 7.23 所示。这个界面也分为 2 个区域。右半边是仿真条件的设置，左半边为对应所选择的行驶循环轨迹曲线。用户可以选择按某个行驶循环工况或试验程序进行仿真，并能够进行爬坡和加速试验。此外，用户还可以对汽车仿真初始状态进行设置，如温度、荷电状态等。

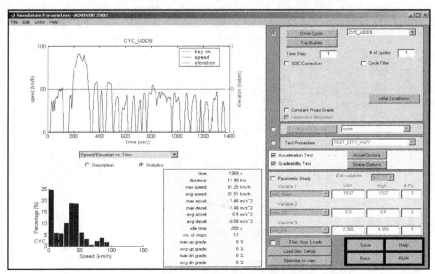

图 7.23　ADVISOR 仿真设置界面

(3) 仿真输出界面。图 7.24 为仿真输出界面,这个界面也分为 2 个区域,左侧为仿真结果的曲线表示,右侧除了显示汽车的燃油经济性、排放、动力性等仿真数据外,还可以选择需要在左侧区域显示的仿真曲线。

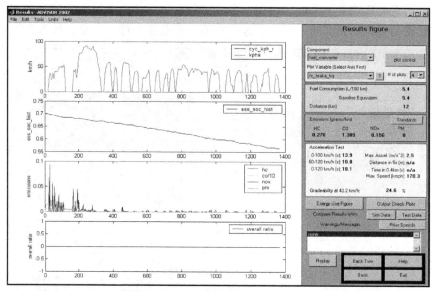

图 7.24　ADVISOR 仿真输出界面

MATLAB 是当今最流行的通用计算软件,Simulink 是基于 MATLAB 的图形化仿真平台,是 MATLAB 提供的进行动态系统建模、仿真和综合分析的集成软件包,Simulink 和 MATLAB 之间可以灵活地进行交互操作。MATLAB/Simulink 和 ADVISOR 软件的完美结合,可以快速完成汽车的仿真。

电动汽车仿真系统的基本组成如图 7.25 所示。

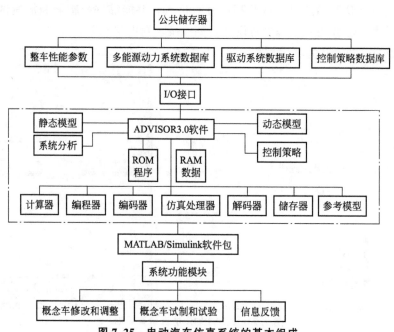

图 7.25　电动汽车仿真系统的基本组成

MATLAB/Simulink 软件的信息流和仿真方法有前向仿真器和后向仿真器两类，前向仿真器是沿着实际功率流的方向，从动力源模块出发直至车轮和车轴模块，逐级传递当前部件能提供给下一级部件的速度值和转矩值，最后计算出汽车的实际速度，一般用于系统的详细设计和动态模拟，如图 7.26 所示。后向仿真器是沿着与实际功率流相反的方向，根据道路循环的要求，向整车模块发出速度和转矩请求，整车模块再向车轮和车轴模块、主减速器模块、变速器模块等逐级发出请求，直到动力源模块（发动机和蓄电池等）计算出动力源所能提供的功率，一般用于在设计初期进行系统的预估和优化，如图 7.27 所示。

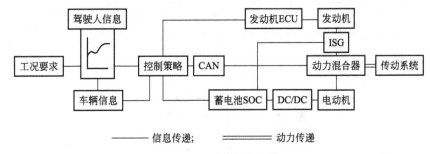

图 7.26　前向仿真系统

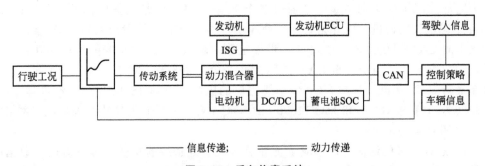

图 7.27　后向仿真系统

7.6　车载网络技术

常见车载网络总线有 CAN、LIN、Flexray、MOST、Bluetooth 等。低档汽车只采用低速 CAN 总线连接少量的 ECU，而高档汽车则同时拥有不同类型的数条总线：高速 CAN 总线多用于实时性较高的动力总成，如发动机、底盘、变速器等；Flexray 总线能够满足更高的实时性要求；低速 CAN 多用于车身控制模块和诊断模块；MOST 总线用于车载信息娱乐系统。以宝马 7 系汽车的网络架构为例，3 条 CAN 总线，其中高速 HS - CAN1 总线用于中心控制系统，高速 HS - CAN2 总线用于辅助安全系统，HS - CAN 用于舒适系统，低速 CAN 总线 LS - CAN 连接舒适系统；1 条 Flexray 总线连接悬架的垂直力系统和横纵向力系统；1 条 MOST 总线连接信息娱乐系统；配合使用若干条 LIN 总线及 1 条以太网总线用于上传代码及变量，其网络架构图如图 7.28 所示。

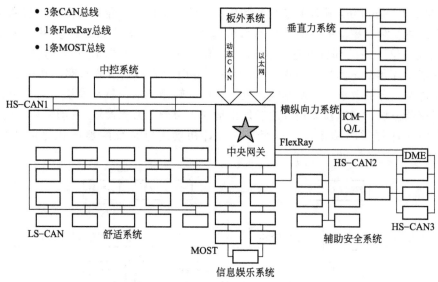

图 7.28 宝马 7 系汽车网络架构图

7.6.1 CAN 总线

为适应"减少线束的数量""通过多个 LAN，进行大量数据的高速通信"的需要，1983 年德国电气商博世公司开始策划一种现场总线；1986 年博世公司在 SAE 会议上发布面向汽车的 CAN 通信协议；1992 年，世界上第一辆采用 CAN 总线的汽车梅赛德斯奔驰下线；1993 年，ISO 组织发布 CAN 国际标准 ISO 11898 及 ISO 11519；2007 年，ISO 组织发布最新 CAN 标准。目前，CAN 总线协议的国际标准有 ISO 11898-2(高速 CAN)，ISO 11898-3(容错 CAN)和 ISO 11898-4(TTCAN)，并且它已经成为国际汽车网络标准中的 B 类和 C 类网络标准。

CAN 总线定义的通信接口集成了物理层和数据链路层的功能，负责对通信数据的帧进行处理。CAN 协议的最大特点就是抛弃了对通信数据的站地址编码技术，而采用块编码技术。CAN 总线数据帧由标识符(Identifier，以下称为 ID)、数据、CRC 校验码 3 部分组成。其中，ID 由 11 位(标准帧)或 29 位(扩展帧)组成，在 CAN2.0B 的标准中约定了帧 ID 的前 7 位不能同时为零。采用这种数据帧格式，使不同节点能同时接收到同一数据信息。数据段长度最多为 8 个字节，这一般都能满足工业控制中常使用的控制命令、工作状态及检测数据传输的要求。而且，8 个字节信息的传输只需很少的总线传输时间，这就保证了网络通信的实效性。CAN 协议对帧采用 CRC 检验法则，并提供处理错误的方案，保证消息数据通信的可靠性。CAN 总线主要特性如下。

(1) 多主控制。在总线空闲时，所有的单元都可开始发送消息(多主控制)；最先访问总线的单元可获得发送权(CSMA/CA 方式)；多个单元同时开始发送时，发送高优先级 ID 消息的单元可获得发送权。

(2) 消息的发送。在 CAN 协议中，所有的消息都以固定的格式发送。总线空闲时，所有与总线相连的单元都可以开始发送新消息。两个以上的单元同时开始发送消息时，根据 ID 决定优先级。ID 并不是表示发送的目的地址，而是表示访问总线的消息的优先级。两个以上的单元同时开始发送消息时，对各消息 ID 的每个位进行逐个仲裁比较。仲裁获胜（被判定为优先级最高）的单元可继续发送消息，仲裁失利的单元则立刻停止发送而进行接收工作。

(3) 系统的柔软性。与总线相连的单元没有类似于"地址"的信息，因此在总线上增加单元时，连接在总线上的其他单元的软硬件及应用层都不需要改变。

(4) 通信速度。根据整个网络的规模，可设定适合的通信速度。在同一网络中，所有单元必须设定成统一的通信速度。即使有一个单元的通信速度与其他的不一样，此单元也会输出错误信号，妨碍整个网络的通信。不同网络间则可以有不同的通信速度。

(5) 远程数据请求。可通过发送"遥控帧"请求其他单元发送数据。

(6) 错误检测功能、错误通知功能、错误恢复功能。所有的单元都可以检测错误（错误检测功能）；检测出错误的单元会立即同时通知其他所有单元（错误通知功能）；正在发送消息的单元一旦检测出错误，会强制结束当前的发送。强制结束发送的单元会不断反复地重新发送此消息直到成功发送为止（错误恢复功能）。

(7) 故障封闭。CAN 可以判断出错误的类型是总线上暂时的数据错误（如外部噪声等）还是持续的数据错误（如单元内部故障、驱动器故障、断线等）。由此功能，当总线上发生持续数据错误时，可将引起此故障的单元从总线上隔离出去。

(8) 连接。CAN 总线是可同时连接多个单元的总线。可连接的单元总数理论上是没有限制的。但实际上可连接的单元数受总线上的时间延迟及电气负载的限制。降低通信速度，可连接的单元数增加；提高通信速度，则可连接的单元数减少。CAN 总线协议已经成为当前国际汽车领域主流车载网络协议，国内主要的汽车制造商也正在积极研究开发这种技术。美国汽车工程师协会（SAE）基于 CAN 总线协议定义了 A、B、C 等 3 类车载网络类型，其主要内容如下。

A 类：允许在同一总线上节点间能进行多路信号的发送和接收，并适用于低数据传输速率的情况。它主要是针对传感器或执行器等数据传输速率常为 1~10kbit/s 的低速网络，一般应用在座椅调节、电动门窗开关升降等车身等控制模块之中。但是，由于速率太低，它始终无法成为各大汽车制造商共同遵循的协议。为了解决此矛盾，Motorola、BMW、Audi、VCT 等公司共同成立了 LIN 协会，在此协议的基础上推出了 LIN 协议标准。

B 类：这种是节点间数据传输的多主总线模式，取消了冗余的系统组件。它适用于需要将多种功能集成在一个模块之中的情况，一般在汽车电子控制中心、故障诊断、安全气囊、仪表显示等模块中使用。这类型的总线采用的标准是低速 CAN 总线协议，即 ISO 11519，其传输速率为 100kbit/s 左右。

C 类：与 B 类的定义很类似，但它主要是针对高速率的数据传输。它一般在发动机控制、悬架控制、ABS 等实时控制系统中应用。欧洲的汽车制造商基本上采用的都是高速 CAN 总线标准，即 ISO 11898，其传输速率通常为 125kbit/s~1Mbit/s。

CAN 总线在电动汽车能源管理系统中的应用

电动汽车基本结构如图 7.29 所示，可分为电力驱动子系统和能源子系统。其中，电力驱动子系统又由运动控制器、功率转换器、电动机、机械传动装置和驱动车轮组成；

能源子系统由主电源、能量管理系统和充电系统构成。运动控制器主要实现电动汽车的驱动及再生制动，满足电动汽车对驾驶性能和安全性能的要求。根据从制动踏板和加速踏板输入的信号，运动控制器发出相应的控制指令来控制功率转换器功率器件的通断，功率转换器的功能是调节电动机和能量源之间的功率流。当电动汽车驱动时，能量源向电动机提供能量。当电动汽车制动时，再生制动的动能被能量源吸收，此时功率流的方向要反向。能量管理系统和运动控制器协调高效地控制能量在能量源和电动汽车驱动电机间相互传递。电动汽车能量源采用锂离子电池。能源管理系统的重要功能是对锂离子电池的监控和管理。根据电池的单体电压、总电压、电流和温度等信息对电池状态进行评估。当电池状态欠佳时，协调运动控制器相应调整控制参数，减小电池输出电流和功率，避免电池受到损害。

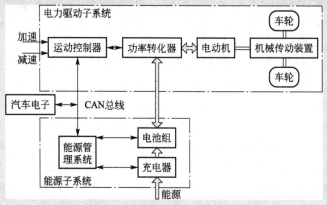

图 7.29　电动汽车基本结构

基于 CAN 总线的电动汽车能源管理系统，主要是采集车体运行状况数据和电池的电压、电流和温度数据。将采集的信息通过 CAN/USB 转换口传输到 PC 主机上，在主机上完成信息的存储和处理等工作，系统原理图如图 7.30 所示。为保证控制的实时性，运动控制器需采集电池组总电压和电流，以及驱动和制动踏板的输入信号电压，并通过 CAN 总线与能源管理系统实现信息共享。能源管理系统则负责采集电池温度，并监控单体电池电压。

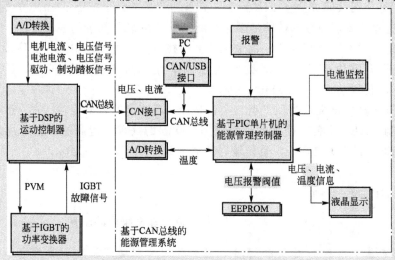

图 7.30　基于 CAN 总线的能源管理系统原理图

另外能源管理系统要实时监测蓄电池在充放电过程中各组电池的电压、电流和温度，避免过充和过放现象发生，同时对各组电池进行定期自动检测和诊断，通过 CAN 总线与运动控制器通信，最大限度地提高蓄电池的寿命。

7.6.2 LIN 总线

LIN(Local Interconnect Network)是一种低成本、单线式、串行通信网络，用于实现汽车分布式电子系统之间的数据通信。LIN 的目标是为现有汽车网络提供一种低速总线技术标准，它能满足 CAN 总线所不要求的带宽和功能，如传感器和执行器的通信，使用 LIN 总线可大大节省成本。在使用 LIN 总线的网络中，电控单元的集成是将汽车上分布的智能 ECU 连成一个局部网络，如将门上的电动窗、集控门锁、电动后视镜连成一个局部网络，然后通过网关将这个网络挂接到汽车的主体网络中去，LIN 总线和 CAN 总线可以通过网关来完成信息交换。LIN 的标准简化了现有的基于多路解决方案的低端 SCI，同时降低了汽车电子装置的开发、生产和服务费用。LIN 的开发应用速度很快，这是由于其开发环境简单，可以利用 C 或者 C++进行编程，系统连接也不繁琐，而且网络性能优良、稳定性好。

LIN2.1 主要特性如下。

(1) LIN 总线的通信基于 SCI(DART)数据格式，媒体访问采用单主节点，多从节点的方式。

(2) 一条 LIN 总线最多可以连接 16 个节点。

(3) LIN 采用低成本的单线连接，传输速率最高可达 20kbit/s。

(4) 不需要进行仲裁，同时在从节点中不需要用石英或陶瓷振荡器，只采用片内振荡器就可以实现自同步。

(5) 基于常用的 UART/SCI 硬件接口，以及相应的软件，或作为纯粹的状态机，从而保证较低的成本。

(6) 网络通信具有可预期性。

(7) 支持多包报文传输。

(8) 支持诊断功能。

LIN 技术规范中，除定义了基本协议和物理层外，还定义了开发工具和应用软件接口。因此，从硬件、软件及电磁兼容性方面来看，LIN 保证了网络节点的互换性。这极大地提高了开发速度，同时保证了网络的可靠性。

应用案例7-2

LIN 总线在汽车外部灯光控制中的应用

汽车外部灯光控制模块装在仪表板上，用户可以选择自动模式或手动模式控制车灯系统，该系统网络拓扑结构如图 7.31 所示。

该网络结构包括一个主节点和两个从节点。在手动控制模式下，用户可以通过操作灯光控制模块上的开关将不同的指令通过 LIN 总线发送给车身控制器，车身控制器内

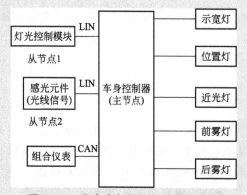

图 7.31 汽车车灯控制系统拓扑结构

部处理后来控制对应的外部灯;自动控制模式下,感光元件将外部光线信号通过 LIN 总线传递给车身控制器,然后控制相应的外部灯。两种模式下,车身控制器在控制外部灯的同时,都会将控制信号通过 CAN 总线传递给组合仪表做出相应的显示。

系统中的灯光控制模块作为用户操作外部灯的界面,通过开关状态监测用户的操作意图,并将其处理成 LIN 信号发送给车身控制器来控制外部灯光。

7.6.3 FlexRay 总线

FlexRay 是戴姆勒克莱斯勒公司的注册商标。FlexRay 联盟推进了 FlexRay 的标准化,使之成为新一代汽车内部网络通信协议。FlexRay 起源于"X-by-Wire"(线控操作)技术,关注当今汽车行业的一些核心需求,包括更快的数据速率,更灵活的数据通信,更全面的拓扑选择和容错运算。

因此,FlexRay 可以为下一代的车内控制系统提供所需的速度和可靠性。CAN 网络最高性能极限为 1Mbit/s。而 FlexRay 2 个信道上的数据速率最大可达到 10Mbit/s,双通道总数据速率可达到 20Mbit/s,因此,应用在车载网络,FlexRay 的网络带宽可以是 CAN 的 20 倍之多。

FlexRay 还具有 CAN 网络所不具有的可靠性特点。尤其是 FlexRay 具备的冗余通信能力可实现通过硬件完全复制网络配置,并进行进度监测。FlexRay 同时提供灵活的配置,可支持各种拓扑,如总线、星形和混合拓扑。设计人员可以通过结合两种或两种以上的该类型拓扑来配置分布式系统。

另外,FlexRay 可以进行同步(实时)和异步的数据传输,来满足汽车中各种系统的需求。例如,分布式控制系统通常要求同步数据传输。

为了满足不同的通信需求,FlexRay 在每个通信周期内都提供静态和动态通信段。静态通信段可以提供有界延迟,而动态通信段则有助于满足在系统运行时间内出现的不同带宽需求。FlexRay 帧的固定长度静态段用固定时间触发的方法来传输信息,而动态段则使用灵活时间触发的方法来传输信息。

FlexRay 不仅可以像 CAN 和 LIN 网络这样的单信道系统一般运行,而且还可以作为一个双信道系统运行。双信道系统可以通过冗余网络传输数据——这也是高可靠系统的一项重要性能。

7.6.4 MOST 总线

汽车娱乐多媒体系统已经设计出来并被配置到高档汽车上。这种系统需要高速网络来支持,而作为速率不能超过 1Mbit/s 的 CAN 总线无法满足这种网络通信需求。为此,国际大汽车制造商推出了以光纤为总线传输媒介的 MOST 总线(Media Oriented Systems Transport,面向媒体的系统传输总线)技术。这种总线的传输速度最高可以达到 25Mbit/s。

MOST 最初构想始于 20 世纪 90 年代中期，作为宝马公司、戴姆勒克莱斯勒公司、Harman/Becker 公司（音响系统制造商）和 Oasis Silicon Systems 公司之间的一项联合；1998 年，MOST Cooperation 成立，由它控制总线的定义工作；2001 年，MOST 技术首次量产使用在 BMW 7 系上；2003 年，它成为首个支持 DVD 内容传输的车载网络；2004 年，MOST 总线用于多款量产车型；2006 年，在美国出现首辆使用 MOST 总线的量产车；2007 年，以丰田为首的日本汽车厂商开始采用 MOST 总线技术。

MOST 总线专门用于满足要求严格的车载环境。这种新的基于光纤的网络能够支持 24.8Mbit/s 的数据速率，与以前的铜缆相比具有减轻质量和减小电磁干扰（EMI）的优势。MOST 传输协议由分割成帧的数据块组成，每一帧包含流数据、分组数据和控制数据。在物理层上，传输介质本身是有塑料保护套、内芯为 1mm 的 PMMA（聚甲基丙烯酸甲酯）光纤，OEM 供应商可以将一束光纤像电线一样捆成光缆。光纤传输采用 650nm（红色）的 LED 发射器（650nm 是 PMMA 光谱响应中的低损耗"窗口"）。数据以 50MBaud、双相编码的方式发送，最高数据速率为 24.8Mbit/s。

MOST 的定义是非常普通的，允许采用多种拓扑结构，包括星形和环形，大多数汽车装置都采用环形布局。一个 MOST 网络中最多可以有 64 个节点。一旦汽车接通电源，网络中的所有 MOST 节点就全部激活，这对低功耗、停电模式设计是一大重点，包括系统处在该种状态下的功耗量及如何进入状态。MOST 节点在通电时的默认状态是直通（Pass-through），即进入的数据从接收器直接传送至发射器，以保持环路的畅通。

MOST 的数据传送使用 512b 的帧，以及 16 个帧的块。帧的重复率为 44.1kHz（每帧 22.67ms），每个帧内除了前导码和其他内部管理位以外，还包含有同步、异步和控制数据。总线是完全同步的，设计师可将网络内的任何设备指定为主设备，其他所有节点都从主设备处获得自己的时钟。网络完全是即插即用的，当上电或有连接改变时，有一个寻找设备的过程。主节点上保持着一个所连设备的中心注册处。

综上所述，车载网络的各种总线的关系是一种相辅相成的配合关系，整车厂可以从实时性、可靠性、经济性等多方面出发，选择合适的总线配合使用，充分发挥各类总线的优势。CAN 总线传输速率一般为 250～500Mbit/s，实时性满足现今大多数汽车的通信要求而且成本较低，自然占据优势地位成为主流总线。CAN 总线在未来的 5～10 年内将仍然保持这种优势；而 LIN 总线可以为现有的车载总线提供辅助功能，在一些实时性要求不高、速率要求不高的电控子系统中使用 LIN 总线，可以在不损失性能的条件下大大节约成本；FlexRay 总线伴随线控（X-by-wire）技术产生，传输速率 5～10Mbit/s，在实时性和可靠性方面优势明显，随着车载网络技术的不断发展，车载 ECU 数量的不断增加，新能源技术的发展必然导致对总线速率和带宽的要求不断上升，并且随着线控技术安全性的不断提高，FlexRay 总线的发展前景会越来越乐观，很有可能成为下一个主流总线。图 7.32 为各常见总线相对成本与速率比较图。

综合对比各种总线的优势与劣势，由于 CAN 总线具有较高的可靠性和性价比，非常适合作为车载控制单元间的通信媒介，在现今的轿车设计中，CAN 总线已成为标准配置，奔驰、宝马、劳斯莱斯、美洲豹、大众、沃尔沃、雷诺等世界知名品牌的汽车，都采用 CAN 总线实现控制器间的互联。

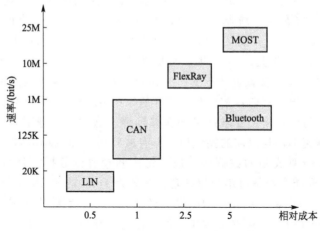

图 7.32 总线相对成本与速率比较图

7.6.5 电动汽车网络信号

以太阳能电池作为辅助动力源的电动汽车为例，其车载网络中的电子设备主要包括车载显示单元、车身控制模块、电池组管理系统、电动机控制单元、太阳能电池板控制单元等。

根据触发条件的不同，CAN 网络中传输的信号可以分为事件型、周期型、混合型 3 种传输模式。电动汽车的信号量远远大于传统汽车，虽然总线上信号量较多，但是可以按照发送的性质将其分为两类：突发性数据和周期性数据，而不同性质的 CAN 信号用不同的接收方式保证其可靠性和实时性。

周期性信号：电池组管理系统、电动机控制单元、太阳能电池板控制单元等模块中的信号大多为周期性传递的，信号传递速度快，从接收到处理完成的时间间隔需要尽可能小，不能超过信号的发送周期，如果不能及时处理信号则很可能造成数据堵塞，甚至可能会影响动力系统的控制性能。

突发性信号：车载显示单元、车身控制模块、智能空调模块等模块发送的信号多为突发性信号。这些信号多为一些按键数据和对一些开关量的控制，特点是信号发送频率不固定且对数据到达的先后顺序没有特别的要求。

电动汽车的车载电子设备有两种不同性质的 CAN 总线数据流，因此，合理的网络结构可以减少微处理器的负载，提高控制系统的性能；反之，不合理的网络结构会加大微处理器 MCU 的负载，降低系统性能，甚至造成 CAN 报文丢失，影响控制精度。

7.6.6 电动汽车网络结构

电动汽车的网络结构主要指 CAN 总线网络的硬件拓扑结构，结构设计是整车网络设计的基础，网络结构设计的好坏直接影响整车控制系统的性能。电动汽车的整车控制系统在控制方式上采用分布式控制，总线上各控制器节点无主从之分，各控制器之间通过信号的传递实现控制。

将信息交换比较密集并且具有相同数据性质的 ECU 放在一个子网中，即采用双子网结构，不仅满足了电动汽车的设计要求，同时成本低、易实现。然后，根据各子网控制系统的要求确定每个子网的 CAN 总线通信速率，根据通信速率采用合适的总线控制器，2 个子网之间通过网关连接实现信息共享。电动汽车网络拓扑结构如图 7.33 所示。

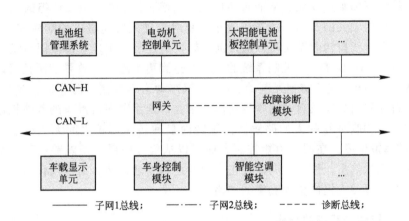

图 7.33　电动汽车网络拓扑结构图

该车载网络分为 2 个子网，子网 1 中 CAN 总线数据主要是周期性数据，而且数据处理周期较短，为减少 CAN 总线数据的通信延时并提高网络的实时性，采用双线式高速 CAN 总线(ISO 11898—3)，并将通信速率定为 250Kbit/s。子网 2 中主要为一些车身舒适性系统的突发性数据，如一些按键数据和开关量数据等，此类数据对处理速度要求较低，为提高网络的容错性，采用容错式低速 CAN 总线(ISO 11519—2)，通信速率为 125Kbit/s。采用容错性 CAN 总线时，当两条差分线中的一根发生短路或者断路时，该总线可变为单线运行模式，此时采用地线作为电平参考，依然可以完成数据通信。

2 个子网之间采用网关实现数据传递。网关通过两个不同的总线控制器和驱动器连接到两个子网中，同时接收两个子网中的 CAN 报文并进行过滤和转发，将属于某子网的报文发送到该子网，反之将不属于该子网的报文过滤掉。网关留有符合 ISO 11969 的诊断接口，为所有车载电子设备提供诊断和故障处理功能，设备诊断协议参照 ISO 15765。

7.7　汽车线控转向系统

近年来为了实现汽车转向的主动控制，进行辅助驾驶技术，对于将转向盘与转向轮之间通过控制信号连接的线控转向的研究日益增多，由此产生了对汽车线控转向系统的研究。汽车线控转向系统(Steering-by-Wire System，SBW)由于取消了转向盘和转向轮之间的机械连接，完全摆脱了传统转向系统的各种限制，不但可以自由设计汽车转向的力传递特性，而且可以设计汽车转向的角传递特性，给汽车转向特性的设计带来无限的空间，是汽车转向系统的重大革新。汽车线控转向系统是汽车转向方面最为先进和最前沿的技术之一。

汽车线控转向系统的研究具有极其重大的意义：①满足了汽车智能化发展的需要。汽车智能化一直是人们追求的目标，线控转向系统的转向控制单元可以接收汽车上其他传感器的信号，这样它就可以知道整个汽车的运动状态，当出现紧急或意外情况时，线控转向系统就能够在驾驶人之前采取相应的动作以避免意外事故的发生。②提高了汽车的操纵稳定性。在前轮转向控制方面可以实现传动比的任意设置，并对车速变化的参数进行补偿，使汽车转向特性不随车速变化。从而将传统人-车闭环系统中驾驶人负担的部分工作由控制器完成，减轻驾驶人的负担，提高了汽车系统对驾驶人转向输入的响应和人-车闭环系统的主动安全性。线控转向系统可以通过前轮转向的控制，实现直接横摆力矩控制(Direct Yaw Moment Control，DYC)控制系统的功能，达到更为理想的效果，而且可以与其他主动安全设备，如 ABS(汽车防抱死制动系统)、汽车动力学控制、防碰撞、单个车轮转向、轨道跟踪、自动侧向导航及自动驾驶等功能相结合，从而实现对汽车的整体控制，提高汽车整体稳定性。③改善驾驶人的路感。由于转向盘和转向车轮之间无机械连接，驾驶人"路感"通过模拟生成。在回正力矩控制方面可以从信号中提出最能够反映汽车实际行驶状态和路面状况的信息，作为转向盘回正力矩的控制变量，使转向盘仅仅向驾驶人提供有用信息，从而为驾驶人提供更为真实的"路感"。

7.7.1 汽车线控转向系统的结构

汽车线控转向系统结构如图 7.34 所示，它主要由转向盘系统、电子控制系统(ECU)、转向执行系统及自动防故障系统、电源等辅助系统组成。

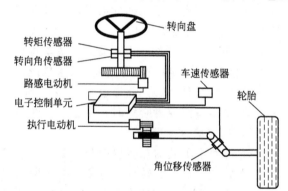

图 7.34 汽车线控转向系统结构

(1) 转向盘系统。转向盘系统包括转向盘、转向盘转角传感器、转矩传感器、路感电动机。转向盘系统的主要功能是将驾驶人的转向意图(通过测量转向盘转角)转换成数字信号，并传递给电子控制单元；同时接收电子控制单元送来的力矩信号，产生转向盘回正力矩，以提供给驾驶人相应的路感信息。

(2) 转向执行系统。转向执行系统包括前轮转角传感器、转向电动机、转向电动机控制器和前轮转向组件等。转向执行系统的功能是接收电子控制单元的命令，通过转向电动机控制转向车轮转动，实现驾驶人的转向意图。

(3) 电子控制单元。电子控制单元对采集的信号进行分析处理，判别汽车的运动状态，向转向盘路感电动机和转向电动机发送指令，控制 2 个电动机的工作，保证各种工况下都具有理想的汽车响应，以减少驾驶人对汽车转向特性随车速变化的补偿任务，减轻驾驶人负担。同时控制单元还可以对驾驶人的操作指令进行识别，判定在当前状态下驾驶人的转向操作是否合理。当汽车处于非稳定状态或驾驶人发出错误指令时，电子转向系统会将驾驶人错误的转向操作屏蔽，而自动进行稳定控制，使汽车尽快恢复到稳定状态。

(4) 自动防故障系统。自动防故障系统是线控转向系统的重要模块，它包括一系列的监控和实施算法，针对不同的故障形式和故障等级做出相应的处理，以求最大限度地保持汽车的正常行驶。作为应用最广泛的交通工具之一，汽车的安全性是必须首先考虑的因素，是一切研究的基础，因而故障的自动检测和自动处理是电子转向系统最重要的组成系统之一。它采用严密的故障检测和处理逻辑，以更大地提高汽车安全性能。

(5) 电源系统。电源系统承担着控制单元、2个转向电动机及其他车用电器的供电任务，其中仅前轮转角转向电动机的最大功率就有 500～800W，加上汽车上的其他电子设备，电源的负担已经相当沉重。所以要保证电网在大负荷下稳定工作，电源的性能就显得十分重要。在 42V 供电系统中这个问题将得到圆满解决。

线控转向系统按照其结构的不同可分为两转向轮分别调节式和整体调节式。分别调节式指 2 个转向轮各有一个计算机控制独立驱动的轮毂电动机分别安装在汽车轮毂内，省略传统汽车复杂的机械传动系统，机构简单，最大限度地缩短动力传输路线，从而有效地实现了节能。整体调节式是保留原有的机械传动机构，由一个计算机控制下的转向电动机作为动力源。

由于整体调节式线控转向系统具有对传统结构的继承性好、结构简单、控制方便等特点，因此这里主要介绍整体调节式线控转向系统。整体调节式线控转向系统的结构如图 7.35 所示。

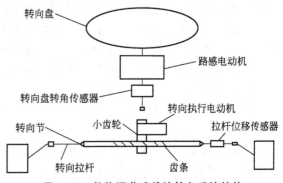

图 7.35 整体调节式线控转向系统结构

7.7.2 汽车线控转向系统的工作原理

线控转向系统的工作原理如图 7.36 所示。当转向盘转动时，转矩传感器和转向角传感器将测量到的驾驶人转矩和转向盘的转角转变成电信号输入到电子控制器，ECU 依据车速传感器和安装在转向传动机构上的位移传感器的信号来控制转矩反馈电动机的旋转方向，并根据转向力模拟、生成反馈转矩，控制转向电动机的旋转方向、转矩大小和旋转的角度，通过机械转向装置控制转向轮的转向位置，使汽车沿着驾驶人所期望的轨迹行驶。

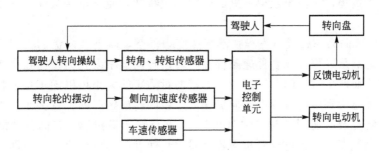

图 7.36 线控转向系统的工作原理

7.7.3 汽车线控转向系统的特点

汽车线控转向系统与其他转向系统相比，具有以下特点。

(1) 取消了转向盘和转向车轮之间的机械连接，通过软件协调它们之间的运动关系，因而取消了它们之间的机械约束和干涉，使之可以相对独立运动，因而可以实现传动比的任意设置，可以根据车速和驾驶人喜好由程序根据汽车的行驶工况实时设置传动比。同时还可以从信号中提出最能够反映汽车行驶状态的信息，作为转向盘回正力矩的控制变量，使转向盘仅仅提供对驾驶人有用的信息，以减轻驾驶人的体力脑力负荷，提高"人-车闭环系统"对道路的跟踪特性。同时由于减少了机构部件数量，从而减少了从执行机构到转向车轮之间的传递过程，使系统惯性、系统摩擦和传动部件之间的总间隙得以降低，从而使系统的响应速度和响应的准确性得以提高。

（2）线控转向系统采用软件控制，因而可以把转向系统与其他主动安全设备，如ABS、汽车动力学控制、防碰撞、轨道跟踪、自动导航及自动驾驶等功能相结合，实现对汽车的整体控制，提高汽车整体稳定性，且实现了ITS中的汽车辅助转向功能。

（3）线控转向系统在实现上述操作性能突破的同时也带来了可观的经济性和环境效益。

（4）线控转向系统是通过一个通用的执行器来调整转向的。要对汽车转向的动力性进行调整，必须使用一个转角传感器，这并不影响转向盘对车轮的快速调整。另一方面，一个力矩传感器也是必需的，它将对汽车转向的调整和自动驾驶起重要作用。因此，驾驶人通过提供到转向盘的力矩知道正确的方向，并通过进一步的引导控制系统来进行评估。

（5）它提供了把"电子驾驶"和"电子停车"实际化的条件，并且把动力性和汽车控制统一到一个系统中。

（6）对汽车生产商的好处。传统转向系中转向柱安装要求提供足够的空间（左手或右手驾驶），而线控转向严格地控制了转向柱在发动机间隔内的自由度，这表明机械式的转向柱没有很好地利用发动机的空间。

7.7.4 汽车线控转向系统的硬件要求和所需模块

1. 汽车线控转向系统硬件的功能要求

汽车线控转向系统硬件具有以下功能要求。

（1）良好的操纵性。转向必须灵活、平顺，具有良好的随动性，能够安全行驶在狭窄、连续拐弯的弯道上。能够实现驾驶人对汽车的有效控制，合理地使用辅助转向系统，切实减轻驾驶人负担，使汽车获得良好的转向响应特性，使整车在操纵、安全等方面的性能达到最优。

（2）合适的转向力与路感。汽车在不同速度条件下，转动转向盘的力矩应该不同，线控转向系统要能满足在停车或者低速条件下，转动转向盘不太费力，而在高速行驶时又不能因转向力过小而产生"发飘"的感觉，即转向盘力矩的大小可以随车速变化而变化，能使驾驶人清楚地感觉到转向过程中转向盘偏离"中间转向区"的位置大小，以满足汽车好的直线行驶稳定性及高速行驶时的"路感"，在进行转向操作后，转向盘要能适当地自动回正到直线行驶状态，回正过程要求平稳，残留角速度应尽可能小，从路面上传来的冲击应该能够模拟传递到转向盘上，使驾驶人能获得真实的路面"路感"信息，对无效的转向冲击予以屏蔽，使驾驶人感觉舒适。

（3）电子系统灵敏的响应特性与较好的可靠性。由于线控转向系统取消了转向柱与转向盘之间的机械连接，能够实现通过电线、信号及微型计算机控制的转向任务，因此必须保证线控转向系统对驾驶人的指令反应迅速，响应准确、及时，保证线控转向系统在任何复杂工况下均能安全、可靠的工作，当电线、信号及微型计算机控制的转向系统失效时，能及时发现错误，使驾驶人能够有效控制汽车，在电子系统失效的情况下，应该有预警功能及迅速处理功能，从而使汽车处于驾驶人的有效控制之下。

2. 汽车线控转向系统所需模块

要满足上述功能要求，必须使线控转向系统具有与之相对应的硬件结构。线控转向系统要满足其功能应该包括的硬件和模块有微型计算机和单片机、转向电动机、电磁施力器、容错设施（设备）、传感器、电源，以及有效的通信子系统等，通过这些硬件和软件的协调合作来实现线控转向系统功能。

(1) 主控制器模块。主控制器主要对各传感器（包括转向盘力矩传感器、车速传感器、侧向加速度传感器、前轮转角传感器等）采集的信号进行分析处理，通过采集的信号及驾驶人指令判断汽车是否处于转向状态，向转向执行模块和系统反馈模块发送指令，控制转向电动机及电磁施力器工作，保证汽车在各种工况下都具有理想的转向响应特性，减少驾驶人对汽车转向特性变化所需要的补偿任务。

主控制器模块还要进行驾驶模式识别，通过模式识别判定在当前状态下驾驶人的转向操作是否合理，当驾驶人的转向操作指令出现错误时，能及时屏蔽错误指令，自动进行稳定控制，使汽车稳定运行；当线控转向系统出现故障时，及时、准确地采取措施进行补救，使驾驶人有效控制汽车。

(2) 操纵模块。操纵模块主要包括转向盘、转向盘转角传感器、力矩传感器等，操作模块的主要功能是将驾驶人的转向意图（主要通过传感器测量信号来完成）传递给主控制器模块；同时接收系统反馈模块的反馈，给驾驶人提供真实的"路感"信息。

(3) 转向执行模块及系统反馈模块。转向执行模块主要包括转向电动机和转向控制单元。转向控制单元接收来自主控制器的指令，对其进行有效判读。在需要执行转向任务时，向转向电动机发送转向指令，转向电动机完成转向运动。图 7.37 为线控转向闭环控制图。

系统反馈模块主要包括电磁施力器、反馈控制单元和传感器。反馈控制单元接收来自主控制器的指令及传感器对路面信息所采集的信号，控制电磁施力器提供合适的反馈。

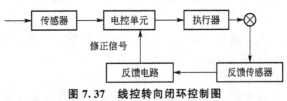

图 7.37 线控转向闭环控制图

(4) 冗余系统。冗余系统是线控转向系统不可或缺的重要模块，它包括一系列监控和实施算法，可以针对不同故障形式和故障等级做出相应处理，以求最大限度地保证汽车正常行驶。在结构上也应该有一套冗余系统，以使在线控转向系统失效时，冗余系统能立即投入使用，保证汽车的安全性和可靠性。

除上述这些之外，还应该有汽车局域网系统、车载电源系统等来保证线控转向系统的正常工作。

7.8 汽车线控制动系统

汽车制动系统是保证其安全性的重要部分之一，传统的液压制动系统发展至今，已是非常成熟的技术，由于人们对制动性能要求的不断提高，传统的液压或者空气制动系统在加入了大量的电子控制系统如 ABS、TCS、ESP 等后，其结构和管路布置更加复杂，液压（空气）回路泄漏的隐患也在加大，装配和维修的难度也随之提高。因此，汽车行业加大了对结构相对简单的线控制动系统(Brake-by-Wire，BBW)的研究力度。

线控制动系统是指一系列智能制动控制系统的集成，它提供诸如 ABS、汽车稳定性控制、助力制动、牵引力控制等现有制动系统的功能，并通过车载有线网络把各个系统有机地结合成一个完整的功能体系。原有的制动踏板用一个模拟发生器替代，用以接收驾驶人的制动意图，产生、传递制动信号给控制和执行机构，并根据一定的算法模拟反馈给驾驶人。显而易见，它需要非常安全可靠的结构，用以正常的工作。

7.8.1 汽车线控制动系统的结构

线控制动(Brake-by-Wire)的概念源于飞机制造行业，一般可分为两类：电控液压制动(Electro-Hydraulic Brake，EHB)系统与电控机械制动(Electro-Mechanical Brake，EMB)系统。EHB 系统是电子与液压系统相结合所形成的多用途、多形式的制动系统，它由电子系统提供柔性控制，液压系统提供动力；而 EMB 系统则将传统制动系统中的液压油或空气等传力介质完全由电制动取代，是未来制动控制系统的发展方向，EHB 系统是向 EMB 系统发展的过渡产品。

1. EHB 系统结构

EHB 系统是在传统的液压制动器基础上发展而来的。EHB 系统用一个综合的制动模块来取代传统制动器中的压力调节器和 ABS 模块等，这个综合制动模块就包含了电动机、泵、蓄电池等部件，它可以产生并储存制动压力，并可分别对 4 个轮胎的制动力矩进行单独调节。与传统的液压制动器相比，EHB 系统有了显著的进步，其结构紧凑、改善了制动效能、控制方便可靠、制动噪声显著减小、不需要真空装置、有效减轻了制动踏板的打脚、提供了更好的踏板感觉。由于模块化程度的提高，在汽车设计过程中又提高了设计的灵活性，减少了制动系统的零部件数量，节省了车内制动系统的布置和空间。可见，相较于传统的液压制动器，EHB 系统有了很大的改善。但是 EHB 系统还是有其局限性的，那就是整个系统不仅仍然需要液压部件，而且还离不开制动液。

汽车安装 EHB 系统后，取消了原有的真空制动增压器及发动机真空泵等，仍保留原液压制动系统的车轮制动器和制动主缸，同时增加了液压控制单元和电控单元，传统制动系统与 EHB 系统的对比图如图 7.38 所示。

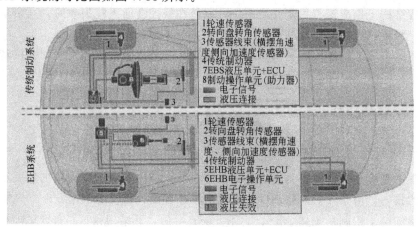

图 7.38 传统制动系统与 EHB 系统的对比图

典型的 EHB 系统组成如图 7.39 所示,由制动踏板及踏板感觉模拟器单元、液压控制单元(HCU)、电子控制单元(ECU)、制动器执行机构总成及故障容错系统组成。

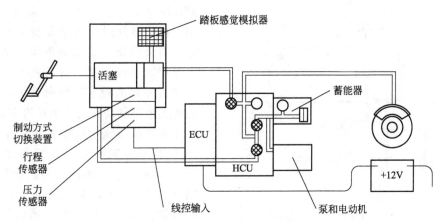

图 7.39　典型的 EHB 系统组成

(1) 制动踏板及踏板感觉模拟器单元。制动踏板及踏板感觉模拟器单元包括制动踏板、踏板感觉模拟器、踏板力传感器或踏板行程传感器。踏板感觉模拟器为驾驶人提供与传统制动系统相似的踏板感觉,使其能够按照自己的习惯和经验进行制动操作;踏板力传感器和踏板行程传感器用于检测驾驶人操纵意图,有的系统踏板行程传感器就可以单独完成该功能。

由于制动系统中没有了机械连接的限制,常规制动中驾驶人踩踏制动踏板的制动动作可以由驾驶人操作制动杆或制动滑盘来代替,使汽车制动的操作更加灵活和方便。这意味着汽车制动的操作将发生颠覆性的改变,也需要驾驶人改变驾驶方式。在装有 EHB 系统的车型中,为了减少驾驶人驾驶汽车的不适应感,目前绝大多数 EHB 系统中仍保留了制动踏板组件。

(2) 液压控制单元。液压控制单元可以实现独立制动踏板的液压制动及人力驱动的应急制动。一般包括蓄能器、安全阀、单向阀及若干管路等部件。独立于制动踏板的液压控制单元主要有两个功能:一个是始终保持制动主缸回路蓄能器内有能够满足制动需求的高压源;另一个是根据 ECU 由传感器辨识得到的驾驶人制动意图,通过电磁阀控制高压制动液流入流出制动轮缸,对制动轮缸的制动压力进行调节与控制,从而控制汽车制动以实现驾驶人的制动意图。

(3) 电子控制单元。电子控制单元是制动系统的大脑,是 EHB 系统的核心。其功能是对来自传感器的信号进行调理、采集、分析和处理,并通过相应的控制算法发出控制信号给执行器,驱动控制对象,实现汽车的制动功能。

(4) 制动器执行机构。在正常工作情况下,车轮制动器执行机构与制动踏板之间相互独立,当 EHB 系统失效时,驾驶人踩踏的踏板力会按照传统的液压制动方式经制动主缸传递到四轮制动器上。

(5) 故障容错系统。由于 EHB 系统的车轮执行机构与制动踏板之间相互独立,当 EHB 系统因为某些故障而不能正常工作时,汽车的制动系统将不受驾驶人的控制,这在汽车行驶过程中是非常危险和绝对不允许的,因此有必要在 EHB 系统中增加故障容错系统。故障容错系统的主要功能是对 EHB 系统中的各种故障加以侦查和判断,一旦发现某个元件由于某些原因发生故障,立即启动备用方案或者元器件,消除由于系统故障给汽车驾驶带来的危险因素，最低要求是保证汽车仍具有最基本的制动功能。

图7.40是根据Benz SL500的电子液压制动系统制作的EHB系统结构原理图，控制器通过向各个车轮分配不同的制动力来优化汽车的地面附着力。如果电子控制系统出错，备份阀开启，分离机构将失效的控制系统分离开，直接通过传统液压制动系统来制动汽车前轮。

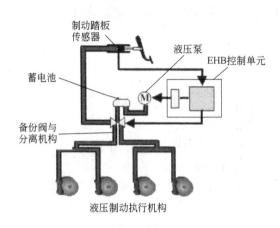

图7.40　EHB系统结构原理图

电控液压制动的控制系统由传感器、ECU（电子控制单元）及执行器（液压控制单元）等构成。制动踏板与制动器间无直接动力传递。制动时，制动力由ECU和执行器控制，踏板行程传感器将信号传给ECU，ECU汇集轮速传感器、转向传感器等各种信号，根据汽车行驶状态计算出每个车轮的最大制动力，并发出指令给执行器的蓄能器来执行各车轮的制动。高压蓄能器能快速而精确地提供轮缸所需的制动压力。同时，控制系统也可接收其他电子辅助系统（如ABS、ESP等）的传感器信号，从而保证最佳的减速度和行驶稳定性。

2. EMB系统结构

如果把EHB系统称为"湿"式Brake-by-Wire制动系统的话，那么EMB系统就是"干"式Brake-by-Wire制动系统，如图7.41所示。EMB系统与EHB系统及HB系统的最大区别就在于它不再需要制动液和液压部件，制动力矩完全是通过安装在4个轮胎上的由电动机驱动的执行机构产生的。因此相应的取消了制动主缸、液压管路等，可以大大简化制动系统的结构、便于布置、装配和维修，更为显著的是随着制动液的取消，制动系统对环境的污染大大降低。另外由于相应可以取消很多现有部件，因此可以大大减轻系统的质量，便于对汽车底盘进行综合主动控制。其突出的优点是：不需要制动管路，从而降低了制造成本和安装布置的难度，制动效能得到了提高，性能稳定，不需要制动液，降低了成本并且保护环境，便于融入汽车综合控制的网络中去（CAN总线），由于减少了部件数降低了对空间的占用，由于制动踏板只提供参考输入不直接作用于制动系统之上而便于改善踏板性能。

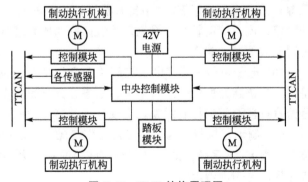

图7.41　EMB结构原理图

EMB系统组成如下。

（1）制动执行机构。EMB有4套制动执行机构，每一套执行机构都包括力矩电动机、制动器外壳、制动垫块及动力控制模块，它们作为一个整体将制动力施加在制动盘上。

(2) 中央控制模块(ECU)。接收来自各种传感器的信号,为执行机构的控制模块提供控制信号(如制动执行机构需产生的力矩)。

(3) 各种传感器。提供及时、准确的信号给 ECU,如轮速传感器、踏板位移传感器。

(4) 电源。有关数据显示,EMB 系统工作时的峰值功率为 2kW,再加上其他汽车附件工作时的峰值功率,总功率为 12.3kW 左右,而现在汽车上的 12V 电源只能提供 3kW 左右的能量,仅能勉强满足汽车必要部件的工作要求(如制动等),若需要兼顾舒适性,就需要安装能够提高更高能量的 42V 电源。

7.8.2 汽车线控制动系统的特点

1. 汽车 EHB 系统特点

汽车 EHB 系统与传统的制动系统相比,具有以下优点。

(1) 改善制动性。传统的制动系统经过多次制动后,由于卡盘和卡钳上的制动摩擦导致摩擦片磨损,可能会发生变化而影响制动效果,而 EHB 系统部件的机械特性可以通过顺馈等控制算法补偿,使踏板行程和制动压力等级始终保持一致;由于 EHB 系统的蓄能器压力等级很高,紧急制动时,制动压力上升梯度大,能达到的制动压力也高,这样使制动过程平缓柔和,紧急制动噪声小;传统制动系统只能在一定程度上实现制动压力分配,而 EHB 系统可以根据路面附着系数不同分配四轮制动力。

(2) 提升汽车性能。因为 EHB 系统没有真空助力器,所以制动能力不会影响发动机转速和负荷;由于 EHB 系统取消了真空助力器,减轻了整车质量,更节省空间,零件更少,安装更简单、快捷,提高了系统工作效率和燃油经济性,所以非常适合电动汽车;传统的制动系统在 ABS 模块起作用时,会因为制动管路内的压力波动而出现制动踏板振动拍脚现象,而 EHB 系统由于踏板和制动管路分离,不会产生这种现象。

(3) 可实现驾驶意图识别。因为 EHB 系统的电控单元可以提供不同等级的制动特性,所以可以通过分析驾驶人意图提供合理的制动力;由于 EHB 系统中有踏板模拟器,仅通过修改软件程序就可以改变脚感,因此可以通过更改算法来适应不同车型,自由设计脚感。还可以预先设置多组备选的不同类型脚感选项,为驾驶人提供选择,使同一台汽车可以满足不同驾驶人的驾驶习惯;由于 EHB 系统中对汽车的运动状态始终加以侦测,因此可以根据驾驶人的不同动作实现驾驶人想要达到的汽车制动效果,如紧急制动、下长坡制动、坡路起车制动等。

(4) 提高汽车稳定性和安全性。汽车行驶过程中会遇到各种复杂或危险工况,如低附着路面、转弯中的侧移,这些都将影响汽车的稳定性,而 EHB 系统通过实时采集传感器信号来判断汽车行驶过程中的非正常运行状态,当 ECU 判断出现失稳趋势时,通过特定的算法预先进行主动控制,从而使汽车恢复到原来的稳定状态。

(5) 有利于一体化集成控制,实现汽车的网络化和智能化。目前随着电子技术进一步应用于汽车上,制动防抱死(ABS)、牵引力控制(TCS)、电子稳定性控制(ESP、ESC)、电子驻车制动(EPB)、主动悬架系统(ASS)、线控转向系统(SBW)等应运而生,包含 ECB 在内的这些系统都有各自的控制器,将这些控制器集成到一起,进行集成控制,将是未来汽车的发展趋势。

2. EMB 系统特点

EMB 系统主要用于小型汽车中,主要包含电制动器、ECU、轮速传感器、动力电源等。它与 EHB 系统最大的区别是制动力为电机提供的转矩，而不是由柱塞泵产生高压油，而且有独立的电源来供电。与其他传统制动控制系统相比，EMB 系统具有如下优点。

（1）EMB 系统制动系统用电线传递能量，用数据线传递信号，完全摒弃了原有的液压管路等部件，而且无真空助力器，结构简洁、质量轻、体积小，便于发动机舱其他部件的布置，也有利于减轻整车质量和整车结构的设计与布置。

（2）EMB 系统采用了电控，易于并入汽车综合控制网络中（CAN 总线），并且可以实现 ABS、TCS、ESP、ACC 等多种功能，这些电子装备的传感器、控制单元等部件可以与 EMB 系统共用，而无需增加其他的附加装置。避免了像传统制动系统那样，在制动系统线路上安装大量的电磁阀和传感器，使得制动系统结构更加复杂，也增加了液压回路泄漏的隐患。

（3）在传统的制动系统中，由于踏板至制动主缸的机械结构及气压液压系统的固有特性，所以使得制动反应时间长、动态响应速度慢。制动力由零增长到最大值需要 0.2～0.9s，而且当需要较小的制动力时，动态响应更慢。而 EMB 系统就不存在这样的问题，EMB 系统以踏板模拟器代替了传统的机械踏板传力装置，中心控制单元接收踏板模拟器传来的电信号，判断驾驶人的意图，产生相应的控制命令，这样便大大缩短了制动反应时间，而且改善了制动时的脚感，无打脚现象。

（4）传动效率高、安全可靠，而且节能。

（5）无需制动液，降低了对环境的污染。

但是与 EHB 系统相比，EMB 系统仍有以下几个问题需要解决。

（1）驱动电源问题。目前汽车的 12V 电源系统无法提供如此大的能量，需采用高质量的 42V 电源。

（2）控制系统失效问题。由于不存在独立的主动备用制动系统，为了确保安全，需要一个备用系统，因而也增加了成本。

（3）抗干扰问题。汽车在运行过程中会有各种干扰信号，如何消除这些干扰信号造成的影响是亟须解决的问题。

总之，现代汽车发展的方向是模块化、集成化、机电一体化，最终实现整个汽车的线控。而 EMB 系统正是这一发展方向的体现。EMB 系统必然会在不久的将来代替传统的制动系统，为汽车进一步向前发展打下良好的基础。

应用案例 7-3

图 7.42　丰田 FT-EVⅡ电动车

丰田 FT-EVⅡ电动车搭载了全新电动机和锂离子电池组，并采用线控技术，使加速、制动、转向等全部功能都通过控制杆来操作，如图 7.42 所示。FT-EVⅡ电动车最高速度达 100km/h 以上，在充满电的状态下可以确保满足日常使用 90km 以上的续航距离，并利用丰田电动机控制技术，实现了行驶过程中的低噪声和平稳加速，满足了人们愉快驾驶的要求。

思考题

1. 镁合金成型工艺有哪些？它在汽车上有哪些应用？
2. 碳纤维有何特点？它在汽车上有哪些应用？
3. 表面装饰技术主要包括哪些？模内转印和嵌片注塑有何区别？
4. 控制技术主要有哪些？汽车有哪些主要控制系统？
5. ADVISOR 高级车辆仿真器主要有哪些功能？
6. 车载网络主要有哪些？
7. 简述汽车线控转向系统的结构及工作原理。
8. 简述汽车线控制动系统的分类和结构。

参 考 文 献

[1] 陈全世. 先进电动汽车技术 [M]. 北京：化学工业出版社，2007.
[2] 李兴虎. 电动汽车概论 [M]. 北京：北京理工大学出版社，2005.
[3] 崔胜民. 新能源汽车技术 [M]. 2版. 北京：北京大学出版社，2014.
[4] 王贵明，王金懿. 电动汽车及其性能优化 [M]. 北京：机械工业出版社，2010.
[5] [日] 电气学会，电动汽车驱动系统调查专门委员会. 电动汽车最新技术 [M]. 康龙云，译. 北京：机械工业出版社，2008.
[6] [美] Ehsani M. 现代电动汽车、混合动力电动汽车和燃料电池车——基本原理、理论和设计 [M]. 倪光正，等译. 北京：机械工业出版社，2008.
[7] 胡骅，宋惠. 电动汽车 [M]. 北京：人民交通出版社，2006.
[8] 崔胜民. 现代汽车系统控制技术 [M]. 北京：北京大学出版社，2008.
[9] 王益全. 电动机原理与实用技术 [M]. 北京：科学出版社，2007.
[10] 曾成碧，赵莉华. 电机学 [M]. 北京：机械工业出版社，2009.
[11] 邵毅明. 汽车新能源与节能技术 [M]. 北京：人民交通出版社，2008.
[12] 腾乐天. 电动汽车充电机(站)设计 [M]. 北京：中国电力出版社，2009.
[13] 汽车标准化技术委员会. QC/T 743—2006 电动汽车用锂离子电池 [S]. 北京：中国计划出版社，2006.
[14] 汽车标准化技术委员会. QC/T 897—2011 电动汽车用电池管理系统技术条件 [S]. 北京：中国计划出版社，2011.
[15] 汽车标准化技术委员会. QC/T 895—2011 电动汽车传导式车载充电机 [S]. 北京：中国计划出版社，2011.
[16] 汽车标准化技术委员会. GB/T 20234.2—2011 电动汽车传导充电用连接装置 第2部分：交流充电接口 [S]. 北京：中国标准出版社，2011.
[17] 汽车标准化技术委员会. GB/T 20234.3—2011 电动汽车传导充电用连接装置 第3部分：直流充电接口 [S]. 北京：中国标准出版社，2011.
[18] 孙明冲. 电动汽车的轮毂电机设计及其弱磁控制 [D]. 哈尔滨：哈尔滨工业大学，2009.
[19] 王桂姣. 电动汽车轮毂电机驱动系统的运动特性与能量分配 [D]. 武汉：武汉理工大学，2009.
[20] 褚文强，辜承林. 电动车用轮毂电机研究现状与发展趋势 [J]. 电机与控制应用，2007，34(4)：1-5.
[21] 彭栋. 混合动力汽车制动能量回收与ABS集成控制研究 [D]. 上海：上海交通大学，2007.
[22] 王刚，周荣，乔维高. 电动汽车充电技术研究 [J]. 农业装备与车辆工程，2008(6)：7-9.
[23] 彭岳华. 镁合金材料在汽车中的应用 [J]. 汽车与配件，2008(20)：46-47.
[24] 陈虎. 镁合金的研究及其在汽车轻量化中的应用 [J]. 企业技术开发，2009(11)：17-19.
[25] 陈军. 镁合金在汽车工业中的应用分析 [J]. 材料研究与应用，2010，4(2)：81-84.
[26] 胡兴军. 碳纤维在汽车上的应用 [J]. 汽车与配件，2008(50)：44-45.
[27] 朱海霞. 模内装饰技术在汽车中的应用 [J]. 汽车与配件，2007(36)：38-40.
[28] 梁臣. 电动汽车用感应电机关键技术的研究 [D]. 哈尔滨：哈尔滨工业大学，2008.
[29] 叶敏，孔德刚，曹秉刚. 基于CAN总线的电动汽车能源管理系统 [J]. 计算机测量与控制，2010，18(6)：1428-1431.
[30] 杨秋明，马瑞. 基于LIN总线的汽车外部灯光控制模块设计 [J]. 上海汽车，2010(6)：9-11.
[31] 曲万达. 汽车线控制动之硬件系统研究 [D]. 武汉：武汉理工大学，2006.